博物馆陈列展览通览（2016）

国家文物局博物馆与社会文物司（科技司） 编

当代中国出版社
Contemporary China Publishing House
2017年·北京

图书在版编目(CIP)数据

博物馆陈列展览通览：2016 / 国家文物局博物馆与社会文物司（科技司）编. -- 北京：当代中国出版社，2017.12
ISBN 978-7-5154-0840-8

Ⅰ. ①博… Ⅱ. ①国… Ⅲ. ①博物馆—陈列设计—中国 Ⅳ. ① G265

中国版本图书馆 CIP 数据核字（2017）第 318517 号

出 版 人　曹宏举
策划编辑　王延新
责任编辑　王延新
责任校对　康　莹
封面设计　信宏博・张红运
出版发行　当代中国出版社
地　　址　北京市地安门西大街旌勇里 8 号
网　　址　http://www.ddzg.net　邮箱：ddzgcbs@sina.com
邮政编码　100009
编 辑 部　（010）66572264　66572154　66572132　66572180
市 场 部　（010）66572281　66572161　66572157　83221785
印　　刷　北京润田金辉印刷有限公司
开　　本　880 毫米 × 1230 毫米　1/16
印　　张　25.25 印张　插图 557 幅　578 千字
版　　次　2017 年 12 月第 1 版
印　　次　2017 年 12 月第 1 次印刷
定　　价　198.00 元

序　言

陈列展览是博物馆发挥自身资源优势，为广大人民群众提供文化服务的重要手段。近年来，博物馆“让文物活起来”行动日益拓展，免费开放不断深化，公共服务覆盖面持续扩大，社会教育功能显著提升，博物馆传承中华优秀传统文化、弘扬社会主义核心价值观的作用日益凸显。

截至 2016 年底，全国注册登记博物馆总数达到 4873 家，其中，免费开放的博物馆 4246 家。2016 年，全国博物馆举办的陈列展览数量持续增加、内容多样，全年陈列展览超过 3 万个，接待观众超过 9 亿人次，并结合重大历史事件和重要节庆活动，推出了一系列弘扬优秀传统文化、培育社会主义核心价值观的展览精品，如纪念中国共产党成立 95 周年、纪念红军长征胜利 80 周年等主题展览，取得了良好的社会反响。伴随着数量的增长，陈列展览的质量也获得明显提升，新理念的探索、新技术和新方法的应用层出不穷，博物馆展示服务水平、观众数量和社会关注度大幅提高，文化传播能力和教育普及功能日益增强。

系统总结博物馆陈列展览实践中取得的宝贵经验，加快推动行业交流，促使更多优秀展览不断涌现，是十分重要也是十分必要的基础性工作。通过对 2016 年度陈列展览情况的回顾、梳理，既可以了解全国博物馆陈列展览的整体情况，为年度博物馆陈列展览工作存留实用的资料、档案，更可以促进不同地区、不同类型的博物馆相互交流和学习，促进建立跨地区陈列展览资源的交流共享机制，不断提升博物馆展示宣传和社会服务水平，更好地满足广大人民群众的精神文化需求。

党的十九大将文化建设纳入新时代中国特色社会主义的基本方略。文物藏品是传承中国特色社会主义文化的重要资源，是弘扬中国精神、凝聚发展力量的“金名片”。博物馆要牢牢把握坚定文化自信的历史责任，“让文物活起来”，不断满足人民日益增长的美好生活需要，充分展现中华文化的永久魅力和时代风采，推动社会主义文化繁荣兴盛。

目　录

艺术篇

人物纪念篇

自然科技篇

2016年度博物馆陈列展览综述

姚安

2016年是“十三五”规划的开局之年，我国博物馆等文博机构举办了大量高水平、有特色的陈列展览，其中涌现出数量众多的优秀作品，提升了公共文化服务水平，推动了国家文化事业和文化产业的蓬勃发展。

通过对全年陈列展览的统计分析，可以看出2016年全国博物馆领域展览呈现诸多发展态势：积极回应时代的呼唤和人民的需求，一些结合国家发展主题和重大历史事件纪念的主题展览精品取得良好反响；展览策划问题意识明确，继续拓展出新领域、新命题；展览运作开始突破既有范式，探索多元化发展路径；展览的社会教育与宣传推广手段日益丰富，公共服务覆盖面持续扩大。

但与此同时，在优秀展览数量提升的表象下，依然存在一些问题：博物馆行业在地域、规模、级别上的发展不平衡，带来了展览策划、运作与宣传上的发展不平衡；展陈主题和运作方式的创新力度不够；面对“互联网+”时代的机遇和挑战，传播方式的多元化依然有待增强；等等。

现综述如下：

（一）展览情况综述

2016年度博物馆展览分布地区广泛，展览主题多样。现以本书附录一所收录的展览为例，按照类别、博物馆级别、行政级别、区域、隶属关系分类统计如下：

1. 类别：历史艺术类展览 418 个，自然科技类展览 12 个，纪念类展览 80 个。这反映出历史艺术类展览依然占据全国展览的主体地位。

2. 博物馆级别：国家一级博物馆、二级博物馆、三级博物馆、无级别博物馆年度分别举办展览 246 个、105 个、38 个、120 个。近半数的展览由国家一级博物馆完成，体现了展览数量与博物馆级别的对应性。

3. 行政级别：中央级博物馆展览 63 个，省级博物馆展览 216 个，地市级博物馆展览 210 个，县市级展览 18 个。中央及省级博物馆如往年一样是产出展览的重要主体，但地市级博物馆展览的数量提升也说明了各地政府对于博物馆扶植力度的加强。

4. 地域：就展览的分布来说，华北区和华东区优势明显。前者集中于京津冀地区，但其中有 63 个展览的主办者为中央级博物馆。华东区的展览数量最多，体现为上海（22）、江苏（52）、浙江（31）三省市展览的集群效应。在展览数量上，中西部地区总体上依然相对落后。

	东北区	华北区	华东区	中南区	西北区	西南区
数量	36	149	153	92	46	34
占比	7%	29%	30%	18%	9%	7%

5. 隶属关系：行业博物馆 15 个，文物部门博物馆 104 个，非国有博物馆 1 个。文物部门博物馆依然占有绝对的主体地位。

	文物部门博物馆	行业博物馆	非国有博物馆
数量	445	53	12
占比	87.2%	10.4%	2.4%

（二）亮点和趋势

1. 选题策划上切合社会发展需求

（1）贴合时代主旋律

本年度的展览选题体现出了鲜明的时代性，与国家的大政方针密切结合。以习近平同志为核心的党中央提出的“一带一路”倡议将中国与世界更紧密地联系在一起，开辟了合作共赢的新天地。博物馆领域多从丝绸之路的角度溯源“一带一路”，从时空穿梭之旅呼应 21 世纪的“新凿空之旅”。2016 年度围绕“丝绸之路”的展览主要有：文化艺术专题维度的展览，如“谁调清管度新声——丝绸之路音乐文物展”（河南博物院），首次集合了国内丝绸之路沿线六省区十多家博物馆 126 组近 300 件珍贵文物，全面呈现了丝路音乐文化的交融历史和中国古代音乐的魅力。“中国丝绸和丝绸之路——锦程、更衣记”（中国丝绸博物馆）则从服饰文化的视角呼应丝路文明。地域文化维度的展览，“丝路之魂　敦煌艺术大展暨天府之国与丝绸之路文物特展”（成都博物馆）、“从洛阳到河西走廊——甘肃与洛阳丝绸之路文物精品展”（洛阳博物馆）等，以地方文化为出发点展现“一带一路”的魅力。

2016年是中国工农红军长征胜利80周年。80年前中国工农红军第一、二、四方面军，经过艰苦卓绝的长征，在会宁和将台堡胜利会师。长征是中国共产党及其领导的工农红军创造的人间奇迹，是中华民族一部惊天动地的英雄史诗。围绕长征胜利80周年，在中国人民革命军事博物馆举行“英雄史诗　不朽丰碑——纪念中国工农红军长征胜利80周年主题展览”之外，全国各地文博机构也纷纷结合地域特点和馆藏情况推出了相关纪念展，比如“革命理想高于天——中国工农红军标语展”（重庆中国三峡博物馆）、“四渡赤水出奇兵”（四渡赤水纪念馆）、“浴火重生——红军长征过桂北”特别展览（广西壮族自治区博物馆）、“永远的女红军——中国工农红军长征胜利80周年纪念展”（中国妇女儿童博物馆）、“伟大长征　辉煌史诗——纪念中国工农红军长征胜利80周年展览”（延安革命纪念馆）等，其中前两个展览更是入围2016年的十大精品陈列。这些展览从不同视角为观众阐释了长征精神，激活了红色基因。

（2）贴近学术脉络

2016年的考古成果展相对突出，且主题多样。从具体考古发现的纪念视角，有“王后　母亲　女将——纪念殷墟妇好墓考古发掘四十周年特展”（首都博物馆）、“五色炫曜——南昌汉代海昏侯国考古成果展”（首都博物馆）、“赫赫宗周　万邦之方——周原考古成果展”（宝鸡市周原博物馆）、“王国气象——纪念良渚遗址考古发现80周年特展”（良渚博物院）等。从地域考古视角，有“足迹·回望·传承——吉林省考古成就展（1997—2016）”（吉林省博物院）、“帝国之路·陇东记忆——秦文化与西戎文化考古成果展”（秦始皇陵博物院）、“发现——新世纪宁波考古成果展”（宁波博物馆）等。其中值得关注的是，在这些考古成果展中，既有偏重学术意义的对以往考古成果的回望式总结，也出现了回应社会需求、契合观众社会心理的视角出发的展示，比如对新出土考古挖掘遗址（如海昏侯墓）的展示，顺应社会热点的关注度，推进了社会公众对于考古文博事业的认知。

2. 展陈内容上体现了足够的创新性

（1）“跨界”策划展现了丰富的想象力

一些博物馆在不断深化对博物馆的认识中开始了跨界、融合式的策展尝试。河南博物院举办的“首届中原国际陶瓷双年展”通过中国传统陶瓷、国外传统陶瓷、当代陶瓷、实用生活陶瓷四部分的相互呼应，表现出文化融合与创新的特征，开创了中国传统博物馆发展的新领域。南京博物院的“呼吸——中国传统文化的当代形塑展”，则是我国首次在博物馆中有主题地引入富于中国传统文化内涵的当代雕塑艺术作品展，体现了在传统文化与当代生活艺术展览主题融合的有益尝试。

（2）展览解读方式多元、角度新颖

一些展览从特定的视角切入常见的主题，在常规范式外开创了新的解读方式。“王后　母亲　女将——纪念殷墟妇好墓考古发掘四十周年特展”（首都博物馆）打破既往考古专题展的艰深与生涩，从三种社会角色出发，诠释展览主人公传奇的一生，开辟了考古展在学术性的基础上更具通俗性和趣味性的方式。“漂海闻见——15世纪朝鲜儒士崔溥眼中的江南”（浙江省博物馆）选取浩瀚历史中一个“意外”的小支点，以15世纪朝鲜儒士崔溥撰写的《漂海录》为线索，探寻崔溥在中国江南的游历足迹，“以书为源，物随其展”，展现中韩文化交流的大格局，这样四两拨千斤的构思可谓绝妙。“鸦片战争展”（鸦片战争纪念馆）借鉴世界史宏观视角与研究方法，通过中西、中英对比和军事技术层面的详细解读，更加直观、深刻地印证了“落后就要挨打”的主题。北疆博物院是中国近代早期博物馆的典型样本。“回眸百年　致敬科学——北疆博物院复原陈列”（天津自然博物馆）真实再现了北疆博物院最初开放时的陈列布局，所用展品选择均以能体现北疆博物院的馆藏特色为原则，旨在启发公众和博物馆人思考一个成功博物馆的诞生及其所具有的借鉴意义。作为专门为儿童群体量身定做的专题性教育展览，“文物动物园——儿童专题展”（广东博物馆）采取儿童高度参与的策展方式，尝试从儿童的视角来诠释动物造型的文物，将儿童参与诠释的“作品”和古代动物造型文物并置的展览方式，建立文物与儿童观众沟通的桥梁。

3. 运作方式上形成资源共享的态势

（1）区域性合作成为趋势

围绕具体主题，整合文物资源，实现交流互鉴、融合发展，也是2016年展览的重要特征。“熠熠青铜　光耀四方——秦晋豫冀两周诸侯国青铜文化展”（陕西历史博物馆）结合近40年来秦晋豫冀四省两周诸侯国墓地丰硕的考古成果，选择了两周时期这一民族交汇、融合以及文化激烈碰撞、升华的时期为时间主题，汇集了秦晋豫冀四省20家文博单位精品共206件套，是迄今展出两周诸侯国青铜器数量最多、等级最高、价值最大、铭文最多的展览，其中一级品占到68%，许多重器更是首度公开展出。“陶土上的精灵——黄河流域史前彩陶大联展”（成都金沙遗址博物馆等）汇集的115件套精美文物来自青海省博物馆、甘肃省博物馆、中国社会科学院考古研究所、河南博物院、河南省文物考古研究院、山东博物馆、茂县羌族博物馆等7家单位。“大元三都”展（首都博物馆）则通过全国14家文博单位的160余组件精美文物，向观众展现了作为当时政治、经济、文化中心的三都历史。与此相类似的还有“西京印迹——大同辽金文物展”（大同市博物馆、北京市文物局、北京辽金城垣博物馆）。

在区域性展览资源整合的同时，馆际合作也体现出鲜明的主题性。故宫博物院与成都博物馆合作的“盛世天子：清高宗乾隆皇帝展”聚焦具体人物，而与首都博物馆合作的“走进养心殿”则是对一座殿宇的文物进行的详细解读。“南北辉映 礼乐至上——两周时期河南青铜器浙江原始瓷联展”（杭州博物馆、河南博物院、德清县博物馆）则从文化对比的角度阐释了不同地域的展馆收藏。

（2）国际合作持续升温

随着全球化进程的加速，中国文化与其他国家文化的交流越发紧密，在展览合作方面也持续体现了足够的热度。“法老·王——古埃及文明和中国汉代文明的故事”（南京博物院和加拿大皇家安大略博物馆）将汉帝国的文明与古埃及的文明进行对比展示，在物质、文化、精神等方面从东西方不同的角度进行理解与阐释。“大英博物馆藏意大利文艺复兴时期素描精品展”是苏州博物馆与大英博物馆首次合作，展出了共计49件组珍贵的素描手稿，为观众打开一个走近大师，了解文艺复兴时期艺术、文化、历史的重要窗口。“菩提的世界：醍醐寺艺术珍宝展”（日本真言宗醍醐派总本山醍醐寺、上海博物馆、陕西历史博物馆等）则呈现了包括 13 件日本国宝、31 件重要文化财在内的 90 件醍醐寺珍藏。“漂海闻见——15 世纪朝鲜儒士崔溥眼中的江南”（浙江省博物馆）展出中韩两国 26 家博物馆超过 300 件馆藏文物。这些国际合作的主题展览并不仅仅满足于将国际博物馆的藏品借展过来，作为吸引眼球的精品展示，而是从主题策划上加入更多的思考，多结合特定视角从文化的视域上加以理解且作切片式的剖析，再进行公共文化的输出。

4. 展览的宣传推广手段更加多样化

（1）多角度、多方位的宣传

如何让公众熟知博物馆展览活动，让更多的公众走进博物馆，离不开博物馆展览活动宣传的周密组织。在各博物馆举办的展览中，除了常规馆内宣传外，各博物馆越来越重视馆外宣传，并将博物馆的品牌和形象与展览传播和推广相结合起来。通过将展览、文创、社教、研究融为整体，形成多元有效的传播途径，使展览的经济效益与社会效益都得以充分实现。如南京博物院“法老·王——古埃及文明和中国汉代文明的故事特展”线上线下活动的组合，通过门票和文创销售消化成本，“既赚人气又赚钱”，接待观众近 20 万人次，盈利超过 200 万元。

（2）充分运用新媒体手段

新媒体时代，博物馆需要更加亲民。因事制宜、灵活多变的宣传策略才能让博物馆的宣传推广工作真正做到有形有质、有声有色，发挥博物馆文化独有的社会效益。2016 年，许多博物馆已经意识到通过社交媒体与观众建立联系的重要性，在开设微博微信等社交媒体账号的基础上，进行展览宣传并与观众进行互动。同时，在展览介绍的宣传语上摒弃了以往庄严、神圣、高大上的宣传论调，用贴近老百姓、贴近时代的用语以及网络用语，使观众对博物馆的印象从呆板、沉寂，走向生动、鲜活，互动性特征明显。

（三）存在的问题和对策

1. 存在的问题

（1）馆际发展不均衡

虽然 2016 年度国内展览数量众多，新展览层出不穷，但是依然存在发展不均衡的问题。这重点体现在博物馆级别的差异上。国家级及省级馆和地市级以下的博物馆在展陈数量上虽然大体相类，但前者体现为以临展为特色，并体现出跨区域整合资源的能力。而后者则以基本陈列和专题陈列新设或改陈为主。众所周知，临时展览是一个博物馆是否具有活力的标志。这样的分布特征，也体现了中小型博物馆在资源、人才等方面的差距。

（2）展览主题尚需创新

2016 年度的优秀展览已经在选题的专业性和设计性上体现出一定的创新性，但诸如传统艺术与当代艺术的碰撞与交流之类的“跨界”策展依然只是个案。以文物展品的“明星效应”代替展览的叙事性和故事性表达的情况仍相对普遍。展览不仅要让人们了解过去，理解过去，也要关注古代与当代以及未来的关系，引发人们的思索。除了“晒家底”“借家底”之外，展览的主题性思考依然需要加强，需要进一步强调展览的多元、互动与阐释性。

（3）展览传播力度有待增强

信息交流和交通的畅通，让“北、上、广”地区一些大型博物馆的明星展览不断取得轰动效应，比如首都博物馆的“江西南昌海昏侯国考古发掘成果展”与“河南殷墟妇好墓考古发掘四十周年纪念展”开幕后，不断迎来全国各地的参观者，一票难求。但与此同时，2016 年度的大多数展览社会知晓率依然不高，处于“养在深闺人未识”的状态。在多元社交媒体的运用上，如何结合社会热点和观众兴趣点，加强活泼、亲民的业态传播，依然有待充分开发。

2. **对策**

（1）加强馆际资源统筹

在博物馆体系中，无论是人流量、自营收入，还是政府拨款、人才配备等方面，大小馆之间都具有一定的不平衡性。尤其表现在各博物馆的藏品以及展品数量均有较大差异，一般来说，等级越高的博物馆其展藏比越低。这也带来了中小级博物馆展览的资源运用能力相对匮乏等问题。因此，要加强馆际资源统筹，搭建地域展览交流平台，尤其增强不同等级、大馆与小馆之间的资源共享，使它们可以充分利用馆藏进行合作与交流。这既可以使大馆“沉睡”于库房中的藏品得以展出，又可以增强中小型博物馆临时展览举办的数量与频次，丰富其展览品类和形式，提高公共文化服务能力。

（2）更新策展机制

要推出更多兼具学术高度、公众趣味与现实意义的优秀展览，现有博物馆的策展理念和机制急需更新。一方面要加强馆内策展运作机制的革新，增强博物馆的工作活力和自身造血机制。比如获得 2016 年度十大精品陈列的南京博物院的“法老·王——古埃及文明和中国汉代文明的故事”即是施行馆内策展人制度的结果。首都博物馆、苏州博物馆等博物馆的项目负责制也激发了本馆展览的创新性，提升了社会影响力。另一方面，博物馆的展览策划需要走向社会化，形成开放机制。2016 年首届中原国际陶瓷双年展，即是在展览体制上的突破，虽由河南博物院筹办，但策展人全部请自馆外，包括法国艺术史学者温蒂女士、北大考古文博学院教授秦大树、意大利法恩扎国际陶瓷博物馆馆长 Casali Claudia 和景德镇陶瓷大学美术学院副教授赵兰涛等。这种馆外策展方式，对目前资源和人才有限的博物馆行业很有借鉴意义。

（3）借助公共媒体平台推广展览

博物馆展览的宣传应进一步结合线上、线下不同的推广方式，突出展览的大众性、普及性。尤其随着“互联网 +”（互联网 + 各个传统行业）的发展，利用信息通信技术以及互联网平台，让互联网与传统行业进行深度融合，创造出新的发展生态已经成为一种趋势。作为传统行业的博物馆，在各类展览的策划、制作与宣传中，应充分引入和使用“互联网 +”策略，让文物“活”起来，突破实体化展品的空间限制，使博物馆通过线上平台、移动设备应用、展厅互动等手段焕发出新的生机。

小结

2016 年博物馆同仁在积极推动自己的业务建设、打造陈列展览精品上已经迈出了坚实的脚步。博物馆展览是文化创新性转化、创新性发展的重要方式。在未来的发展中，博物馆工作者应在十九大精神和习近平新时代中国特色社会主义思想指导下，以培育和践行社会主义核心价值观为宗旨，在不断完善博物馆管理体制和治理机制、激活文化创新创造活力的基础上，进一步深入发掘与凝练展览内容，不断提升展示水平。通过打造越来越多的吸引观众的陈列展览形式，为推动国家和民族的文化自信、社会主义文化的繁荣兴盛贡献力量!

“十二五”期间博物馆陈列展览概述

严建强

“十二五”期间，我国博物馆事业沿着“十一五”期间蓬勃发展的势头，继续在快速通道上前行。作为博物馆核心产品的展览，无论是基本展览，还是临时展览，都出现了数量增长与品质提升的趋势，与展览配套的拓展性教育活动也更加活跃。随着博物馆展览进一步深入人们的文化生活，参观博物馆越来越成为人们自觉和喜爱的活动，受益程度也有所提高。本文以这一时期“全国博物馆十大陈列展览精品推介活动”申报文件、获奖展览介绍和一些产生了较大社会影响的临时展览作为主要的资料来源与分析对象，试图概括“十二五”期间博物馆展览发展的一些趋势。由于分析样本的局限，本文无法作出全面的总结，仅供研究者参考。

（一）展览策划：走向精细与多元

1. 展览组织方式有所突破，以讲故事为特色的叙事型展览受到关注

虽然仍有一些博物馆习惯于将展览看作是安放物品供人们欣赏的容器，但围绕某一特定主题组织物品的展览还是呈现出不断增长的趋势。由于发展的程度尚不高，许多主题性展览还流于形式，在主题展览的名义下依然保留了精品展的印记，展品与主题阐述的关联性尚不够紧密。然而，从近五年的情况看，随着人们对当代博物馆展览性质与使命认识的深化，展览水平有了明显的进步，主题式展览以及对展品的阐释深度都出现新的突破，这在基本陈列与临时展览中都有所表现。

"十二五"期间基本陈列的组织方式仍有两大类：叙事型与类型学的。然而，在涉及区域历史和具有明显逻辑线索的展览中，许多博物馆开始采用叙事的方式，将时间逻辑或因果关系作为组织展品的基本构架。以材质分类为特征的展览变得鲜见，"讲故事"的概念开始在博物馆展览中流行。一些博物馆开始注意探索博物馆独特的叙事方式，并通过对物品的阐释与叙述向观众讲一个独特和有意义的故事。一些历史类展览关注物品作为记忆载体的特性，并将历史碎片通过博物馆化努力转化为有意义的叙述。从大连博物馆"大连足迹"展申报书的表述来看，他们希望通过各种生活与生产物品的组织，努力遵循文化遗产的记忆线索来勾勒大连的历史演进。上海中国航海博物馆"航路1600——四百年中荷航海交往史"展览"尝试以叙事性的语言把展品背后的故事和联系一一展现给观众，对展品内涵以及临展主题进行进一步的延伸，使得观众能够接收到更多的信息量和知识量"。福州博物馆"闽都华章——福州历史文化陈列"也采用编年结合叙事的方式勾勒福州历史发展的主线。洛阳博物馆"唐代洛阳"展览安排了一条有所不同的"故事线"，其设计由城到人，由唐代社会生活到对外交流，最后上升到人的信仰和精神世界，希望让观众能借此走进唐代的社会生活。在这方面，浙江省博物馆的"越地长歌"、安徽省博物馆的"皖风徽韵"比较典型，较严格地遵循着时间逻辑，采用了较完整的叙事模式。但这种叙事型展览并不是严整意义上的通史展，并不要求严格按照政治、经济、文化诸方面全面系统地叙述区域社会的历史，而是根据馆藏的特点与优势，根据各自地区历史文化资源的特色，将各个历史时期的重点，用时间线进行串联，从而给出一个地区历史变化的基本脉络。展览在依时间线推进的同时，通常也会注意到历史发展中区域文化横断面的描述。鄂尔多斯博物馆就是"以历史主线纵向贯穿与横向文化分类相结合，系统把握鄂尔多斯蒙古族文化从初始发展到繁荣的脉络，向观众全面展示鄂尔多斯的民风民俗和独具特色的鄂尔多斯蒙古族历史文化"。

为了提高展览的叙事能力，一些博物馆建立起与观众进行对话的系统。海南博物馆"大海的方向——华光礁Ⅰ号沉船特展"展览以华光礁Ⅰ号沉船小角度切入，从观众立场，用讲故事的方式层层深入，逐一解开围绕在华光礁Ⅰ号沉船上的一系列谜团。第一单元"南溟水土留船迹"，解答沉船为什么在这里沉没；第二单元"海上丝路悬云帆"，解答船从哪里来、要到哪里去；第三单元"残舟断楫是福船"，解答船是什么样子；第四单元"沉舟侧畔皆陶瓷"，解答船上承载什么货物；第五单元"帆影归处现华光"，解答沉船是如何发现及打捞。通过问题设置，增强了观众的自主意识，提高了受益程度。

一些博物馆意识到，博物馆展览作为一种空间形态的叙事，与其他媒体有重大区别，其实质是要通过对典型物品的选择，并将它们按内在的逻辑关系呈现，才能真正实现。宋庆龄纪念馆就注意选择具有典型性、情节性、故事性且于细微之处见精神的文物展品，并通过恰当的组合，大大增强了展览的叙事能力。蓬莱古船博物馆的思路非常类似，布展遵循的原则是：选择最能揭示主题、最具典型性、最有外在表现力的实物，选择那些具有感人的故事性和情节性材料、小处见精神的展品，通过相互关联和呼应的展品的巧妙组合来揭示和表现主题。

2. 展览视野扩大，涉及更广泛多元的社会文化现象

以主流文化为主导价值观的宏大叙事是长期以来博物馆所热衷的，所以，非主流文化与人群，或个人命运，在博物馆展览中比较鲜见。随着社会观念的变化，博物馆也开始将更多的关注转向百姓关心的日常生活与个人命运。

青岛市博物馆“我们的生活——青岛市民建国后老物件收藏展”是一个突出的案例。展览以人生历程为故事线，由“金色的童年”“火热的年华”和“醉美的夕阳”三个部分构成。每个单元按年代序列展出具有鲜明时代烙印的老物件：“金色的童年”中展出的铁皮小火车、沙布袋等，让观众回忆起童年时光；“火热的年华”展出的20世纪70年代结婚必备的三大件及老式办公桌等，将人们带回充满激情的岁月；“醉美的夕阳”则以老手工笸箩、老拐杖等物品反映当时的老年人生活。这种展览关注个人命运，使观众产生很强的认同感，尤其会使老年观众深深沉浸在对过往岁月的回忆、缅怀与联想中。

顺德区博物馆“顺德人、顺德事——顺德历史文化陈列”将展览分为“岁月悠悠”“土沃人勤”“岭南壮县”“毓秀钟灵”“厚俗淳风”“水乡烽火”六个主题。虽然展览以区域历史作为主题，但从标题看，策展人改变了宏大叙事的视角，将关注的焦点更多集中在人事方面，人们的生存状态成为展览着力表达的内容，从而使展览具有一种贴近生活的亲切感。

即使是在一些宏大的题材中，策展人也强调了人的情感表达和对个人命运的关注。在嘉峪关长城博物馆“中华之魂——长城历史文化陈列展览”中，以阳关和玉门关为背景，展线的一侧表现中原商人外出经商与妻儿作别的依依不舍和惆怅之情，体现了古诗中“西出阳关无故人”的意境；展线的另一侧则是春风满面牵着骆驼的胡商。两者在情绪上的鲜明对比体现了长城边生活的多样形态，给人以很强的审美张力。

首都博物馆的“读城”也是一个以普通市民生活为中心的展览，其开幕式可谓别出心裁，突出了北京的人文生活，分为“晨曲”“情趣”“梦想”三个篇章，通过老北京晨练的情景再现、四合院的诗情画意以及对未来的美好憧憬，呈现了四合院在不同时空绽放的魅力。17件老物件和200余件来自观众的展品，让观众感受到浓郁的生活气息。

在表现不同人群生存状态方面，南京博物院作了多种尝试，并获得了很好的社会评价。“温·婉——中国古代女性文物大展”聚焦女性生活，使观众通过文物解读，了解中国古代女性生活各方面的内涵，使展览带有强烈的社会学色彩。

策展思路的多元化还体现在一些展览突破了单一的文化视角，将两种不同的文化放在同一空间中对话。南京博物院与苏格兰爱丁堡联合举办的双城记就是一个成功的尝试。两座城市各自代表着不同的文化传统，各种具有象征意义的典型物品，主要是一些日常生活中的物品，用对比的方式呈现出来，不仅给观众提供了文化比较的环境，也引导人们从一个多元文化的视角来重新审视自己的传统，达到了单一文化视角所无法取得的效果。

浙江自然博物馆与河南博物院联合推出的“生命·超越——中原文物中的动物映像”是另一种类

型的跨界展览，展览打破了长期横亘在自然与人文之间的界线，将中原文物中出现的各种动物图案进行动物学意义上的阐释，为观众提供了一种全新的解读方法。这种展览对改变目前学术界各自画地为牢的现象，扩大观众观察生活的视野，具有启发意义。

3. 展品的前期研究受到关注，为策展的科学性提供了保证

策展品质深受前期研究质量及深度的制约。加强对藏品的研究，包括单件物品内涵的研究与系列藏品的语境化研究，是组织高质量展览的知识前提。“十二五”期间，一些博物馆在展览建设中强调学术支持，积极开展围绕展品与主题相关的研究，确保展览的思想深度与学术品质。除了吸收学术界的研究成果外，一些策展人还注意到从展览主题的角度发掘物品的意义及物品之间的联系，从而使观众能从一些独特的角度审视原先熟悉的物品，产生新的认知与感受。

河南博物院的“鼎盛中华展”就是这种思考的结果。鼎是博物馆展览中常见的礼器，在以往的展览中，观众惊叹它们硕大的体量和精美的造型，但对其作为礼治性政治的象征含义缺乏深入的理解。“鼎盛中华展”通过开展深入研究，不仅揭示鼎的考古学、器物学和历史学价值，还将它与中国古代政治学的独特含义进行阐述，使得展览在阐释“鼎与中国”关系时，得以突出其在中华文化发展、变迁过程中的重要地位，彰显了“鼎”所包含的和谐有序、德之表征、革新进取等文化属性。由于关注器物内所蕴含的信息的解读，观众在欣赏之余，加深了对中国古代社会政治生活的了解。

秦始皇帝陵博物院“真彩秦俑展”就是建立在对秦俑深入的跨学科研究基础上。展览以展示秦俑的色彩美为重点，分成“色彩的奥秘”“装饰的灵感”“丧葬的艺术”和“智慧的延续”四个单元进行阐述，从不同角度分别探寻秦俑色彩的物质构成及其文化象征意义，为观众还原了真实的秦帝国的色彩世界。“色彩的奥秘”呈现了秦俑的颜料用色与服色规律；“装饰的灵感”让观众认识了秦俑的“千人千面”和“绚丽多姿”，进一步表现了秦俑之美；“丧葬的艺术”对中国古代礼仪制度中颜色的象征意义和文化内涵略做探微；“智慧的延续”则展现了秦俑彩绘的损害机理与科技保护成果，倡导遗产保护的理念。这种对同一物品从不同学科角度的研究与阐释，使观众得以从更多维、更全面的角度理解秦俑的意义与价值。

由中国航海博物馆与荷兰鹿特丹航海博物馆联合举办的“航路 1600——四百年中荷航海交往史”也是一个涉及广泛知识的领域，展览包含着“历险中国”“知识与技能”“港口与贸易”“走向全球”及“文化融合”五个部分，不仅涉及中荷两国间的联系与交互，还涉及航海的相关知识。为此，策展人主要采用了汉学家包乐史有关中荷交往史的相关研究成果，保证了展览中涉及历史史实与航海技术方面的真实与科学。

洛阳博物馆的“河洛文明”展也以最新的学术成果作为强有力的学术支持，如夏商周断代工程的年代学成果、探源工程的最新成果及洛阳考古新发现，包括二里头遗址、汉魏故城、隋唐洛阳城的新发现等；八路军兰州办事处纪念馆的“热血陇原——八路军驻甘办事处与甘肃抗日救亡”也吸收了大量最新研究成果，如“办事处对国民党上层的推动、甘工委深入下层的工作、36 万陇原儿女奔赴前线、运送苏联 1.73 亿美元的军援”等；周口店遗址博物馆新馆基本陈列参考了国际考古最新

的研究成果，包括美国《考古学》杂志“十大考古发现——最早穿鞋的人”；英国《自然》杂志对“北京人”年代的最新测定值，以及对猿人洞剖面进行保护性清理发掘及火塘的发现等。通过开展相关研究，使得博物馆展览能够体现学术界先进而稳定的知识体系，保证了展览阐释的权威性，较好地履行科学普及教育的使命。

对社会公众不太熟悉的题材，尤其是已经存在误解的情况，博物馆更致力于正本清源、纠正误读。上海博物馆的“幽蓝神采——元代青花瓷器大展”考虑到元青花存世量稀少、收藏分散，研究者缺乏比对、研究的实物资料，民众亦鲜有机会观摩元青花真品，容易受到仿冒风气与错误舆论的影响，策展人将重点放在学术性与普及性的有机结合上，在策展中兼顾知识性与观赏性，向观众普及相关的知识。

（二）展览设计：关注表达与阐释

1. 展示表达方式的多样化，出现了与阐释相结合的探索

对于博物馆而言，美是必不可少的前提，却不是单纯的目标。博物馆设计除了提供美的视觉外，更要考虑事象的准确与真实，以及传播的效益，有助于观众对主题的理解。对于博物馆这样的科普机构来说，如果将展览本身做成一个悦目的艺术品，却无视其间的科学性、真实性与传播效果，那就违背了博物馆的核心价值观和职业道德。这种现象在本时期的展览中也看到了突破的迹象。一方面，具有较强解释能力的普通物品受到了设计师的重视；另一方面，在强调实物作为展品至高无上地位的基础上，一些为理解与系统阐述而制作的展品，也受到了比以往更多的关注与使用，从而使展览的解释能力有所提升，展览的视觉效果也因展品异质性的增加而变得更为丰富。

海南博物馆“大海的方向——华光礁一号沉船特展”为有效实现传播目的，给观众留下身临其境的印象，将 2 吨从西沙群岛运回的珊瑚砂堆积在各展柜中，形成 4.5 米 × 1.7 米的碎瓷层，复原文物出水原貌，不仅给观众更具体的水下考古的现场感，而且也有助于强化展览的视觉个性与丰富度。该展览还利用海底寻宝的故事衍生出的“宝盒”——280 个大小不等的原木木箱，既是展柜又是展台，还是展厅的组合柜，使空间形态产生变化。木箱中有文物、有语音导览的大海螺、有展示水下考古的视频资料片；木箱的外部做旧，具有沧桑感，上面书写着一个个海上丝绸之路的古地名，用围网苫盖，似乎货物装箱待发。木箱成为展览的串联点，同时木箱上的小细节也触发观众去自我探索，提高他们参观的兴趣。

博物馆物与符号性媒体一个重要的区别是，其蕴含的信息深藏在物质深处，不易为观众理解。所以，如何将这些意义用陈列的方式显现出来，成为博物馆展览要解决的核心问题。其中一个重要的方面就是将意义可视化。我们看到，在这方面，一些博物馆作出了有意义的尝试与探索。上海历史博物馆“崧泽开纪元——上海人文之始中国文明之脉”的序厅设计，强调了崧泽文化是上海文明之根的概念。设计师以崧泽出土文物为“根”，上海今天的城市天际线为“树”，寓意崧泽文化是上

海文明之源，这种处理对观众理解历史与现实的关系提供了一种富有象征性的启示。天津自然博物馆“家园生命展”在序厅以大海为主调，衬托着水母造型的空间形式，科学化体现出海洋环境与海洋生物在家园生命中的起源意义。中部展区利用陆地色调进行环境营造，结合陆生动物的龟壳结构，象征性诠释出生命演化由水到陆的主题意象。结尾的哺乳动物和人类展区代表了生命演化的高级阶段，设计中提取出大脑的概念作为灵感来源，较好地实现了展陈设计的环境塑造和视觉传达理念。

2. 通过设计营造气氛，为观众提供良好的参与与互动体验

事实上，在一个较长时期，博物馆已经开始引进现代化的展览技术与设备，重视营造良好的视觉效果。但在展览实践中，这种技术与展品的阐释并不紧密，流于“为秀而秀”。这种现象在本时期也开始出现变化。在策展思路更新的同时，展示技术手段的使用也更加多样，一些博物馆开始尝试将先进的陈列技术与对物品的解读与阐释结合起来。太仓市博物馆“太仓历史文化陈列”中的郑和下西洋采用了120度环形幕布，观众站在船头观看，如亲临大海，效果震撼。但展览并没有满足于这种视觉，而是采用全息影像对背后的故事进行叙述，使观众在满足视觉享受的同时，对这一重大的历史事件有更深入的了解。

山西博物院、美国洛杉矶郡艺术博物馆“印度的世界——美国洛杉矶郡艺术博物馆藏印度文物精品展”在色调运用上考虑到与主题揭示的关系。展览主色调为金色，点缀以极具印度特色的朱砂红作为装饰，营造印度宗教的庄严神圣，产生身临其境的效果。注重印度宗教艺术的元素运用，通过艺术符号的提炼选用喷砂漆艺术饰面、金粉艺术字印制等材料，采用艺术造型制作、艺术雕塑技术、立面丝网印刷、异形喷绘雕刻等表现手段，实现内容向形式的转化与衔接。

陕西历史博物馆的“巧手良医——陕西历史博物馆文物保护修复工作展”采用“闻、读、知、感、乐”五大元素构成“体验式”展览体系，通过灯光、色调、风格营造文物实验室氛围，给观众浸入式的参观体验。将所谓的“神秘的科技元素”与“古老的历史文化”结合于展厅之中，展柜展台形成统一的空间，具备实验室的效果，以真实的展品为焦点，将实验室、库房等都“搬”到了展厅，透过玻璃就可近距离观摩文物修复的全过程，观众还可亲自体验文物修复。

首都博物馆推出的“呦呦鹿鸣展”在设计中运用低色温暖光源，着力营造呦呦鹿鸣般祥和、友睦的氛围，呈现具有东方韵味的展览氛围。辅助展品的选择力求最大限度地说明西周时期霸国的礼仪制度及文化氛围，让观众更好地理解展览主题。

广东省博物馆的“牵星过洋——万历时代的海贸传奇”中，辅助展品的形式多样而各有侧重，有视觉、触觉、嗅觉、听觉等多种传达方式。观众在观察大型的广船船模时，不仅可以听到轻柔的海浪声，而且可以打开木桶盖看甘蔗、咸鱼等船员食物，嗅闻放置在香炉中的香料。

中国铁道博物馆“中国铁路发展史”利用展馆地下一层的全部展示空间，开设了多媒体数字化沙盘——高铁车站、铁路大桥、重载列车等模型以及各个时代钢轨演变过程展区。地形投影可以看到飞驰的高速列车、铁路沿线四季、昼夜和天气变化的自然风光、沿线城市以及主要车站、桥梁和隧道的位置。通过墙面背景幕演示系统中的三维动画片，观众可以了解高速铁路最新的修筑技术、车

站、桥梁、隧道等重点工程，高速铁路的质量服务体系及沿途有特色的人文景观等。展览还将“和谐号”动车组驾驶操纵系统搬进博物馆，让观众亲身体验当动车司机的感觉。

相比于历史展览，民俗展览在体验上的优势更为明显；民俗文物留存着浓厚的生活气息，极强的实用性使它成为博物馆文物中“直接经验”属性最强的一类。敕勒川博物馆的“魅力敕勒川——民俗文化展”中的农家小院部分，按 1∶1 的比例，复制了 20 世纪敕勒川上的标准农居，窗花、剪纸、鸡舍、猪圈、辘轳井、农具等一应俱全，使观众走进一个真实的田园乐境。

自然科学类展览较多采用科技元素来营造氛围。大庆市博物馆的“东北第四纪哺乳动物展览”调动多种科技手段营造猛犸象群、东北野牛群迁徙的场景，12 架猛犸象群气势雄伟，昂首领先的两具镇馆之宝——真猛犸象化石王者之风尽现；50 具野牛化石组成的“沸腾牛群”给人带来震撼的视觉冲击。

另一类体验是为观众提供操作性参与的平台。这种意识被越来越多博物馆付诸实践。杭州工艺美术博物馆的“钱塘匠心·天工集萃——杭州工艺美术精品陈列”根据展览内容专题，设置专门 700 平方米的开放式大师工作室，现场演示，与观众互动交流。中国消防博物馆的“防火防灾体验馆”则以互动体验为主要展示形式，综合运用高清投影、电子沙盘模型、数控机械、光电感应、180° 弧幕等多种多媒体展陈技术与模拟现实场景，设计了城市消防规划、建筑消防设施、火灾体验剧场、火灾应急疏散、家庭火灾灭火、119 电话报警、地震应急避险、地铁火灾疏散等 8 个模拟体验项目，向市民宣传普及消防知识。北京汽车博物馆的“改变世界的机器：从中国到世界，从世界看中国展览”依托汽车的科技特质，开发沉浸式互动体验，比如解构汽车，将近 2 万个零部件进行解体，让观众了解其构造。

3. 展示设计重视人与物的安全，考虑观众的感受，并出现了分众教育的探索

随着博物馆专业意识的成熟，展览设计较以往更加关注人与物的安全。从各地的申报材料看，保证文物安全是展览设计一个前提性的选项。绥德博物馆“汉画像石展”全面采用中央空调调节温湿度，量身定制的支架固定，并采用连接式防震加固方式。这一点在长沙马王堆的交流展中表现得尤为突出。为了防止对展品造成损害，展览设计通过控制照度及角度过滤红外光、紫外光及热量。展览的承办方还为此次展览制定了严格的《马王堆汉墓传奇展览公共安全应急预案》。

观众的观展的安全与舒适也更多地进入设计者的思考中。从这一时期展厅的布局与流线看，设计师的观众意识有所提升，空间布局与流线设置考虑到观众的观展感受，增加了消除疲劳、恢复体力的场所，并设法满足家庭观众及残障人士的需求。天津博物馆推出“玉器展”时，将为观众提供可静观细品的审美环境作为设计的重要目标。光设计中努力消除环境光干扰，实现见光不见灯，有效减少了视觉噪音。山东博物馆“非洲野生动物大迁徙展”也在光设计中同时考虑人与物的安全及展览效果。展厅内以场景照明为主，所选灯具光源均为白光，高显色、无紫外线，灯具眩光小、发热量低，还原标本真实本色，降低标本热损害，营造舒适的观赏环境。对于展柜内采用较高照度的均匀照明，所选灯具为高显色荧光灯管，通过控光格栅板，将灯光控制在展台上，降低展柜内立面亮度和展柜周围地面溢出光，避免观赏者产生眩光，适当配以重点照明点缀细节。秦始皇帝陵博物院“真彩秦俑”采用红外感应缓释灯光技术，尽量减少文物受光时间；文物照明采用红外感应可调式 LED 光源（照度在 150Lux 以内），只在观众接近展柜时才打开。

展览在空间设计上考虑到观众的舒适性，并在展项与装置设计中注意符合人体工程学的要求。上海科技馆“科学奇异·多思多美味展览”的空间设计中以模块化展项为主，一个展览模块集中了所有的图文、模型、互动、实验，各个模块之间按照主题相互连接在一起，载体的形式既方便巡展又兼顾简洁、美观、牢固。每个展柜上都为观众设置了可以参与互动实验的桌板，其高度按照人体工程学的要求设计。活动空间与展示空间按照 1∶1 的密度安排，保证观众有较充足的活动空间。

展览流线的合理与顺畅也受到了关注，以往只考虑平面图视觉效果的做法至少在一些馆开始被展览的叙事逻辑、观众行为的合理性所取代，在流线设计中提出了流线清晰流畅、不走回头路的要求。秦始皇帝陵博物院“真彩秦俑展”的参观路线成枝状结构，主干明确具有引导性，分支连接各个单元起到疏散和分流的作用，并着意制造一种空间感受丰富且内容脉络清晰的参观环境，每个单元相对独立又相互衔接，可以满足不同观众的兴趣需求，尽量减少参观时相互间的影响。

一种新的设计理念出现了最初的尝试，那就是在设计中考虑分众化教育。浙江自然博物馆采用一种被称为“双二元配置”的做法，根据观众的参观动机，将面对休闲动机为主的观众的概念展示与针对学习动机为主的详细展览在空间上作了区分，使两类观众都能找到适合自己需求的展示。

（三）公共服务：拓展教育与特展活动

1. 强调开展多种拓展教育，深化展览的传播效果

“十二五”期间，配合基本陈列或原创性特展的拓展性教育活动呈现出内容不断丰富、类型日益多样的趋势。拓展性教育活动既可为展览带来更高的关注度和人气，也可以拓宽展览内容的广度，更深入地对展览内容进行阐释，还可以满足观众教育、崇拜和休闲娱乐等不同动机的需求。

首先，教育活动数量不断增加，服务观众的范围不断扩大。苏州博物馆定期举办“吴门画派”学术展览，帮助观众厘清传统艺术史的脉络。浙江自然博物馆和河南博物院的“生命·超越——中原文化中的动物映像”开发了“中原大象到哪儿去了”“舞‘动’中原之徽章、剪纸、泥塑”等 5 个教育项目，组织 3 场专家讲座，共计活动达 102 场次，受益观众 15000 余人次。

其次，博物馆针对不同观众提供分众化的教育服务。针对“太仓历史文化陈列”，太仓市博物馆宣教部为不同参观人群分别制定了中文版讲解、英文版讲解、未成年版讲解等不同方案。

再者，教育活动立足于展览，并努力在形式上推陈出新。中国丝绸博物馆为满足观众对传承传统技艺的需求，女工传习馆开设染、织、绣、编等专业课程。手绘、扎染、缫丝、织造表演等手工技艺项目曾受到 G20 嘉宾的高度赞赏。“丝绸之夜”系列配套活动也受到社会好评。秦始皇帝陵博物院“真彩秦俑”在进行展前培训和现场辅导的同时，由志愿者发放观众调查信息卡 1000 份，组织系

列爱教活动。特别是“启迪心智乐在秦俑——图绘活动”，小朋友直接画出心中的彩绘俑形象，收到了很好的效果。

2. 多方合作、系统规划特展与巡展

在注意力竞争时代，博物馆作为一种以视觉为主的传播媒介，与大量纸质媒介、视音频媒介等并存，“酒香不怕巷子深”的时代已经远去。鉴此，“十二五”期间，越来越多的博物馆逐步对展览的宣传推广进行有序规划，充分发挥新旧媒体和户外空间的独特优势。

特展与巡展体现了博物馆可持续发展的素质与水平，“十二五”期间，大量的特展临展都体现了博物馆间合作、沟通的能力，形成多馆合作的良好生态。

敦煌博物馆的“华戎交会的都市——敦煌历史与丝绸之路文物陈列”于 2012 年 11 月在福建省民俗博物馆成功举办了“敦煌历史文物展—走进福州”交流展，使闽南观众对敦煌的历史文化有更深刻和全面的了解；中国电影博物馆的“风清气正扬宗旨——北京市反腐倡廉教育影像展览”顺应了社会廉政的议题，充分发挥“廉政教育基地”的作用，发挥中国电影博物馆作为北京市廉政教育基地的特色优势，利用中华人民共和国成立以来拍摄的红色经典影片、主旋律影片、廉政教育影片等电影元素，搭建了一个廉政教育的平台。

在积极贴近政治议题的同时，环境保护、节约生态资源也成为社会的重要议题。上海作为因海洋而兴盛的滨海城市，上海科技馆的“海洋精灵——海洋脊椎动物塑化标本展”积极响应“十二五”规划中加强海洋生态保护的精神，在党的十八大召开期间推出“海洋精灵展”，展现独特的海洋生态、多样的海洋生物，提升公众的海洋保护意识。

广东省博物馆“牵星过洋——万历时代的海贸传奇”在馆外媒体、本馆媒体及户外展览三大维度上同时推进。通过线下和线上馆外媒体的联动传播，引发社会关注，各大主流媒体对展览的相关报道累计达 76 篇以上；本馆媒体通过广东省博物馆官方微信、微博、豆瓣和专题网站对展览进行报道，累计达 146 篇；与地铁合作举办户外展览，并定制 3 辆地铁专列，首开行业先河，走向市民公共空间。扬州博物馆通过新闻发布会、电视媒体、平面媒体和网络媒体对“广陵潮——扬州古代城市故事”展览进行全面宣传，还拍摄电视短片及专题片如《国宝档案》《探索·发现》等，增加文物 APP 及导览器，在官方自媒体，如微信和微博等上进行集中展示。

多方合作还体现在更广泛的国际交流方面。“十二五”期间，与国外博物馆或文化机构合作举办的展览数量持续增多，这从一个侧面体现了中国文化走出国门的成效巨大。除了为国际称道的中国古代奇珍异宝主题外，其他生活类主题也不断涌现，成为文化外交的有效途径之一。

上海博物馆的“幽蓝神采——元代青花瓷器大展”汇聚 7 个国家近 40 家机构的 96 件组藏品，在展品选择上具有系统、新颖与多方兼顾的特点。“航路 1600——四百年中荷航海交往史”由中国航海博物馆与荷兰鹿特丹航海博物馆联合举办，继 2011 年该馆展品赴荷兰鹿特丹展出之后，2012 年展览移师上海，进一步加强鹿特丹与上海两个友好城市的交流与合作。

在文化交流与对话的同时，两地策展设计人员的合作也促进了博物馆策展理念与实务操作间的碰撞与学习。湖南省博物馆的"马王堆汉墓传奇"是中意两国签署的《中华人民共和国国家文物局与意大利共和国文化遗产与活动部关于促进文化遗产合作的谅解备忘录》中的一部分，是在意大利展出的中华文明系列展中的第二个展览。展览由湖南博物馆和意大利设计人员共同设计，由蒙特蒙斯德公司制作、施工。

综观"十二五"期间的各大展览，2014、2015年见证了出入境展览不断发展的繁荣景象，包括"铸鼎镕金——先秦材料科学的智慧特展""精神如见——中山舰出水文物特展""岭南印记——粤港澳考古成果展""印度的世界——美国洛杉矶郡艺术博物馆藏印度文物精品展""马王堆汉墓传奇""高棉的微笑——柬埔寨吴哥文物与艺术""铸鼎镕金——先秦材料科学的智慧特展""飞越欧洲的雄鹰——拿破仑文物特展""日内瓦：时光之芯——瑞士钟表文化之源""'精神如见'——中山舰出水文物特展""汉唐中原——河南文物精品展"等在内的大大小小国际合作展览，不仅起到了文化交流的突出作用，同时也成为中外对话、碰撞、沟通的平台。

3. 公共服务品质提升

良好的观展体验不仅来自优质的展教活动，还与优质的服务品质息息相关。"十二五"期间，博物馆在公共服务品质上也不断提升，除了提供展览外，不仅增加了便民服务设施，同时还设计服务来满足家庭观众以及残障人士的需求。不仅提供多语种的讲解服务，还制定了详细的观众接待服务计划。敦煌博物馆的"华戎交会的都市——敦煌历史与丝绸之路文物陈列"以中文、英文、日文、韩文四国文字展示展览内容。吐鲁番博物馆的"吐鲁番文物通史展"提供汉语、维吾尔语、英语、日语、韩语、德语、俄语六种语言讲解，并安装了红外感应的语音系统。广西壮族自治区博物馆的"瓯骆遗粹——广西百越文化文物陈列"除提供中、英、日、泰、越南等语种讲解之外，还提供粤语、桂柳话等地方方言讲解，并有语音导览及微信导览可供选择。首都博物馆针对"白山·黑水·海东青——纪念金中都建都860周年特展"为观众提供轮椅与童车的租借服务，拐杖、老花镜等便民用品的使用服务，以及休息座椅、手机加油站等。上海博物馆的"电影是我的生命——汤晓丹、蓝为洁文物专题展"为更好引导参观者，在广场LED大屏滚动播放展览广告，馆内在一楼、二楼自动扶梯处设置醒目的展区指示、公共设施引导指示及参观动线指示。博物馆在增加便民服务设施的同时，还努力满足家庭观众以及残障人士的需求。

（四）新的趋势：理念与技术

1. 新理念——展览彰显人性化、多元化和环保化理念

随着新科技发展，"十二五"期间的展览产生具有突破性意义的新理念，较为显著的有人性化、多元化和环保化。

在人性化上，表现为通过对观众多方面需求的考虑、对展示环境的整体规划、对教育与观众服务配套设施的提供，鼓励观众来博物馆参观，并可充分享受参观过程。同时，随着新科技的更新换

代和广泛采用，更是为人性化展示空间的打造创造了无限的可能性。故宫博物院的“兰亭特展”在展厅空间的规划中确定书法与自然相结合的理念，为观众营造一种可供联想的空间意象，通过将山、水、石、竹、云、亭等元素加以抽象融于展厅加以表达。进入展厅后，以灯箱形式做成墨池，右转即看到展览的第一个高潮——“兰亭景观”。展览第三单元“乾隆皇帝的兰亭”是另一个高潮，在展厅中依流水图案的走势设置几处座椅，营造出故宫乾隆花园的禊赏亭“流杯渠”。观众可以在此休息、聊天，体味古人高雅的生活方式。

在多元化上，表现为不仅选题出现社会性、多元化特点，同时在选题呈现上，通过多感官的体验并结合多种展示手段，让观众感受情境及剧场式的临场震撼等。湖北省博物馆的“道生万物——楚地道教文物特展”向大众展示了道教文化。道教涉及中国文化的各方面，是中国文化的根柢。但国内少有道教文物和道教文化展。这既有文物典藏、筹备周期等因素，也有题材驾驭等策展困难。湖北省博物馆的“道生万物特展”，旨在全面向反映道教文化。重庆中国三峡博物馆的“白鹤梁水下博物馆陈列展览”讲述了世界首个水下博物馆的故事。由于水下博物馆的特殊性，在展览内容上划分为水下和地面两大展示区。其中，水下遗址区以白鹤梁题刻原址保护为核心展示，地面展示区主要介绍白鹤梁题刻与白鹤梁题刻保护工程，为水下参观做知识铺垫。大连惠丰博物馆的“大连足迹（城市记忆）”向观众展现了大连城市的多元文化，遗留下来的建筑中至今保留希腊、古罗马的柱式风格和文艺复兴的圆穹顶格调。在这些建筑中不仅有哥特式尖塔顶、巴洛克三角墙、古俄罗斯的“洋葱头”、旧式“日本房”，还有中国典型砖混结构建筑的“中国房”，通过建筑特点来体现大连的兼容并包。

在环保化上，布展时不仅使用满足环保要求的建筑材料，同时也倡导自然生态保护，包括濒临灭绝的动物标本的采集规范、展示科技媒材的发展、资源回收与再利用等。大地湾博物馆大胆保留部分间接自然光照明，与人工光照明结合，使器物观感自然，节省运营费用。海南博物馆“大海的方向——华光礁一号沉船特展”使用专业灯具，特别是水纹灯的使用，烘托展览氛围；采用移动式展板区隔五个单元，既解决自然光的问题，又对展览空间进行有效分割，使得展线更加顺畅。宋庆龄生平事迹陈列馆的“寓情于史以情传神——宋庆龄陈列”采用新材料砂岩石制作山石清泉背景墙，增强了艺术表现力和感染力；采用德国进口的无反射玻璃，去除光照射的眩光反射；将三星最新科技产品——隐形透明显示屏运用于多媒体艺术场景，新颖独特，艺术性强；利用声音识别技术与大型 LED 视屏反馈系统组合成多媒体展项，增强艺术感染力和视觉冲击力；利用最新的修图修片技术（Retouching images）精修图片，采用进口 HP Designjet Z6100 图文输出设备制作图片，还原陈列图片之历史原貌，使制作的图片更清晰、真实和精致。南京博物院的“南都繁会·苏韵流芳——南京博物院一院六馆系列展”特展厅中设计了许多项专利，如高金版墙面、模数化装拼式展览、集成化和升降吊顶、自动转动展览、智能化照明控制、中国第一个落地式数字展示等，致力于打造节能环保的生态展厅。

2. 新技术——展览成为新技术应用的实验场所

“十二五”见证了日新月异的科学技术不断被运用至日常生活生产中，而博物馆也成为新技术应用的实验场所，其中主要包括多媒体与剧场应用、影音科技演进、网络线上普及以及材料科学的更新。

在多媒体与剧场上（所谓多媒体，包括声音与影像的呈现），利用新科技创造出另一种不同的体验空间，包括立体剧场、太空剧场等。上海世博会的“上海世博会纪念展”原创了十余个充满创意并富含高科技元素的多媒体展项（如五屏环幕、3D 电影、视频长卷等），为观众演绎一场视觉盛宴。杭州博物馆的“珍藏杭州——杭州博物馆馆藏文物精品陈列”将虚拟现实技术，实现视觉由二维向三维的转换，如翰墨丹青展厅中的《西湖图》，方寸之间展厅中的“方寸之柱”和“邮票魔方”，都突破平面展品的局限，激活了展品的表现力。中国园林博物馆展览成功运用 3D 扫描和 3D 打印新技术，对不可移动文物进行无损伤复制，并研发出多项展示新技术申报国家专利。

在影音科技演进上，借由影音将晦涩难懂的学术资料转化为浅显易懂的动态画面，可提升观众的观展体验。上海青浦区博物馆的“上海之源——上海市青浦区博物馆基本陈列”以“最早上海贸易港青龙镇”为重点，综合采用幻影成像、沙盘模型、虚拟奏乐、大场景复原、3D 投影等技术。上海科技馆的“海洋精灵——海洋脊椎动物塑化标本展”通过隐藏在帷幕中的蓝色 LED 灯带营造出富有层次的深海环境，波纹灯、电脑灯模拟出海面照射下阳光光束的动感效果。核心展品通过“主灯 + 多角度侧光勾勒边缘 + 重点部位聚光灯强调”，突出标本的雕塑感和艺术感，并引导观众关注和展示内容相关的重点区域。

在网络普及上，随着网络普及观众与博物馆距离被拉近，各博物馆设置构建官方网站，并打造“数字展览 / 线上展览”。上海科技馆的“海洋精灵——海洋脊椎动物塑化标本展”采用专题 Web 网站与面向手机用户的二维码识别 Wap 网站相结合的方式进行传播。网站内容包括展览介绍、海洋生物的科学档案、海洋保护宣传资料等，使观众能够突破时空限制随时访问展览。参观浙江省博物馆的“惠世天工——中国古代发明创造文物展”的观众，可通过智能手机、平板电脑等移动终端免费下载“惠世天工”客户端软件，享受自助式语音讲解、文物 360 度全角度欣赏以及文物高清晰度鉴赏等服务。

在材料科学的更新上，展示环境对光线、温度、温湿度、虫害、微生物与防震、防火、防洪等条件，都有相当严格的规范。如对材料科学的注重，采用无酸纸、光纤及恒温恒湿等保存及材料科学的新技术。上海世博会博物馆的“上海世博会纪念展”在材料使用上，运用了节能、环保材料，如喷绘均使用无气体污染的 UV 工艺。而广东省博物馆的“牵星过洋——万历时代的海贸传奇”为了能在保证质量和安全的前提下绿色办展，根据展墙承重情况，采用两套展墙制作方案：承重较轻的，使用石膏板加轻钢龙骨；承重较重的，使用 9 毫米防火板加粗木方龙骨。同时，通过对展墙双面使用，以及对上次展览留下的物料重新组合利用等一系列措施，有效降低了制作成本。

结语

如果要对“十二五”期间博物馆陈列展览作一个简洁的概括，那就是：博物馆展览作为知识传播的场所，在响应时代呼唤、履行教育职责方面取得了重大的进展。但这些进展还带有明显的探索色彩，主要体现在一些观念已经出现重要变化的博物馆中，距离这些观念的普及，还有较长的路。如何将这些新的认知与新的观念在更大的范围付诸实践，是今后一个较长时间的任务。

之所以产生这样的担心，原因与博物馆发展的不平衡性有关。中国地域广阔，社会文化发展很不平衡，这种社会背景深深影响了博物馆的发展。在一些社会经济文化发达的地区，博物馆开始关注博物馆学的研究，并且引进了一些新的理念与技术，在经济与人才上也有较好的保障；在一些不发达的偏远地区，由于观念、财力、人才诸方面的制约，博物馆展览仍然停留在较低的水平。

核心的问题是社会关于博物馆功能与使命的观念。观念的滞后主要表现在博物馆物的认识上，包括如何收藏它：是收罗珍宝，还是收藏社会记忆载体？其本质含义是什么：是一个仅供欣赏的艺术品，还是沟通观众与历史、与自然、与当代生活对话的介质和桥梁？展览的使命是什么：是满足于将物放置在美丽的容器中，还是让它帮助观众认识社会、历史与文化，从而丰富自己的知识与精神生活。这一点正如国家文物局局长刘玉珠在谈“十三五”文物科技工作时所指出的，当前文物博物馆事业发展面临一些亟待突破的瓶颈问题。一是对于文物的价值认知能力有限，难以全面、系统挖掘和深刻阐释文物的多元价值，难以讲好“中国故事”；二是对于文物保护的能力有限，在濒危文物的抢救性保护和更大范围的文物预防性保护方面，都有大量难题尚未突破，需求复杂而巨大，技术手段却十分有限、单一；三是对于优秀传统文化的传承能力有限，展示传播方法陈旧、形式雷同，事倍功半，难以满足广大人民群众日益增长的公共文化需求，急需创新管理理念和技术、通过装备革新来提高文物保护利用的质量与效果。这一结论对我们概括“十二五”博物馆展览的状况是中肯的。

站在“十三五”的新起点，面对学习型社会建设的时代召唤与国际博物馆界观念的重大更新，我们应该意识到：博物馆的社会使命正在发生重要的变化，虽然它作为人类文明创造物收藏者的角色依然鲜明，并且永远会存在下去，但这些物品的创造性价值以及它所承载的人类情感与智慧，应该得到进一步的阐释，否则，博物馆就忘却了自己的初心，变成一个美丽的仓库。让我们对正在进行中的“十三五”充满期待。相信在上一时期出现的新理念与新技术，将会走出探索的阶段，成为更多博物馆的实践。

2016年度陈列展览撷英

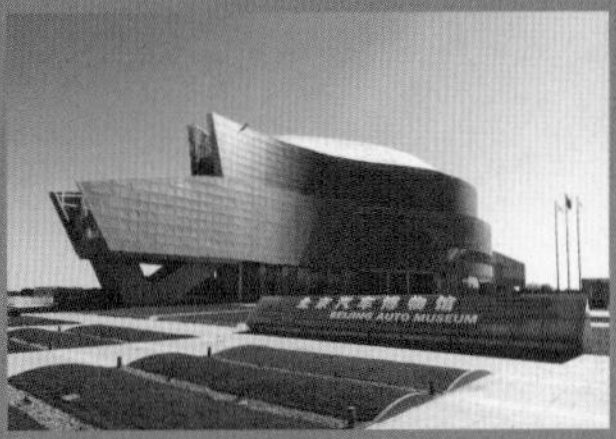

历史篇

丝绸之路与俄罗斯民族文物

中国国家博物馆

“丝绸之路与俄罗斯民族文物展”由中国国家博物馆与俄罗斯民族博物馆联合主办。展览于2016年7月1日至10月7日在中国国家博物馆南8展厅向公众开放。

此次展览展览共展出594件展品，时代多为19世纪至20世纪初，代表了居住在黑海到太平洋之间的俄罗斯南部地区民族的特色文化，展示了俄罗斯的多民族风貌，弘扬了丝绸之路交流互通的理念。

展览选取俄罗斯南部地区具有代表性的民族及文化，共分为五部分：

第一部分，俄罗斯族。俄罗斯族向南部移民和开拓的历史，是丝绸之路沿线以北地带产生多民族化的原因之一。本部分展示了俄罗斯族的传统服饰、乌拉尔装饰画、啤酒和茶饮习俗等。

第二部分，伏尔加河中下游地区和乌拉尔山前地带民族。伏尔加河中下游地区和乌拉尔山前地区位于欧亚交界带，也是草原丝绸之路和大伏尔加航路交汇的地域，与波罗的海沿岸相连。该地区活跃的商路，促进了世界多元文化该地区的传播。

第三部分，北高加索和达吉斯坦地区的民族。丝绸之路高加索北部地段是古代贸易往来的重要

展览序厅

展厅一隅

商道，商人从这里输入商品，也把当地生产的东西运输到黑海沿岸地区，然后从那里海运到欧洲。

第四部分，西西伯利亚和南乌拉尔的哈萨克人。西西伯利亚、南乌拉尔和伏尔加河下游的草原带、森林草原带属于从东欧延伸到太平洋的亚欧大草原带。游牧民族是大草原上的主要居民，曾经在丝绸之路上帮助商队适应当地环境。

第五部分，南西伯利亚地区民族。南西伯利亚是指俄罗斯南部同哈萨克斯坦、蒙古和中国接壤的历史文化区域。历史上该地区的民族在生产技术、社会习俗、日常活动等方面深受中国和蒙古传统的影响。

整个展览展品种类丰富，既有式样各异的传统民族服饰，也有清新自然的乌拉尔装饰画、做工精美的达吉斯坦“凯塔格”丝绣、“柯那赫肯德”无绒头地毯、独具风格的鞑靼皮革制品等各具特色的手工艺制品；既有反映游牧生活的马具、车具，也有古兰经盒、阿弥陀佛像等物品；既有山地民族的房屋一隅，也有草原民族的毡帐陈设，还有充满生活情趣的啤酒桶、茶炊、马奶酒囊等饮食文化器具，以及“希德拉”“托格孜胡马拉克”等极具民族特色的棋类游戏。

通过这些展品，观众可以看到，俄罗斯南部民族在社会文化发展上深受草原丝绸之路的影响，尽管有着不同的语言、历史传统和宗教信仰，但都因交流互通而和谐共居于同一个历史空间内，草原丝绸之路也因此成为将这些不同地区和民族联系在一起，并为他们带去繁荣的交通要道。以史鉴今，展示俄罗斯民族的传统文化，回望丝绸之路的历史经验，更有助于阐明和认识以欧亚范围内的互利合作为主旨而提出的“新丝绸之路”理念。

阿拉伯之路——沙特出土文物

中国国家博物馆

“阿拉伯之路——沙特出土文物展”由中国国家文物局、中国国家博物馆和沙特旅游与民族遗产总机构共同主办，中国文物交流中心承办。此次展览于 2016 年 12 月 20 日至 2017 年 3 月 19 日在中国国家博物馆南 7、南 8 展厅向公众开放。

此次展览是中国与沙特阿拉伯建立全面战略伙伴关系后，中沙双方在文化交流与合作方面取得的一项重要成果。展览共展出的 466 件组来自沙特阿拉伯王国多个博物馆珍藏的考古与文化遗物，是过去 40 年间沙特阿拉伯王国考古调查、发掘工作的重要成果，其中不乏震惊世人的发现。这些珍贵文物的时代跨度自 100 万年前的石器时代开始，经史前时期、前伊斯兰时期、伊斯兰时期，直至近现代沙特王国的诞生，全面反映了沙特境内古代伊斯兰文明和沙特阿拉伯本土考古学文化发生、发展的历史进程。展览中的大量文物出土于阿拉伯半岛历代香料之路、朝圣之路沿线，堪称阿拉伯本土文化与东、西方文化之间交流和互动的重要物证。

此展览共分为六个部分：第一部分为史前时期的考古发现，主要展示史前时期的武器、雕塑和工具，一些文物的历史可追溯至 100 万年前；第二部分为欧拉与泰马的考古发现，主要展示欧拉、

雕塑展示

展厅局部

泰马等阿拉伯半岛西北部绿洲发现的雕像、石碑等历史文物；第三部分为卡耶特法奥的考古与现，主要展示沙特阿拉伯中部地区卡耶特法奥的重要考古发现；第四部分为塔鲁特的考古发现与迪尔蒙、格拉；第五部分为麦加与朝圣；第六部分为沙特王国的形成。

商贸之路与朝圣之路是贯穿该展览的两大主题。千年以来，经济交流、商贸往来与朝圣活动为远至内陆沙漠的阿拉伯半岛各个地区带来了跨区域的发展动力，也造就了其独特的文化地理特点。此次展览还对迄今发现的沙特境内的古代考古学文化进行了全景式的展示和呈现，为中国人民了解和认识沙特阿拉伯王国的古代文化与历史提供了不可多得的良机。

在展览的宣传与推广上，馆方及时在官方微博、微信发布了开展信息和各种讲座活动预告，央视网、人民网等多家主流媒体对展览进行了实时跟踪报道。为了便于观众更好地理解展览内容，展览期间，馆方专门邀请沙特麦加－麦地那大清真寺托管项目副主席兼执行总监阿里·易卜拉欣·哈班教授做了题为“沙特王国的古代文明”的专题演讲。

展览开展的三个月内，观众络绎不绝，受到社会各界的一致好评。此次展览的成功举办，亦对中沙两国的文化交流起到了促进作用。

明代御窑瓷器
——景德镇御窑遗址出土与故宫博物院藏传世成化瓷器对比展

故宫博物院

“明代御窑瓷器——景德镇御窑遗址出土与故宫博物院藏传世成化瓷器对比展”（简称“明代成化御窑瓷器对比展”）由故宫博物院与景德镇市人民政府共同举办，由故宫博物院器物部与景德镇考古研究院共同策划。展览于 2016 年 10 月 25 日在延禧宫开展，展期至 2017 年 2 月 26 日。

此展览系故宫博物院与景德镇市人民政府在 2015 年成功合作举办“明代御窑瓷器——景德镇御窑遗址出土与故宫博物院藏传世洪武、永乐、宣德瓷器展”后，举办的又一个大型专题瓷器系列展。

随着景德镇自 20 世纪 80 年代以来明代御窑瓷片标本的不断发现，它以数量多、质量精，又能与传世瓷器相对应的特点，成为研究明代御窑生产制度的珍贵实物资料。而故宫博物院收藏明代御窑瓷器数量多、质量精，与景德镇市人民政府联合举办传世与出土御窑瓷器对比展，可谓珠联璧合。展览旨在通过将明代景德镇陶厂或御器厂遗址出土落选品与故宫博物院藏正品对比的方式进行展示，为观众朋友提供一个全面了解明代景德镇御窑烧造瓷器品种和欣赏标准器的机会，以弘扬博大精深的中国陶瓷文化，满足人们日益增长的精神文化需求。

精美瓷器

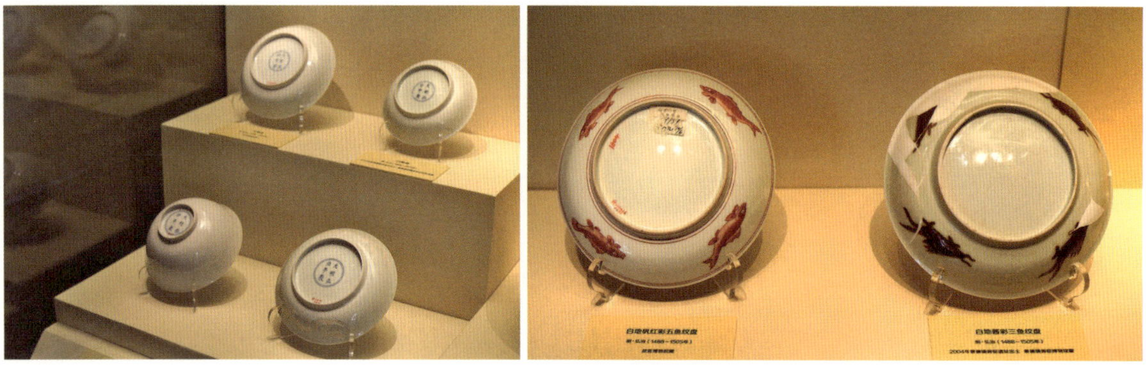

展品对比

此次展览共展出文物183件套。其中，故宫博物院首次将珍藏的经几代专家鉴定过的成化御窑瓷器悉数展出（一些重复品除外），共计67件套，为观众提供了一次较全面欣赏成化御窑瓷器标准器的机会。另外还展出9件具有代表性的后仿成化（或仿成化款）御窑瓷器，供人们对比研究。景德镇市陶瓷考古研究所则从历年考古所得中遴选出107件套具有代表性的修复品参展，其中有的见于传世品，可与故宫博物院藏品对照展示，使人们一目了然地看出正品与落选品的区别。而展出的不见于传世品的出土物，则能够丰富人们对成化御窑瓷器的认识。

“明代成化御窑瓷器对比展”属于系列展，陶瓷鉴定专家孙瀛洲先生曾将成化六字款概括成六句歌诀：“大”字尖圆头非高，“成”字撇硬直倒腰，“化”字人匕平微头，“制”字衣横少越刀，“明”日窄平年应悟，“成”字三点头肩腰。鉴于成化御窑瓷器的重要性，今年特单独举办该朝瓷器展。

展览共分五个单元，分别为：“清新优雅——青花、釉里红瓷器”“轻盈秀丽——五彩、斗彩瓷器”“色彩缤纷——杂釉彩、素三彩瓷器”“均匀纯正——颜色釉瓷器”“影响深远——后仿成化御窑瓷器”。展览亮点是最后一个单元。成化御窑制瓷工匠将造型、胎釉、纹饰、色彩和彩绘技法有机地融为一体，为后世瓷器树立了榜样。明中叶以来，随着文人品评和收藏古玩之风的盛行，成化御窑瓷器成为收藏者竞相猎取的目标。清代康熙、雍正、乾隆三朝，景德镇盛行仿成化御窑瓷器，特别是这三朝的皇帝对成化御窑瓷器表现出很大兴趣，致使当时所仿成化御窑瓷器不仅产量大，而且水平高，有的仿品真假难辨。

在展览的宣传方面，故宫将传统新闻媒体与新媒体相结合，在微信、微博、故宫官方网站首页上进行一个全方位、多渠道的宣传。结合图片、视频和策展人的访谈，进行了线上线下的展示。这也吸引了众多观众慕名前来欣赏成化御窑瓷器的文化魅力。

为了向公众更好地普及知识，开展的当天，还在建福宫花园敬胜斋召开了“明代成化御窑瓷器对比展”暨“明清御窑瓷器考古新成果展”学术座谈会。

“铜”心“铜”德——中国铜元精品展

中国钱币博物馆

中华民族光辉灿烂的历史孕育出了独具特色的钱币文化，为深入探究我国钱币发展历程，彰显钱币文化魅力，“‘铜’心‘铜’德——中国铜元精品展”由中国钱币博物馆精心策划，于 2016 年 10 月 24 日作为“中国钱币精品系列展”的开篇之作，经过中国钱币博物馆一年多的筹备，最终与广大观众见面。展期截至 2016 年 12 月 23 日。

展览筹办人员竭尽全力，全面整理馆藏铜元实物，并获得部分民间藏家的鼎力支持。经过细心筛选甄别，终使部分铜元真品、珍品和精品再现风采。展品中样币、原光币等实物可谓品品珠玑，满目琳琅，更有馆藏袁世凯像共和纪念十文铜元（大面像）、中华民国二十六年半分样币、大清铜币中心“汴”字二十文样币等难得一见的孤品、珍品，令人目不暇接。观众在欣赏精美铜元的同时，感悟精湛的铸币工艺、完美的艺术造诣，领略到中华钱币文化与近代西方技术相互融合的独特魅力。

该展览共分五个部分。

第一部分：铜元产生的历史背景。清朝末年，政府面临内忧外患，财政困乏，传统的制钱制度走到了尽头。洋务运动以来，西方的工业文明传入中国，为铜元的产生创造了条件。这一时期是我国传统的货币制度向近代货币制度过渡时期，随着中国传统制钱制度的土崩瓦解，作为一种新型的货币形式，铜元作为辅币开始取代制钱参与流通。

第二部分：清末铜元的铸造和使用。铜元首先在广东开铸，后各省竞相仿铸，时间自光绪二十六年至宣统三年（1900 ~ 1911 年）。币材以红铜和黄铜为主，以“枚”或“箇”为单位。清末铜元主要有“光绪元宝”和“大清铜币”，币值有多种。各币值中以十文和二十文居多，尤其是十文铜元，流通最广、铸造量最大，深深影响到清末社会经济生活的各个方面。

第三部分：民国铜元的铸造和使用。民国成立后，清末铸造的各种铜元仍继续大量流通使用。1914 年，铜元正式改称“铜币”，图案由龙纹更换为嘉禾纹。各省铸造的铜币大多为两面交叉的国旗图案，并有“开国纪念币”或“中华民国铜币”字样。因受地区割据因素影响，民国元年（1912 年）至民国二十四年（1935 年）的铜币铸造更为紊乱，甚至开始出现了大面值的铜币。随着各地军阀势力逐步衰落，国民政府为统一币制、控制金融秩序，实行以纸币为主的货币政策，铜币逐渐被镍币取代并退出历史舞台。

第四部分：苏维埃政权铜币。土地革命战争时期（1927 ~ 1937 年），中国共产党建立了江西中央革命根据地以及湘赣、湘鄂赣、湘鄂西、闽浙赣、鄂豫皖、川陕、陕甘、琼崖、左右江等苏维埃革命根据地。为发展根据地经济，保证革命政权的巩固发展，很多根据地都建立了自己的财政、金融

国民政府中央造币厂铜镍辅币样币

宣统己酉“汴字当十”大清铜币

体系，成立银行，发行货币。其中，中央苏区、湘鄂西、鄂豫皖、川陕等根据地制作和使用了铜币。

第五部分：铜元的铸造工艺。清末的铜元生产大都是在原有兵工厂的基础上，通过增加一些铸币设备进行的。机器铸币是通过币模压印，所以铸造出来的钱币标准统一、型制规范。冲压成型的铜元，文字图案清晰，材质密实，钱型规整，坚固、耐磨损。

为进一步普及铜元知识，让观众更好地理解展览内容，在中国钱币博物馆报告厅，还举行了一场精彩的学术讲座，四位铜元研究者和收藏家就铜元样币的金属成分、趣味币的成因、铜元铸造工艺和四川军政府铜币等几个方面与观众进行了交流。广大观众纷纷表示受益匪浅，对铜元的产生和流通情况有了更加深刻的认识。

在我国古钱的收藏和研究中，铜元具有突出的地位。铜元是中国近代货币体系的重要组成部分，在近代中国经济、金融史上具有独特的历史地位。铜元的兴衰充分反映了我国近代政治、经济的发展状况。铜元的铸造和使用既是我国钱币铸造技术的重大改革，也是我国钱币形制的一次革命，对当时经济发展起到了一定作用。其铸行的兴衰，充分反映了我国近代政治、经济发展状况。统观清末民国铜元，品种繁多，铸工精细，图案流畅，文字隽秀，具有较高的收藏鉴赏价值，一直受到广大钱币收藏爱好者的喜爱，展览的举办对中国铜元的研究和收藏起到了一定的推动作用。

中国当代财税历史陈列

中国财税博物馆

为纪念中国共产党成立 95 周年、中华人民共和国成立 67 周年，“中国当代财税历史陈列专题展览”由中国财税博物馆于 2016 年推出。这是目前我国第一次全景式、立体化、系统性呈现中国当代财税发展史的大型综合展览。

该展览以时间为逻辑线，在 800 平方米的展示区域内生动再现了中国共产党成立以来财税建立、变化、发展的历程，旨在使观众深入了解我党 90 多年财税历史的演变、党和政府在不同时期制定的财税政策，以及这些政策对促进社会经济的发展所发挥的巨大作用等。

财政是国家治理的基础和重要支柱。财政税收与国家的产生发展同步，是优化资源配置、维护市场统一、促进社会公平、实现国家长治久安的制度保证。一张张发黄的票证，一件件珍贵的文物，一叠叠尘封的文献，一张张久远的照片，书写着人类最伟大的一段红色历史。中国财税博物馆“中国当代财税历史陈列专题展览”像一本教材，让每一位观众感受到中国共产党率领中国人民波澜壮阔的奋斗征程。

“土地革命时期，中华苏维埃共和国临时中央政府成立，并建立了相应的财政收支预决算制度。财政制度的建立和实施，促进了根据地经济的发展，巩固了红色政权；抗战爆发后，共产党积极开

展馆外景

展厅一隅

辟敌后抗日战场，建立抗日民主政权，并先后成立了晋察冀边区、晋西北行政公署等几个工作执行委员会及行政公署，各根据地组建的抗日民主政权均设有财政厅、财政处等机构，行使财政职能。除了没收敌伪财产和争取外援，著名的大生产运动、精兵简政、减租减息等，都是增收节支全力抗战的财政手段；解放战争时期财税工作的首要任务，就是保障长期大规模战争军需供给和人民群众生活。在解放区，党中央实行彻底的土地改革，满足广大农民对土地的迫切需要，同时改进公粮税收工作，扩大征收面，降低累进税率，调动农民生产积极性。”

上面是一段中国当代财税历史陈列展的解说词，而下方的展柜中则是那一时期的各种珍贵实物，如 1934 年兴国县土地税减税证、中华苏维埃共和国红军临时借谷证、晋冀鲁豫边区生产建设公债、陕甘宁边区财政厅牲畜买卖证……。为保证人民战争胜利，我党的财政工作从未有所缺失，大到对前线大规模物资供给，细到对每户人家的征集粮物。观后，不能不让人对我党战争时期工作的理解又多了几分，深了几许。

不断提升和丰富博物馆藏品及其内涵，力争以尽可能完整的形式还原历史，是中国财税博物馆近年来的工作着力点。在中国当代财税历史陈列展中，最难表现的无疑是革命初期，艰难起步的革命，始终伴随着物质匮乏与动荡不安，文物自然不会丰富。但邓子恢部长深夜办公虚实结合的模拟场景再现了革命初期的时代背景。除了文物及文献资料等实物外，包括图片、视频在内，各种呈现历史的形式在展览中还有很多。除此之外，还在官网上进行虚拟 VR、AR 的展览，使观众参观方式更加灵活。

财税在国家经济发展建设中的杠杆作用，在人们柴米油盐生活中的保障作用，通过参观这家“专业”博物馆，都可以生动地感受到。在展览施工过程中，中国财税博物馆坚持精心设计、制作、施工，并在材料、工艺、技术、设备等各个方面精益求精，打造出历史与现实交融的时代精品，吸引了很多观众参观。

中国酒泉卫星发射中心历史展览

中国酒泉卫星发射中心历史展览馆

中国酒泉卫星发射中心历史展览馆经过改扩建，于 2016 年 9 月 2 日正式开馆。建设展览馆的目的是为了向社会各界和中心官兵普及航天知识，弘扬中心组建以来孕育形成的“两弹一星精神”“载人航天精神”，宣传特有的航天文化，进一步弘扬爱国主义，增强民族自信心和自豪感。

“中国酒泉卫星发射中心历史展览”由酒泉卫星发射中心历史展览馆举办，策划团队为展览馆的相关部门。展览以科研试验和重大历史事件为线索，集中展示了我国“两弹一星”、载人航天伟业的辉煌成就与特色精神，体现了我国发展国防尖端科技和建设航天事业的丰功伟绩，生动反映了酒泉卫星发射中心的光辉历程和航天人的精神风貌。

展览展示历史图片约 900 张，历史文物、实物近 400 件，珍贵文献 80 份，火箭等模型 50 余件，设置 7 处场景还原，1 处动态沙盘，1 个大型主题浮雕，1 个 VR 体验舱，让观众近距离感受祖国航天事业的发展史，感受航天人艰苦创业的奋斗史。

展厅一隅

展厅内景

展览内容总体上按照序厅、主展厅、中央体验厅、附展厅四大区域六个专题进行设计布展。序厅作为展览的开始，主要通过简洁大方的表现手法，展示基地的整体形象。主展厅以“鏖战大漠、拓荒天宇”为主题，沿着历史发展脉络，突出重大任务，穿插历史故事，展示基地艰苦创业、顽强拼搏、不辱使命的奋斗历程，下设两大版块，分别介绍老基地的发展历程和新基地的建设成就。中央体验厅是以航天梦为主题的大型虚拟体验厅，展厅设计成大型浩瀚宇宙空间穹顶和墙面，配合 LED 点光源模拟星光，同时设置长征火箭家族模型、神舟飞船返回舱实物、顶部悬挂空间站、卫星模型等，使观众如同徜徉在浩瀚的宇宙。附展厅作为主展厅的补充，从不同侧面展示基地其他领域的建设情况和特色实践活动。

展览选用的文物主要是发射中心组建以来留下的试验仪器、设备，发射中心创业初期重要领导人和官兵使用的生活用品和学习用具，发射中心发展历史进程中相关大事、要事的重要文献等。

展览专门展示了神舟九号返回舱、主伞、座椅等珍贵实物，制作了 1∶10 长征系列各类火箭模型 20 枚、卫星模型 10 个，1∶1 天宫一号返回舱模型，在巨型 LED 屏上播放载人航天模拟动画，修建了航天 VR 体验舱。

开馆以来，吸引了全国各地的观众特别是航天爱好者前来参观。《中国文物报》、《甘肃日报》、澎湃新闻网、央广网等新闻媒体都对此展览进行了宣传和报道。展览荣获“2016 年度全国博物馆十大陈列展精品”优胜奖。

王后·母亲·女将——纪念殷墟妇好墓考古发掘四十周年特展

首都博物馆

“王后·母亲·女将——纪念殷墟妇好墓考古发掘四十周年特展”由中国社会科学院考古研究所、北京市文物局、河南省文物局主办，首都博物馆、河南博物院共同承办，杨文英担任项目负责人。展览于 2016 年 3 月 8 日至 6 月 26 日在首都博物馆 B 展厅（地上一层方厅）展出。

妇好墓是中国考古史上第一座墓主人与甲骨人名对应的商代墓葬，是迄今唯一保存完好的商代王室墓葬。2016 年是殷墟妇好墓考古发掘四十周年、殷墟遗址入选世界文化遗产名录十周年，首都博物馆在北京首次推出妇好专题展，揭示这位巾帼英雄的传奇人生，阐释先秦妇女地位与社会角色的变迁；通过展示一座墓葬考古成果，向观众呈现一座古都、一个王朝、一个时代，让文物与历史对话，进而揭示中华文明的发展历程。本次上展文物包括青铜器、玉石器、甲骨器和陶器共 411 件套，分别来自中国社会科学院考古研究所和河南博物院，部分文物属首次公开展出。

在策划阶段，结合首都博物馆多年的策展实践确定了展览定位：见微知著的历史展、传播价值

“她的时代”

观的艺术展、闪现人性光辉的人物展、与观众建立情感沟通的文化展。据此设定了展览的内容要素：妇好是故事的唯一主人公；展览视角是让观众观察另一个普通人的生活；通过挖掘亲情、爱情、勇气、责任等情感激发观众的共鸣；故事的戏剧冲突是展现人物平凡与不凡的两面。

展览内容从女性视角展开，让英雄人物回归人性，以“情”感染观众。结构扁平化，四个单元概括妇好的传奇一生，以小故事如同“散点透视”串联起展览线索。序厅营造“倒叙”语境，引出人物。一单元“她的时代”介绍商王朝的起源、商文化的特点。二单元“她的生活”展示妇好的家庭生活、宫廷生活，使母亲、妻子形象渐趋丰满。三单元“她的故事”通过妇好的军权与致祀权展现她不让须眉的特质。四单元“她的葬礼”着重展示亲友对妇好的不舍与追思，再次刻画妇好平凡与不凡的两面。尾声揭示妇好的历史贡献、揭秘墓葬发掘经过，与序厅呼应。

空间规划“分而不隔”，广泛使用半透明材质围合出方正的空间组合，营造出通透的视觉轴线，烘托主人公的高贵身份。艺术氛围“古而不旧”，依据商代考古发掘成果选用红、黑、金为主色调渲染商代宫廷气氛，并借鉴舞台艺术的设计手法着力进行光影的营造。装饰材质“柔而不弱”，使用了金属珠帘、帷幔、麻、竹、木等多种柔软又富有垂感的古朴材料，烘托妇好的人物个性。

高度注意展示细节的匠心。甲骨拓片、器物图版制成随形灯箱嵌入墙内，宛如宫闱烛光。圆雕玉器竖立展示、两面观看，尽显莹润剔透。摒弃破坏视觉的放大镜，特别设计订制了可近距观赏的两面立柜。装饰纹样全部采撷自妇好墓文物，传递人物专属的文化气息。

展览探索性地使用了多种多媒体展项。除了常规的短片，还模仿古地图制成雅致的动态电子沙盘呈现枯燥的地图，以动画解读妇好名字、商代甲骨文，用动画结合 VR 虚拟现实技术再现妇好墓的营建过程、复原墓室，借助现代科技将历史更真实地还原呈现。

在宣传推广上，馆方在新闻发布会及展览开幕共接待媒体 50 余家，国家及北京地区各大传统纸媒均有新闻报道。北京电视台拍摄了专题片，发布微博百余条，阅读量约 600 万次。微博与国家博物馆共同举办找相同文物活动，阅读量达 412.5 万。发布微信 15 篇，阅读量 20 万，粉丝数从 2 万增至 7 万。举办讲座 3 次。向学校发放 4 万本考古小手册。

在文创产品开发上，馆方针对文创产品开发先进行文化分析，产品包括：系列一“及笄之年”，用牛角仿凤鸟玉笄制作发簪；系列二“触摸文明”，提炼青铜、甲骨文等元素设计文具套装；系列三“心之安处”，采用玉器造型设计手工皂，选用甲骨文“安心”设计口罩；系列四“风华再现”，选用核心文物“司母辛鼎”设计帆布提袋。产品用于教育活动赠送，未销售。

针对此次展览，馆方制定了详细周到的观众接待服务计划，包括编写专业讲解词、设计系列主题教育活动、提供展览讲解与活动的咨询服务、语音导览、配备手机导览，为观众提供轮椅、童车、拐杖、老花镜等便民用品的使用服务，为观众提供休息座椅、手机加油站等。接待各类重要团体和专场 42 团次，产生了极其广泛的社会影响。

五色炫曜——南昌汉代海昏侯国考古成果展

首都博物馆

“五色炫曜——南昌汉代海昏侯国考古成果展”由江西省文物局与北京市文物局共同主办，首都博物馆、江西省博物馆、江西省文物考古研究所承办，北京市文物研究所、大葆台西汉墓博物馆协办。展览自 2016 年 3 月 2 日在首都博物馆隆重开幕，因观众迫切需求延迟至 6 月 26 日闭幕。

展览较为全面地展现了典型的西汉列侯墓园以及相关历史文化的背景。既有历史人物的传奇人生，又有墓葬出土的丰富文物，正如展览主标题“五色炫曜”，引自西汉著名文学家司马相如《长门赋》中的名句“五色炫以相曜兮”，印证了西汉社会、文化发展的繁盛，以及海昏侯墓出土文物所呈现出的五彩斑斓的精彩模样。

展览大纲结合考古发现的重要价值、亮点，形成展览的四大部分：第一部分，惊现侯国（第一单元，惊世发现；第二单元，科学发掘；第三单元，侯国探秘）；第二部分，王侯威仪（第一单元，礼乐宴飨；第二单元，盛装出行；第三单元，酎金积贮；第四单元，生活风尚；第五单元，祭礼如仪）；第三部分，刘贺其人（第一单元，身份揭秘；第二单元，其人其事；第三单元，海昏家族）；第四部分：保护共享，（第一单元，科技保护；第二单元，规划展望）。展览内容设计条理清晰、层次分明、重点突出、特色鲜明，比较全面地反映了海昏侯国遗址的考古成果。

在展览形式设计上，整体思路是以中性色调及大面积的黑红色块营造墓室的氛围，使用高纯度的色块、通顶的大尺度图版、高精度的投影灯、阵列的独立展柜群构成展览元素，符合“汉风美”。展览自始至终保持远端的视觉通透，是本次展览设计中重点传达给观众的空间语言。

展览划分五个空间，分别为：序厅——象征辉煌的橙色；第一部分——象征礼制的绿色；第二部分——象征财富的金色；第三部分——象征尊贵的黑色；第四部分——象征希望的红色。整体设计思路清晰、重点突出、特色鲜明。

“五色炫曜”展厅局部

珍贵的出土文物

展览设计中特别吸引观众眼球的是通过高精度的投影灯呈现出的文物纹饰放大影像，其中的车马器当卢纹饰的放大图案影像，清晰、精致、唯美，凸显出2000多年前大汉王朝文化艺术的精彩模样。

宣传先行是此次展览在宣传上最大的特点。提前制定展览的总体宣传方案，涵盖展览前期、中期、后期，主要内容包括宣传重点、亮点、形式、内容以及确定相关媒体等。特别是新媒体的应用，使宣传的力度、时效、范围等得到极大的拓展，在一定程度上实现了展览的无界限、大众共享。

此次展览具有丰富的展品。整个展览共展出文物400余件，包括陶器、青铜器、金器、玉器、筒瓦及瓦当、车马器、砝码、五铢钱、灯具、博山炉、席镇、琥珀以及复制漆器等。将海昏侯墓考古发掘的丰富性、亮点、重要价值体现得比较充分。

首都博物馆在展览的运作中，一直比较注重相关文化创意产品的开发，作为展览的延续，把展览带回家。此次针对海昏侯展共开发了50余款文创产品，并于5月12日在第十二届中国（深圳）国际文化产业博览交易会上亮相，将文化创意产品作为博物馆的文化标识，延展其文化价值及影响。

海昏侯展在筹备期间，就已经引起社会上的极大关注。因此，首博领导在展览筹备期间，就明确要求相关部门提前做好开展时的总体运作方案，展览采取预约参观的方式。首博网站特意公布了参观展览预约的相关信息。

“五色炫曜——南昌汉代海昏侯国考古成果展”是首博新馆开放以来临时展览中最轰动的展览之一，共接待来宾422485人次。此次展览及时对接考古发掘，将考古发掘成果在第一时间呈现在公众面前，既满足了大众对考古发掘的热情探知，同时也揭示了当今考古工作的时代特色，使考古成果走出实验室，成为弘扬传统文化的主角。

领导重视与团队合作是本次展览成功举办的重要因素。“南昌汉代海昏侯国考古成果展”得到相关领导的大力支持。首都博物馆针对此次展览，很快组成了筹展专业团队，在北京市文物局领导带队下，于第一时间赴江西考古现场实地考察，并与江西方充分沟通。双方领导迅速形成展览的合作意向，明确双方的合作内容，并由筹展专业团队形成整体的展览工作方案及计划，责任到人，明确了具体的工作任务及完成时间，从而在总体上把控好了展览筹展进程的顺利推进、有效实施及最终的完成。

此外，展览能够在不到两个月的时间里顺利开展，其间还包括春节这一中国最大的节日，应该说是筹展团队的专业人员具有运作展览的高水平以及敬业精神。包括展览大纲的撰写、展览形式设计、展览制作、展览文物的运输等，制定了十分细致的倒计时工作安排。

大元三都

首都博物馆

2016年是元大都建成740年，借助这一时机，首都博物馆以元大都、元上都、元中都为切入点，举办展示元代社会文化生活的展览，既符合首博地志综合性博物馆的定位，也是实现博物馆社会功能的重要方式。

“大元三都展”由首都博物馆举办，该展览从全国14家文博单位借调了160余组件精美文物，同时也充分利用首都博物馆的馆藏资源。通过精心策划的选题和展现元代历史文化特点的文物，让观众感受三都的冠盖满阶、商贾云集、富庶繁华。

展览共分三个部分：第一部分“设邦建国以为天下本”，主要展示元代都城的选址与建设。在中国古代政治思想中，都城是统治的根本所在。因此，都城或京师的选址与建设都不同于普通城市。元代是中国蒙古族建立起的大一统政权，元大都、元上都、元中都的选址与建设承前启后，并带有鲜明的时代特征。本部分利用沙盘、宫殿模型、文物为依托，以建设元大都的历史人物元世祖、刘

气势恢宏的展厅

文物展示

秉忠、张柔父子、杨琼、郭守敬、阿尼哥等人为线索，全面展示三个都城的建设、遗址及思想内涵。

第二部分“只隔红门别是春”，主要展示皇室贵族生活。元代人王恽记载：“国朝大事，曰征伐，曰搜狩，曰宴飨，三者而已。”为了统治整个帝国，元朝还有两都巡幸的这一重大政治活动。此外，皇室贵族也有生老病死、婚丧嫁娶。本部分以朝会、宴会、狩猎、两都巡幸、墓葬等为组成部分，提纲挈领展示元代皇室贵族的生活。

第三部分“大都十万家”，主要展示平民百姓生活。手工业的发达、商业的拓展以及交通运输发展，使元代城市呈现出一派繁荣景象。都城之内，除了皇族和官僚以外，还居住着数量庞大的普通市民。他们忙着生计，遵循着婚丧嫁娶的旧有习俗，重要日子则到神前或寺里礼拜诵经，有闲时也到勾栏与瓦舍中看几台戏、逛逛市场。都市里的繁华景象给来自欧洲的旅行家们留下了深刻印象。本部分以吃、穿、住、用、行、娱乐、信仰等为小节，勾勒出元代城市中下层民众的生活画面。

在展览设计上，策展团队采用开敞空间与宏大场景相结合的展示方式，亮点突出，收放有度。第一单元展示了首都博物馆收藏的“元大都大内宫殿模型”。模型上方是依据苏州文庙南宋石刻《天文图》制作的星象天幕，结合多媒体视频演示，表现了刘秉忠在元大都规划设计当中所遵循的“象天法地”的规划设计理念，形成展览设计的第一个亮点。第二单元分别以元代绘画《江山楼阁图》和傅熹年先生所绘《元大内崇天门立面复原图》为蓝本，复原了一组元代建筑——宫殿台明和宫城城门，形成展览的又一亮点。第三单元依据和义门瓮城出土照片复原了和义门瓮城城门的场景。

展览设计采用一条“中轴线”，将三个单元纵向地联系串通起来，也将各个单元的设计亮点统一在这条特定的空间隧道之中。“中轴线”是元大都规划设计最鲜明的特点所在，借用到展览空间当中，成为展览空间设计的最大亮点和展览内容陈述的主脉。在展厅入口，设置有蒙古民族的呼麦曲调，作为背景音乐，营造草原民族的声觉氛围。

此外，配合展览举办了多场学术讲座。展览从开展以来收获良好社会效果，新浪网、搜狐网、网易网、《人民日报》、人民网、新华网、《国家地理》中文网等网站均有报道，北京电视台《这里是北京》、凤凰卫视《文化大观园》栏目等电视媒体也有专题节目加以宣传。展览展出三个月，累计参观人数40余万次。

燕人始祖　九重圣地——北京镇江营遗址文物展

周口店北京人遗址博物馆

2016 年是镇江营遗址发掘 30 周年，然而，30 年来的镇江营遗址却是默默无闻，缺乏保护。随着拒马河的河床滚动、当地居民取土对遗址的破坏，原本 3 万平米的遗址，只是发掘了 2170 平米，如今却只剩下了遗址的三分之一。可见，对镇江营遗址文化的挖掘和对文化遗址的保护工作已经刻不容缓。

“燕人始祖九重圣地——北京镇江营遗址文物展”是由北京市房山区文化委员会、大石窝镇人民政府和周口店北京人遗址博物馆共同主办，策划人为馆长董翠平。此次展览分工明晰，由馆长担任项目负责人，副馆长作为策展人，下设策展团队和形式设计团队。展览形式设计由北京航科文化传媒有限公司负责。该展览展期三个月，于 2016 年 9 月 23 日至 12 月 31 日在周口店北京人遗址博物馆临展厅展出。

展览分为三大部分：镇江营遗址——古代文化的交融之地、灿烂的新石器文明、辉煌的商周时代，每部分下设两个单元，简要介绍镇江营遗址的发现与发掘，并以此为基础展开，全面系统地介

展览序厅

文物展品

复原场景

绍九个不同代表时期的文化特征，精选各个时期的典型代表文物，再按照年代的先后顺序依此进行阐述。

展览的亮点在于依据展览大纲的描述，绘制出不同历史时期的人物形象，制作成人物雕塑，还原出生活场景进行展示。同时，展览呈现以下几方面的特色：首次以镇江营遗址文化为主题的原创展览；借展文物种类丰富、年代齐全、注重充分让文物说话；注重利用绘制彩图的方式，使展览内容一目了然；制作雕塑、复原场景，便于了解不同时期的代表人物。

围绕镇江营遗址文物展览，馆方充分利用媒体、报刊、网站、博物馆刊物等平台进行宣传推广。其中，千龙网、房山广电传媒网、北京文博等网站进行了报道；北京电视台等电视媒体进行新闻播报。

在理念探索、技术和方法应用上，展览特色体现在以下三个方面：一是面对考古成果越来越多，对文物发掘感兴趣的人越来越多，如何将考古发掘成果与展览相结合引发人们深入思考；二是随着社会各界对考古发掘兴趣的提升，博物馆可以通过举办临展的形式及时将考古发掘成果进行转换，所谓“文化因交流而精彩”；三是文物保护部门可以借助博物馆机构举办展览等活动，广泛引起社会、单位、广大人民群众对考古发掘工作的认知与重视，从而在整个社会范围，宣扬对文化遗产地或考古遗址的科学保护。

开展以来，得到广大观众的认可，观众纷纷留言好评：“希望通过你们的展览，实现社会公众对镇江营遗址保护工作的重视，更好地研究、保护、规划镇江营遗址，让灿烂的镇江营遗址文化得到继承和发扬。”从这一层面上理解展览，镇江营遗址文物展既增加了观众对镇江营遗址的认知，也提高了公众对文化遗址的保护意识。

戎刀燕币——尖首刀币起源的故事

北京古代钱币展览馆

“戎刀燕币——尖首刀币起源的故事”，是针对青少年专门设计展出的一项临时展览。展览由北京市文物局和北京古代钱币展览馆联合主办，北京市文物研究所、首都博物馆、滦平博物馆协办，北京博物馆学会理事长崔学谙担任总策划，北京古代钱币展览馆王培伍、顾莹担任项目策划。展览面积约 500 平米，于 2016 年 10 月 15 日至 2017 年 3 月 31 日在德胜门箭楼四层展厅展出。

展览主题主要分为三个方面：其一，反映军都山考古成果之一的有关尖首刀币起源的学术观点；其二，通过尖首刀币溯源，反映燕戎文化交融；其三，钱币学界对尖首刀币起源仍有多个学术观点，引起学者和观众的关注与讨论。

围绕展览主题，策展团队将展览内容分为五个部分：第一部分——一枚刀币（引入），介绍货币的起源、东周时期的货币和刀币与尖首刀币；第二部分——一串问题（提出问题），阐释由尖首刀币引发的思考、为什么会有刀形的钱币以及各家观点；第三部分——一次发现（找到证据），由一次北京考古的重大发现和山戎人生活中的削刀两方面内容组成；第四部分——一把钥匙（分析推断），揭开青铜削刀和尖首刀币的秘密以及共同的 DNA；最后一部分为一种答案（结论），解读小刀币背后的大历史，探讨尖首刀币产自何方、去向何处，并倾听考古学家讲发现尖首刀币的故事。

此次展览的亮点主要在于展览形式的创新，即定位人群的细节设计、优化空间布局、版式的图画语言和明快色彩、互动项目设定。展览特色一是展览定位明确，即专门针对青少年群体进行展陈设计。展览定位于青少年观众群体，力图用通俗易懂的语言向他们讲述一个尖首刀币起源的故事。如何运用通俗易懂的方法将一个专业学术课题介绍给青少年观众，是展览策展的难点。为此，本展

展览序厅

出土文物展示

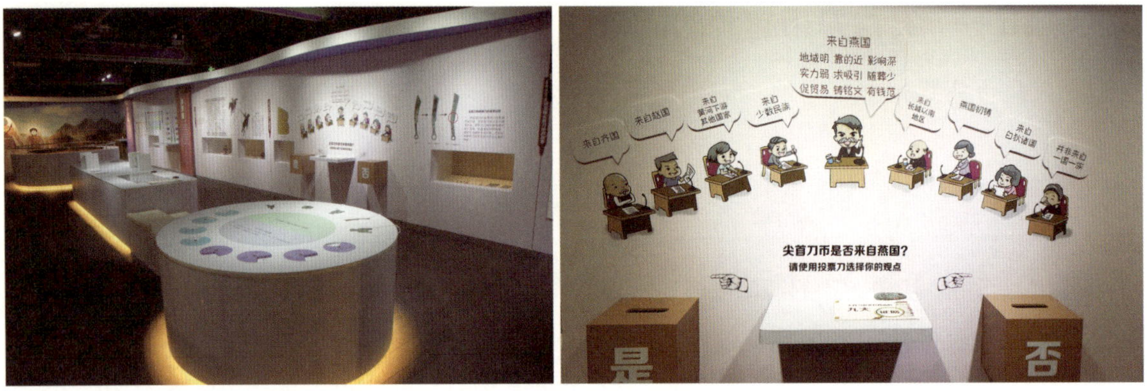

青少年互动装置

览进行了有益探索和实践。展览力图融学术性及科普性于一体，寓教于乐。配合卡通图解、科普互动、口袋书等，使之成为孩子们能学、能玩的展览。二是开放式结尾，关于尖首刀币的起源，学术界存在多种观点。此次展览采取“燕国说”，即尖首刀币的形制来源于山戎人使用的削刀，而铸造发行者则是燕国——这也是展览名称“戎刀燕币”的由来。对于尖首刀币起源的其他说法，展览也并未全盘否定，而是强调“燕国说”只是一家之言。在浏览“燕国说”的论据之后，观众可以判断此说法的合理性，并将自己的观点用投票的方式反馈给馆方。

此外，展览策划制作团队由专家团队和项目执行团队共同组成，专家团队包括总策划崔学谙，项目策划王培伍、顾莹；执行团队主要包括馆方工作人员和北京博华天工文化发展有限公司策展团队。二者的结合，既保证了展览知识的专业性，又能确保展览形式新颖，能够吸引青少年观展。

主创团队专门开发了系列文创产品，均是以尖首刀币为为原型，分别为：手机环、冰箱贴、书签、启瓶器、环保书包、小小考古日记手册等。此外，观众可至工作人员处兑换代币，于展场扭蛋机购买。配合展览，主创人员专门编辑了图书《戎刀燕币——尖首刀币溯源》展览图录，以及给亲少年的科普读物《戎刀燕币——尖首刀币起源的故事》。

青少年动手互动体验项目，是本次展览的一个核心模块。策划团队集中精力，从看、听、触、玩、思考等多个角度出发，设计出一系列动手活动。并在展厅的中央位置，设置出互动游戏台，极为吸引青少年儿童的目光。

展览受到了社会各界的一致好评，文博界、教育界对展览的互动性和科普性给予很高评价。展览尝试着将晦涩的文物展转化为普通观众易于看懂的科普展，从观众调查问卷和观众留言中反映出，展览得到普通百姓和青少年观众的一致认可和喜爱。人民网、首都之窗网站、北京电视台、《中国社会科学报》等众多媒体进行了跟踪报道。

龙飞凤舞——汉代诸侯王墓出土玉器展

北京艺术博物馆

“龙飞凤舞——汉代诸侯王墓出土玉器展”由北京艺术博物馆、徐州博物馆联合主办，制作团队包括北京艺术博物馆展览部和徐州博物馆保管部。此次展览为临时展览，于 2016 年 11 月 2 日至 2017 年 1 月 15 日，在北京艺术博物馆西侧临时展厅展出。

此展览是北京艺术博物馆推出的“中华文明之旅：中国古代玉文化系列展”的第七个展览，也是继 2014 年推出“灵动飞扬——汉代玉器掠影展”之后的又一个关于汉代出土玉器的专题展。有“掠影展”的基础在先，此次展览则更注重“诸侯王墓”这一等级墓葬出土玉器的种类、精美度和文化内涵。在玉还带有一定“通神、载礼”意味的汉代，其仍然被王、侯、贵族阶层所垄断。目前经科学发掘的汉代墓葬的最高级别即诸侯王墓，徐州的西汉楚王墓发掘与研究在国内均处在较为成熟的阶段，因此，选定展示来自狮子山、北洞山、东洞山等徐州西汉楚王墓及其陪葬墓的出土玉器，可

出土文物展示

玉器展示

以说是目前世人所能见到的最高级别的汉代玉器。

策展人结合时代特点和文化背景，将展览划分为六个章节：第一章概括介绍西汉徐州楚国的历史与楚王墓葬的发掘情况；第二章突出展览主题，介绍带有区域文化特色的龙凤题材玉雕；第三章单独介绍汉代玉璧的多样功能，对汉代的玉璧所蕴含的各种文化内涵做全面解读；第四章介绍西汉初期至西汉中期配饰玉的发展变化；第五章单独介绍流行于战国晚期至汉代的玉剑饰；第六章重点介绍在两汉时期达到历史巅峰的丧葬用玉。

展览呈现出两大特色。其一，以系列展的形式将古代玉文化推向观众，将一个大的课题分散到每个小展览中，既是要锻炼科研人员的能力，也是要培养一批属于北京艺术博物馆、属于本系列展的观众。其二，一个展览、一本图书、一个学术会议，是“中华文明之旅：中国古代玉文化系列展”的一大特色。以学术为切入点，将展览项目立体化，延伸至更广泛的领域，使展览成果更具深度的同时，也能长期的给予研究人员和古玉爱好者们提供资料。

此次展览讲解接待故宫讲解员团队、中央民族大学博物馆专业师生等行业同仁和专业团体，进行了较好的青少年教育活动推广。同时，此次展览尝试让观众更了解考古学。“中华文明之旅：中国古代玉文化系列展”项目是依托考古出土的玉器来进行展示的，这种展示活动比较重视考古的方法和现场的直观感受。在内容设计上，加入一些考古发掘现场的图片，其中包括不少所展文物在刚出土时的位置和状态，并加以说明。在平面展陈的基础上，展览中制作了多媒体互动，3D 还原了徐州狮子山楚王墓的墓葬结构，并将考古中发现玉器的准确位置标注出来，观众点击各墓室可查阅相关信息。

展览开幕后受到社会广泛关注，新华网、中国社会科学网、搜狐网等国内大型门户网站对展览开幕进行了报道。北京新闻频道“都市晚高峰”栏目对展览开幕进行了采访。展览期间，北京艺术博物馆官方微博和微信公众号对展览进行持续宣传，共发表微博 20 条，推送微信文章 4 篇、宣传短片 1 部，并持续与网友和微信用户进行互动。

展览展期为 75 天，共吸引观众 23000 余人入馆参观，获得大家一致好评。

器以载道——心生乾坤寄物语

天津博物馆

“器以载道——心生乾坤寄物语”是由天津博物馆推出的原创展览，本展览由天津博物馆历史研究部刘翔等策划，形式设计及制作由天津市南洋装饰工程公司完成。该展览曾获国家文物局 2016 年度“弘扬优秀传统文化，培育社会主义核心价值观”主题展览项目资助，于 2016 年 12 月 31 日在天津博物馆开展，展览展期初步定为 2 至 3 年。

中国传统器物最初主要是以生活日用工具的形式出现，但在历史的流变中，它们大都演变为中国社会各阶层喜爱的艺术品。器物艺术化的过程，正是古人赋予器物文化特质的过程。通过器物，可以发现认知古人的思想意识及审美情趣。而器物在自身形成和发展、在生活日用和陈设把玩过程中也同人类发生着千丝万缕的联系，潜移默化地影响着使用者的生活方式以及观念感受。这正是古人“器道相通”“物我与共”的理念。本展览“器”为文物展品，“道”为文化精神。以中国传统文化常涉及的内容为题材，挑选与之相关的文物精品，展品种类丰富，涵盖书画、陶瓷、铜器、玉器、竹木、漆器、民间工艺等。展览共分六部分：

第一部分：松 · 坚劲。松四季常青，傲立风雪，历尽劫难而坚贞不屈，是正气的化身。该部分赞美了松在困境中不畏艰难、雄气勃发、愈挫弥坚的精神。

第二部分：竹 · 正直。在中国文化中，竹象征着青春永恒，是正直、清高、自洁精神的象征。该部分赞美了竹坚韧、刚直、不屈的品格。

第三部分：梅 · 高洁。梅花是少数神、态、色、香俱为上乘的花木之一，其坚忍不拔、不畏冰雪的品格自古以来被看作是中华民族伟大精神的象征。该部分赞美了梅花高洁、倔强、坚韧和百折不挠的精神。

展厅局部

丰富多彩的文物展品

第四部分：牛 · 勤恳。牛自古以来凭借憨厚勤恳、吃苦耐劳，低调实干的品格，不仅是人类的好帮手，更是值得信赖的好朋友。该部分赞美了牛坚韧、勤劳、默默无闻、甘于奉献的精神。

第五部分：马 · 奋发。马在整个人类文明的形成与发展过程中起到了重要的作用，它易驯养、能负重、善奔跑、会游水，被誉为“六畜之首”。其在中国传统文化中是积极进取，奋发图强、吃苦耐劳、勇往直前的正能量代表。该部分赞美了马自强不息、奋发向上的积极精神。

第六部分：龙 · 腾飞。龙是中华民族的象征与标志，其强大的凝聚力与向心力构筑了全世界华人的情感纽带。该部分赞美了龙人天和谐、创新独立、开拓进取的精神。

展览中器物的内容、形制、纹饰等均寄托着古人的情感或思想，这种通过托物言志来阐述人生观与价值观的方法源于中国传统的含蓄与内敛。在展览的表现方式上，就是通过这种“托物言志”的手法，既展示文物外在之精美，更注重表达其内在的传统文化与价值核心，诠释民族精神与祖先智慧。

该展览又是一次爱国主义教育与弘扬中国优秀传统文化相结合的探索，通过“托物言志”的表现手法，尝试如何运用具体的文物表现抽象的思想。

配合展览开展了丰富的宣传推广与青少年教育活动。利用微信平台推送 6 期展览介绍，分别介绍展览六部分内容及策展人的策展思想，为读者解读分析展览；为了加深观众朋友们对展览的理解，天津博物馆利用“文博讲堂”平台特别推出了与之相关的讲座活动，对展览进行深入解读。先后举办了原天津博物馆党委书记陈克主讲的《器以载道——心生乾坤寄物语展览漫谈》和策展人刘翔主讲的《器以载道——心生乾坤寄物语浅析》。

为配合展览，天津博物馆宣教部举办了“探知龙文化喜庆迎新年”公益文化活动，带领小朋友利用环保材料亲手制作“纸杯龙”和“龙形环保袋”等手工作品，在动手实践的同时，了解博大精深的传统龙文化。

晋国霸业——山西出土两周时期文物精华展

河北博物院

“晋国霸业——山西出土两周时期文物精华展”由河北博物院与山西博物院、山西省考古研究所联合举办，于 2016 年 8 月 23 日至 10 月 16 日在河北博物院北区 13、14 号厅展出。

山西，表里山河，历史悠久，是华夏文明的发源地之一。“晋”是现在山西省的简称，源于周代诸侯国——晋国。西周初年，周成王之弟叔虞受封于唐，叔虞之子燮父改唐为晋，是为晋国之肇始。其后历代国君励精图治，开疆拓土，历经“文侯勤王”“曲沃代翼”“献公拓疆”“文公称霸”“迁都新田”“悼公复霸”，纵横中原，成就百年霸业。直至春秋晚期，公室衰落，“六卿争霸”，“三家分晋”，韩、赵、魏变法图强，称雄战国。晋国 600 年间的兴衰，即是纵横捭阖、逐鹿中原大变革时代的缩影，同时也是奠定山西独特历史文化的基石。20 世纪 50 年代以来，侯马晋国遗址、曲沃晋侯墓地、绛县横水墓地、太原赵卿墓地等一系列重大考古发现，将古晋之历史文化越来越清晰地呈现于世人面前。

此展览为河北观众带来 100 余件套山西出土两周时期的文物精品，充分展示晋国 600 年的历史

展厅一隅

文化，带大家领略春秋霸主的光辉，以及后期公室衰微、公卿专权的历史变革。第一部分“燮父称晋”，主要展示晋侯墓地及横水墓地文物。20 世纪 90 年代以来，在翼城和曲沃交界处的“天马—曲村遗址”，考古工作者发掘了名满天下的“晋侯墓地”，确认了西周时期从燮父至文侯的九代晋侯，结束了 2000 余年关于晋国始封地的论争，证实这里即文献记载“河汾之东，方百里”的古唐地，晋国早期历史就发迹于此。第二部分“迁都新田”，主要展示侯马遗址出土文物。在侯马发掘出春秋中期至战国早期的城址、宗庙、墓葬、祭祀及手工作坊等遗址，初步勾勒出晋国晚期繁华都城的面貌。铸铜作坊和侯马盟书是晋都遗址最重大的发现。第三部分“六卿争霸”，主要展示金胜村赵卿墓文物。此墓是一座大型积石积炭墓，墓外附有大型车马坑，随葬器物数量巨大，“礼、乐、兵、舆（含工具）四类齐备”，为迄今为止所见等级最高、规模最大、随葬品最丰富、资料最完整的晋国高级贵族墓葬，墓主极可能是春秋时期晋国显赫的正卿赵鞅（赵简子）。

展览的设计理念是结合山西地区近年来最重要的考古发掘成果和文物精品，将一幅源远流长的三晋文化长卷奉献给广大观众。在展览设计中，我们选用山西博物院馆藏精典文物，借助辅助展品和场景复原，突出营造晋文化的氛围，体现山西鲜明的地域特点。内容构架从整体到局部，空间均衡、重点突出、富于变化，运用丰富的陈列语言，建立起内容与展品间的内在联系，升华陈列主题，增强艺术感染力，既具有较高的学术定位，又能以人为本，满足广大观众的审美心理，达到雅俗共赏的效果。

2016 年 8 月 23 日，河北博物院在北区二楼中厅举行展览开幕式。展期正值暑假，社教部组织“晋国霸业 VS 中山雄风”特别活动，招募 9 至 15 岁少年儿童，与文物亲密接触，了解晋国与战国中山国的历史文化知识，并在展览现场组织了文物知识对决赛。河北博物院“文博讲坛”结合展览，邀请山西省考古研究所研究馆员吉琨璋，举办专题讲座“走进考古感知历史——晋、晋国、晋文化解读”，深入解读晋国历史和晋文化脉络。

河北与山西，隔太行山相望，地缘相近，历史渊源深厚，两地文博界交流密切。2015 年，河北博物院“中山风云——古中山国文物艺术展”在山西博物院成功展出；而本次“晋国霸业——山西出土两周时期文物精华展”集中展示了晋国考古的新发现和新成果，翻开了晋冀两地文化交流新的篇章。展览得到晋冀两地文博界和观众的一致好评。据统计，展览期间参观总人数达 11 万人次。

南海归帆——西沙华光礁 I 号沉船特展

河北博物院

“南海归帆——西沙华光礁 I 号沉船特展”由河北博物院和海南省博物馆联合主办，于 2016 年 8 月 28 日至 10 月 30 日，在河北博物院北区 1、2 厅展出。

南海是我国的神圣疆域，西沙、中沙、南沙群岛星罗其间，先民在这里开展渔业生产和对外交流。800 年前，一艘满载货物的南宋商船，航行到西沙群岛华光礁处，不幸沉没。这艘古船 1996 年被渔民发现。1998 年考古工作者对遗址试掘，出水文物 1800 余件。2007 至 2008 年由国家博物馆水下考古研究中心和海南省相关单位共同承办该沉船遗址发掘项目，这也是我国第一次大规模远洋水下考古，共计出水万余件陶瓷器及残片。这艘南宋古船被命名为“华光礁 I 号沉船”。

“华光礁 I 号”是中国第一次发现的有六层船体构件的古船，展现了中国古代造船工匠的精湛技艺。据估算，这艘沉船长 20 米，载重 60 吨至 120 吨，用松木、杉木、樟木制成，船侧板和壳板有 5 层至 6 层，船舱间密隔 13 个货舱，船底则呈 V 字形。更为重要的是，“华光礁 I 号沉船”的成功出水，

展览序厅

展厅内景

是中国在水下文化遗产保护领域迈出的重要一步，为古代海上丝绸之路的研究提供了非常宝贵的实例，还再次证明我们的祖先最早开发经营了南海诸岛，我国拥有无可争辩的主权。

展览以“华光礁Ⅰ号沉船”遗址的水下考古发掘成果为展示对象，分“南溟水土留船迹”“海上丝路悬云帆”“沉舟侧畔皆陶瓷”“帆影归处现华光”四个单元。展览着重对沉船所处南海的环境、历代海上丝路航线、船舶及航海技术、船货分析组合以及相关的水下考古等几个话题进行梳理。展览以复原场景、视频资料等多种辅助形式增强展示效果。展厅面积1200平方米，共展出南海地区出水文物及华“光礁Ⅰ号”出水文物250余件套，涉及陶器、瓷器、铜器、石器、钱币等类别。

因为展期在暑期后半段，为吸引更多小朋友的目光，设计师在形式设计上颇费心思，最终确定以静谧的深蓝色主题色调，突出海洋的深沉与神秘。在展厅局部吊装仿真鱼群，模拟了一群群游鱼在海中穿梭的场景。同时，展厅中间重点设计了两个大型“水族馆”，再加上展墙上装饰的褐色船板，让观众有身临其境的感觉。此外展厅一角还设计有海底世界复原场景，洁白的砂砾上分布有白珊瑚、海螺、玳瑁、海龟、海柳及古陶瓷碎片，展现了南海海底古代瓷器的分布现状。投影墙循环播放动画片《海马哩哩妹南海奇游记之华光礁Ⅰ号奇遇》，讲述了“华光礁Ⅰ号沉船”的由来以及沉船始末。在水族馆、海底世界景观复原的点缀下，展厅化身蓝色的海洋世界。总体来说，展线布局合理流畅，形式设计别致新颖，得到了观众的一致认可。

开展前和展出期间，河北博物院通过官方网站、微信、纸质媒体、广播、电视、海报、折页、LED显示屏等途径，对展览进行了全方位宣传推广，并出版《南海归帆——西沙华光礁Ⅰ号沉船特展》图录。

展览得到了全社会的广泛关注，社会反响良好。《河北日报》《燕赵都市报》《燕赵晚报》等纸质媒体及网易新闻、新浪新闻、长城网等各大网站均对本展览做了报道。据统计，展览期间参观总人数达13万人次。

代蔚长歌

蔚州博物馆

“代蔚长歌”固定陈列由位于河北省蔚县的蔚州博物馆主办，策划制作由清华大学美术学院展示艺术研究所完成。展览于 2016 年 10 月在蔚州博物馆开展。

“代蔚长歌”陈列是蔚县历史文化遗产的综合展示，表现了从史前到清代多彩厚重的蔚县历史文化和精美多样的蔚县文物珍品。展厅的陈列总面积为 4980 平方米，展线 1000 余米，上展文物 1046 件套，其中珍贵文物 320 多件套、艺术品 62 件、景观沙盘 16 组、多媒体 16 组、图片图表 210 幅，使用经费约 5000 万元人民币。

“代蔚长歌”陈列分为“序厅”和“文明沃土”“代地春秋”“文物蔚州”“古堡世界”四个专题部分。“文明沃土”是蔚县旧石器时期至商代之前的历史展示，展现了蔚县旧石器时代著名的泥河湾遗址群出土的人工石器和各类动物化石以及有中华古文化“三岔口”美誉、繁盛一时的蔚县新石器时代文明。“代地春秋”展现了蔚县重要历史文化根脉和“代国”“代郡”时期的历史。“文物蔚州”展示了唐五代辽金元时期的历史，以及蔚县出土的特有文物“唐墓出土釉陶塔形罐”等一大批绚丽多彩的文物珍宝。“古堡世界”通过四个单元展示了明清蔚州古城的历史、建筑、人物和人文。

“代蔚长歌”的设计突破“先盖房，后陈列”的传统模式，将建筑设计、陈列形式、展览内容相互衔接，同步推进，使建筑内部结构布局完全服从并满足陈列展览的需求。展览巧妙应用陈列组合，如序厅的浮雕“代蔚长歌”，以近、中、远三层关系和音符的韵律构成，将古城蔚州的历史人文信息

蔚州博物馆外景

展厅局部

艺术地组合在一起，完美体现了陈列主题。艺术景观“南安寺塔”和成系列佛教文物重大发现的“南安寺塔地宫文物”相互解读，突出展示了这一继扶风法门寺地宫出土文物后，我国成系列佛教文物出土的又一大发现的文化内涵。从内容上说，陈列组合的纯熟应用，使内容繁而不乱，立体丰满，让观众能直观抓住陈列核心，使他们接受的信息连点成线成片，便于理解记忆。

除静态展示手段之外，展览运用了多种不同形式的动态手法，形成“渐欲迷人眼”的阵势。3D影院“蔚州古城”，以雅俗共赏、当代参观者喜闻乐见的动漫表现形式，展现了古城的建城历史和文化遗迹。“墓葬考古知识”多媒体艺术景观，运用简明的画外音解说和形象的光电显示。配有绘画、照片、图表和量身定制文物道具等辅助手段的各式文物展柜，在突出文物主体的前提下，诠释了全息、个性化、“让文物活起来”的展示理念。“三关人”大型多媒体艺术景观，在景观人物造型和传统半景画的基础上，结合高清投影及音响效果，模拟还原了4000多年前蔚县三关人的生活情景，是当代博物馆展示与高科技结合的成功尝试。艺术雕塑“蔚县的旧石器时代”，打破了国内此类展览流俗的场景形式。珍贵的明清人物肖像、书画作品，采用了红外感应照明和恒温恒湿系统，有利于文物的保护。

蔚州博物馆瞄准国内一流基层博物馆，建设高水平、有特色的爱国主义教育基地。突出陈展的人性化和社会服务功能。馆内中央空调、残疾人电梯、育婴设施、消防安全等硬件设施齐全。

该馆还组织实施了张家口市残疾人文化“五个一”，北京十四中实践体验，蔚县幼儿园、小学、初中学生历史文化启蒙和乡土教育等一系列文化惠民活动。2016年10月1日开馆以来，日参观人数长时间保持在四五千人次，反响强烈。

胡风东来——宁夏固原丝绸之路文物精品展

晋祠博物馆

“胡风东来——宁夏固原丝绸之路文物精品展”由太原市文物局、宁夏回族自治区文化厅、宁夏回族自治区文物局主办，太原市晋祠博物馆、宁夏回族自治区固原博物馆举承办。展览于2016年1月19日至3月8日在太原市晋祠博物馆董寿平美术馆展出。

固原位于宁夏回族自治区南部，地处中原农耕文化和中亚西域文化、北方草原游牧文化的交汇地带，历史上，先后有戎、羌等十多个民族与汉族汇集融合，形成固原独特的区域历史文化。固原是丝绸之路东段北道的必经之地，自古为西北边陲要塞。太原与固原有许多相似之处，都曾是丝绸之路上东西方交往最活跃的地区之一，太原北朝虞弘墓与固原李贤墓出土文物都是民族熔炉的见证。

展览揭示了“丝绸之路”中西方政治、经济和文化交流，展示“丝绸之路”在传播世界文明进程中所起的作用，见证固原在世界“丝绸之路”中的重要地位。本次展出文物100余件组，包括萧关古道、佛光东渐、北朝古墓、昭武九姓、安西王府五章，提供文字、图片、展板设计等辅助展品。

展览展出北魏至隋唐时期的丝路文物，其中有彩绘陶俑、漆棺画摹本以及北周时期鎏金银壶、玻璃碗、金戒指、环首刀、金币等，隋唐时期宝石印章、动物纹金饰件、金覆面、波斯萨珊金币、壁画等，北魏至隋唐时期的石佛造像和青铜佛造像等珍贵文物90余件组，展现东西方文化的交融与碰撞，呈现出古代文明的辉煌成就。

在展览宣传推广方面，馆方主要是通过举办开展仪式、新闻媒体、电视报道、宣传页、海报等进行宣传。

在展陈设计理念、技术和方法创新上，陈列的设计理念颇具特色。固原历史悠久，文化底蕴深厚，考古发掘出土的丝绸文物不仅数量丰富，而且精品多。“胡风东来——宁夏固原丝绸之路文物精

展览开幕式

观众在阅读展览文字

展厅内观众络绎不绝

品展”从萧关古道、佛光东渐、北朝古墓、昭武九姓、安西王府五个章节入手，以科学发掘出土文物为主要展品，结合必要的辅展资料，重现古代戎族、月氏、匈奴、羌、氐、鲜卑、铁勒、柔然、高车、昭武九姓、突厥、回鹘、吐蕃、党项、蒙古、回和汉等民族在固原的繁衍与融合，体现“固原”在东西方文化交流中的重要作用。

在技术和方法应用上，展览共展出文物 90 件组，展出空间要求在 600 平方米之上，展出要求光照、温湿度、安全对文物的保护环境，陈列由文物、辅助展品（摹本、展板），展板设计有地图、分布图、线图、纹饰图片等。精品文物摆放在独立柜内，陈列突出重点文物，形成文物与辅助展品对应，光照与色彩协调柔和，陈列疏散有致。

通过晋祠博物馆和固原博物馆的合作，响应国家“一带一路”倡议，从历史深处走来，利用东西交流、文明互鉴的历史见证，展示思路文化在传播世界文明进程中的积极作用，从而推动两地区域文化的交流与合作。

梦幻契丹

内蒙古博物院

“梦幻契丹展”由内蒙古博物院主办，总策划为馆长塔拉。展期为 2016 年 5 月 18 日至 2017 年 5 月 31 日，展览地点位于内蒙古博物院。

此展览为 2016 年“5·18 国际博物馆日”主会场内蒙古博物院展览之一，挑选 2003 年发掘的吐尔基山辽墓以及其他辽代墓葬出土文物精品 83 件套，与吐尔基山辽墓 3D 数字化文物 50 件套进行交互展示。

作为鲜卑人的支系契丹人游牧于今内蒙古西拉木伦河及老哈河流域，曾归附唐朝，直到契丹首领耶律阿保机统一各部后，于公元 916 年正式称帝，是为辽太祖，建元神册，国号契丹。公元 938 年，辽太宗耶律德光改国号为大辽。鼎盛时期，其疆域东临大海，西逾阿尔泰山，南达河北、山西，北抵贝加尔湖，与宋、西夏鼎足而立，在对抗与融合中，为中华多民族统一国家的形成作出了杰出贡献。

与传统展览不同，在进行实物展览的同时，对馆藏珍贵文物进行 3D 数据采集、数据加工、数字建模，通过触摸屏以及全息影像投影柜，进行多维度展示和解读，达到从“静态品鉴”向动态“活化诠释”的转变。

展览通过电视台、网络平台、宣传册和微信平台等方式及时将博物馆所举办的活动和展览情况

陈国公主墓考古发掘展示

热情的小观众

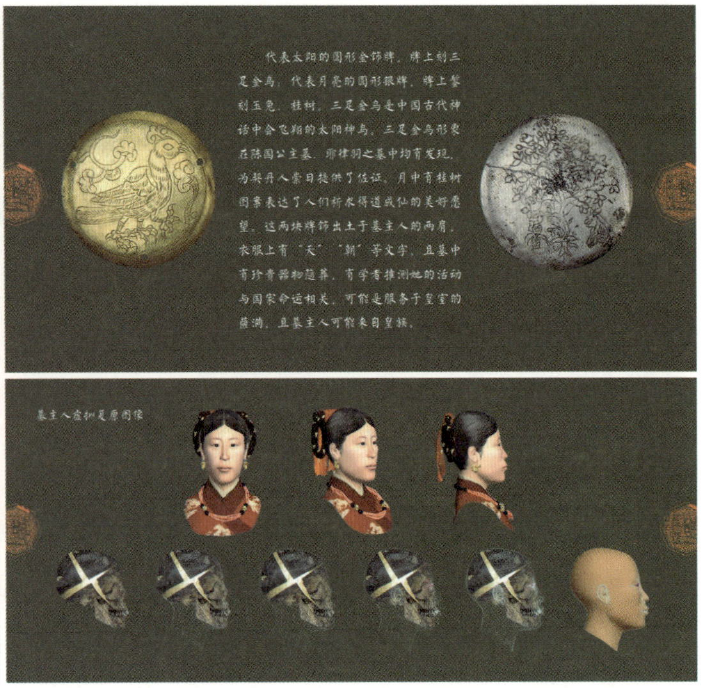

墓主人虚拟复原头像展示

进行报道。为更好地服务群众，展厅中设置了引导标识牌，配置了休息区、失物招领处、无障碍电梯、雨伞、公益募捐箱等服务设施，并提供时段性免费讲解服务。宣教部定期进行观众调查，对调查中存在的问题及时进行更正。围绕展览主题设计开发了磁铁记事留言板、印花提梁鸡冠壶钥匙链、双猴鸡冠壶钥匙链、龙首鸡冠壶钥匙链等文创产品。

为激发青少年对内蒙古历史文化中契丹文化的兴趣，结合临时展览“梦幻契丹”，以展厅探秘的形式分为三个部分：“探辽——探寻辽代文明”，通过分组探索的方式寻找失落在展厅中的“宝藏信息”；“解辽——解读辽代文化”，将“宝藏信息”加以整理归纳，向青少年介绍契丹文化；“艺辽——制作辽代用具”，使用手工 DIY 材料制作辽代代表性文物，感受契丹艺术之美。通过有趣的展厅探秘形式开展青少年活动，不仅激发了青少年对契丹文化的兴趣，也使他们感受到家乡悠久的历史与灿烂的文化。

观众在参观过程中能够了解到民族的历史文化。该展览对加强民族团结进步、促进文化共同繁荣起到了积极的推动作用。自 2016 年 5 月 18 日至 12 月 31 日，此项展览共接待观众 440361 人次。

五彩呼伦贝尔——鄂伦春·鄂温克·达斡尔民族民俗展

呼伦贝尔民族博物院

“五彩呼伦贝尔——鄂伦春·鄂温克·达斡尔民族民俗展”2016 年 8 月 26 日在宁夏回族自治区博物馆三楼展厅开展。展览由呼伦贝尔民族博物院主办，院长白劲松担任展览的总策划。展览展期 3 个月。

呼伦贝尔是一个以蒙古族为主体的、汉族居多的多民族聚居地区，地处祖国北部边疆，有着 25.3 万平方公里的广袤土地，生活着 270 万各族人民。美丽富饶的呼伦贝尔大草原自古以来就是中国北方游牧和狩猎民族的发祥地之一，辽阔的地域、古老的民族、悠久的历史、丰富的文物，造就了呼伦贝尔独具特色的民族文化。

本展览以介绍呼伦贝尔地区三个少数民族——鄂伦春、鄂温克、达斡尔族的民族文化与民俗风情为主题，分为“鲜明的地域民族特色的生产方式”“独具特色的生活习俗”“多姿多彩的文化艺术”“神秘的宗教信仰”四部分，用 200 余件套精美的民族文物，并辅以居住、生活场景展示，通过独具匠心的展陈设计和形式艺术展示手段，向广大观众完美地展示了呼伦贝尔地区独具特色的森林狩猎文化和草原游牧文化。

展厅局部

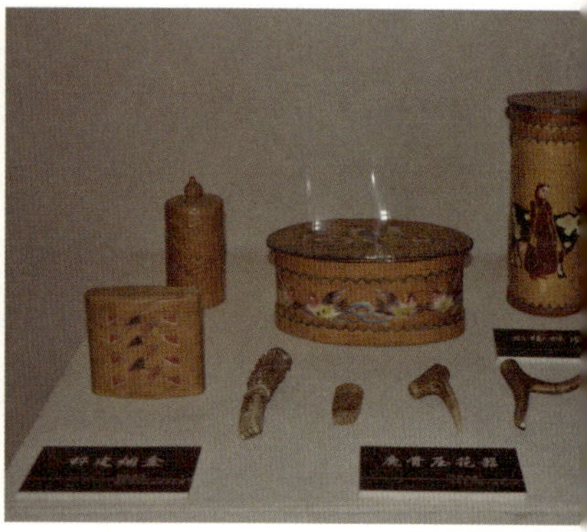

文物展示

“五彩呼伦贝尔——鄂伦春·鄂温克·达斡尔民族民俗展”是呼伦贝尔民族博物院策划制作并推出的原创交流展览。呼伦贝尔民族博物院以生活在呼伦贝尔地区的鄂伦春、鄂温克、达斡尔族为对象，在深度发掘他们的传统文化的基础上，精心选择最具代表性的民族文物，将鄂伦春、鄂温克、达斡尔族独特的生产生活方式和文化艺术等生动灵活地展现在广大观众面前，交流和弘扬不同地域、不同特色的民族文化。

为丰富展览内容，更好地与观众开展互动，在展览开幕式上，博物院组织用本民族语言演唱民族歌曲；举办“草原琪琪格到我家”民族风情主题社教活动，布置大型围鹿棋盘、模拟狩猎射箭场，寓教于乐，让广大观众尤其是青少年朋友，在娱乐的同时亲身体验民族游牧狩猎的生产生活方式，并在愉悦的气氛中感受到草原儿女的热情与奔放。

展览的整体格调凸显了呼伦贝尔地区三个少数民族独特的民族文化，视觉效果古朴、大气，而又不失典雅、神奇。展览科学合理利用声、光、电及多媒体等现代化的技术和辅助展示手段，在保证展览以文物为主导的前提下，充分加强与观众的互动性，让观众如同身临其境。同时，尽可能最大限度地提升展览的解读性、可视性、震撼性，延伸和扩展与展览主题相关、互动性较强的展现形式，来吸引和满足观众。

该展览成功地将呼伦贝尔地区三个少数民族独具特色的民族文化与民俗风情先后介绍到贵州、广西、海南、宁夏、甘肃、青海等地，深受当地广大观众喜爱，不仅为他们带来了一场民族民俗文化盛宴，更是在当地刮起了一股绚丽的呼伦贝尔民族风，加强了呼伦贝尔市与其他省市的文化交流与合作，同时也让不同地域、不同民族的多彩文化在交流与互鉴中不断丰富。

文明之海——从古埃及到拜占庭的地中海文明

辽宁省博物馆

“文明之海——从古埃及到拜占庭的地中海文明展”由辽宁省博物馆、意大利卡萨雷斯博物馆、佛罗伦萨国家考古博物馆共同策划。展览由辽宁省博物馆联合国内多家文博机构联合引进，由辽宁省博物馆举办，于 2016 年 9 月 6 日至 11 月 13 日在辽宁省博物馆一楼 3 号临时展厅展出。

展览撷取意大利佛罗伦萨国家考古博物馆、庞贝和那不勒斯国家考古博物馆等 10 余家博物馆的 400 余件精品文物，包括大理石雕塑、青铜器、陶器、金银器等，主要展示了从公元前 7 世纪到公元 7 世纪 1000 多年来地中海文明黄金时代的文明发展历程，为观众呈现出一幅相互影响与融合的地中海文明历史图景。

展览分为“地中海的历史和神话”“埃及人：法老的辉煌”“地中海航线沿途的古文明：迈锡尼塞浦路斯与腓尼基”“希腊人和大希腊地区的文明”“伊特鲁里亚文明”“罗马时代”“蛮族之主和拜占庭皇帝”七个单元。

展览以地中海为地域背景，通过地中海沿岸不同族群所创造的不同材质、不同形式的文物展品，穿插不同文明的历史文化内容，全面展示地中海文明深厚的历史底蕴和不同文明间的交流与碰撞。展览以蓝色为主色调，局部点缀反映地中海沿岸不同文明的颜色和背景装饰，提炼反映不同文明的艺术符号，采用艺术造型制作、艺术雕塑技术，模拟欧洲建筑设置场景，产生身临其境的效果。高

展览序厅

展厅一隅

度概括的文字内容，使展览语言既严谨规范又具大众化，简洁准确。

展览以开箱仪式作为预热，让观众先睹为快。展览开幕当天举行开幕仪式，邀请中意双方代表、中央驻沈媒体和辽沈新闻媒体参加，向社会共同推介展览。展期内与沈阳地铁合作，在地铁站点免费发放宣传折页 8 万份，与省内文博单位、沈阳市内各院校联合，张贴展览宣传海报，向社会有效推介展览。特别举办两场公益文化讲座“历史的记忆——地中海世界的文明变迁”和“漫谈古希腊神话”，邀请省内专业学者为大家解读展览，与观众互动。

展览期间，官方网站、官方微博、官方微信平台联合互动，共发布 15 期系列专题宣传文章，如《文明之海　约会众神》《拜见法老：见证荣耀》《请叫我奢华罗马》《永不凋零的地中海文明之花》等，从不同角度向观众全方位解读展览。微信平台推出视频导赏，让观众随时随地收看、收听展览。两个多月的展期内共免费接待各界观众 20 余万人次，为观众提供讲解服务 530 场次，展厅内免费发放宣传资料 10 万份。

结合展览内容，研发不同类型的教育课程及活动，通过“互动”模式让体验者感受地中海区域各历史时期独特的文化魅力，帮助青少年深入了解历史文物知识，同时激发他们的想象力，培养动手能力。活动采用“请进来”和“走出去”两种形式。展期内，在辽博未成年人活动中心举办了四次动手实践课程，分别为“点亮彼岸之光——地中海船型烛台陶泥捏塑”“玩色马赛克，指尖秀魔法”“Welcome to 木棒王国，Let us 搭建神庙”“穿越千年装扮你——法老王面具制作”；开展博物馆特色教育课程进校园活动，选取“点亮彼岸之光——地中海船型烛台陶泥捏塑”“玩色马赛克，指尖秀魔法”两个课程走进和平一校和辽宁省实验小学，丰富了学生们的校园生活。

通过对展览主题和内容的梳理，以文物作为展览的主角，通过文物展示形成展览主线，辅以与文物相关的背景知识，将相关链接、图表等穿插于展览主线之中，把握各层次间的艺术张力与平衡。通过对展览主色调和氛围把握、元素运用、展示设计、灯光照明及辅陈设计等方面，用多种陈列语言及表现手段，对地中海及其沿岸文明的历史文化和交流等进行全面阐述。

展期内，累计 40 余家省内外媒体亲临展厅对展览进行专题报道，并通过报纸、杂志、广播、电视、互联网等媒介平台向社会发布展览讯息 300 多条，社会反响热烈。展览共收集 10 本留言册，1000 多条观众留言，记录了观众对展览的喜爱和赞美。展览同时吸引了省内各大专院校尤其是历史、美术类专业的师生集体参观，现场教学；一些中小学主动与辽博合作，把参观这项展览作为课外教学实践内容。

曾在盛京——沈阳故宫南迁文物特展

沈阳故宫博物院

“曾在盛京——沈阳故宫南迁文物特展”由沈阳故宫博物院联合北京故宫博物院、南京博物院和镇江博物馆共同举办。沈阳故宫博物院的专家组成了此次展览的策展团队。展览于2016年11月16日至2017年1月15日在沈阳故宫博物院进行展出。

展览是为庆祝沈阳故宫博物院建院90周年而精心制作的。沈阳在清代又称盛京，盛京宫殿是当时闻名中外的清代皇家文物宝库之一。因为历史的原因，原藏于沈阳故宫的12万余件文物南迁没有回归，现收藏在国内多家博物馆中。为此，策展团队经多次讨论确定联合多家博物馆，让具有特殊历史意义的沈阳故宫南迁文物在沈阳进行展出。展览汇集了来自北京故宫博物院等四家博物馆的文物共计90件套，分为四个单元，包括玉器、瓷器、书画、清宫遗物等。展览主线以清帝东巡期间对宫殿文物的使用情况来展开，将文物与史实发生地相结合，重点展示文物的实用价值，历史价值。

为了充分发挥地缘优势，吸引不同层次的观众，展览名称定为“曾在盛京”，将目标观众定在沈阳，以“曾经”来说明这些文物现在并不在沈阳，集中看到这些文物的机会很难得。为使观众了解展出文物与展出地沈阳故宫博物院之间的渊源，展览特别以史料图片组成独立单元，即第一单元的“盛京宫殿藏品入贮与南迁”部分，通过20多幅图片、表格来展现沈阳故宫文物南迁的这段历史。在重点讲述文物南迁历史的同时，通过保存至今的多册清代文献《盛京皇宫器物清册》(复印本)，对展出的文物进行“身份”证明，让观众看到清代记载的文物当时的贮藏地点。

为了使观众能最大限度地看懂这个展览，在文物展览部分，不是单纯以器物类型来划分单元，而是依据文物在清代盛京时的用途分为“陈设清供”“宴庆佳器”和“供奉·赏品”三个单元，将文物与清帝东巡期间在盛京的活动联系起来，并配以史料图片，使场景、文物、史实相契合，既可以

展厅内景

展品与观众

讲述文物本身及其主人的故事，又能充分展现文物的丰富内涵。

此次沈阳故宫南迁文物特展的亮点是将文物特有的“奉”字贴信息重点展现出来，这也是其他展览不可复制的。“奉”字标识是一段特殊历史的见证，是沈阳故宫南迁文物与其他南迁文物的不同。在展出的文物中，很多带有“奉”字的纸签还保留着，因此展览设计将此贴以不同形式展示出来。通过“奉”“奉天”字贴，来告诉观众这些文物曾在盛京贮藏，既可突出展览主题，又可使当地观众对这些文物产生亲近感。

在宣传方面，《中国文物报》、《辽宁日报》、《沈阳日报》、《辽沈晚报》、《沈阳晚报》、《华商晨报》、地铁报刊等多家媒体都对此次展览进行了文字报道，其中《辽宁日报》做了整版专题报道。新华网、中国新闻网、人民网、中国日报网、凤凰网、新浪、网易、沈阳网等网络报道270余条。辽宁电视台《辽宁新闻》、辽宁电视台《第一时间》、辽宁电视台《新北方》、辽宁电视台《生活导报》、沈阳电视台《沈阳新闻》、沈阳电视台《直播生活》做了专题报道。

为使展览取得更好的效果，沈阳故宫博物院文创产业部配合此次展览，以沈阳故宫博物院展览特色文物元素研发了20余款文创产品。其中包括永福系列充电宝、看盘、摆件，皇后驾到雨伞、钱包，八旗系列冰箱贴、水性笔等具有创意和实用价值于一身的文创产品。

此次展览，将分散在多家博物馆的南迁文物在“老家”沈阳故宫博物院展出，这是文物界的一次“省亲”盛会。因为展出的文物具有特殊的历史意义，展览引发公众超出寻常的关注，并受到博物馆界专业人士的好评。南京博物院院长龚良先生从专业的角度对展览策划给予肯定。同时，此次展览是国内四大博物馆之间的首次合作，也是沈阳故宫博物院发挥地域优势、借助外馆资源、展现清代沈阳故宫辉煌历史的一次尝试。

足迹 · 回望 · 传承——吉林省考古成就展（1997—2016）

吉林省博物院

“足迹·回望·传承——吉林省考古成就展（1997—2016）”是由吉林省文化厅、吉林省文物局主办，吉林省博物院、吉林省文物考古研究所承办，吉林大学边疆考古研究中心、延边朝鲜族自治州文物保护中心、延边博物馆、集安博物馆和抚松人参博物馆协办的精品展览。本展由吉林省博物院院长李刚为项目负责人，副院长唐音、唐小轩以及吉林省文物考古研究所副所长王志刚负责展览总体策划和大纲设计，吉林省博物院历史部部分成员担任展览内容设计，陈列设计部部分成员和天禹文化集团有限公司相关团队担任本展览的形式设计。展览于 2016 年 10 月 1 日至 2017 年 10 月 1 日在吉林省博物院四楼 D 区进行展陈。

展览共分为三部分，13 个单元。第一部分“考古与我们的生活”以考古学及考古工作基础知识为先导，展示了 20 年来吉林考古人的非凡成就；第二部分“回望古代吉林”介绍了自旧石器时代到宋辽金时期吉林省类型丰富的文化遗存，其中除长城遗址外，还包括古夫余人、渤海国、契丹人、女真人在吉林省留下的众多遗址和遗迹；第三部分“荣耀与梦想”总结了 20 多年来吉林省在文物保护法律法规建设、大遗址保护规划与实施、考古调查与发掘、科学研究等领域取得的成果和荣誉，同时对未来 20 年吉林省考古事业的发展进行了规划与展望。

展览序厅

展厅中的文物

“文物资源新颖，技术应用多样”是本展览最为突出的亮点和特色。文物方面，诸如世界上最大的黑曜石石核、龙头山贞孝公主墓出土的三彩陶俑等很多平时不常见，甚至尚未向公众展示的文物都得以在本次展览中汇聚一堂。此外还展出了具有代表性的世界文化遗产和重点文物保护单位出土的陶器、瓷器、石器、金银器、铜器和玛瑙首饰等重点文物。

展览宣传推广主要在吉林省博物院公共主页上进行，并利用报刊、电视台等传统媒体以及微博、微信等新媒体进行推广，同时印制宣传册页等对社会公众发放。

展览服务方面，吉林省博物院制定了完整的观众接待计划和宣传教育计划：培训一批专业讲解员和志愿者讲解员，配备语音导览、电子触摸屏等设备；设置无障碍通道并提供轮椅等器械；开展多项相关教育活动；设置留言簿收集观众意见和建议；通过问卷调查、网上投票等活动了解观众需求。

文创方面，根据展览的主题、展品特色、宣传规划等，选择了与考古出土文物相关的多种文化创意元素，相继开发了十余种贴近日常生活的文化创意产品，并面向社会公众推广和销售，取得了较好的社会效益和经济效益。

青少年教育活动方面，展览组织了“考古探奇大冒险”“趣味考古”“我是小小修复师”和“走进神秘的考古世界”共四个主题活动，其中“考古探奇大冒险”开展后受到广大青少年朋友的欢迎，达到了良好的宣传和教育效果。

技术应用方面，展览的灯光运用打破了千篇一律的考古展视觉效果，摒弃了惯用的昏暗土黄色色调，取而代之的是简洁明快的风格，突出了近代考古学的科学性和现代化。在展示探方及田野考古现场时，创新地将各种场景以当下流行的 VR 技术加以呈现，佩戴 VR 眼镜的观众如同亲自踏入考古现场，身临其境。整个展厅穿插运用场景复原手段，采取多媒体互动等手段使观众通过观看、聆听和触碰等多种途径参与互动，让展览更加生动灵活。为了使文物陈列突出重点，展览利用不同的展托材质使文物展示层次鲜明，兼具科学性和艺术性。

展览自开展后，在观众中引起了强烈反响，参观者络绎不绝，甚至一些外籍观众也对展览抱以深切关注和浓厚兴趣。观众们普遍认为本次展览展品新奇、内容新颖，兼具较强的知识性和趣味性。同时，观众也对展览提出了很多宝贵的意见和建议。吉林省博物院在展览开放期间针对其中一些合理可行的意见进行了部分整改，力图使展览更加人性化，以达到更好的展陈效果。

黑龙江历史文物陈列——以肃慎族系遗存为中心

黑龙江省博物馆

“黑龙江历史文物陈列——以肃慎族系遗存为中心展”由黑龙江省文化厅主办，黑龙江省博物馆承办，于 2016 年在黑龙江省博物馆开展。此次展览是该馆改陈出新而推出的基本陈列，积极响应了黑龙江省文化厅“传历史记忆、展龙江风采”主题活动的倡议，充分开发、利用了博物馆的资源优势和阵地优势，汇聚了文化大餐，打造了地方文化品牌。

展览是黑龙江省博物馆近年来规模最大、品类最全、数量最多的一次历史陈列改陈，展出精美藏品 1000 多件，其中国家一级藏品 100 余件。

展览分为“北土先民、海东盛国、金源霸业、华夏一统”四个部分，从新石器时代有先民生存的遗迹开始，对龙江黑土的历史发展大脉络进行了立体的诉说：新开流文化，是崇拜海东青的肃慎先民渔猎文化的发端；滚兔岭文化的城堡、祭台，同仁文化的半地穴房址，见证了挹娄、勿吉－靺鞨人的战争、祭祀和社会体系；7 世纪末，勿吉后裔粟末靺鞨人建立的隶属于唐朝的地方政权——渤海国，有“海东盛国”之称；12 世纪初，靺鞨后裔女真人兴起，建立雄峙北方百余年的金朝；明朝末年，沉寂 400 年后女真人又悄然崛起，开创了中国历史上最后一个帝国时代，描绘出一幅华夏各族人民共同创造中华文明的历史长卷。

展览序厅

展厅局部

展览以肃慎族系遗存为中心，描绘了生活在黑龙江地区的先秦时期的肃慎、汉魏时期的挹娄、南北朝时期的勿吉、隋唐时期的靺鞨、辽金时期的女真、明清时期的满族生活。展览展示了该地区清晰、绵延不断的历史文化脉络以及黑龙江地区最具有代表性的土著民族族系，以精美的出土文物、确凿的历史研究为基础，以揭示黑龙江古代文明起源、发展和辉煌与这一族系息息相关为宗旨。

为了遵循“让文物活起来”的理念，策展团队充分利用有限的展陈空间，在形式设计上除了采用传统手段与现代声光电相结合的方式，更大胆尝试了当下备受推崇的潮流设计理念，即高密度“堆叠式”的展陈方式，不靠形式的变化多端吸引观众的眼球，而是靠品类丰富、文物数量众多的冲击力来让观众近距离直面文物，减少文物的神秘感，拉近文物与观众的距离，感受文物带来的震撼与魅力，从而激发人们了解黑龙江这方热土，了解黑龙江白山黑水的历史文脉，热爱家乡、建设家乡的热情。此外，展览引进了 AR 技术，即通过智能手机进行 AR 扫描实现虚拟场景叠加现实交互下的体验导览系统模式，以趣味互动的方式传达展馆及展品的文化信息，扩展参观者对于周围环境的感知，极大地丰富了广大观众的参观体验。

岁月的流逝与历史的沧桑留在了那些古老的断壁残垣、碑碣石刻里，那一件件珍贵的文物，是见证黑龙江人积极进取、豪迈向前的载体。白山黑水孕育的他们，质朴勤劳、不畏困难、勇于进取，在几千年与大自然做抗争的生产生活中书写着黑龙江文明的进程。黑龙江文明是中华文明的重要组成部分，黑龙江先民为中华民族的形成和人类文化发展做出了不可或缺的贡献。如今的黑龙江人，正踏着先辈的足迹，创造着属于新世纪的华彩篇章。

百年金融　沧桑回眸——上海市银行博物馆基本陈列

上海市银行博物馆

“百年金融　沧桑回眸——上海市银行博物馆基本陈列”由上海市银行博物馆主办，黄沂海担任项目负责人。展览于 2016 年 2 月 5 日开始在上海市银行博物馆二楼至四楼长期展出。

中国的金融行业有着悠久的历史和深厚的文化底蕴，为了保存、传播和弘扬这段有着传统与光荣，坎坷和奋进的往事，展览定位于中国近现代金融业发展史，旨在全景反映行业发展以及党领导下金融事业从无到有、从胜利走向辉煌的光辉历程，为中国金融事业改革创新，提供历史的借鉴。

展览从三个阶段讲述了中国银行业百年的发展历程：第一部分“汇通天下、西风东渐”，展示中国传统信用机构和近代在华外资金融机构；第二部分“岁月流金、曲折前行”，展示了华资金融机构的兴起和南京国民政府时期（1927—1948）的金融业；第三部分“励精图治、海纳百川”，展示了中华人民共和国成立以来的金融业。

展馆内外部空间

展厅一隅

文物展品选用了见证不同时期、不同门类的金融行业的史料实物，具有真实性、全面性、典型性、珍贵性、可看性。包括货币类（铜钱、纸币、金银货币）、票据类（支票、股票、本票、汇票、存折、存单等）、印章类、机具类（钞版、记账机等）、出版物（书籍、杂志）、用具类（办公用品、老银行宣传品）、文件类（奖状、证书、档案文献）、字画类。其中存世仅见品、罕品等具有较高价值的金融文物近百件。

展览整体风格延续上海中西融合的独特海派文化和人文气质，充分体现了历史与现代的交融。不同展区选用与主题、时代和展示内容相符合的材质和风格。钱庄等早期金融机构部分风格传统复古，外商金融机构展区采用西式古典建筑风格，红色金融部分采用窑洞、砖墙等风格进行历史和时代的还原。图片、图表丰富，运用准确，数据详实。展厅内的重点展示光源选用德国著名品牌 LED 光源灯具，确保展示的效果和文物保护要求。展板图文并茂、动静结合、虚实相间，采用实物、模型、雕像、绘画、多媒体等综合展示手段，衔接自然。

展览有详细参观接待计划和方案，提供中英文双语人工和自助讲解服务。语音导览系统可实现分区域人工扩音讲解和大厅广播等功能。同时，通过扫描展品二维码，可使用手机直接听展品介绍，也配有手持式导览器。场馆设有报告厅、无障碍通道、观众服务台、急救药品、展厅休息区、卫生间等公众服务设施。聘请专业物业团队负责保安和保洁工作。通过专题问卷、前台留言簿、微信平台等，开展观众调查和互动。

博物馆的文创产品紧扣金融文化特色，注重艺术性、实用性和趣味性相结合。目前已经制作、设计 20 余种，包括生活家居、办公用品、文化用品、商旅用品等几大门类。定价从 10 元左右至数百元不等，着重开发百元以内产品。

在宣传推广上，馆方通过国内主要媒体进行宣传和报道，包括央视、上海电视台、《解放日报》、《新民晚报》、《文汇报》、《金融时报》、《中国证券报》等主要媒体，部分期刊以及新浪网、东方网、新民网、澎湃新闻等互联网媒体发布相关消息。博物馆通过官方微信公众号、中国工商银行微信公众号、一点资讯、企鹅媒体等平台，向社会发布场馆、展览信息，从而使展览产生了广泛的社会影响。

法老·王——古埃及文明和中国汉代文明的故事

南京博物院

“法老·王——古埃及文明和中国汉代文明的故事特展”由南京博物院和加拿大皇家安大略博物馆共同主办。南京博物院副研究员陈刚担任本展的策展人，由各相关部门指定专人组成一个团队来运作整个项目。展览于 2016 年 8 月 9 日至 2017 年 1 月 9 日在南京博物院特展馆展出。

展览将古埃及文明和中国汉代文明放置在同一个空间展示，使两大文明同室争辉。展览共分为“不朽”“生活”“权力”和“生灵”四个主单元，旨在通过包括木乃伊在内的 110 件套古埃及文物和包括金缕玉衣在内的 140 件套中国汉代诸侯王陵文物揭示古代埃及和古代中国文明的差异，同时体现不同文化背景下的相同文化认知。

展览的第一单元“不朽”以金缕玉衣、木乃伊、玉棺、彩绘人形漆木罩等最具代表性的文物为切入点，突出阐释了汉帝国与古埃及王国对待死亡时的共通点——二者皆追求身体的不朽与不灭，追求死后生活的安逸与富贵。展览第二单元“生活”与第三单元“权力”，重点针对两个辉煌文明的饮食、舞乐、装饰、妆容、农事、行政统治与军事制度等设置多个主题，并通过丰富的展品进行表达。第四单元“生灵”从两大古文明中均常见的虎、猫、牛、鹰、鳄鱼等动物出发，意图阐释汉帝国与古埃及王国在看待世界多元生命时的差异化观念，进而深入理解二者对于生命的不同解读。

展览的亮点主要有五个方面：

一、创设并实施了符合中国国情的“策展人负责制”，即“一个策展人加一组实施机构”的制度。

二、大型原创性专题展立足于充分利用并发掘本馆藏品资源，立足于阐释地域文明，注重激发本地观众就该展览所产生的历史共鸣感。展览并非孤立地展示与本地观众有一定空间距离感的古埃及展品，其中一半展品来源于南京博物院近年发掘出土的汉代文物，极易激发本地、本省观众的共鸣。

展陈设计

特色文物展示

三、为探索大型原创性特展的资金募集与使用方式提供了成功案例。展览在不使用财政专项经费的前提下，通过低票价营销的方式策划并运作一个高品质特展，并从资本成本运营的角度，将该展览的元素作为博物馆文创产品的设计来源进行成功尝试。

四、为博物馆的大型原创性特展在展览营销与观众服务方面提供参考。“法老·王”展览深受观众好评，与南京博物院为该展在营销与观众服务方面所作的努力紧密相关。

五、为博物馆行业整体效能提升建立样本。“法老·王”展览作为南京博物院员工创造性劳动开发的文化产品，除了利用馆藏资源外，还利用了扬州博物馆、徐州博物馆部分藏品资源，为两馆引入或开发相关展览提供了良好基础，为整体上提升馆际合作办展创造了有利条件。

在宣传与推广方面，为提高展览的综合效益，南京博物院社会教育部门围绕展览推出了一系列宣传教育服务及观众调查项目。通过“展览进校园”和“展览进社区”等活动，展览在运用媒体进行宣传的同时也深入到基层，了解群众心声。

同时，为配合展览，南京博物院推出了系列教育活动，包括专题展览、公众讲座、主题活动、青年沙龙、第二课堂和文化考察等，目标人群设置为幼儿组、青少年组和成人组，基本覆盖了参观展览的所有观众群体。

在技术运用方面，本展配备了 VR 虚拟体验设备，并应用智慧平板电脑导览器，旨在使观众增加与展览的互动。

展览自开展后，在社会上引起巨大的反响，观众参观的积极性十分高涨，在参观人数、观众满意度、文创销售等方面都取得了较好成绩。其中观众总人数为 314843 人次，最高日参观人数突破 6000 人次。

总体而言，展览用低票价、非盈利的方法，举办了一场不用财政资金、为公众提供优质服务的高品质展览，并将展览作为文化创意产品进行了有益尝试，为中国博物馆界提供了一个可以复制的成功案例。

古韵茶香——镇江博物馆藏历代茶具精品展

镇江博物馆

“古韵茶香——镇江博物馆藏历代茶具精品展”由镇江市文广新局主办，镇江博物馆承办，策展团队由镇江博物馆产业发展部和保管部全体成员组成。展览于 2016 年 8 月 16 日至 9 月 11 日在镇江博物馆专题展厅展出。

中国是世界上种茶、制茶和饮茶最早的国家，茶在人们的日常生活中占有重要的地位。镇江处于长江与运河两条黄金水道的交汇处，水陆交通便利，自六朝以来，就成为长江下游的商品中转港口。东南茶叶以及南北各窑茶具经长江和运河抵运镇江，向东入海运往各地。镇江博物馆收藏有大量各历史时期的茶具，除此以外，历年来在墓葬、窖藏、城市文化遗址中，也发掘出土了一批制茶工具和饮茶用具。为了将江南魅力独特的茶文化介绍给大众，镇江博物馆从中精选出历代具有代表性的不同品种、不同质地的茶具，将中国古代茶具之美通过展览的形式予以展现。

“古韵茶香——镇江博物馆藏历代茶具精品展”是近些年镇江博物馆最重要的精品展览之一，展品由馆藏传世文物和近些年考古发掘出土文物共同组成，共 85 件套。其中，一级文物 2 件，二级文物 17 件，三级文物 46 件。展览的展品数量较多，种类丰富，文物涉及陶器、瓷器、玉器、金银器、漆器等。其中，唐鎏金双凤纹带盖大银盒、唐鎏金双鹦鹉纹银盖盒制作精美，瑰丽华美，堪称是唐

展览序厅

文物展示

代南方金银器制作水平的巅峰之作；清乾隆款白地矾红釉御制三清茶诗瓷碗、清乾隆款白地粉彩过枝纹瓷碗、清乾隆款白地青花绿龙纹瓷盖罐、清乾隆款斗彩团花纹瓷盖罐等皆为清宫御用珍瓷，是故宫南下文物中的精品。

为了使展览的内容更加丰富和完善，镇江博物馆打破固有的观念，不只是从唐宋元明清的茶具入手，而是将整个范围从空间和时间的维度上予以延伸。在空间上，打破了茶具的惯有形态，将其拓展为各类广泛意义上的酒器、水器、储器等；在时间上，将年代范围上溯至新石器时代，使得整个展览的时间轴线延长，展览表现得更加丰满。

镇江博物馆将“古韵茶香——镇江博物馆藏历代茶具精品展”作为重点展览来打造。在展览过程中，镇江博物馆通过官网、微信等新媒体向社会进行推广介绍，将展览的基本内容向社会公众展示。同时，镇江博物馆也向同行各单位专业的人员进行推荐，争取将该展览推向全国各地。

同时，为了让展览更加丰满，镇江博物馆为展览配备了专业的讲解员和志愿者，为参观的观众和游客进行免费讲解，将展览的内容和深刻内涵予以传达。

针对于此次专题展览，镇江博物馆文创团队精心设计开发了一系列文化创意产品，如八大山人花鸟手卷骨瓷杯、京江二十四景骨瓷杯、福寿壶、知恩壶、锡制茶叶罐、纯银清华系列套装等。这些文创产品有效地配合了展览的推广，并进一步衍生了茶文化的内涵，使展览发挥了更好的社会效应。

中国古代茶具有其本身独到的发展过程。在古代，诵诗、赏花、品茗、弄弦，成为文人三五雅聚、寄情天地的方式，充满了浓厚的文艺情趣。为传承中国传统文化，镇江博物馆配合本馆的宋代茶具展策划组织了“诗琴花茶共一席”系列活动，让参与者在诵诗、赏花、品茗、听琴等雅趣中了解民族风俗，传承民族的文化，弘扬民族的精神。“诗琴花茶共一席”系列活动包含四个子活动，即“诗中有月”——中秋诗词赏诵、“怡情品茗”——茶道表演、“琴瑟萧萧”——古琴古筝展演和“花前月下”——花艺展示。

此次展览在其策划和举办上，都有着极为深刻的意义。一是镇江博物馆将馆藏的文物进行了一番梳理，并将近些年考古发掘的突出成果一并予以展出，“让文物活起来”；二是将江南茶文化予以推广，使当地民众和广大游客都对以镇江为代表的江南文化有了更加深入的了解。

错彩镂金——浙江出土金银器展

浙江省博物馆

“错彩镂金——浙江出土金银器展”由浙江省文物局主办，浙江省博物馆承办，湖州博物馆、临安市文物馆、浦江博物馆、永嘉县文物馆、德清县博物馆、长兴县博物馆、安吉县博物馆、东阳市博物馆、兰溪市博物馆以及龙游县博物馆协办。直接策展者为浙江省博物馆工艺部副研究馆员石超。展览于 2016 年 11 月 26 日至 2017 年 2 月 12 日在浙江省博物馆孤山馆区精品馆展出。

浙江地处中国东南沿海，唐宋以降，就是经济富裕、人文荟萃之地。伴随着经济生活的富足，人们在日常生活中对金银器的追求也就是自然之事了。簪、钗、镯、钏、酒器、箸瓶……，从装饰到器皿，一应俱全，这些金银器携着时代的烙印，在数百年后的今日依然灿烂华丽。浙江地区出土的金银器主要集中在五代吴越国、南宋、明清时期，此次展品以南宋时期为主。南宋一朝，定都临安，推崇简约风尚。当时的金银器在造型整体上呈现简约之风，但是在细节处却极尽工巧，体现了匠人高超的工艺水平。本次展出的宋代金银首饰及日用器皿，在造型上看似简单，但是不论是首饰的工艺，还是酒器的花纹錾刻，都极为精到。

本次展览汇集了全省各地出土金银器 128 件组，共计 190 余件，展品 90% 都是第一次展出，如临安市太湖源镇杨岭宋代窖藏、原高虹中小学窖藏、浦江县北宋龙德寺塔地宫、高爿窖藏等出土的金银器。永嘉县宋代窖藏十五件宋代银首饰、东阳市出土宋代金镂空满池娇纹帔坠以及龙游县石佛

展览前言

空间与展品

村出土的明代二件金杯均为国家一级文物。展览分为三个部分：首饰、器皿、宗教用具。主要按照时间顺序展示晚唐、宋代和明代的出土金银器，兼顾品类和组团展示。

金银由于其昂贵的经济价值，成为财富的象征；金银具有天然的特殊延展性，又为工匠们发挥技艺提供了必要条件。古代工匠运用锤揲、錾刻、镌镂、鎏金、范铸、炸珠、焊接、掐丝、镶嵌、点翠等，并综合了起突、隐起、阴线、阳线、镂空等各种手法，制造了大量的金银制品，如实用的杯盘碗盏、装饰用的簪钗头面、娱神用的宗教礼器等。

临安市文物馆珍藏的一组六曲花口银盏，内底錾刻的纹样，或是山茶花，或是一束莲，其中的荷花、荷叶、水鸟等细节雕琢精细，体现了匠人高超的工艺水平。再看一对银鎏金幡胜簪，镂雕錾刻一大一小两朵缠枝花，大朵缠枝花中心焊接镂空半球体，让人一睹宋人笔记《武林旧事》中的“幡胜”之魅。一副首次展出的白马镇高爿窖藏出土的银鎏金凤凰纹花头簪，只见飞舞的雌雄双凤栩栩如生，甚是精美。

美学大家宗白华先生认为，在中国美学中存在着“出水芙蓉”和“错彩镂金”两种不同的美，它们构成了中国美学的独特面貌。“出水芙蓉”之美严格地说，主要体现在文人化的艺术之中，亦即在诸如绘画、书法等相当文人化的艺术门类中。在工艺美术方面，则以另一种形态留存着“错彩镂金”之美，而金银器制作则是其中突出的代表。金银器是在丰富多彩的文化土壤里产生并发展的，它从其他文化艺术领域中汲取营养，形成自身独特的艺术风格，成为中国文化中的一朵奇葩。

本次展览得到众多媒体的广泛关注，《浙江日报》、《杭州日报》、《钱江晚报》、《都市快报》、浙江电视台、杭州电视台均发表报道，雅昌艺术网推出策展人专访，《中国日报》做了整版报道。

本次展览是浙江出土金银器的第一次全面展示，取得了良好的社会反响。

漂海闻见——15 世纪朝鲜儒士崔溥眼中的江南

浙江省博物馆

“漂海闻见——15 世纪朝鲜儒士崔溥眼中的江南展”由浙江省博物馆举办，展览策划制作团队由历史文物部主任黎毓馨总负责。展览于 2016 年 11 月 16 日至 2017 年 2 月 12 日在浙江省博物馆武林馆区展出。

明弘治元年（朝鲜成宗十九年，公元 1488 年）正月，朝鲜官员崔溥在渡海返里途中遭遇风浪，漂海 13 天后，在中国浙江台州府临海登岸。随后沿运河一路北上，再经陆路返回朝鲜，历时 135 天，成为明代时行经运河全程的第一个朝鲜人。崔溥回国后，奉王命撰写游历日记，是为《漂海录》。其所录内容，涉及明弘治初年政治、军事、经济、文化、交通以及沿途史地文物、名人古迹、市井风情等情形。展览以《漂海录》为基础，结合文物展陈，由“崔溥与朝鲜”“意外的中国之行”“江南风物”“大明与朝鲜的文化交流”四个部分组成。

展览形成了如下特色：

第一，主题别具一格。崔溥的《漂海录》是海上丝绸之路东线最早、最全面介绍中国的一部外国专著。展览由古籍出发，以文献为基础与线索，进行发散性信息解读。

展柜设计

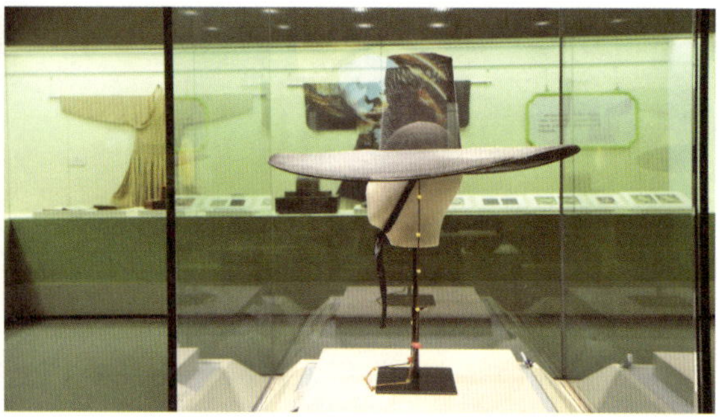

文物展示

第二，展品量多质优。展览共展出精美文物300余件组，中韩两国参展博物馆达26家。浙江省博物馆藏的清康熙时期绘制的《京杭道里图》，描绘京杭大运河流经城池及两岸景观，全长2032厘米，在展览中首次全卷完整展示。

第三，形式新颖活泼。与以往展陈不同，这次展览将寻访崔溥踪迹作为展览的重要一部分，寻访的重点侧重于崔溥在浙江的行踪，尤其是浙东运河部分。隔着500多年的光阴，寻找崔溥笔下的遗迹，感受沧海桑田的变幻。寻访过程以纪录片的形式在展厅中呈现给观众。

第四，学术研究深入。展览的全部说明文字都以对相关历史、文物的研究为基础，保证展览的专业水准和学术水平。展览开幕当天，浙江省博物馆特邀南京大学与韩国高丽大学的两位教授就崔溥《漂海录》与中韩文化交流举办专题讲座。

在宣传方面，通过电视台、电台、报纸、网络、微信、讲座等进行了广泛、反复、持续的宣传。与此同时，书签、明信片等文创产品也加深了观众对展览内容的理解和记忆。网络高清3D虚拟展览、大型书籍《漂海闻见——15世纪朝鲜儒士崔溥眼中的江南》，将该展览的价值、意义延向无限的未来。

针对未成年人，馆方开展了如下活动：2016年11月26日举办了“乐高活动——我的海洋游记”活动，参观并了解明朝时朝鲜儒士崔溥行径路线和京杭大运河知识，以及用乐高搭建海洋船舰；2016年12月10日举办了“乐高活动——官服的秘密”活动，参观并了解明朝时我国和朝鲜官服制度，以及用乐高搭建官服各种级别补子；2017年1月8日还举行了“相由心生——学明朝宫廷画法给父母作一幅肖像画”活动，内容是参观和了解15世纪时深受当时明朝影响下的朝鲜文化及相关文物知识，现场学习明朝宫廷画法，给父母画一幅肖像画并在博物馆大堂展览区展示一个月。

针对成年人举办了如下活动：2016年12月11日举行“博物馆奇妙日——漂海闻见”活动，内容是深度参观漂海闻见展览，并以座谈的方式和博物馆老师一起探讨崔溥一行行径路线及当时见闻；2016年11月到2017年2月，还举行了5次志愿者教育活动，带领本馆志愿者深度了解和熟悉漂海闻见展览，为观众提供免费讲解服务。

本次展览是以小见大、以文物证文献的策展理念的首次尝试。展览还采用沙画、动画等多种形式的表现方法，通过中韩两国博物馆的合作，进一步促进中韩文化交流，助力国家“一带一路”倡议的实施。

南北辉映　礼乐至上——两周时期河南青铜器与浙江原始瓷联展

杭州博物馆

“南北辉映　礼乐至上——两周时期河南青铜器与浙江原始瓷联展”由杭州博物馆、河南博物院、德清县博物馆举办，于 2016 年 10 月 28 日至 2017 年 4 月 18 日在杭州博物馆南馆临时展厅展出。

展览主线即为西周至东周时期河南地区出土的青铜器与浙江省德清地区出土的原始青瓷两种看似不同材质器物的对话，试图寻找出原始瓷与青铜器之间存在的关联性。展览的序厅即为青铜器和原始瓷器形上的类比，将 8 件青铜器与同样形制的 8 件原始青瓷同置于一个展柜，观众可以看出原始青瓷对青铜器的仿制，尤其是对青铜礼乐器的模仿。

展览的第一部分展示了河南境内两周时期贵族墓出土的青铜器，按照当时的诸姓各国的地理位置，结合地图和文字介绍，向观众全面地展现了中原内各国礼乐的繁荣和青铜器艺术的美，其中第一单元中地处南北交界的黄国“黄君孟”墓、吴国“勾敌夫人”墓出土的青铜器，即是两个充分展现南北方文化交融的例子。展览的第二部分展示了两周时期浙江德清出土的原始青瓷标本，这些从窑址

展厅一隅

内经考古发掘出土的瓷片经拼接复原而成，充分还原了当时越地先民的生产生活和祭祀礼仪的实际情况，以及浙江地区早期青瓷的起源和技术的日益精进。展品包括生活类原始青瓷罐、碗、豆、盂、壶、杯等，以及可能作为礼器使用的原始青瓷鼎、簋、角形器、璧形器等，以及原始青瓷乐器甬钟、镈钟、錞于、句鑃等。在第二单元原始青瓷展品中，有 4 件原始瓷是来自于北方地区（河南地区出土）的，当时大部分北方原始瓷应为南方所产，可见江南与中原地区的交流就十分紧密。这几件烧制于南方青瓷窑址的器物穿越时空再次回到其故乡，也体现了本次展览南北辉映的主题。

与以往的展览不同，本次展览在馆内的两个临时展厅同时进行，展出的文物不但数量众多，也有多件重量级文物。其中，仅一级文物就有 27 件套，部分文物还是首次面向公众展示。希望为广大观众带来一场南北两地两种材质文物的观赏盛宴，同时加强南北两地博物馆之间的交流与合作。

为加强宣传，杭州博物馆在腾讯网、网易新闻、浙江在线、浙江省文物局网站“浙江文物”、杭州网、杭州市文化创意产业办公室网站“创意天堂”等网络媒体上刊登新闻稿。用互联网时代生动活泼的语言，向观众解释青铜器的用途，是一次很好的公众考古。

杭州博物馆还推出了青少年社教活动——小朋友亲自动手制作手工粘贴画的精彩环节。在工作人员的指导下，小朋友们先将五颜六色的纸片搓成一个个小纸球，然后再小心翼翼地将这些纸球粘贴在底板上，发挥想象，利用小纸团拼成各种生动有趣的图案，不仅考验孩子们的耐心，还需要他们更多的细心。通过制作纸团粘贴画，小朋友们的环保意识以及动手能力得到了培养，在实践中收获了劳动的乐趣。

在展览期间，在展厅出口专设观众留言区域，采纳和接受观众对于本次展览的意见和建议，同时也预设问卷调查表，统计和收集参观者数据及展览满意度。观众留言调查为开放形式，观众可以在参观完展览后，将自己对于展品、展览、工作人员等方面的意见以文字的形式留下，陈列部每次巡查展厅都会收集留言并更新空白留言纸，在展览中随时了解观众意见，若意见采纳则可及时调整。观众满意度调查以问卷的形式供观众填写，问卷内容统计观众年龄、教育背景、职业身份、观展目的、展览获取途径、展览中感兴趣的吸引点与兴趣点等，通过分类可以更好地了解和分析观众。

展览期间共计收到观众留言上千份，其中以好评为主。观众对于展览序厅将青铜器、原始瓷相同器形的器物摆在一起的做法感到很兴起，也更直观地了解到青铜器与原始瓷相互之间密切的联系。在留言中，观众多对于青铜器实物的精美程度加以赞扬，认为展览中文字和图版说明简洁明了，对于展厅陈列环境加以肯定。

王国气象——纪念良渚遗址考古发现80周年特展

良渚博物院

“王国气象——纪念良渚遗址考古发现80周年特展”由良渚博物院、浙江省文物考古研究所、中国江南水乡文化博物馆主办。罗晓群担任展览项目负责人，此外还特邀了浙江省文物考古研究所研究员赵晔撰写文本。展览于2016年11月26日至2017年3月12日在良渚博物院展出。

展览分五个单元。第一单元“都城”，以宏大格局、营建技术、王权标志等三大版块内容，反映良渚时期的国家形态和文明高度，重点阐释都城布局、宫城、王陵以及体现国家实力的水坝等大型土建工程。第二单元“村落”，以高台村居、坡地村居、环壕村居等版块内容，表现了良渚先民水乡风韵的生活方式。第三单元“民生”，以生存之食、磨制之器、日常之用等版块内容，表现良渚文明的物质基础。第四单元“礼俗”，以同神共奉、敬天礼神、人各有序等版块内容，展现良渚时期的礼制和风俗。第五单元“追迹”，以考古印记、研究硕果、保护传承等版块内容，反映考古历程和研究成果，以及政府和管理机构在良渚遗址的保护和良渚国家考古遗址公园的建设中作出的努力。尾声高度提炼“良渚是地名，是文明古国，也是文化符号”，提出全人类共同努力，让良渚遗址再活5000年的美好愿望。

馆方选用有鲜明个性的文物，丰富人们对良渚文化的认知。展览文物种类有石器、陶器、木质、骨器、有机质五大类。玉器展首次展出了官井头遗址M64的玉镯、玉串饰、玉圆牌饰等组合。有机质包括莫角山遗址粮食仓库的碳化稻米，钟家港遗址的猪下颌骨、南酸枣、甜瓜等丰富的实物。陶器有陶屋顶模型，猪面、狐狸面等动物泥塑组合，以及高约4.5厘米的微型陶器与最高达50厘米的

展览序厅

内部空间

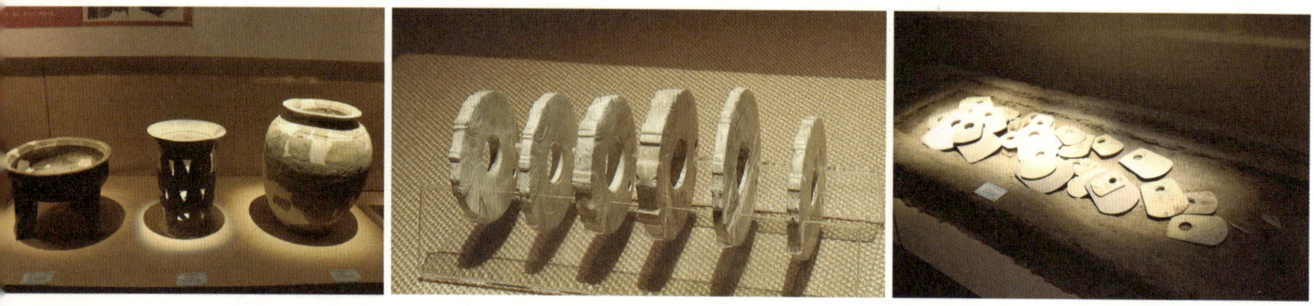

珍贵文物展示

大型陶器的对比组合。此外，还有保护处理完成的木桨、各种骨锥与骨镞，以及良渚城墙的垫石与草裹泥的复制品。

在展览的艺术表达上，充分调动了色彩与场景等形式为内容服务。色彩分展柜内、外两块区域。展柜外装饰了蓝天与白云的纱幔，巧妙地把 110 米的展线联成一体，呈现出“王国气象”主题。展柜内大胆地使用了浅米色、墨绿色、铁锈红，深紫色、纯蓝色 5 种色彩表现每个单元的意境。展厅中最亮眼的场景是 4×4 米的巨型灯箱展出了“良渚王国想象图”，以及中厅面积为 25 平方米，高 4 米的良渚时期河埠码头场景。

数字化技术领域的探索成果为展览增色。“一件玉琮的前世今生”讲述了玉琮的制作与功能，是良渚博物院在文物数字化采集项目的基础上，制作的原创视频片。“良渚古城外围水利系统”是浙江省文物考古研究所根据水坝的发掘与研究成果，以数字技术方式解读水坝的结构、建设、功能、价值与意义。

运用纸媒、新媒体等手段全方位地整合传播资源，进行宣传推广。中国考古网、新华网、《浙江日报》等多家媒体跟进报道。出版了《良渚考古八十年》图册，并接纳 150 余位国内外专家举办“良渚遗址考古发现八十周年学术研讨会”。制作了《王国气象》导览册。与浙江邮票局共同发行了“良渚玉器”邮票，与余杭区集邮协会联合发行了“良渚遗址发现八十周年纪念封片”。还举行了“陶泥我来塑”、进校园举办展览专题讲座等丰富多彩的活动。在《大众考古》刊物上，发表了《考古成果展也可以这样做——“王国气象——纪念良渚遗址发现八十周年特展”回顾》。

展览立足“突出良渚遗址核心地位与打破考古成果展叙述模式”的理念，以准确的学术认知，新颖的表现形式，生动地展现良渚王国的整体面貌，表达良渚文明城市与乡村、物质与精神的和谐统一。展览及时地向公众展示良渚遗址最新的发掘与研究成果，增进公众对考古工作的科学性，良渚遗址价值的真实性等方面的认识，从而提高公众文物保护意识，增强居住地人们的文化自豪感和自信心。

观众参观人数达 159260 人次，其中青少年 20991 人次，观众以大专和本科以上的青年学生为主。调查显示，观众非常喜欢两个展览，普遍认为各有特色。展览文笔优美，水乡场景、文物陈列方式也颇受欢迎。观看特展后，观众对良渚文化有了更进一步的了解。

兰亭的故事

绍兴博物馆

“兰亭的故事”由绍兴博物馆主办，2016 年在中国港口博物馆、太仓博物馆、鄂州市博物馆、上海崧泽遗址博物馆、晋城博物馆、成都杜甫草堂博物馆、浙江省博物馆、余姚博物馆、上海金山博物馆进行巡展。

展览以讲故事的方式介绍了王羲之书写《兰亭序》及《兰亭序》历代版本的传奇，形象地传播书法知识与兰亭文化。展览共分为“兰亭修禊、兰亭传奇、唐人摹本、宋人传本、名家临本和绍兴兰亭”六个部分，以历代《兰亭序》著名摹本、临本为核心，精选部分重要的有影响的兰亭拓本，系统展示历代有关兰亭的书法艺术。观众不仅能见到虞世南、褚遂良和冯承素等最逼近原作的摹本和临本，还欣赏了乾隆帝集诸家大成的“兰亭八柱”帖等。此外，展览还结合每次巡展地的博物馆馆藏，展出与兰亭元素、魏晋文化相关的各种藏品，从文物和书法两条线向观众讲述兰亭的故事。

巡展的每一站，都会根据该博物馆的展厅情况量身定做，相应地调整展品数量与展览内容，具有极强的适应性。巡展结合当地与《兰亭序》、兰亭元素等相关的文化，一方面在展览内容上作适当补充，使展览更接地气，观众在了解“兰亭的故事”之时，更能了解其中的本地元素，增进亲切感；另一方面，展出当地博物馆的相关文房、生活用器等文物藏品，以更好地反映当时的文人风骨和精神世界。

展览屏风

展陈设计

每次巡展，都会有相应的新闻稿件见诸中国博协、弘博网、浙江文物网、绍兴博物馆等网站，这是常规性的宣传与推广。部分巡展还会邀请两地新闻媒体参与。绍兴博物馆微信公众号同期推送，每次选取与《兰亭序》相关的不同元素与内容呈现，既是宣传推广，也是对展览内容的补充。

“兰亭的故事”巡展期间，陆续推出“兰亭雅集、兰亭清玩、兰亭风韵、兰亭书香、兰亭艺品、兰亭香茗、兰亭佳酿、兰亭美食”八大系列的文创产品，从孩子用的笔记本、书签、胶带纸，到成人用的手机壳、艺术杯、丝巾，从家居用的装饰画、研习用的字帖，到收藏用的冯摹兰亭序册页，等等，在诠释兰亭文化的同时实现了“把博物馆带回家”的目的。

展览专门设置了活动区域，让观众特别是青少年可以在互动与体验中感受传统文化的魅力。“华容道”兰亭的故事和“永字八法”结构拼图是每次巡展的必备互动项目，孩子们可以在拼接、移动、思考中认识汉字的特点，了解到写好汉字，笔画尤为重要。“兰亭雅集”“羲之爱鹅”木刻版画和“曲水流觞”“兰亭雅集”青砖是根据展览内容设置的两项极具传统文化特色的互动项目。观众们可以通过印制木刻版画，或者亲手捶拓制作青砖拓本，在现场体验中感受中华传统文化的独特魅力。绍兴原创动画片《兰亭小精灵》，以七个笔画为人物形象，带领观众们领略有趣的汉字和奇妙的书法艺术。

随着巡展站数的不断增加，绍兴博物馆也逐渐加深了对巡展的认识，摸索出一套方法，即形成一个专门的巡展团队、一套专门的巡展设备和流程，在不断微调中前进、发展。同时，配备相关的互动项目、语音导览、社教活动等服务，使展览更加完善。

2016 年 9 月，“‘兰亭的故事’巡展”首次走出国门，在意大利特拉维索的卡萨雷斯博物馆举办，迈出境外巡展的第一步，取得了良好的社会效应。2016 年 9 月，“第七届中国博物馆及相关产品与技术博览会”上，中国博物馆协会展览交流委员会把“‘兰亭的故事’巡展”作为年度重点工作写入总结报告。“‘兰亭的故事’巡展”也作为中国博协展览交流专委会加强馆际交流、创新巡展模式的典型案例在全国博物馆界进行推广。

发现——宁波新世纪考古成果展

宁波博物馆

作为纪念宁波国家历史文化名城公布 30 周年（1986—2016）系列活动之一的“发现——新世纪宁波考古成果展”，由宁波市文化广电新闻出版局主办，宁波市文物考古研究所策划承办，浙江省文物考古研究所与宁波各县（市）区文物部门协办。展览于 2016 年 12 月 8 日至 2017 年 3 月 12 日在宁波博物馆一楼东临展厅展出。

展览以 21 世纪以来 15 年间（2001—2015）宁波地域重要考古发现为主线，共分“绿野寻踪——聚落考古”“红尘再现——城市考古”“青山滴翠——窑址考古”“玄宫探秘——墓葬考古”和“碧海扬帆——水下考古”五个单元，共展出珍贵出土（水）文物 300 余件。

展览系统性地展示了 21 世纪以来宁波考古的主要成果，如果将整个展览看作一张谱系图，那么它将是近年来最完整、最详实、最直接的一次展示。21 世纪的宁波考古事业轨迹，110 余项重要考古项目，聚落考古、城市考古、窑址考古、墓葬考古和水下考古五大门类——展览通过大量的出土文物、逼真的遗址复原、战斗在第一线的考古工具以及丰富的多媒体设备，与广大观众共同挖掘宁波 7000 年文明秘史，探究先人的智慧与追求。

宁波历史可以追溯到 7000 年前的河姆渡文化，而这一历史事实，从 1973 年第一次发掘，至今经过了几十年的考古发掘不断巩固和充实。2004 年至 2013 年，主动性发掘田螺山遗址，该遗址是目

展览序厅

展厅一隅

前所知保存最为完整的一处依山傍水式的河姆渡文化古村落遗址，对于研究河姆渡文化时期的社会生产、生活、组织和规模等具有重要价值。

了解先民，除了他们生活生产的遗迹，墓葬也是非常重要的考古对象，也是观众们最为熟悉的。21 世纪以来，宁波共开展重要墓葬考古项目近 50 项。特别是在配合建设工程过程中，抢救发掘了大批濒临破坏的古代墓葬。墓葬更多展现了社会思想、社会制度、等级等方面的事实，是把握宁波各个时代文明倾向的重要参考。

“海定则波宁”——宁波考古永远绕不开“海洋”二字。而在水下考古方面，无论是工作机构的设立、专业人才的培养、技术装备的改进、理论方法的创新、保护交流的推进，还是浙东沿海水下文物普查、和义路沉船、潮塘江沉船、“小白礁Ⅰ号”等重点项目的开展，宁波都走在了全国前列，被誉为“水下考古的宁波力量”“水下考古的宁波帮”。关注考古的市民们应该还记得，2008 年“小白礁Ⅰ号”首次发现、2012 年与 2014 年两次发掘时的盛景。水下考古的各种技术手段、先进设备都将在展览中详细展示。

为加强宣传，宁波博物馆在中国社会科学网、浙江在线宁波频道推出了新闻稿，并在“宁波博物馆”微信公众号上推送宣传。

为更好地服务社会、吸引观众，特别是青少年，展览同时还举行了“模拟考古挖掘”“软陶器物彩绘”和“手绘海丝地图”等活动。2016 年 12 月的主题是“海上丝绸之路”，活动的内容从船舶到商贸物品，再到地图，涵盖海上丝绸之路的方方面面。在 12 月 10 日 13:30 于宁波博物馆二楼儿童体验区举行的“模拟考古挖掘”活动中，主办方讲述宁波几十年来的考古大事件，并组织一次迷你的考古挖掘体验。在 12 月 17 日 13:30 于宁波博物馆二楼儿童体验区举办的“软陶器物彩绘”活动中，带领大家深入了解博物馆里的陶器，并利用软陶来动手制作、绘制一个彩陶器物。在 12 月 24 日 13:30 于宁波博物馆二楼儿童体验区举办的“手绘海丝地图”活动中，回溯海上丝绸之路的踪迹，并手绘一张多彩的地图。这几次活动都收到了良好的效果，小朋友们不仅成功体验了船只模型搭建、陶罐彩绘等，而且，为了增加活动的知识深度，宁波博物馆的工作人员还亲自上阵，向小朋友们传递了考古工作和文物保护方面的知识。

展览通过翔实的记录和丰富的展品，全面展示了自 7000 年前的河姆渡文化时期以来，宁波古文明的发展之路，再现了宁波的起源和发展演变进程，采用图文并茂的形式还原了考古发掘现场，让公众共享文化遗产保护成果，唤起世人更加自觉的文物保护意识，共同守护我们的精神家园。

大地情怀——文化地理学视野中的台州民俗陈列

台州博物馆

“大地情怀——文化地理学视野中的台州民俗陈列”由台州市文化广电新闻出版局举办。展陈策划由浙江大学严建强教授领衔的团队担纲。设计团队秉承“记得住乡愁、留得住情怀”的策划理念，通过田野调查的方式，由设计师和地方专家到模特地采集素材，力求在展厅高度还原多地区场景，保证了情景再现的客观性。展览于2016年7月12日在台州博物馆展出。

民俗厅按照从陆到海的空间顺序，分“山谷之民”“泽国之民”“海滨之民”三大单元依次展开，各单元分别展现各区域的环境资源、生产劳作、日常生活、祭祀庆典四方面内容。

“大地情怀”是国内第一个采用文化地理学视角策划的民俗陈列展，从自然与文化的整体性出发解读民俗，开创了展现区域性民俗文化的新样式。该展陈采用明代台州人王士性的文化地理学理论，从生态、生计、生活的相关性来解读台州地区的民俗生活，设计元素提炼自三个区域的典型特征，抓住了区域地貌极为丰富的特点，从山地、平原与滨海的地貌中提取设计元素，主色调中含有黄、绿、蓝的色系。展厅环境提取山地的卵石铺装、平原的市镇特点、渔村的石块墙面，突出三个区域的地景特征。展览还创新地使用了多感官刺激的方式来加强观众的参观体验：在反映渔家生活的场景中，将视觉、听觉、嗅觉、风感四重感官同时作用于观众，最大限度地还原了渔家生活的真实感受。

展览序厅

空间陈设

该展的宣传、推广在充分利用大众媒体的前提下，突破常规模式，通过户外广告宣传、跨机构联合宣传、跨界合作联办教育活动，有效提升了宣传力度与宣传效果。展览由 3 家本地纸媒、5 家电视台，2 家广播电台进行宣传报道。在新媒体的技术运用上，大力推广微信媒体，创造性引入手机直播，为博物馆真正做到“文化惠民”提供了广阔的空间；实现网易直播 1 次，在线 41000 人观看；通过台州市博物馆、魅力台州等 5 家微信平台发布讯息。

为更好地服务观众，配备专职讲解员 6 人，义务讲解员团队 38 人，已实现汉语普通话、英文、方言三种语言讲解。展览还吸引了 24 位党员文化志愿者、15 位高中生、10 位小学生前来参加义务讲解培训，并上岗服务；也吸引了椒江二中、北师大附属高级中学、台州学院等约 800 名学生前来担任文明劝导员，引导观众文明参观。

结合展览，自主研发了包括“针刺无骨花灯”在内的 10 项民俗特色主题活动。拥有展览相关的文创产品 20 余种。

结合“大地情怀”民俗展，台州市博物馆以“玩中学，学中玩”为教育理念，以情感态度价值观的培养为目标，针对不同年龄段的青少年，开设了 4 大教育项目：如针对低龄儿童的捏轻泥活动；针对 7 周岁以上青少年的无骨花灯制作活动、剪纸活动；针对中学生的蓝印花布书皮系列活动；针对综合素质比较好的青少年的“小小讲解员”培训活动。通过以上各项方式，既能更好地传播民俗文化，又能锻炼青少年的能力，使他们慢慢爱上博物馆，“让逛台州博物馆成为一种生活方式”。

由于展陈形式非常贴近台州市广大市民的乡土记忆，该展吸引了一批批中老年群体自发组团前来参观，在乡土教育和爱国主义教育方面发挥了较好的作用。展览的参观总人数达 50 多万人次，未成年人高达 20 万人次，日流量最高的时候达 9000 多人次。

芸香四溢——明代书籍文化的世界影响

天一阁博物馆

2016 年 12 月 3 日至 2017 年 2 月 14 日，由宁波天一阁博物馆主办的“芸香四溢——明代书籍文化的世界影响特展”在天一阁博物馆云在楼举办。

14 至 17 世纪中叶的明代，中国的书籍文化发展到一个新的高峰，在世界范围内产生了广泛而深远的影响。2016 年适逢建阁 450 周年，天一阁博物馆特推出“芸香四溢——明代书籍文化的世界影响特展”，充分展现明代书籍文化在世界上尤其是东亚地区的广泛影响，同时反映“海上书籍之路”的形成及发展，具有重要学术价值和现实意义。

展览内容分为“线装书：古书的定型”“宋体字：汉字的规范”和“明刻本：文本的共通”三个部分，通过书籍的内容书写、实物制作、出版流通、收藏鉴赏等多方面、全方位展示明代“书”的文化，是当前古文献学、书籍史和明代文化研究中最新最前沿的成果。展览集中展出近 50 种有代表性的明代书籍，以天一阁所藏明代书籍为主，同时展出天一阁、华东师范大学图书馆及复旦大学陈正宏教授所藏日本、朝鲜半岛、越南、法国等国家和地区的书籍，充分展现了明代书籍的特殊魅力及其在世界范围内产生的深远影响。

展览序厅

文化创意产品

由于宣传到位，观众获得该展览信息的渠道比较丰富，有的是在当地主流报刊电视，有的是在文化专业报刊，有的是在网络媒体甚至微信公众号、朋友圈。特别是微信公众号上的“老范说书”——书籍知识微讲堂，吸引的几乎都是年轻人。

为配合“芸香四溢——明代书籍文化的世界影响特展”，围绕“书”的主题，宁波市天一阁博物馆开发了多款文化创意产品，有记事本、AR 虚拟手册、藏书楼模型贺卡、酸枝木书签及芸草香囊等。其中，“天一流芳”记事本以天一阁馆藏特色古籍、字画为设计元素，一套 5 本，充分诠释“手不释卷”的读书理念，展示天一阁的丰富藏品内涵，面市以来，深受学生及外国友人的喜欢。“书香系列”芸草香囊分为“摆”和“挂”两款，以芸草细末，提取清代高凤翰所绘《富贵白头图轴》中之牡丹造型，采用雕花木盒和树皮包装。芸草又名灵香草、七里香，可用做药材和香料，夹放在书籍中可防虫咬蠹蛀。天一阁以芸草防虫，从建阁起一直沿用至今。此款香囊尤受爱书人士的欢迎，还荣获“2017 年全省博物馆文化产品入围奖”。“天一遗形”AR 手册是天一阁首款数字化文创产品。观众通过扫描二维码，加载天一阁 APP，即可在自己的智能设备上体验到 3D 或视频的讲解、演示等。该产品深受大朋友、小朋友的欢迎，还荣获“2017 中国（宁波）特色文化产业博览会最佳创意奖”。这些产品从实物到虚拟产品，价格从 10 元到 170 元不等，均由博物馆自行研发、销售，满足各种年龄层、各种需求，特色鲜明，市场反映良好。

通过观众调查发现，虽然此次展览有一定的学术性，但对普通观众的吸引程度依旧颇高，有七成的观众是专程前来参观特展，近五成的观众（48%）以前从未接触过古籍，是抱着充实知识的想法来的。还有不少外地游客，来天一阁旅游时顺便看看展览。此外，也有不少游客以观赏展品、休闲娱乐作为出发点。同时，有近二成的专业人员慕名而来。就观众对此次临展的总体评价来看，以积极肯定为主。

六成观众肯定本次特展创意新颖，重点突出，认为该展览用深入浅出的方式让普通人看得懂，看得有兴趣。近七成的观众喜欢此次特展的展览设计，认为展厅氛围营造得很好，使人沉浸在书香环境里。文物与文字解说的肯定率也分别占到了 75% 与 52%。对于延伸教育，参与者普遍比较认可，最受欢迎的是面向未成年人开展的“展厅课堂”。

观众关注最多的还是展览中运用的大量高新科技，如增强现实技术（AR）、混合现实技术（MR）等。观众既获得新奇有趣的体验，也更好地理解了文物。另外，观众对智慧感应导览等自助式服务，纷纷给予肯定，认为十分人性化。

淮军与近代国防

李鸿章故居陈列馆

“淮军与近代国防展览”为展示近代中国抗击侵略以及对国防近代化的积极探索，由位于安徽合肥的李鸿章故居陈列馆，于2016年4月22日起在合肥市李鸿章故居推出。展览为常设展览。

淮军是李鸿章以庐州地区团练为基础组建的地方武装，自1862年建立至1901年后逐渐退出历史舞台，是晚清国防军主力，也是军事体制从传统向近代转型中的一支重要军事力量。淮军历史上先后涌现出刘铭传、丁汝昌、聂士成等多位合肥籍著名将领，在抗法保台、抵抗日本和八国联军侵略中立下不朽功勋。

该展览围绕“清代传统国防、淮军崛起、国防主力、近代国防工业、近代军事人才培养和抗击外国侵略”六个章节，构筑了一条淮军历史长廊，全面展示其在国防近代化进程中的作为，叙述了中国军事近代化的艰难历程。

该展是目前中国国内唯一以淮军为主题的专题展览。展览在最新的研究成果基础上，充分利用现代化展陈技术，通过文字介绍、史料图片，辅以动漫视频、实物模型的手段，将场景、多媒体与美术图像结合，力求知识性与互动性相融合。李鸿章故居陈列馆依托现有的学术资源，加强淮军文化的研究、保护和利用。

展陈空间

展厅一隅

陈列馆通过中国新闻网、腾讯网、中共合肥市委宣传部网站、中国博物馆协会网站、合肥市文物管理处网站、万家在线、中安在线等网站进行宣传。陈列馆还在其“中国合肥李鸿章故居”微信公众号上进行讲解。观众可在进入“中国合肥李鸿章故居”公众号后，通过“看看展览”-“故居常展”的路径，看到一张故居平面图，点击相应位置上的“淮军与近代国防展”的文字听到讲解。

为了集思广益，让更多人了解展览，馆方特开设了公共服务论坛。该论坛将及时回答所有留言者的问题，同时对陈列馆的网站以及网站内发布的文章也可以提出讨论意见。此外，在这里，陈列馆也向全社会征集有关李鸿章以及李氏家族的物品，让李鸿章故居的实物展品越来越丰富。希望通过全社会的支持，能够将李府的网站越办越好。网站还照顾到游客的需要，对合肥市其他旅游景点与路线进行了介绍。

“淮军与近代国防”展览开放的同时，故居积极开拓思路，将文创产品作为延伸博物馆生命力的重要载体，让观众不仅从观赏陈列展览中得到知识传递和艺术熏陶，也能从一件件生动活泼、充满特色的博物馆文创产品中，实现把“博物馆带回家”的愿望，充分发挥博物馆的文化传播和公益性文化服务功能。100 多年前，为表彰在中法战争中浴血奋战的淮军将士，清政府将 108 棵广玉兰赏赐给其带回家乡栽种。此后，每逢春夏之际，“淮军故里”合肥的大街小巷便开满了洁白的玉兰花，广玉兰也成为合肥市的市树。它不仅仅是荣耀的象征，更是对万千淮军将士的纪念。该馆配合淮军专题展览开发了“淮系萌军”系列书签、明信片，“合肥记忆·广玉兰”系列钥匙扣等文创产品，让藏品中蕴含的文化“活”起来，缩小了藏品与公众之间的距离，更好地发挥其传播文化的作用。

“淮军与近代国防主题展览”和系列文创产品，是“淮军故里”和李鸿章故居献给广大游客的一份文化饕餮大餐。在展示、介绍、传播淮军文化的同时，弘扬勿忘国耻、奋发图强的爱国精神，激发观众建设现代化国防的迫切感和强烈共鸣，进行爱国主义教育。

闽海蔚蓝

福建博物院

“闽海蔚蓝固定陈列”由福建博物院主办，策展人为院长吴志跃，制作团队包括自然科学部、陈列设计部等部门。展览于 2016 年 2 月 8 日在福建博物院第 17 号展厅（自然馆二楼展厅）开展。

此展览为福建博物院改陈提升的基本陈列之一，系统展示了福建作为沿海省份海洋资源的多样性，旨在唤起人们对大自然的探索及生活家园的热爱，体验生物与人的和谐相处。这里将成为青少年认识海洋、感受海洋、保护海洋的第二课堂。展览分为“滩涂湿地、浅滩、海洋和互动区”四个部分，分别为参观者展示福建沿海湿地景观，抹香鲸、小鳁鲸骨架及模拟海洋世界等。展览在内容上对该海域的地理及地质环境进行了详尽介绍，对包括鸟类、鱼类、哺乳类、爬行类等各种生物也给予生物学上的科学定义与解释。其中穿插知识小场景、多媒体互动等以增强展示效果及趣味性。对于展览中可以激发观众兴趣的点和面，均进行了深入发掘。该展览共计展出各类标本、模型在内的展品约 300 余件，其中不乏一些珍稀品种。

展览以丰富的生物标本和生动逼真的场景相结合，寓教于乐，突出了展示的趣味性，符合广大青少年及其家庭的互动式观展特点。包括灯光、知识问答小场景、互动体验区等特殊设计，都能够使观众身临其境地体验海洋环境的新奇与奥妙，在接受知识的同时，又传播了保护环境、亲近自然的主题。展览设计贴近自然，清新简洁。装饰背景壁画等均用心构思，营造了浓郁的海洋氛围。

展厅入口

场景还原

在展览宣传方面，针对本次展览，福建博物院在开展前一个星期举办了“新闻媒体通气会”，请策展主创者介绍展览，发掘报道亮点，做好相应的报道准备。邀请中央、省、市 30 余家媒体参观预展，进行预热宣传。开展前 2 天在短信平台信息发布 2 万条展览宣传短信。与《海峡都市报》《海峡消费报》《海峡教育报》以及东南网等媒体合作，策划与展览相关的夏令营、自然侦探团、树叶标本制作、红树林探秘等活动并进行宣传。通过 FM100.7 及 90.6 交通广播对展览进行介绍，邀请策展主创人员与听众互动。在福州机场的“空港博物馆”项目进行同步宣传，形成纸上、网上、空中多渠道、全方位的宣传规模。展览平面媒体报道达 36 篇，网络媒体报道达 592 条，电视媒体报道约 20 余次。

为了更好地向公众普及自然知识，增强人们的环境保护及自然资源保护意识，福建博物院针对该展览研发设计了一系列动物拼图、动物冰箱贴、森林系文具、绘本、3D 魔卡等文创产品。节假日举办线下文创产品消费体验活动，让广大观众特别是青少年学生在寓教于乐中领悟自然遗存保护工作的意义和保护自然的重要性，同时也充分发挥了文创产品的宣传、教育功能。因产品设计新颖活泼，收到了很好的反响，并增强了观众对该展览的喜爱与认知。

同时，福建博物院自然馆针对“闽海蔚蓝陈列”开展了多种丰富有趣的社教项目，“走进神秘的红树林”就是其中最具代表性的活动之一。该系列活动旨在拓宽青少年的课外知识面，丰富自然科学知识，让青少年了解红树林，树立爱护红树林、保护大自然的环保意识和健康积极向上的世界观。该活动邀请相关专业人士讲授红树林的相关科普知识及如何有效保护。设立科普小讲坛、组织进行展厅探秘、寻找资料并介绍自己身份卡的内容等，都令孩子们在玩乐中激发了对知识的探索和学习欲望。此外，包括在“自然是我家”中了解福建独特的自然风貌和动植物，在“化身冒险家”中进行现场恐龙模型挖掘等活动，都是针对儿童设立的，别具特色。

在新技术应用方面，福建博物院为展厅的展品匹配了相应的编号，参观者可以使用展馆内 WIFI 免费上网，通过手机扫描展品或展览海报上的二维码、输入展品编号等方法，就可在手机上打开该展品的图像及声音介绍。

结合线下展览，将讲解说明放在喜马拉雅 FM、微信、官网平台，在线收听“福建博物院”，下载分享，听我想听。同时在展览期间通过线上平台开展观众问卷，更好地倾听公众心声。

此展览进一步丰富了福州公众的文化生活，受到社会各界特别是青少年的广泛好评。国庆节、春节日参观量逾 1 万人次，2016 年参观“闽海蔚蓝陈列”的人数创下历史上的最高值 51.34 万人次。

惊世大发现——南昌汉代海昏侯国考古成果展

江西省博物馆

“惊世大发现——南昌汉代海昏侯国考古成果展”由江西省文化厅、江西省文物局、南昌汉代海昏侯国遗址管理局主办，江西省博物馆、江西省文物考古研究院承办。叶蓉担任总策展人，展览内容与形式设计由馆方与金大陆展览装饰有限公司联合制作。该展览于 2016 年 10 月 11 日在江西省博物馆 1 号馆二楼长期向公众开放。

南昌汉代海昏侯国考古是 2015—2016 年度全国瞩目的热点文化事件。展览以“发现发掘 - 文化阐释 - 人物解读 - 面向未来”为主线，分“惊现侯国、王侯威仪、传奇刘贺、保护共享”四个部分，从宏观到微观、从遗址到遗物，全面、系统、及时地展示考古成果，展现汉代文化，讲好海昏侯故事。展览总体策划体现两大独特性，一是实时关联、动态展示，以最快速度将考古成果呈现给观众，让公众考古真正融入百姓生活，并即时更新陈展内容，让展览呈现最全面、最权威的面貌。二是以故事为主线，以兴趣为引导，重点讲好发现的故事、刘贺的故事、刘贺所处时代的故事，满足观众文化需求。

展览精彩纷呈、引人入胜，从内容上可概括为四大看点：其一，看精美珍贵文物。922 件文物涵盖青铜器、陶瓷器、金器、玉石器等多个品类，造型精美、工艺精湛、功能多样、内涵丰富。其二，看汉代社会文化。展览结合海昏侯专题研究，还原西汉列侯奢华生活，让观众通过文物读历史、知文化，了解当时的政治制度、经济面貌、社会风尚和工艺水准，体验中华文明传承。其三，看刘贺传奇人生。刘贺一生从王到帝再到侯，跌宕起伏。展览通过文献、文物立体真实地刻画刘贺性格特点，系

展览序厅

华丽的出土文物

统梳理刘贺的人生经历及家族关系，展现生动鲜活的刘贺形象。其四，看考古文保成果。展览以专门篇幅对考古发掘和科技保护的理念、方法和成果进行介绍，是海昏侯公众考古宣传的重要组成部分。

策展团队除了注重展览内容之外，更加关注展览在深化内涵、加强服务、美化环境等方面发挥的功能，主要采取了以下措施：

1. 实行预约参观，优化观展环境。馆方完善提升官方网站和微信公众平台，开通观展和讲座预约系统。同时采取人性化服务，为60岁以上老人和有需要的人群开通绿色通道，确保舒适、安全、有序的观展环境。

2. 免费定时讲解，优质语音导览。提供每天四场免费定时讲解及全天候中、英双语收费讲解和志愿者讲解服务，同时配置免费微信图文语音导览和手机APP语音导览系统。

3. 深化展览解读，讲好海昏侯故事。馆方通过官方微信公众平台开辟“策展人邀您品海展”“故事来了”“讲座来了”等栏目，以专题讲述、以小见大、透物见史的形式，梳理展览内容，深入挖掘文物背后的精彩故事。

4. 开辟“文博讲坛”，对话专家学者。通过江西省博物馆“文博讲坛”，邀请江西省文物考古研究院徐长青、杨军，北京大学辛德勇等知名专家学者，面向公众举办海昏侯专题系列学术讲座。以展览为纽带，建立全国海昏侯学术研究、汉文化研究平台。

5. 开发文博产品，拓宽展览外延。开发“再现海昏”系列文化产品，以时尚人文的设计理念，通过提取文物相关设计元素如玉神兽、雁鱼灯、凤鸟纹等，设计制作艺术台灯、纪念邮票、钱包、书签等不同类型不同价位的衍生产品，将现代设计与传统文化融为一体，让汉代经典艺术珍品走近大众。

6. 开展社教活动，倡导全民参与。通过举办假期小课堂、汉风古韵、读书会等形式多样且生动有趣的海昏侯主题社教活动，鼓励不同年龄、背景、身份的公众积极参与，走进博物馆。持续开展海昏侯展览进学校、进社区、进三区活动，普及文物知识，在全社会形成“文化遗产人人保护，保护成果人人共享”的良好氛围。

海昏侯展览吸引了社会各界广泛关注。省市各级领导，中央驻赣媒体、境外驻赣媒体及省内新闻媒体等数十家新闻单位见证展览开幕。截至2017年10月11日，一年时间里共有约66万人次观众观展，相关资讯频频占据朋友圈与媒体的重要位置。南昌汉代海昏侯国考古成果展已成为南昌市乃至江西省最受欢迎、最具影响力的一个展览。

客家摇篮——赣州

赣州市博物馆

“客家摇篮——赣州”为赣州市历史文化基本陈列，该展览由赣州市博物馆主办，董玉宝担任项目负责人。展览于 2015 年 12 月 31 日开展，并在赣州市博物馆新馆展出。

展览分为历史源流篇和经济文化篇两部分。历史源流篇展览以时间为序，用文物说话，将各个时期在赣州地区出土的文物，在整齐的柜内空间一一罗列，结合各时期的重点内容及文物背后的故事线索进行讲述，结尾展现了以赣州繁衍生息的客家人为中心向世界各地发展衍播的结果，一部来自全球的客家人采访纪录片将客家的辉煌历史推向高潮。经济文化篇以并列关系讲述了客家人的耕读劳作、通商科教、人文民俗等十部分内容。随之而来的耕作、手工、冶矿等劳动力的提高在空间中以“重点展示事件为主、四周围绕文物”的形式展示。

在展陈设计上，序厅以主题浮雕表现客家民系在赣州这片土地上孕育形成的历史，即赣州被誉为“客家摇篮”这一主题。浮雕为一怀抱婴孩的母亲形象，背带飘散开来形成赣州的章、贡二水，暗示着赣州独特的地理环境及孕育客家人不可或缺的两大水系。同时，背带是客家人背负婴儿的常用物品，为襁褓、摇篮的象征，喻指客家人在赣州孕育形成。历史源流篇用沙盘模型、创作半景画、主题雕塑等形式分别将赣州的自然与原始生活状态、几经战乱后由中原迁徙至此的赣州先民讲述给

展陈空间

展厅一隅

观者。经济文化篇在空间氛围营造上较为活泼，色彩运用丰富，组团式陈列。开篇以修建大庾岭路为楔子，表现驿路的开通承启了客家民系的壮大，形式上以两幅通高创作画分别表现修路的艰险与通路的欣欣向荣。人文教育与民俗则以场景复原的展示手法将观者带入客家人生活的街巷去感受客家人的私塾、婚娶、祭祖等传统文化。

该陈列运用现代手段，集中展示了赣南历史、客家源流和客家的经济、文化，全方位展示了客家民系在赣州的形成、发展、壮大及播迁闽粤港台的历史和赣州客家地区的古代经济及民情风俗。

为更好地宣传推广客家传统文化，馆方制作了专题视频在官网上重点宣传，在《中国文物报》《赣南日报》《赣州晚报》等媒体上进行专题宣传，并制作了展览海报、宣传折页等进行宣传。新华网、大江网和客家新闻网等网络媒体都有转载报道。

在接待服务上，馆方提供专门的残疾人车道、升降电梯服务；在大厅和陈列馆中设有多处多媒体触屏导览系统；提供租赁语音导览服务，有中、英、法、日、德、韩、西班牙、意大利等多个语种；每天 10:00、14:00 有志愿者提供免费讲解及帮助；提供针线、医药箱等服务；提供雨伞、儿童车、轮椅租赁等服务。

江西赣州客家文化底蕴深厚，源远流长，被誉为“客家摇篮”。通过“客家摇篮——赣州基本陈列”对人们了解赣州的历史、文化和风情以及客家的历史、文化和民俗民情具有重要意义。新馆对外开放运行以来，节假日期间日参观人数达 3 万人次以上，社会反响巨大，取得了良好的社会效益。

大河上下——黄河流域史前陶器展

山东博物馆

“大河上下——黄河流域史前陶器展”由山东博物馆与甘肃省博物馆联合主办，同时协商青海省博物馆、河南博物院、河南省文物考古研究院、中国社会科学院考古研究所等单位共同举办。展览内容策划由山东博物馆典藏部负责，形式设计由陈列部负责。此次展览从 2015 年 12 月 26 日至 2016 年 3 月 26 日，展期三个月，在山东博物馆 19 号展厅向公众免费开放。

山东是先秦时期东夷人的主要活动区域，是东夷文化的主要创造地，东夷独具地域特色的文明是中国古代多元文明的重要组成部分。东夷文化是山东地区史前文化的基础上发展而来的，与山东地区的史前文化有特定的渊源关系，为研究、弘扬山东的早期历史文化，山东博物馆以展览为基础，推出“东夷文化溯源工程”的系列展览。“大河上下——黄河流域史前陶器展”是山东博物馆 2015 年原创推出的第二个“东夷文化溯源工程”展览。

该展览以史前人类的创造——彩陶为切入点，全面展现新石器时代山东乃至整个黄河流域辉煌灿烂的史前文化，感受黄河流域古文明的交融与互动。同时为进一步加强相关博物馆之间的交流与

“十”字型组阵展柜

丰富多彩的陶器

合作，扩大山东在史前文明展览与研究领域的影响，“大河上下——黄河流域史前陶器展”应运而生。

展览共分“生活序曲、艺术绝响、文明华章、文字起源、制作工艺”五个部分，展品共计186件组，省外文物精品多达126件组，仅博物馆藏品中一级品就达到60多件，堪称黄河流域史前陶器精品的大荟萃，充分展示了整个黄河流域史前陶器面貌，展现黄河流域灿烂悠久的史前文明。在展品选择上，以黄河流域的仰韶文化、大汶口－龙山文化、马家窑文化、陶寺文化中的陶器，特别是彩陶为重点。选择代表性纹样、器形，如仰韶文化各类型的鸟纹、花叶纹，马家窑文化各类型的几何纹、变形几何纹、动物纹，大汶口－龙山文化的彩陶、白陶、黑陶，陶寺文化的彩绘陶等。

该展览的陈列形式新颖丰富。展柜设计独具匠心，“十”字形组阵的中心柜，形似掏空墙体嵌入的双面柜，让展品呈现既有气势又能全方位展示。展柜的灯具根据每件展品的器形、重点纹饰特别调试，力求诠释每件文物的神韵。展览选取特殊纹饰用动态视频展示，如马家窑文化同德宗日遗址出土的著名舞蹈纹彩陶盆，三维立体展示盆的纹饰及器形，并将舞人形象抽离出来制作成舞蹈状，稚拙原始又形象生动，深受观众喜爱。

在展览的宣传上，由宣教部负责电视、网络、手机、报纸等媒体，同时组织策展人员在本馆会议室及展厅为观众义务讲解，并制作了陶器知识小册本发放给观众作为知识互动。文创产品开发由产业发展部负责，推出了蛋壳黑陶杯、仿古杯等相关文创产品，市场反映良好。

本着以展览促研究的宗旨，配合展览召开了全国范围的以“黄河流域史前陶器与文明·社会”为主题的高端学术会议，吸引了该领域众多著名的专家学者。会议邀请了王仁湘、李水城、朱乃诚等16位省内外专家学者，共聚一堂，探讨史前陶器领域的诸多问题。会议激烈而融洽，围绕彩陶纹样解读、构图，陶器制作工艺，陶器生产方式与史前人口、社会，陶器与饮食，陶器的流通与影响等几个议题展开，论者纷纷提出自己的新观点，部分学者展示了发现的新材料。根据会议的发言材料，选取了王仁湘、李水城、方燕明、栾丰实、李文杰几位专家的文稿及各文化类型代表器物出版了配套图书《大河上下——黄河流域史前陶器展》，展览获得圆满成功。

该展览受到观众及国内同行的一致好评，被四川金沙遗址博物馆、山东省济宁市博物馆作为年度引进展览引进。

山东地区两汉文明展

山东博物馆

“山东地区两汉文明展”由山东博物馆主办，于秋伟为总负责人。展览得到山东省考古研究院、济南市考古研究所、淄博市博物馆、齐故城遗址博物馆、青州市博物馆、巨野县博物馆、长清区博物馆的支持协助。该展览精心策划，策展筹备过程历时一年，其间两次召开专家论证会，于2016年7月26日在山东博物馆开幕，至9月26日结束。

本次展览以弘扬山东地区汉代历史特色为策展理念，展示东西交流为基本策展思想，力求科学性、精美性、通俗性兼顾。展览在内容设计上，以山东地区发现的大型诸侯王墓，即巨野红土山汉墓（昌邑王）、章丘洛庄汉墓（吕王）、临淄大武汉墓（齐王）、曲阜九龙山汉墓（鲁王）、长清双乳山汉墓（济北王）、青州香山汉墓（淄川王）等出土的文物精品为主，兼选其他重要的汉代遗址、墓葬中发现的精品，各类展品数量达到290件套。

展览设计以汉代诸侯王贵族的生活为主线，分“优雅生活、宝马华车、事死如生、文化交流、艺术之美”五个单元。展品的选择及组合上，侧重展示汉代贵族生活中的钟鸣鼎食、宴舞娱乐，出行时的宝马华车，死后的隆重厚葬等物质生活的各个方面。文化交流则重点展示山东出土的带有鲜明外来因素的展品，与同日开展的“古罗马帝国文物展”形成呼应。“艺术之美”单元主要展示汉代碑刻及雕塑，其中既有外力因素的影响，也有中国的本地特色。展览以具有汉代山东特色的文物精品

展览序厅

展厅一隅

贯穿主线，多方位全面展示汉代生活的方方面面，用物质的展品为载体反映汉代人的精神世界。本次展览既是诸侯王大墓珍贵文物的首次聚集，众多展品均为首次亮相，又在展陈的背板及展厅设计上别具匠心，鲜明的汉代元素与高大的背板、展柜，营造出汉风浩荡的亲身体验，给观众带来一场难忘的汉文明之旅。

展厅选择上，特地选择拥有高达 2.5 米展柜的 4 号展厅。展厅入口以汉阙、大幅汉画像石精美拓图以及石狮组成宏大的充满时代元素和地方特色的开场导入。展品摆放上多成类、组、套，用大幅背板清晰展示文物的精美纹饰线图、特殊设计原理图、出土文物遗址、遗迹状况图、与展品配合的故事图等，起到了烘托文物展品和制造宏大场景的良好效果。本次展览的展示方式灵活多变、因物制宜，追求文物全貌展示的精美性与艺术性。如透雕龙纹佩，将透明亚克力展具精准透挖器物造型并且边沿穿孔，把玉佩放入造型固定，观众可以清楚地看到玉佩两面的纹饰。又如玉璧的展示，选取 3 米多长的通柜阵列式集中展览 29 枚，场景震撼。

本次展览策划分内容设计、展览设计、展览宣传、文创产品开发四方面。内容设计方面，展览大纲撰写组成员有胡秋莉、井娟、李宁。展陈形式设计由陈列部王勇军为总负责人，徐文辰为具体设计人。宣教部由姜惠梅主任担任宣传负责人，组织策展人员为讲解员开展专题培训讲解及为观众的普通讲解，同时负责组织电视、网络、报纸、手机等媒体的采访和推介宣传。展览在新华网山东频道、中国网、齐鲁网、《中国文物报》《文物天地》《收藏家》等多家媒体和期刊报纸上宣传报道。文创产品开发由产业发展部孙若晨负责，配合该展览推出了汉代乐舞百戏系列马克杯、连理枝书签、四方神兽徽章等，创下销售新高。此次展览邀请召开了全国范围的学术研讨会，有配套的展品图录《山东地区两汉文明展》出版。

展览受到观众的一致好评，并得到省内外文博单位和专家的肯定。

国泰民安——泰安历史文化陈列

泰安市博物馆

“国泰民安——泰安历史文化陈列展”由泰安市博物馆主办。展览于 2016 年 10 月 31 日在泰山国际会展中心三楼的泰安市博物馆专题陈列馆向公众免费开放。在新的博物馆建成启用之前，展览计划长期展出。

展览共分为“岱汶春秋——泰安历史沿革”“泰山——中华民族的精神家园”“泰山石刻拓片”“泰山水陆画”四个部分，基本涵盖了泰安、泰山的历史文化内容。

“泰山安则四海皆安”，泰安因泰山而得名，泰安地区是华夏民族文明的发祥地之一，境内古迹遍布，人文荟萃。“岱汶春秋——泰安历史沿革”部分重点介绍了泰安的历史与地域文化，分“文明曙光”“神州古城”“古遗胜迹”“名贤辈出”“名城百年”五个单元，以大量文献、珍贵老照片及实物，系统地诠释了千百年来在泰安这片古老而神奇的土地上，勤劳聪慧的泰安人民靠自己的双手描绘出的一幅幅绚丽壮阔的历史画卷。

“泰山——中华民族的精神家园”部分以泰山蕴含的丰厚文化底蕴为基础，配以图片、文字、实物等，力求全面展现反映泰山文化的精髓。共分“巍巍泰山”“人文泰山”“信仰泰山”“同根同源”四个单元，各单元体现的主旨精神层层递进，最后归结为泰山——中华民族的精神家园的文化内涵。

“泰山石刻拓片”展厅

展厅一隅

展览大纲汲取了最新的学术研究成果，反映了近年来学术界对泰山文化及泰山精神的最新研究动态。展览在形式上力求大气、简洁、流畅，突出展览核心主题，以详实的图片、文字，结合实物，通过多媒体视频辅助展示等手段，全面展现泰山文化的博大精深。

泰山石刻源远流长，分布广泛，内容丰富，形式多样，上自秦泰山刻石、汉衡方碑、张迁碑等，下至现代名人题刻，时间跨度达2000余年，洋洋大观涵盖了整个中国书法史，具有很高的历史人文价值和书法价值，是泰山文化的重要载体之一。“泰山石刻拓片”部分选取50余幅泰山代表性碑刻与摩崖拓片展出，充分展示了泰山石刻的艺术魅力，观众可从中体会泰山文化的博大精深。

泰安市博物馆藏有一批明清时期的泰山庙宇水陆画，这批水陆画所绘制内容包括有佛教、道教及民间诸神，以道教诸神为主，且反映泰山民间信仰诸神的内容占有一定比例，带有明显的地方特色。“泰山水陆画”展区选取40幅作品展出，透过这些浓墨重彩，可以了解这些水陆画所反映出的宗教思想和历史意义，同时，其画面斑斓绚丽，浸透艺术的独特魅力，是难得的艺术珍品，具有极高的观赏价值。

为做好展陈各项工作，泰安市博物馆成立了由馆长牵头的工作小组负责展陈的组织推进，先后多次召集泰山文化、文物、展陈等方面的专家开展论证，征询各方面的反馈意见，最终确立了以“山城一体”文化特色为突破口，以泰安、泰山为轴线，以特色馆藏为补充的展陈架构。展览共展出各类文物、书画、拓片150余件，通过翔实的史料、丰富的文物、生动的模型等手段，全面阐释介绍泰安、泰山深厚的历史文化底蕴。形式多样、图文并茂、动静结合是本展的亮点和特色。

在正式开展前，主办单位就邀请各类媒体对展览进行跟踪报道，引起社会各界的关注。开展当天，全市各个系统的代表受邀参加了开展仪式，通过微信广泛转发，提高了知名度。配合展览印制了宣传册页免费发放，在网站开通了展览专栏。

配合展览活动，泰安市博物馆与有关文化公司合作共同开发推出了书签、明信片、文化衫、书籍等一系列带有泰山文化元素的文创产品，深受观众喜爱。

为了吸引青少年参与到展览中来，主办单位与全市主要中小学校进行了联系，组织开展了“记忆中的老泰城”“我爱家乡”等主题参观活动。该展累计接待观众6000人次，其中青少年2000人次。

此展览进一步丰富了泰安公众的文化生活，让市民和游客能够深入了解泰安的历史文化，进一步发挥了博物馆的教育宣传职能，受到社会各界特别是青少年的广泛好评。

我从汉朝来

济宁市博物馆

“我从汉朝来”展览由济宁市文物局主办，济宁市博物馆承办。博物馆馆长王莉在展览中主要承担总体规划设计及展览相关的各种活动的协调与组织工作。展览于 2016 年 1 月 1 日至 2 月 28 日在济宁市博物馆展出。

为落实习近平总书记视察曲阜的讲话精神，弘扬优秀传统文化，让收藏在博物馆里的文物活起来，特别策划了“我从汉朝来”传统文化展览。展览传播了济宁地区丰富的汉代文化遗存，促进了国内外博物馆际交流，同时推动了展览自身的不断完善与发展。

此展览主要展示济宁地区出土的汉代文物及碑刻、画像石、画像砖遗存。展览分为三个单元：第一单元，精致的时尚生活，展示汉代文物；第二单元，凝固的石上史诗，展示汉碑汉画；第三单元，自信的民族气质，以图版形式展示。

济宁汉代文物十分丰富，是研究济宁地区汉代文字、书法、绘画、雕塑、历史、考古等方面难得的珍贵资料。此次展览的展品选择以能够代表当地文化特征为标准，有目的的选择能够突出反映

展览标题

展厅内景

当时发达的文化、农业、铸造业的汉代文物，以及真实反映济宁先人的文明及当时社会生活缩影的汉画像石拓片。

在宣传方面，举办方通过济宁新闻综合频道、济宁新闻网、微信公众平台、博物馆网站等多家媒体对此次展览进行宣传，并且在官网制作网上展览以方便群众参观。同时，此次展览还策划了与展览相关的吟诵经典诗文、灯笼制作、刻石“传拓”活动等社教互动项目。制作汉画像石上的历史故事动画片 10 部及动漫图书 10 册，包括《仲尼师项橐》《曹沫劫桓公》《鲁侯献岑鼎》《孔子见老子》《秦始皇泗水捞鼎》《人文始祖伏羲与济宁》《周公辅成王》《闵子骞驾车失棰》《鸡黍之约》《鲁义姑姊》等。

展览总体设计风格沉静、简洁。重点表现“济宁汉画甲天下”的代表性展品。汉画拓片采用传统手工装裱，并赋以新的设计理念，运用动漫视频、故事性展板设计，穿汉服讲故事与观众开展互动。全方位灯光照明合理利用空间来陈列济宁地区代表性文物。

展览选用轻质、坚固的材料，充分保证展架的稳固性，材料安全防火等级达标，且低碳环保；展览注重施工工艺的改良，采取场外加工半成品、现场组装的办法，最大地减少现场施工对博物馆开放造成的影响。鉴于本次展览有大量展品进行展示，展柜设计与制作依照各类展品的不同特点进行量体裁衣，在强调确保展品的安全性与展示效果的同时，还优化了展柜开关方式，从而方便进行文物调换工作。柜内辅以展板、说明牌等对展品进行综合介绍。

“我从汉朝来”展览面向全社会免费开放，展厅外设有观众休息室以及无障碍通道等服务设施。展览通过实物和影像相结合，共展出汉代文物 50 余件、汉碑汉画像石拓片 20 余副，内容涵盖汉朝人的饮食起居、文化艺术、交通外交以及与当下丝丝相连的过节风俗等内容。在此次展览的开展仪式上，还举行了汉文化节目展演、汉朝诗歌朗诵、灯笼制作等活动，让广大市民从多角度领略汉朝文化的深厚魅力。

从洛阳到河西走廊——甘肃与洛阳丝绸之路文物精品展

洛阳博物馆

“从洛阳到河西走廊——甘肃与洛阳丝绸之路文物精品展”由洛阳博物馆主办，甘肃省博物馆协办，展览策划人是谢虎军，展厅制作由田野文化公司负责。展览于 2016 年 4 月 10 日至 7 月 10 日在洛阳博物馆向公众开放。

该展览以“丝路东方起点——洛阳”和“丝路咽喉要道——甘肃河西走廊”出土的历代文物为载体，以文献为依据，以时代发展为脉络，再现丝绸之路从萌芽到开通再到繁荣、衰落的漫漫历程。展览以时代为序，分“先声、开通、繁荣、余晖”四个单元，共展出甘肃和洛阳出土的历代文物精品 130 多件套，涵盖丝织品、金银器、玉石器、青铜器、陶瓷器、漆木器、石刻、纸质文物、唐卡等多个类别，时代从史前一直延至元代，较为全面地反映了河洛地区和河西走廊的丝路交通、社会生活、文化交流等情况。

展厅形式设计简洁大方，空间划分合理，环境照明处理得当。展厅空间采用中轴对称的布局，依展览需要划分为五个单元。序厅沙漠造型墙、前言墙、视频墙、彩陶墙、汉阙造型、定鼎门造型

展厅形式设计

文物与观众

等辅展模型生动形象地诠释了丝路景观，突出了展览的地域特征。展览视频切合主题，制作精良，丰富了观众的参观体验，拓展了展览的内涵。

展厅整体以淡黄色为基调，暗合丝路的自然风貌特点。光源选择依据文物特点，低碳环保，保护文物。灯具数量180套，布点安排合理得当，最大限度地突出文物、保护展品。展厅序厅入口以一面照壁墙为造型，墙上手工绘制沙漠和驼队，并从画中延伸出实体沙丘，虚实结合，营造出大漠黄沙、驼铃悠悠的丝路风情。照壁墙后播放《河西走廊》人文纪录片剪辑，丰富展览内容。“开通”单元入口树以汉阙造型，“繁荣”单元入口以唐代定鼎门为造型，巧妙揭示单元内容的时代特征。展览在尊重原有建筑基础上，利用展厅原有自然光，庭院借景，利用技术手段合理控制自然光，同时在适当位置设置休息椅。整体布局通过中轴对称和双阙、城门造型，营造严整堂皇、宏伟壮观的艺术风格。

展览受到各大媒体的高度关注，搜狐网、中国社会科学网、河南卫视、洛阳电视台、《洛阳日报》、《洛阳晚报》等多家传统媒体及网络媒体通过线上线下多渠道，对展厅设计、陈列布展、文物价值以及洛阳与河西走廊在丝绸之路发展史上的特殊地位进行了深度报道。洛阳博物馆也利用官方网站、官方微博以及微信公众平台对展览和重点文物进行了推介。文创产品的开发以展览为依托，遵循贴近实际、贴近生活、贴近观众的原则，开发了既精美又实用的文化创意产品，用于展览的交流及销售。

展览开放期间，共接待青少年观众20万人次，开展各种教育活动18次。内容丰富形式多样，既有集体参观、专家艺术导览等传统活动，又有“冥想的骆驼”——洛阳博物馆无纺布手工杯垫制作、“马踏飞燕纹”卡包制作等寓教于乐的手工制作活动。

此次展览是洛阳博物馆响应国家“一带一路”倡议，携手甘肃省博物馆共同推出的大型专题展。展览以洛阳和河西走廊为空间切入点，以文物为载体，再现了史前到宋元这一漫长时段内，丝绸之路萌芽、开通、繁荣、衰落的全过程。

丝绸之路与俄罗斯民族文物

湖北省博物馆

“丝绸之路与俄罗斯民族文物展览”由湖北省博物馆与俄罗斯民族博物馆共同主办，曾攀担任总策展人。展览于 2016 年 10 月 28 日至 2017 年 2 月 15 日在湖北省博物馆临展馆二楼展厅向公众开放。

展览主题旨在通过展示俄罗斯、北高加索与达吉斯坦、伏尔加和乌拉尔地区、南西伯利亚与远东地区的民族文化和历史古迹，呈示俄罗斯的多民族风貌，同时凸显丝绸之路北线作为国际商路的特性，并强调它对于沿线地域社会文化发展的重要意义。

展览分为“俄罗斯族”“伏尔加河流域和乌拉尔山前地带的民族”“北高加索和达吉斯坦地区的民族”“西西伯利亚和南乌拉尔的哈萨克人”“南西伯利亚地区民族”五个单元。第一单元从俄罗斯族的历史与欧洲大陆的开发历史引入，通过实物、展板等形式介绍俄罗斯族如何通过国家调控和自然迁移在西伯利亚定居并进行生产活动。第二单元重点介绍了在伏尔加河中游和卡玛河沿岸区域生存的现代芬兰－乌戈尔人，突厥语各民族——摩尔多瓦人、马里人、楚瓦什人、鞑靼人和南乌德穆

展览序厅

民族服饰展示

尔特人在伏尔加河中下游地区和乌拉尔山前地带的生产活动。第三单元主要展示欧亚大陆的游牧民族同高加索居民及建立沿岸城邦的希腊人建立了联系。第四单元主要介绍西西伯利亚、南乌拉尔和伏尔加河下游的草原带、森林草原带属于从东欧到太平洋的亚欧大草原带区域的历史文化。第五单元主要介绍南西伯利亚是指南部同哈萨克斯坦、蒙古和中国接壤的历史文化区域。

展览通过展示俄罗斯多民族居民的生活用具，生动立体地再现了各民族的历史与风俗、环境和习惯、精神与信仰。通过展品选件，展览不仅呈现了各地区的本土文化，更展现了多民族和多文化间的融合和交流，以及多样的技术与文化对原生文化的影响。

展览项目通过报纸、电视、媒体等渠道进行广泛推广宣传。从展览启动到文物开箱仪式、展览正式开幕等都有集中宣传。在展出期间通过社教人员的努力，展览进入大中小学，反响良好。通过官方网站与微信平台，提供更加详尽的展览讯息介绍与丰富的社会教育活动。

与展览相关教育活动包括针对亲子家庭的“指尖上的丝路”、针对儿童的“礼乐学堂”等。向青少年列举了与丝绸之路相关的著名历史人物，如出使西域的张骞、投笔从戎的班超、蒙古可汗成吉思汗、西天取经的玄奘等。通过丰富详尽的故事，向大家说明中西方各国通过丝绸之路在商贸、文化之间相互影响的相关知识。

在展示方法的运用上，此次展览将民族应用艺术中的杰作作为俄罗斯联邦南部民族文化最具特色的现象进行展示；在展览中，塑造了自然与历史文化景观，同时还有通过地图、照片和虚拟项目呈现的道路、往来路线和中转站等形象；突出表现在欧亚地区贸易交流中扮演重要角色的展品；将展览当作一次到 19 世纪末至 20 世纪初的旅行来策划，生动表现俄罗斯各民族文化传统和特色。

展览在全社会引起了积极反响。根据相关媒体反馈，观众认为该展览反映了俄罗斯各民族的社会生活状况，十分值得观赏学习。博物馆推出的针对青少年群体的“指尖上的思路”社会教育活动，共举办五期，通过设计亲子家庭课程，让家长与孩子共同体验与了解丝绸之路的相关知识。

利兵谁何——荆州出土楚国兵器展

荆州博物馆

“利兵谁何——荆州出土楚国兵器展”由荆州博物馆主办。展览的主要策展人为陈程、谢春明。展览于 2016 年 11 月至 2017 年 2 月在荆州博物馆临时展区第一展厅、第二展厅展出。

楚人尚武重兵，从筚路蓝缕到位列群雄，开疆拓土，雄霸中国，皆与其兵器息息相关。本展览旨在通过展示工艺精湛卓绝的楚兵器，使观众感受金戈铁马的楚战场荡魄雄浑，领略博大精深的楚文化恢弘气势，从而珍爱祖国文化遗产，激励民族自强之心。展出共分为八个单元：

“序言”部分介绍了楚人尚武的传统，楚人重兵器之创造与发展，兵器数量之多，质量之优，工艺之精，世所罕见，楚国历史书写着楚国兵器发展史。楚人掌握先进的青铜冶炼技术，锻造精兵利器，武装百万雄师，陈兵周郊、问鼎中原、饮马黄河，可谓“良将劲弩守要害之处，信臣精卒陈利

展陈空间

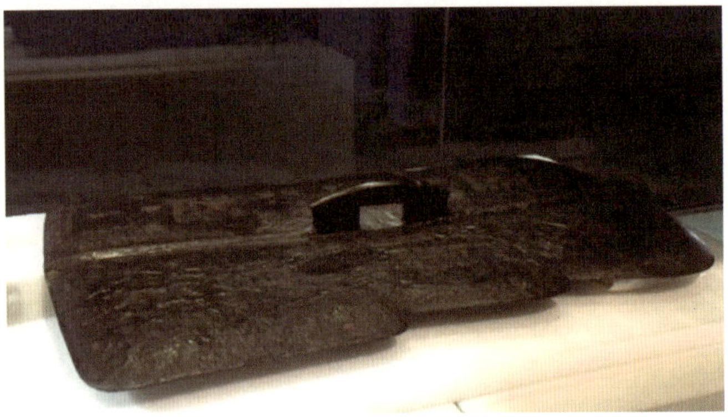

珍贵展品

兵而谁何”。

第一单元“开疆拓土”：通过列举荆州出土颇具代表性的楚国兵器，展现楚国疆域拓展和演变历程，说明楚国兵器在其崛起过程中的重要性，同时对荆州出土楚国兵器进行总述。本单元展出部分楚墓出土的兵器。

第二单元“精兵利器”：通过展现荆州本地出土的楚剑、戈、矛、戟、铍、殳等兵器及其配件，并对其结构、功能和使用方法进行说明，展现出楚国兵器的锋利、精良、先进。本单元展品有精品铭纹戈、玉具剑、及剑饰等。为突出“精”与“利”的主题，并增强趣味性，版面特别辅以精品铭纹戈、积竹木柲技术、铸剑技术等，并增加与剑相关之典故。

第三单元“强弓劲弩”：重点介绍楚国远射兵器弓、弩、箭等。远射兵器弓、弩、箭等灵活性强，杀伤力大。春秋战国时期，弓、弩、箭投入战争，大大增强了国家军事实力。本单元陈设如下：弓、连发弩机、箭、箭箙等，版面设射箭图、弩机发射示意图等，增强观赏性。

第四单元“坚甲厚盾”：本单元介绍楚国防御兵器甲、胄、盾等。甲、胄、盾作为重要防御兵器，投入战争，减轻伤害，减少军队损失。本单元陈设有甲、胄、盾等实物（模型）；版面设甲、胄、盾的结构示意图，甲胄的编连方法示意图，并设着甲战国武士，增强直观感。

第五单元“兵车辚辚”：本单元介绍楚国综合作战单元——兵车。兵车兼具进攻与防守功能，是我国古代作战的重要形式之一，是国家实力的重要衡量标准。兵车所展现的不仅是军事实力，更为深层的是兵马制度、军事制度、军事思想、等级制度等。本单元陈设：兵车复原模型，重要的兵车构件等；版面设兵车结构图、楚军编制图、楚军阵——“鱼丽之阵”和熊家冢楚王陵“偏广之阵”示意图，并辅以楚国崛起、图霸的重要战役示意图。

第六单元“史话楚兵”：本单元通过楚国经典故事，如“百步穿杨”、熊渠“射石饮羽”的故事以及典故“刻舟求剑”、“自相矛盾”等，反映兵器的使用已经深入楚人的日常生活。作为最后一个版块，该单元增强了整个兵器展的趣味性，使欣赏者回味无穷。本单元陈设有经典楚兵故事图版，文字辅以图片，既生动又形象。

“结语”部分将荆州出土的楚国兵器综合概括为近战型（剑、戈、矛、戟、铍、殳等）、投射型（弓、弩、箭等）和防御型（甲、胄、盾等）三大类，再次强调荆州出土的楚国兵器制造精良，颇具特色。

此次展览展品众多是为一大亮点。展品总数达370件套，其中还有不少少见的铭文兵器。另外，展览在版面设计上进行大量创新——通过楚国疆域演变示意图等向观众展示楚国的历史沿革；在版面中加入历史故事和典故增加趣味度，更加深入浅出。同时，展览运用武士模型增强观众的直观感受。

本次展览在社会上引起较大反响，吸引了众多荆州市民和游客到场参观。

江汉朝宗——武汉城市现代化历程

武汉市江汉关博物馆

“江汉朝宗——武汉城市现代化历程”基本陈列展是由武汉市江汉关博物馆主办，策划人为江汉关博物馆馆长朱莉，制作团队包括自然科学部、陈列设计部等部门。展览于 2015 年 12 月 28 日在江汉关博物馆向观众开放。

展览以清末汉口开埠到 21 世纪大武汉复兴为经纬，以城市建设起伏和商贸流通盛衰为聚焦，讲述了武汉这座居华中腹地、当江汉之汇的历史文化名城，走向现代化艰难而曲折的发展历程。展览分为“汉口开埠”“艰难跋涉”和“走向辉煌”三个单元，反映汉口开埠设关后西方列强对武汉地区的掠夺，人民饱受压迫后在中国共产党领导下奋起反抗，直至城市面貌在社会主义建设和改革开放后发生翻天覆地的变化历程。单元内容环环相扣，历史脉络一气呵成。重点阐明江汉关开启并见证了武汉对外开放过程。百余年来武汉之对外开放，可以视为中国对外开放的缩影。

该展览选用文物（标本）数量 526 件，其中借用文物（标本）数量 1 件、珍贵文物（标本）数量 103 件。展品组织秉承“以物证史”的精髓要义，让历史说话，让文物发声。展出文物紧扣展览主题，与陈列内容一脉相承，与历史史实、文献资料互为印证。1924 年亨达利贺江汉关新屋落成贺匾、江汉关银锭、江汉关税务司地界碑、1916 年汉阳铁厂造铁轨等珍贵文物，透析出历史的原汁原味，折

展厅实景

文物展示

射聚焦了城市的发展变迁。同时还有辅助展品 42 件，秉承遵循展览主题、服务展览内容的宗旨，通过辅助展品还原展品在武汉城市现代化历程中的面貌特征，烘托展品自身语义，提升展览思想性、艺术性、观赏性和互动性。无论是雕塑、油画等艺术品，还是虚拟报关、三番景幻影成像、六联屏互动等多媒体展示，追求知识性、趣味性和体验感，建立起观众与文物展品间的桥梁，有效传达展品信息。

该展览整体风格恢弘大气，庄重典雅。重点、亮点部分利用多媒体技术与展品、场景叠加融合，强调互动体验，传递历史知识，展现旧貌新颜；细节考究严谨，借助雕塑、油画、沙画等艺术形式，多角度、分层次阐释城市发展历程，赋予艺术感染力；版面素雅简洁，造型新颖，图文结合自然有序，富于变化；立面设计重点突出、错落有致，艺术品与图片、上墙文物等有机融合；场景制作视野开阔，大开大阖；适时插入报关大厅、洋务公所等复原场景，形象解读展览内容，形式与内容较好衔接；巧妙浓缩建筑元素，呈现平实、自然的历史氛围；艺术造型主题突出，较好地烘托主题、营造意境；展厅 349 盏灯具符合博物馆照明相关规范，照明分区科学，布点兼顾氛围营造，适时利用自然光源，增强展览观赏性与展品表现力。

同时，该展览依托建筑旧址，科学规划空间。合理分配单元布局，将原有海关建筑分散、狭窄的办公区域，勾连整合成布局合理、展线流畅的展示空间。尊重历史原貌，保留报关大厅在历史建筑中原本位置，复原场景与单元内容衔接自然，空间错落有致，氛围宁静古朴。展线合理，重点展品、场景安置恰到好处。顺应建筑原有格局，将壁炉、栏杆、柱式、天窗等传统建筑经典“藏”于设计之中，既增加了观众沉浸式体验感，又控制了展览节奏，符合人体工程学要求。本馆公共空间设有教育空间、博物馆商店、游客中心、休闲露台、无障碍通道等设施，并合理设置触摸屏查询机等公共服务内容，突出“以人为本”设计理念。

该展览利用展示空间——武汉近代城市地标、国保单位江汉关大楼的历史人文资源，吸纳国内外有关武汉近代城市史最新研究成果，立足“对外开放”基本国策，秉承“以物证史”展览要义，以全新视角解读武汉城市现代化发展轨迹，印证开放是国家繁荣发展的必由之路。

汉廷藩屏——汉代长沙国与中山国出土文物精品展

长沙博物馆

“汉廷藩屏——汉代长沙国与中山国出土文物精品展”由长沙市文广新局、长沙市文物局主办，长沙博物馆、河北博物院、河北省文物研究所、长沙简牍博物馆、长沙市文物考古研究所承办，展览策划团队由长沙博物馆展览部及其他部门成员组成。展览于2016年5月18日至8月28日在长沙博物馆举办。

“汉廷藩屏”既是对于汉代长沙国与中山国的历史地位、政治作用的最佳描述，亦是长沙博物馆通过文物展示想要呈现给观众的传播目的和最终思想。

展览分“匡辅霸业”“王侯威仪”“永生之念”三个部分，介绍了两汉长沙国与中山国分封的历史，重点以两个诸侯国王侯贵族墓葬出土的精品文物以及王陵葬制的比较展示，还原了汉代王侯贵族的奢华生活，展现了汉代高度发达的物质文明。从中既可以领略到南北文化的差异，又可看到在封建王朝大一统局面下汉文化不断融合的趋势，反映了我国统一多民族国家形成和发展的历史进程。

展览讲述了汉代两个诸侯国的历史故事，通过两国有代表性的文物对话，一目了然。如长信宫灯对“长沙元年”铜灯，金缕玉衣对“黄肠题凑”葬制等。除了文物面对面的展示外，还复原汉代诸侯王葬制的始末，制作了数字化展示的影片，在展厅观众休息区域滚动播放。中山靖王刘胜的墓葬，

展览前言

展厅一隅

通过复活陪葬的说唱艺人，以其独特的视角，带领观众遍览墓室，解说墓葬结构和精品文物，非常形象直观。而长沙王的葬制，也复原了一座渔阳王后墓，其黄肠题凑的建造、前厅后室的棺椁结构、陪葬的精品文物等，通过3D建模，清晰地予以还原，给人身临其境的感觉。另外还有文物的互动设计，如错金银铜车伞铤，把文物虚拟放大，除了把四副人物画面投射到展墙上，伞铤的四节，每一节复原成一个带转轴可以旋动的圆筒，画面旋绕圆筒一周，拨动圆筒，即是欣赏了原物的全貌。

开展之前的宣传重点在于预热，除了微信和纸媒推介、预览精品文物之外，电视媒体还全程直播展览策划的每一步，包括赴河北借展文物、点交文物、包装文物以及到两国墓葬遗址实地探访等，还包括户外及微信朋友圈投放展览的宣传短片。国际博物馆日展览开放后，宣传的重点在于解析展览主题，传播展览目的。

文创方面，因此展览为长沙博物馆与河北博物馆合办，所以文创商品分为长沙博物馆自行开发商品系列与河北博物院引进优秀文创商品系列两大部分，并特别推出了“文创小木屋”。小木屋内除有精美的文创商品售卖之外，还有手工DIY特色文创商品、儿童阅览区等项目。木屋放置在展厅楼层，观众朋友一出展厅就能看见造型别致精美的木屋。

长沙博物馆除向公众提供展厅定时讲解、语音讲解、二维码导览三种免费服务，出版《汉廷藩屏——汉代长沙国与中山国出土物品精品展图录》外，还特别针对成年公众推出了“金缕玉衣——带你走近中山国”等2场大型讲座，“带你走近汉代长沙国”专题导赏活动2场，微信推广知识链接9条，赴湖南大学、长沙市实验中学讲授“汉代长沙国探秘”讲座、“神奇的长信宫灯”演示讲解10场，向青少年群体推出“穿越小达人快乐汉游季”暑期特别趣味参观活动，为多层次观众提供文化资源与学习机会，深受观众欢迎。

暑假期间，馆方宣传重点在于打造博乐园，带给学生不一样的穿越体验。在博物馆的夏令营活动中，结合展览给学生讲解汉代礼仪和生活方式。在互动教室里，引导中小学生进行看展览、有奖问答活动，针对各种文物教具，开展各种互动游戏。

展览既展出了中山国的金缕玉衣，又展出了长沙国的黄肠题凑木，外来文化与本土文化有机结合，接地气，观展体验好。这是该馆临展策划努力的方向。智慧化展示“黄肠题凑”这一难于理解的丧葬制度，是本次展览的亮点之一。展览接待观众计36万余人次，受到国内外博物馆同行的一致好评。

洞庭长歌——岳阳古代文明陈列

岳阳博物馆

“洞庭长歌——岳阳古代文明陈列”由湖南省岳阳博物馆主办，展览策划团队由岳阳博物馆工作人员组成，广东省集美设计工程公司负责设计施工。展览于 2015 年 12 月 31 日起在岳阳博物馆对外开放。

展览位于岳阳博物馆一楼，展厅面积 700 平方米，展线 235 米。展览撷取岳阳历史发展的几个精彩瞬间，分“序言、史前文化掠影、青铜文明之光、三国风流人物、盛唐岳州记忆、千古忧乐情怀、结束语”七个章节，以历史脉络为线条、精品文物为脊梁、景观复原为亮点，全面展示构筑岳阳历史文化名城的灵魂和精髓（先忧后乐，团结求索），热情讴歌岳阳这片美丽、神奇、富饶的土地。

展览呈现四大特点。一是选题准确。岳阳因湖而生，岳阳的历史与洞庭湖的一草一木休戚相关。二是地方特色明显。整个展览突出洞庭湖“水”文化特点。序厅的浅浮雕以洞庭湖常见的芦苇、水鸭以及波浪为元素，各部首说明牌以本馆镇馆之宝“鱼纹铜罍”馆徽为标志。三国部分以周瑜和小乔戎装雕塑立于战船为主体，配以动态投影的洞庭湖背景和苏轼名词《赤壁赋》巧妙结合，既体现了三国纷争时期金戈铁马的岁月，也符合了老百姓心目中英雄美人的千古佳话。三是展线分割巧妙。整个展厅以一幅手绘山水洞庭长卷为背景，既起到分隔展厅拉长展线的作用，又高度切合展览主题，

展览序厅

展厅形式设计

恰如其分地表现出八百里洞庭的波澜壮阔，把整个展览十分巧妙地融入洞庭湖悠久的历史长河之中。四是结尾画龙点睛。岳阳楼是中华民族忧乐文化的载体，是岳阳唱响全国乃至全球的名片。展览的结尾十分巧妙地选择在岳阳古代历史发展的高峰（宋代）结束，既展示了岳阳古代文明的一个高度，也激励后人去创造更加辉煌的未来。

自 2016 年年初开始，岳阳博物馆将本展览制作成通俗易懂的 PPT 课件“寻找失落的文明——岳阳历史文化探秘”，走进各中小学校，以讲文物故事的形式，形象生动地向孩子们介绍岳阳博物馆提质改造后的“洞庭长歌——岳阳古代文明陈列”，让孩子们不出校门也能领略家乡深厚的文化底蕴。讲解过程中，讲解员还巧妙地设置了知识问答及屈原作品《国殇》、唐诗、《岳阳楼记》朗诵等环节，学生们踊跃发言，积极参与互动，讲出了对文物的感受，课堂气氛轻松活泼。活动结束后，学生们还认真填写了博物馆准备的调查问卷。

一个展览就是一个作品，不在乎文字及展品的堆砌，而在于作品本身的品位。本展览注重以“物”说话，力求做到从“物”到精神内涵展示的升华，展出文物不多，但件件都是该历史时期典型、精美而有故事内涵的器物。因经费和场地的限制，多媒体运用不多，仅在必要的部分运用了电子翻书及投影设施。

为了充分发挥博物馆的展示教育功能，加强博物馆与高等院校的合作，促进教学与科研相结合，积极探索馆校联合培养实践型、创新型人才的新模式，岳阳博物馆和湖南理工学院、湖南民族学院签订了馆校共建教学实践基地协议，架起了博物馆与观众有效沟通的桥梁，让博物馆更好地服务学校教育，也让大学生走进博物馆，接受历史文化的熏陶。

湘潭故事

湘潭市博物馆

“湘潭故事展览”由湖南省湘潭市文体广新局主办，湘潭市博物馆承办，肖迪民担任项目负责人。展览于 2015 年 12 月 25 日起在湘潭市博物馆长期免费对外开放。

展览分为历史、人物两个篇章。历史篇，分为远古传说、初奠基业、经略湘南、洛口立县、县治迁徙、“小南京”、“金湘潭”、湘学崛起八个单元，以时间脉络为明线，以经济发展为暗线，讲述湘潭至明清成为时人眼中的“小南京”“金湘潭”“天下第一壮县”。而第八部分起到承上启下作用，突显“湖湘学派”在湘潭兴起之后，对湖南文化教育发展的贡献，从而引出湘潭“人物篇”。人物篇摒弃传统以时间为序陈列历史名人的展示方式，挑选曾氏家风、陈氏世家、罗氏家族、黎氏八骏、湘潭三杨、刘氏双雄、周氏门第、王氏书香八组代表性家庭展示，彰显家风的潜移默化对成才的特殊意义，诠释“莲城代有才人出，各领风骚数百年”的原因。

陈列采取故事性的述事形式，以时间为脉络，突出重要历史节点、重大历史事件和代表性人物，展示湘潭是如何从名不见经传之地发展成为湖南的经济中心、湖湘学派发祥地的进程，并抓住湘潭

场景复原

展厅一隅

“名人世家”众多的特点，从代表性家庭角度展示湘潭历代名人，突出家教对当代社会家庭教育的意义。

展览主体观众是普通大众和中小学生，对展品着重解读其背后的历史故事、相关的典章制度，语言表述上尽可能生动活泼、通俗易懂，对于一般观众难以理解的专业术语通常以注意、图示结合的形式予以诠释。因考虑有少量国外观众参观，各部标题和说明辅以英文。

在深入研究展览主题思想、内容设计方案基础上，根据展品的特点，进行艺术设计。选用馆藏文物的典型艺术元素以及湘潭历史文化内涵的视觉印记，营造厚重的湖湘文化氛围，设计追求大象无形，力求简洁。图片、图表的处理，遵循以人为本的原则，以视觉舒适为务，同时重点标注展示内容所需的要素。

在宣传推广上，馆方以开馆及元旦、春节等各种节庆日为宣传节点，与当地主流媒体（电视台、报纸）开展深度合作，多层面、多角度推介展览，并通过微博、微信公众号、文博讲坛 QQ 群等网络平台，推送展览与重点展品等相关信息。还开展了“文明小游客”“同铸中国梦再造金湘潭”“家乡文化的小小传播者”等活动，提升了湘潭市博物馆对外公众知晓度和美誉度。

围绕湖湘文化基本特征，结合“湘潭故事”陈列展览的主题和特色，策划、设计制作涵盖文物复制、非遗工艺、学习用品、装饰饰品等 59 种文化产品，生产成品 12327 件套，定价满足不同的消费需求，并开发文化服务项目 4 项。形成文化产品与文化服务一体化经营模式，实现商店零售、网络销售、政府采购、订货协议。

为更好地提升对外公众知晓度和美誉度，湘潭市博物馆每年度进行一次观众调查，形成观众调查报告，采取多种方式收集观众的反馈意见，如与观众进行面对面交流、咨询台放置意见簿、定期常规问卷调查等，方便观众在参观过程中将感受、意见、建议记录下来。调查结果显示，观众普遍认为博物馆的陈列展览专业、大气、观赏性强，能够以不同形式和特点的服务来满足观众多样化的需求，称赞“湘潭故事展览”已经成为湘潭人民了解家乡文化的重要途径，也是外来游客了解湘潭人文历史的重要窗口。

牵星过洋——万历时代的海贸传奇

广东省博物馆

“牵星过洋——万历时代的海贸传奇”展览由广东省博物馆主办，博物馆馆长魏峻担任总策展人，同时采取馆方策展团队与学生策展人相结合的展览策划形式。展览于2015年9月23日至2016年3月20日在广东省博物馆三展厅展出。

展览依托21世纪发现的两艘万历时期的重要沉船——“南澳Ⅰ号”和“万历号”的出水文物，结合海洋贸易、航海技术和水下考古的最新研究成果，用展览的语言和艺术的手法引导观众去探寻16世纪晚期至17世纪上半叶欧亚地区海上丝绸之路贸易的繁荣画卷，并为国家“一带一路”倡议提供历史的借鉴。

展览共分为“序篇——中国海洋贸易黄金时代的到来”“碧海沉舟——东西洋沉船的发现”“货通万国——海洋贸易物品”“时间胶囊——流动的社会”“东西汇流——大航海时代”“结语——21世纪海上丝绸之路”六个部分的内容。“序篇”介绍万历时代的中国和世界，为展览标明了历史坐标和历史背景；“碧海沉舟”介绍了“南澳Ⅰ号”和“万历号”两条沉船水下考古工作，以沉船及其文物引导观众踏上海上丝路的探求之旅；“货通万国”以输出品、输入品和贸易方式三个篇章，讲述万历海贸的传奇故事；“时间胶囊”则涵盖造船、海上生活、航海技术和贸易管理等内容，复原航海生活的艰辛与成就；“东西汇流”展现了海洋贸易所造就的东西方在艺术、科技、文化上交流与相互影响；结语部分从万历海贸到21世纪海上丝绸之路，让现在借鉴历史，让历史启迪未来。展览以明万历时期的沉船及出水文物为载体，配合与海上贸易相关的造船、航海及商品生产等展品，并辅之以反映晚明社会生活、航海细节、东西文化交流等方面的实物资料，以陈列逻辑，由点及面、综合呈现，全方位再现万历时代海洋贸易的传奇画卷。

与重要社会机构的合作来拓展展览的影响力是本次展览的一大特色。粤博携手广州地铁，在地铁广州塔站发布“千年海丝文明广州——海上丝绸之路文化展”，这是粤博与广州地铁的首次跨界合作，市民们不出地铁站厅就能欣赏到粤博若干馆藏文物精品。同期粤博联合广州市少年宫，将小艺术家眼中的“海上丝绸之路”作品化身成广州地铁APM线文化专列，让海上丝绸之路文化推广至市民生活的

沉船复原模型

珍贵文物展示

公共空间。与此同时，粤博联合广东广播电视台广播英文节目 Lingnan Voices《粤洋纪》，首创推出国内电台版微信语音导览服务，打造穿越版大明电台“牵星过洋”FM，给观众带来前所未有的奇妙导览体验。

另外，值得一提的是，本次展览粤博首开行业先河，尝试引入“学生策展人”制度。大胆培养和启用来自不同专业背景的大中学生参与到展览教育项目的策划中来，长达半年的培养和碰撞，让学生们对展览形成自己独到的认识和见解，他们为展览和教育项目的策划注入了一股强劲的新鲜血液。观众们可以在本展厅的说明牌、游戏、动画片、微课等一系列原创成果中看到学生策展人创意的火花。

此次展览宣传在馆外媒体、馆方媒体及户外展览三大维度同时推进。馆外媒体：线下与线上联动传播，引发社会关注。各大主流媒体对本展览的相关报道累计 76 篇以上，其中《中国文物报》《广州日报》等均作头条重点报道。馆方媒体：广东省博物馆官方微信、微博、豆瓣和专题网站，对展览的报道累计 146 篇，总阅读量在 20 万次以上。户外展览：与地铁合作在广州塔站举办延伸展，并定制 3 辆地铁专列，首开行业先河，走向市民生活的公共空间展览。

馆方团队致力于为观众提供贴心的服务，分为本馆常规观众服务内容和特色服务项目两大方面。在常规观众服务方面，制定完善的现场和网络接待计划；在户外、馆内主通道和展厅醒目位置摆放海报、展览导赏及拓展资料，引导观众便捷参观；提供 WIFI、充电、寄存、轮椅租用等多项免费便民服务。在展览特色观众服务项目上，开展观众抽样调查以改进服务质量，组建由 8 位专业讲解员和 18 位志愿者组成的讲解团队，以及举办多场教育活动等。

在文化产品开发方面，文创设计人员从 600 多件文物中精选出“明万历五彩四开光花卉双鱼纹盖盒””明万历青花海水鱼纹盘”“明万历青花开光花卉纹葫芦瓶”等展品进行开发，研发出填图明信片、器型便签纸、海底世界变色杯、携琴访友木尺、图录等 15 类 26 款产品。展览文创产品，本着文创为展览服务、为观众服务的宗旨，价格走亲民路线，定为观众喜爱的贴近生活的低价高质产品，真正实现观众“将展览带回家”。

策展团队注重理念探索、技术和方法应用，展览采用大场景数字化虚拟展示技术，可以在浏览器上（包括 PC 端、手机微信端）实现身临奇境的体验效果，相对以往的球幕相机制作而成的全景漫游展览有大幅度提高。

展览希望通过丰富的历史文物引领大家去重新审视明朝万历时期精彩纷呈的海洋贸易，引导观众透过这段历史去了解整个海上丝绸之路产生、发展、繁荣的全幅画卷。同时，我们也相信，万历海洋贸易中所包含的阶段性历史经验，对于现代中国推进“一带一路”倡议必将起到积极的借鉴作用。

文物动物园——儿童专题展

广东省博物馆

“文物动物园——儿童专题展”由广东省博物馆主办，王芳、彭哲担任策展人。展览于 2016 年 6 月 1 日至 10 月 10 日在广东省博物馆一展厅展出。

展览内容由序篇、部首说明、结语、知识阅读卡、卡通视觉图像以及互动装置拓展知识等多层次信息构成。文字与展品相结合，除说明展品名称、年代、质地、收藏信息等内容外，生僻字加注汉语拼音，还根据需要辅以趣味提问与知识链接，延伸展览内涵。各级文字统一规整，言简意赅、深入浅出，做到专业性和趣味性兼备。不同的说明文字各有侧重而相互呼应，激发儿童观众参观兴趣和自主探索知识的动力，增强知识传达的效果，为展览主题服务。

本次展览，广东省博物馆以儿童的视角出发，以 7—12 岁儿童作为焦点观众，运用儿童体验学习的模式进行策划，在人与自然、人与动物的历史文化背景架构下营造沉浸式体验，选择容易引发儿童共鸣的动物形文物，重新构建展览体系，用普通文物讲述精彩故事，让文物活起来，力求打造最会讲故事的文物展览。展览以儿童熟悉的动物园作为大场景，分为陆地、水中、空中、家园和变形五个单元，采用文物、图形、互动游戏和教育活动等多种方式展示古人观察自然，激发灵感，进而创作这些奇特而又有寓意和内涵的动物形象。展览图版采用儿童的卡通漫画风格，用儿童语言制作说明标牌系统、学习手册；以问题形式出现的知识点，更好地吸引了儿童的注意力和探索兴趣。

除了在色彩缤纷的展厅中展示各式各样有动物元素的精品文物外，展览还设置了许多有趣的互

色彩明亮的展厅

展厅一隅

动装置，以及举办了一系列围绕动物主题的教育活动，包括宣传环保理念的动物大巡游活动，与手邦宝积木、广州动物园一起举办了“疯狂动物城——邦宝积木搭搭乐”活动，动物故事荟之手偶剧场，“麒麟考察团——这只麒麟有点萌”活动，沙画制作活动，森林音乐会，花草动物世界活动等。适逢奥运期间，博物馆以“会”会友，在广州太阳新天地举办了一场运动会，小运动员们分成不同的代表队，通过篮球、足球、乒乓球等项目的比拼，赢取“神器”，拯救濒临灭绝的小动物。馆方活动还首次进入市内商场，吸引了大批观众的眼球，这是博物馆教育一次新的突破。

此次展览的教育项目也实现了许多前所未有的创新与突破，教育项目不仅丰富多样，还走进了社区、学校、商场甚至地铁站里。粤博携手广州地铁 APM 线路，以“文物动物园”为主题设计了 APM 文化专列，将展览中文物形象卡通化，可爱且色彩缤纷的专列吸引了公众的眼球，大家都赞不绝口。

展览目标是为了激发儿童对于过往历史文化的兴趣认识与探索欲望，促进亲子代际交流的同时，使孩子们感受到文物并不仅是看起来与今天关联不大，只能意味猎奇的、承载过去厚重文化的载体，更是孕育及创造灵感与新文化的摇篮。博物馆选择与儿童容易搭建链接的各类动物形文物 212 件，向山西博物院借展鸮卣等重要代表性文物 20 件，发掘所承载历史文化价值，结合研究成果，构建展览结构脉络与情节。展品弘扬优秀传统文化，紧扣文化内涵的主题层次。

在宣传推广上，馆方加强与各宣传媒体机构之间的合作，打造以电视、报刊、网络、现场合一的全媒体传播宣传模式。线下与线上联动传播，引发社会关注。各大主流媒体对本展览的相关报道累计达到 129 篇。馆方还与地铁合作，在广州塔站、动物园站举办延伸展，定制一辆主题地铁专列，在广州少年宫、广州动物园及广州太阳新天地购物广场举办流动展览，首开行业先河，打造“无边界的展览”，走向市民生活的公共空间。

展览期间，博物馆共举行了 50 多场配套教育活动、讲座以及导赏，约 3000 观众参与。同时，为公众提供了 80 余场免费导赏，派发了展览学习纸和《爱粤读》展览小报各 30000 份，出版 800 套少儿图录《博物馆里的动物园》（一套 5 册），作为给观众的展览拓展阅读材料。大小朋友们在这里既学到了丰富的知识，也留下了他们欢乐的笑声以及美好的回忆。

“文物动物园——儿童专题展”为国内综合博物馆首个以儿童为受众目标进行策划的文物展览，获得了第十四届（2016 年度）全国博物馆十大陈列展览精品推介优胜奖。

荟雅南州——明代广东文人的艺术与生活

广东省博物馆

“荟雅南州——明代广东文人的艺术与生活展”由广东省博物馆主办，副馆长肖海明担任总策划。展览于 2016 年 9 月 9 日至 2017 年 4 月 4 日在广东省博物馆三展厅展出。

广东地处岭南，文教晚于中原。然而唐宋时期海洋贸易和手工业的发展，使得广州跻身商业大都会。至明代，广东的文教水平已与中原及江南地区接近，出现了大批学者和文人。此次展览主题围绕明代广东文人的学术活动、书斋生活、雅集交游，古籍、文玩、书画、艺术品，旨在展现文人阶层的审美情趣和雅致生活。

展览分为儒化天南（讲学风气下的明代广东）、书斋燕居（精致优雅的居处环境）、雅集清赏（以诗会友的交游风尚）、燕闲雅艺（艺术审美化的日常生活）四个部分。依托省博所藏的明代艺术品，透过广东文人的日常生活来展现文人阶层的审美情趣。在插花沐竹的雅趣、古籍珍玩的雅鉴、以诗会友的雅集、登山临水的雅兴中，带观者回到一个风雅精致的文化时代。

展览的亮点和特色集中展现于三个方面：

1. **展场氛围清雅，缔造文人空间**

展厅在空间营造上呼应各部分所展示的内容，分别以书院、园林、山林、现代设计为意向，缔

展览序厅

展厅一隅

造出四个截然不同却又流畅贯通的动线空间，整体开合有度，时而曲折回环，时而宣朗开阔。明人审美崇尚洗练大气，展厅内多以竹木花石作为隔断，造景的同时，更增加了展厅的通透度。典雅的展场氛围为观展带来了浸入式的感性体验，突出了展品的人文内涵。

2. *多重展示方式，多维呈现文物*

广东气候湿热，流传下来的明代文物相对有限。且根据展览主题，所选展品需能体现文人的精致风雅，还要兼具广东地方特色，因此在展品遴选上颇费心思。为了能让展品达到最佳的展示效果，策展团队在展陈方式上做了多种尝试。第一是分批次展出，在六个月展期内将158件套展品分三批次上展，每两个月更换一次，保持了展线的清雅舒朗，也预留了足够的空间来对文物进行详细介绍。第二是深层次挖掘文物的历史背景和文化内涵，将文物放置在历史环境中。第三是增加组合式展示，将展品按照情境组合在一起展出。

3. *效仿文人雅集，一秒穿越明代*

雅集，是古代文人才艺志趣的集中体现，人们似乎能在这一次次的雅集中，看到当时文人圈中流行的风气或社会变迁的痕迹。除了展览常用的文物、展品、陈列设计和教育活动的传达方式以外，为了带观众切实地感受明代文人生活中的艺术、艺术般的生活，策展团队在展览期间策划了现场的雅集活动。把浓缩了明代文人艺术的雅集搬到展览现场，以期通过这件“活的展品”带给观众不一样的观展体验。

除了在博物馆官网、微信等馆方媒体进行宣传，此次展览还在雅昌艺术网、中国网、《南方都市报》、《信息时报》、人民政协网等相关媒体报道，截至2016年10月底报道近80篇，使展览得到很好的宣传推广。

根据展览内容及观众需求，此次展览分别设计印刷了两版内容不同的导览单张各6000份，将重点展品分批次介绍；印制学习纸和“爱粤读”小报各1万份，展览期间每天分两场派发，让观众在参观之余更好地得到知识的拓展。馆方还配套设计5项教育活动，37场观众互动教育活动。根据观众特征，教育活动对象涵盖儿童、成人所有观众。此次展览活动尝试与多家社会机构合作，在博物馆人员及经费有限的情况下，结合社会资源，创新活动形式，尽可能地拓展教育面、打造教育品牌。

此外，在展览期间共举办四场讲座，分别是《浮华末世——晚明广东士大夫生活管窥》《丝附木兮作素琴》《吴景略秋月琴韵导赏》《诃林饯别：袁崇焕与粤中文人的最后一次聚会》。

吉金华彩——湖北九连墩青铜器漆器展

西汉南越王博物馆

“吉金华彩——湖北九连墩青铜器漆器展”由广州西汉南越王墓博物馆与湖北省博物馆联合主办。展览策划制作团队主要由主办单位人员组成：项目负责人、策展人为李秋晨，负责协调前期筹备工作，指导大纲主题思想及框架，把关各单元编排，审核陈列内容、设计方案，施工招标项目的实施，主持文物点交工作等；内容设计主创人吴丹微，主笔陈列大纲的撰写，辅助柜内、柜外版面设计、修改和校对；内容设计人员李光辉，负责文物说明牌编写，微信语音讲解词的编写与录制，展览大纲的修改、校对及版式校对等工作。展览于 2015 年 12 月 29 日至 2016 年 3 月 29 日在西汉南越王博物馆综合陈列楼展出。

楚，原本是一个蕞尔小邦，经过数代人的努力，在大国争霸的动荡格局里，发展成“地方五千里，带甲百万，车万乘，骑万匹，粟支十年，饮马黄河，问鼎中原”的战国七雄之一，博大精深的楚文化实助其力。九连墩 1、2 号墓于 2002 年 9 月开始发掘，其中 1 号墓出土文物 4000 余件套，2

展览序厅

展厅一隅

号墓出土随葬文物1000余件套，属于楚国鼎盛时期的墓葬，是目前已发掘的楚墓中规模最大、保存最完好的墓葬，被誉为“楚国贵族的地下宫殿”，楚文化之瑰丽，尽现于此。

本次展览分别以列鼎而食、楚风漆韵、金戈铁马为题，以尊卑有序的礼器组合、赏心悦目的华彩漆器和气势恢宏的车马兵器为切入点，展现楚国贵族考究的生活起居、高雅的艺术品位以及问鼎中原的霸主情怀，为观众打开深邃博大的楚文化之门。

展览在展陈方式与形式设计方面亮点颇多主要体现在以下几个方面：

首先，参展的一套青铜编钟，被放置于序厅正中，在保障文物安全的前提下，令观众能近距离的观察到文物。设计师以九连墩遗址出土的一件铜鑊鼎为原型，等比例制作了该鼎的放大模型，烘托展厅气氛，形式与内容相得益彰，为第一单元“列鼎而食”开篇。作为饮酒器的龙耳铜方壶置于第一部分的厅末，与厅首钟鸣鼎食的布置遥相呼应，既已列鼎而食，钟鸣声声，若无好酒名器相佐，岂非有负楚人好饮酒之名？这种展陈与形式设计是此次展览的一大亮点。

其次，第二部分与第三部分的入口处的设计也是匠心独运，华彩漆于万象之上，飞箭射出霸主之姿，展览中使用了许多九连墩发掘时的实景照片，以及器物于古时之应用的壁画、画像砖、卷轴图等场景，希望借此向观众阐明这些器物之间的关联。它们并非单独以“器”之形式存在了2000多年，而是承载了彼时楚人的饮食、祭祀、战争等各个方面。

由于展览的第二部分重点展示了九连墩遗址出土的漆器，而漆器对展陈环境的要求较高，为配合本次展览文物安全的需要，专门改造了第二展厅的展柜微环境，将展柜灯具全部更换为照度较低的欧科灯，并对展柜的温湿度进行监测，确保文物安全。

此次展览结合时代特点，引入数字化讲解新形式，推出了微信语音讲解，讲解词的编写与录制均由博物馆业务人员完成。

展览开幕时，正值电视连续剧《芈月传》热播，因此一经推出，反响强烈，得到广大市民和业内专家的一致好评。展览集中展示出2000多年楚文化的独特魅力，公众也借由展览近距离感受到芈月时代人们的起居生活。

大汉楚王与南越王——徐州汉代文物精品展

西汉南越王博物馆

“大汉楚王与南越王——徐州汉代文物精品展”由广州西汉南越王博物馆和徐州博物馆联合主办，项目负责人为李秋晨。展览于2016年4月19日至7月19日在西汉南越王博物馆综合陈列楼展出。

楚王和南越王同为汉代的诸侯王，不仅所处的时代有交集，而且出土的器物在种类、形制和造型上有很多相似之处。展览内容在架构上充分考虑并灵活利用了临展厅空间的特点，将展览分为“汉玉之巅、盛世吉金、汉俑华采”三个单元，共展出徐州楚王（后）墓出土的包括金缕玉衣、玉器、金器、青铜器以及陶俑等在内的192件套珍贵文物。它们和南越王墓的出土文物一起见证了让中国人自豪不已的大汉时代。

展出文物与空间设计颇具亮点和特色：

其一，基于“对比陈列”的主体设计思想，展览在文物选择上，选取了规格极高的金缕玉衣、徐州兵马俑博物馆馆徽原型的“S”形玉龙等珍贵玉器，以及徐州汉代楚王墓中最具特色的乐舞俑等。

对比陈列”序厅

展厅一隅

其二，在序厅的空间设计上，以喷画和墙壁刷漆两块着色突出两地墓葬的地区差异，并在序厅入口处建造徐州博物馆“S”形玉龙和南越王博物馆虎头金钩扣玉龙模型，一左一右形成对比，从墓葬及文物两个点切入，拉开本次对比陈列展览的序幕。利用第二部分入口狭长的走廊式通道的特点，仿造徐州北洞山汉墓的穹顶与内壁，设计成墓道形式，并在通道尽头模仿青铜器出土现场，以契合本单元“青铜器”的主题。在第三部分入口，以徐州驮蓝山楚王墓出土的绕襟衣舞俑为元素，观众从女俑飘舞的衣袖下进入第三展厅，设计精巧。

此外，此次展览选取三件代表性文物，包括刘注银印、陶绕襟衣舞俑及盒形铜灯，提取元素设计成印章，供观众进行体验式观展，拉近观众与文物的距离，加深了观众对展览的印象及对汉文化的理解。结合展览出版了研究性图书《大汉楚王与南越王》。此书既依托展览内容，又是展览内容的深化。

秉承西汉南越王博物馆一贯的办展传统，基于公众对南越王墓、对汉代诸侯王墓的持续关注，自主创新设计内容与形式方案，结合南越王墓和徐州汉墓的特点，以内容为主导，以形式为烘托，利用展览推动博物馆工作人员对南越王墓、徐州汉墓出土文物及文物保护等方面的研究。

内容方面注重展现两地墓葬出土文物的异同，从材质、形制、技艺乃至其背后所蕴藏的大汉王朝统一的文化底色下，不同区域因其政治、经济、社会文化传统不同而表征于文物及墓葬上的多彩差异等深层方面对汉代诸侯王墓葬进行横向比较研究的探索。

利用新的展陈手段推广展览。作为国内首次推出的机器人讲解员，西汉南越王博物馆的机器人讲解员，不仅是由该馆技术人员自主设计，且讲解词均由该馆业务人员撰写并录制。

展览一经推出，反响强烈，得到广大市民和业内专家的一致好评，荣获第一届（2015—2016 年度）广东省博物馆陈列展览精品奖。

岭南圣域——佛山祖庙历史文化陈列

佛山祖庙博物馆

“岭南圣域——佛山祖庙历史文化陈列”由佛山祖庙博物馆主办，于 2016 年 9 月 27 日开展。

展览共分五个单元，内容分别为：真武崇信、圣域春秋、祖庙仪典、古建华章、艺宫寻珍，共展出文物 200 多件套，文照和图片近 300 张。有别于祖庙古建筑群，佛山祖庙历史文化陈列展示的是观众“看不到的祖庙”。纵观祖庙的历史发展，许多与祖庙息息相关的历史场景和人文风俗，要么已经不复存在，要么只有在特定的日子才能见识。至于祖庙里那些惊为天人的建筑装饰工艺，如今不仅日渐式微，甚至已经濒临失传。这些建筑装饰是如何制作的，这些观众“看不到的祖庙”都能在这次陈列呈现，观众能够从其中更深入地了解祖庙的前世今生。这是有史以来第一个全面展示祖庙历史文化的基本陈列，更是明清佛山恢宏发展史的重要缩影。整个陈列通过实物、文照、图片、油画、陶塑、模型、多媒体、复原场景、语音导览等，全方位、多角度地进行展示。

在展陈设计上，展馆结合了中国古代朴素物质观，将“金木水火土”五行元素对应陈展中丰富斑斓的文化归旨。此次陈列共分为五大部分，五行“金木水火土”的代表颜色分别对应每一部分主题。整个展馆古雅简朴，呈现东方风范的空间风格，更融入岭南特别是祖庙自身独有的文化元素。观众在参观的过程中，通过展厅色彩跳跃以及灯光效果的转变，就能更好地置身其中，流连忘返。

此外，本次陈列还融入多种新媒体以及数字技术等配套手段，提升了观众参观过程中的趣味性、互动性和知识性，丰富了观众的观感体验。展馆中采用了视觉感极强的新媒体展示和可触摸触觉系

展馆外景

陈设空间

统以及幻影成像技术复刻了多个祖庙民俗场景，如“黄萧养起事”“烧大爆”“佛镇义仓派米赈灾”等。同时观众还可以通过各种多媒体技术体验“换服乐”“北帝出巡”“艺宫寻宝”等趣味互动环节。为了方便游客参观，并让游客能更深入地了解佛山祖庙历史文化陈列，博物馆在相当一部分的文物说明牌上都设置有二维码。观众参观时，通过“轻松一扫”，便可获知文物的详细信息。

馆方根据在佛山和珠三角生活的人们独特的历史情怀和尊崇地位，结合整体空间布展实施的设计效果，大大提升了展览馆的展陈环境效果。通过自由组合安装，以无尘化的方式，高效便捷地缩短了展陈空间的实施建设周期。同时，在能够保证珍贵的文物收藏和保护的基础上，全方位、多角度更好地展示了佛山祖庙的历史渊源和发展历程。合理有效的空间布展设计也充分展现了岭南圣域深厚的历史底蕴和独特的文化特色。

祖庙历史文化陈列最大限度地融合了祖庙、佛山乃至岭南独特风格的文化元素，市民和外来游客能够在这里看到气韵生动的佛山祖庙历史文化之美。

锦行天下——中国织锦文化展

广西民族博物馆

“锦行天下——中国织锦文化展”是广西民族博物馆联合江宁织造博物馆、苏州丝绸博物馆、蜀锦织绣博物馆打造的巡回展。广西民族博物馆陈列部统筹协调，各馆的内容设计、形式设计、文创设计、教育活动策划人员共同组成策划制作团队。展览于 2016 年 10 月 28 日至 2017 年 2 月 19 日在广西民族博物馆展出。

云锦、宋锦、蜀锦、壮锦因其悠久的历史、精湛的技艺、精美的纹样、深厚的内涵成为我国传统织锦文化的名片，是中华民族传统文化遗产的重要组成部分，体现了中国织锦文化的多样性、丰富性与独特性。展览汇集了四馆馆藏精品文物近 200 件，按照织锦的发展脉络为经，以蜀锦、宋锦、云锦、壮锦为纬，从锦的源流发展，技艺演变，功能应用等方面呈现中国织锦文化的深厚底蕴和绚丽华章。

中国织锦文化源远流长。壮锦，因悠久的历史、持久的生命力、复杂的组织、丰富的纹饰、鲜明的风格，成为广西民族文化的典型符号，也成为我国织锦文化的杰出代表。依托丰富的壮锦藏品优势，广西民族博物馆在壮锦保护研究、宣传展示和传承发展等方面进行积极的探索实践。此次联合办展是我国织锦文化展示的首创，得到云锦、宋锦、蜀锦等其他织锦代表展馆的支持和响应，是博物馆积极创新展出方式、探索互利共赢新思路的体现。

展览和活动得到广西电视台、《南国早报》、广西电台新闻 910 等主流媒体的持续性宣传，同时广西民族博物馆充分利用官方网站、官方微博、官方微信等媒体资源，实现全面、及时、到位的宣传效果。展览期间重点推出了 2 次“四大名锦”服装走秀活动，1 次壮族织锦展演活动及 2 次社区推广活动。70 多套华美霓裳在 T 台上惊艳亮相，美丽的时装将传统工艺与现代设计完美结合，让传统精

织锦工具展示

绚丽的织锦

成品与工艺

妙的中国织锦焕发出崭新的活力。与静态展览完美结合的活态展示——壮族织锦展演活动也深深地吸引观众的关注。

针对展览开展了问卷调查，从展览、活动、服务、配套设施等方面进行了全面的调研，通过分析观众意见不断提升展览效果，更好地为观众服务。

为了配合展览，广西民族博物馆产业部与广西工艺美术研究院联合开发了壮锦系列产品，含文创产品 14 种 25 款。包括笔记本（小）、证件袋、纪念册、相册、文件夹、印花雨伞、陶瓷 U 盘、纸袋、麻布袋、织锦布、手拿包、绣花抱枕、胸针、壮锦领带、织锦手提包等。该系列产品运用具有代表性的壮锦纹饰、常用色彩，兼具美观和实用性，在观众中引起热烈反响。

展览系列活动结合“四大名锦”的亮点，基于寓教于乐的形式，以激发青少年的主题创作思维为理念，以深度体验和自主创作为目标，推出“四大名锦”巧手 DIY 系列活动、“锦行天下”答题卡和名锦 DIY 装饰画体验等青少年教育项目。“四大名锦”巧手 DIY 系列活动以“袋上添锦”“书上添锦”“袜上添锦”“福袋添锦”为切入点，结合节日热点，开展了以“四大名锦”为主题的“壮锦风格束口袋”“行走在书籍上的宋锦”“蜀锦风格圣诞袜”“云锦小福袋”等手工体验活动。“锦行天下”答题卡和名锦 DIY 装饰画体验等青少年教育项目，结合青少年喜爱竞技答题和绘画填色的心理特点，在展览期间设置了答题卡和填色活动，所有参观展览的青少年均可参与活动，实现了及时运用、巩固观展所获信息和内容的效果。针对青少年开展的教育活动，紧扣展览主题和青少年心理特点，得到媒体和观众的热烈反响和好评。

在理念探索与应用方面，壮锦、云锦、宋锦、蜀锦作为中国传统织锦的优秀代表，该展览同时对其进行集中展示，让观众通过横向、纵向对比，全面了解四类织锦历史、技艺、功能等方面的异同，引发观众对中国传统织锦文化浓厚兴趣。

展览在展出期间受到观众的热烈欢迎，合计参观人数约为 15 万人次。

邕容华桂——古代南宁历史文化陈列

南宁市博物馆

“邕容华桂——古代南宁历史文化陈列”是由南宁市博物馆策划制作的基本陈列，于2016年1月29日在南宁市博物馆开展。

陈列以“邕容华桂”为主题，邕是南宁的简称，邕字本意为四方环水的都邑；因与雍字相通，邕亦有和谐、和睦之意，寓意南宁是各民族和合共生之地，各族人民在此互通交融。陈列由“邕水先民”“骆越生晖”“汉制僚风”“宋城烽火”“西南门户”五个部分组成，展示了南宁从远古时期至清代上万年的历史演变和社会、经济、文化发展历程。

第一部分“邕水先民”，通过“远古印象”“文明初曜”“大石铲文化”三个单元，展现远古时期南宁先民依邕水而居，披荆斩棘，创造了独特神秘的顶蛳山文化和大石铲文化。第二部分“骆越生晖”，通过“青铜之光”“骆越方国”“独特葬式”“交流初始”“探宝之旅”五个单元，展现以武鸣元龙坡、安等秧等地的先秦墓葬群为代表的青铜文化，以及骆越文化与中原、楚、滇文化的交流。第三部分“汉制僚风”，通过“和辑之治”“汉骆遗韵”“南疆唐城”三个单元，展现秦汉时期至唐朝时期，南宁城池兴起，社会发展，邕州作为西南重要边镇城市的重要性，俚、僚等壮族先民形成独特的民族文化。第四部分“宋城烽火”，通过“南天国”“苏缄卫城”“僚市马会”三个单元，展现宋代侬智高起事、苏缄卫城等重要历史事件，以及邕州商业贸易发展、九龙窑等地方文化精粹。镇馆之宝元青花“尉迟恭单鞭救主图”罐，是目前世界上仅存的九件元代青花人物故事图罐之一。第五部分“西南门户”，通过“土司之制”“文脉勃兴”“集散中心”三个单元，展现明清时期南宁的土司制度变化及文化、商贸发展盛况。

展览在造型上采用树叶的造型，与南宁“绿城”相呼应，反映了南宁地方特色。空间设计上，采

展陈设计

展柜摆放与照明装置

用解构主义提取壮锦元素，形成展厅空间分割及地面、天花纹饰，展柜穿插其中，与展厅空间及壮锦元素浑然一体，完美地彰显南宁的地域特色与民族特色。部分说明设计采用立体字及图案内发光的表现手法，既突出内容，又赋予形式美感。展览以丰富的藏品、创新的陈展理念和鲜明的地域风格全面展示古老神秘、辉煌灿烂、多姿多彩的南宁故事。序厅形象墙，提炼古代南宁的代表符号制作艺术浮雕墙，既增强视觉冲击力，又反映展示内容。展览打破常规的展示方式，运用丰富的创意展项，实现了“展品体现精神，以展览启迪思考”的陈展目的。

在展览宣传方面，南宁市博物馆通过南宁电视台、《南宁晚报》等媒体进行专题报道，为展览预热；依托“南宁头条”手机客户端、本馆自媒体平台宣传展览内容，吸引观众到馆参观；展览期间，制作展览宣传资料，播放展览宣传片；开展以来，定期举办喜闻乐见的宣传教育活动，保持观众的参观热度。此外，南宁市博物馆实行免费开放，为观众提供展览咨询服务，为参观团体、单位、个人提供讲解服务；每逢节假日，向观众提供免费讲解服务。

南宁市博物馆根据展览内容“龟化筑城”传说，开发“黑莽将军”卡通玩偶、手机壳、明信片等文创产品，吸引了1000多名粉丝；举办“跨界盛宴·灵动的历史”服装创意设计大赛，以贝丘遗址出土文物、桂南大石铲、青铜器、瓷器、邕剧脸谱等展品为主题，设计服装作品。

为了更好地向公众普及历史文化知识，南宁市博物馆开展了丰富多彩的活动，为青少年提供第二课堂：开设“三月三”文化小课堂、“邕剧脸谱”小课堂、“脸谱DIY”等馆内专题课程；开展“南宁历史文化进校园”馆外课程，先后走进多所中小学；举办“南宁历史文化”网上有奖知识竞赛；开展“跟着专家去考古”户外实践活动，先后走进豹子头遗址、石船头贝丘遗址等。

在理念探索、技术和方法应用，展览所用材料均为环保节能型；充分运用声光电和多媒体等技术，使陈展生动形象，富有感染力；充分考虑观众的需求，设置了“探宝之旅”、创意教室等多项互动体验装置，使陈展达到展教合一目的。

展览获得广大观众的好评，截至2016年底，参观人数超过53万人次。

丝路帆远——海上丝绸之路七省文物精品展

海南省博物馆

“丝路帆远——海上丝绸之路七省文物精品展”由海南省文化广电出版体育厅主办，海南省博物馆联合海上丝绸之路沿线的江苏、浙江、福建、山东、广东、广西六省份联合举办。展览于 2015 年 12 月 1 日至 2016 年 2 月 23 日在海南省博物馆 1、2 号展厅向公众开放。

海上丝绸之路是古代东西方通过海路，以商贸为依托，承载文化、艺术交流的和平之路。它以其深远的意义、广博的内涵，对世界文明的进程产生了巨大推动和影响。近年来水下考古不断探索，为我们还原了海上丝路的千年风貌。丝绸之路自古就是东西方文明的对话之路，鉴往可以知来，抚今则须追昔，“海上丝绸之路”的开辟和发展，在各个历史时期都留下了丰富的物质文化证据，我们有责任也有义务将这些历史的遗响传达给今天，将前人的智慧传播给后人，从历史的长河中汲取我们生生不息的发展源泉。

展览以文物为依托，以历史递进为脉络，着力呈现时代发展的宏大背景，形成流畅的历史长卷。展览分为四部分，依次介绍了从远古到秦汉时期、两晋到唐五代时期、宋元时期和明清时期“海上丝绸之路”形成、发展、繁荣的全过程。在每个大时代的框架下，又整合成一系列小专题。其中，汉武帝开拓海疆、鉴真东渡、郑和下西洋等重要历史事件及时代背景也在里面穿插介绍，对于如“南

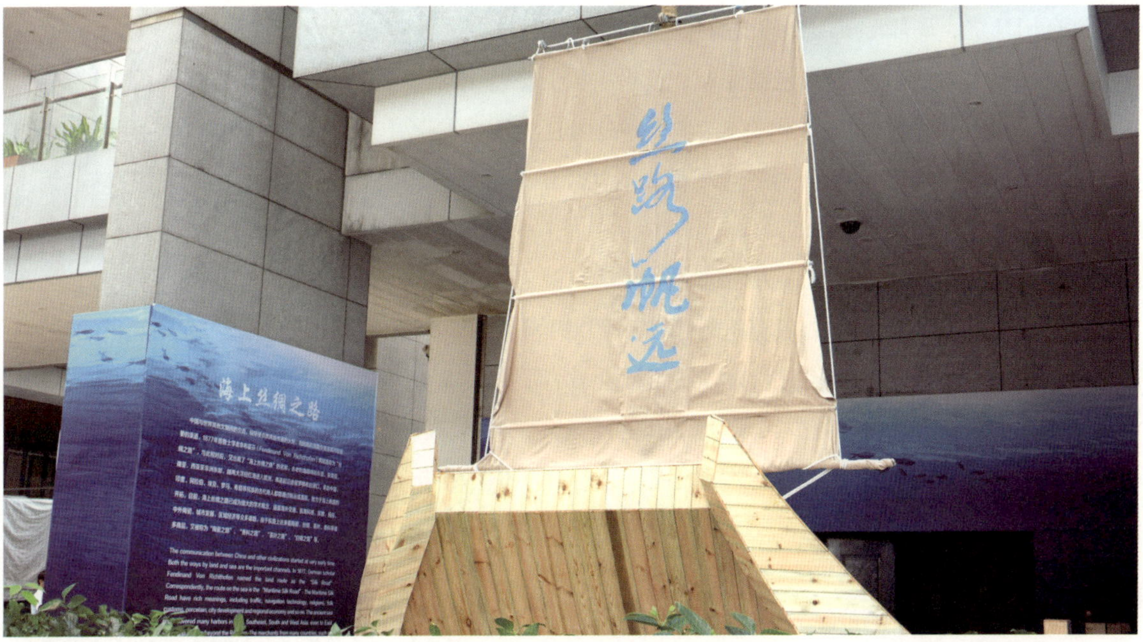

展厅入口

展厅一隅

海Ⅰ号”“南澳Ⅰ号”等近年来重要的水下考古发现，及海外传入中国的食品等重要信息，也通过文物、图版组合加以反映，内容丰富而信息量大，与展品形成视觉直观与深入品读的呼应关系。展览设计追求平实庄重的风格，营造优雅的蓝海洋氛围，细节上处处突出与海洋相关的气息和元素。展线设计迂回环绕、局部形成闭合静谧的独立空间。

展览展出文物250件套，包括瓷器、丝绸、陶器、金银器、香料、青铜器、古钱币、玻璃器、古代装饰品等，每一处都有重器辉映，举步间处处流光溢彩。其中东汉广陵王玺金印、唐代昆仑奴女子头像杖首、南宋“南海Ⅰ号”金腰带、清代外销瓷等堪称各博物馆的镇馆之宝，是反映“海上丝绸之路”的重要文物。

在展览宣传与推广方面，馆方通过官方网站、微信、微博进行展览信息的发布，中央和地方新闻媒体、博物馆界专业媒体对展览进行了实时跟踪报道，许多观众观展后写出深刻又精彩的展评，展览得到社会各界的关注。同时，馆方注重社会教育服务，举办学术性讲座，邀请专家学者进一步为观众解读展览信息，并为青少年开展专门讲解活动，获得较高的观众满意度。

展览荟萃沿海七省重要“海上丝绸之路”遗存，不但折射出中国古代的流光风韵，再现波澜壮阔、横跨万里的航海图景，也在今天全球化视野下，进一步探索了古代东西方贸易和文化交流的深刻内涵。

茶马古道——八省区文物联展

四川博物院

“茶马古道——八省区文物联展”由中国博物馆协会丝绸之路沿线博物馆专业委员会发起，由四川博物院、云南省博物馆、西藏博物馆、青海省博物馆、甘肃省博物馆、陕西历史博物馆、内蒙古博物院、广西壮族自治区博物馆八家省级博物馆联合主办，罗倩倩、任卓、李江涛负责展览策划，四川博物院陈列设计部人员负责展览制作与实施。该展览作为临时陈列，于 2016 年 9 月 18 日至 11 月 30 日在四川博物院临展 2、3 厅向公众开放。

茶马古道，源于古代西部边疆的茶马互市，兴于唐宋，盛于明清。这条线路将四川的茶叶和日用商品源源不断地输送到藏区，同时又将雪域的马匹和山货特产输入内地。这条遥远而艰险的路，既是当今世界上地势最高的贸易通道，也是民族融合与和谐之道。它不仅包含藏民族千百年来因茶而缔结的情感，同时也蕴藏了大量珍贵的文化遗产。

展览集合八省区 17 家博物馆共计 380 余件文物，向观众展示这条世界上海拔最高的交通“生命线”，让观众领略茶马古道沿线的风土人情。此联展已在云南省博物馆、甘肃省博物馆和西藏博物馆相继展出，四川博物院是此次联合巡展的第四站。

展览序厅

展厅一隅

展览以丰富的茶马古道文物和生动逼真的场景相结合，寓教于乐，突出了展示的趣味性，符合广大青少年及其家庭的互动式观展特点。同时，展览特别突出了四川作为茶马古道的发源地、川藏茶马古道以及南方丝绸之路的相关史实和文物遗迹内容，力图有特色地突出茶马古道在川藏线上的别样风情，以及茶叶贸易在促进民族团结以及全球化浪潮中所起到的特殊作用。

在展览形式上，策展团队采用多样化的场景设计方式，力求展览氛围生动活泼。在策展理念上，从丝绸之路与世界交通破题，以宏观带动展览的全球化视野，铺排展览概念，给观众以大气磅礴的展览视角。展览在细节之处融入感情，在川藏茶马古道上的背夫生活中，处处以真实历史照片配合雕塑展陈，实现了场景的生动性和真实性的有机结合。在制茶工艺部分，大胆使用青少年喜闻乐见的漫画样式手工泥塑寓教于乐，受到青少年的喜爱。

在展览宣传与推广方面，开展前一个星期，馆方就在成都市各平面媒体投放了海报和招贴内容，同时邀请中央、省、市 20 余家媒体对展览进行预热宣传。开展前两天在微信平台发布 2 万条展览宣传信息。展览在平面媒体上报道达 12 篇，网络媒体 100 余条，电视媒体约 20 余次，得到社会各界的关注。

在社会教育服务层面，针对“茶马古道联展”开展了多项丰富有趣的社教项目，特别针对青少年开设了专家知识性讲解。同时，配合展览举办 2 场学术讲座，共有 500 多位观众参加，帮助观众更好地理解展览主题与展览理念，得到了观众的热烈欢迎。

由于展览适逢金秋旺季，四川公众的文化需求旺盛，国庆节日参观量逾 5000 人次。2016 年，参观“茶马古道联展”的总人数达到 26.51 万人次，展览受到社会各界的一致好评。

丝路之魂——敦煌艺术大展暨天府之国与丝绸之路文物特展

成都博物馆

“丝路之魂——敦煌艺术大展暨天府之国与丝绸之路文物特展”是由成都博物馆策划并制作的大型展览。展览于 2016 年 12 月 27 日至 2017 年 4 月 10 日在成都博物馆展出。

此展览是习近平总书记提出“一带一路”倡议以来，四川省举办的规模最大的以丝路文化为主题的展览活动。展览内容分为“敦煌艺术大展”和“天府之国与丝绸之路文物特展”两个部分。“敦煌艺术大展”根据展陈空间划分为四大版块：一是“石窟精萃蔚然大观”，展示复原洞窟；二是“敦煌故事千年流传”，展出敦煌壁画、彩塑及出土文物；三是“从克孜尔到麦积山”，展示克孜尔、麦积山等丝路沿线石窟艺术；四是“公共空间壁画展”，以小专题点缀公共空间。“天府之国与丝绸之路文物特展”分三个单元，以蜀锦为主线串联起天府之国通过南方、北方以及海上丝绸之路与各地的文化交流，通过南方、北方、海上丝路沿线地区出土历史文物展示丝绸之路璀璨的历史文化，反映成都作为中国丝绸地之一，作为汉、唐、宋时期的世界织锦中心之一，在丝绸之路的形成、发展和繁荣过程中发挥的重要作用。

展览围绕敦煌石窟艺术和天府之国与丝绸之路两条主线，将敦煌和丝路各种静止的文物资源以创意创新的方式有效组合在一起，形成新的文化产品，令展览有了新鲜的独特视角，产生了新的文化价值。展品筹措力度之大、内容之精，在近年国内展览中实属罕见，丝路沿线多达 28 个省市区的 72 家文博单位，提供了极具历史价值与观赏价值的文物，一级文物多达 137 件。

敦煌壁画

展厅一隅

从 2016 年 12 月 1 日开始预热到 2017 年 4 月 10 日完美收官，此次展览吸引从央级到地市级的全媒体报道，平面媒体 655 条，电视媒体 137 条；成都博物馆自媒体微信发布订阅号 54 条，服务号 72 条，微信关注量 28 万余人，总阅读数近 100 万，微博共发文 169 条；单条阅读量约 175 万次；“成都博物馆敦煌”百度搜索词 449 万个。

展览期间，成都博物馆为观众提供免费讲解服务近 3374 批次，共计 36 万余人次。免费接待学生团队 48 批次，共计 10460 人次。咨询服务台连续接受电话、现场等咨询近 1.2 万次，免费向公众发放各类宣传资料近 8.5 万份。免费微信语音导览服务下载量达 12 万次。

以敦煌莫高窟壁画为元素设计，将传统艺术与时尚元素连接，引入和研发的文化产品共计 342 款，价格从 3 元到 2980 元不等，产品包括：敦煌系列笔记本、敦煌壁画 3D 艺术观看卡、敦煌 2017 年佛历、《金刚般若波罗蜜经》抄经本、赵海敦煌艺术绘画作品等。

展览期间还举办了 22 场“丝路之魂”系列学术讲座，涉及丝路的历史地理、绘画艺术、文化人物等。与此同时，四川博物馆还策划了“探秘敦煌”系列社教活动，分别围绕敦煌壁画，佛教文化，艺术造诣等方面展开。活动一共包含五个主题，分别为：“沙都秘境——巧制月牙泉微缩景观”“鹿王秘踪——趣彩妙画九色灵兽”“圣莲秘语——静绘佛教莲花杯垫”“仙舞秘影——美丽飞天舞动成博”“敦煌秘印——特展特色印章收集”。此外，还引进了来自敦煌的社教活动：“梦回唐朝——唐朝服饰展演活动”“情景剧表演都督夫人的四月八”。共计推出各类特展主题社教活动 50 场，参与活动人数达 5000 余人。

在新技术应用方面，成都博物馆利用互联网移动终端技术、多媒体影像等科技手段，增加展览的互动性和体验性。为观众有更好的参观体验，成都博物馆官方网站及微信公众号上开通了基于 360 度全景摄影和虚拟现实技术的“VR 虚拟观展功能”。

展览取得良好的社会效益，引发巨大的社会反响。展览共计接待观众 108 万人次，是成都历史上参观人数最多的临展，得到观众的高度评价与赞许。展览圆满完成了宣传丝路文化、展示敦煌艺术、推广成都在丝绸之路中重要地位的目标，给观众们带来一场文化的饕餮盛宴，充分发挥了博物馆社会教育的职能，提升了成都博物馆的公众形象。

南方霸主——庄蹻故国楚文化大展

云南省博物馆

“南方霸主——庄桥故国楚文化大展”由云南省博物馆和荆州博物馆举办。策划团队包括戴宗品和马云川等，展览于 2016 年 3 月 15 日至 6 月 11 日在云南省博物馆临展厅开展。

荆州为楚国故地，是早期楚文化的中心地区。公元前 689 年，楚文王始建都于“郢”，至公元前 278 年秦将白起“拔郢”，计有 20 位楚王在这里次递传位，楚都纪南城旧址，见证了楚国曾经的辉煌。楚国雄踞南方，先后剪除黄河以南大小 50 多个邦国政权，在北至黄河、西至巴蜀、南至湖南南部的广大区域，形成强大的楚国，举足轻重。瑰丽的荆楚文化，给我们留下了数量众多且独具特色的文物珍品，借此可以管窥楚风楚韵的魅力。

“南方霸主——庄蹻故国楚文物大展”选取了荆州博物馆收藏的最具特色的文物藏品以及近年来荆州考古的最新发现，以春秋战国时期荆州地区出土的楚国文物，部分展品时代到秦代、西汉时期，还有少部分是荆州地区出土的巴、越、三晋等地的“舶来品”，涉猎面广，较全面地展示了楚国的政治、军事、文化、生活面貌。参展的 200 余件套文物中，仅一级品就有 50 多件。

云南虽然去楚甚远，却有一段传奇的渊源。据《史记·西南夷列传》记载，战国时期楚庄王派庄蹻入滇，“变服从其俗，以长之”，庄蹻王滇的故事，成为云南文明历史的开篇。20 世纪 50 年代晋宁石寨山墓地的发掘，让古滇国的传说成为信史，滇文化逐渐被认识并引起重视。近年来随着考古工

展览开幕式

珍贵文物展示

作的深入开展，显示出从江汉平原的三苗故地到滇东、滇中地区，在新石器时代就有诸多共同的文化因素存在，暗示滇、楚之间存在更早的历史渊源。

这次展出的文物，向我们启示历史与现实的密切联系，滇楚之地的血脉相连，在“一带一路”建设的时代背景下，随着建设长江经济带的开发战略实施，由共同追寻“中国梦”的理想引领，续写新的美好篇章。

同时，荆州博物馆推出了“楚国宫廷乐舞展演”。“楚乐宫”用于演奏的主要乐器都是根据楚墓中出土的古代乐器复原复制的，如青铜编钟、彩绘编磬、石排箫、虎座鸟架鼓、古筝、古琴等，演奏方式以楚国乐器及相关的文献资料为基础进行复原性艺术实践。演出时间为2016年3月15日至3月30日。

此外，为配合此次展览，还推出了两场讲座，分别是荆州博物馆馆长王明钦带来的“楚国争霸历程与荆州考古新收获”和荆州博物馆副馆长张万高主讲的“楚国漆器——羽人与神树”。他们从专业的角度，让大家对楚文化有了更深入的认识。

展览还策划了“最炫青铜风”系列活动，以期让青少年通过了解青铜文化，感受祖先的聪明才智，增强作为中国人的自豪感。

如何将异地文物成功地转换成与本土文化相联系的展品，将异地文物所蕴含的文化信息有效地传达给观众，讲好文物背后的故事，这是很有挑战的策展工作。在本次展览中，双方博物馆策展团队考虑到历史上“庄蹻入滇”的记载，将庄蹻入滇作为展览的线索与开端，引入楚文化的系列因素，在讲述故事的时候，拉近了云南观众与楚地文物的距离，有效地达成了情感沟通、文化传播。

在展览的形式设计中，将展厅的大格调与楚文化红黑两色统一来设计，重点使用灯光作为表现展品的主要手段，用光线来塑造文物的美感、体量感，吸引观众眼球，给观众以视觉的享受与冲击。

该展览展现了楚国文明的精华，使浪漫、瑰丽、神奇的楚文化比较完整地呈现，让观众与数千年前的古代文明“对话”，了解古滇国的开国之主“庄蹻”故国历史，进而认识自古以来我国多民族、多元文化相互交融，共同发展进步的特点，弘扬爱国热情。春秋战国时期，是中国历史发展的重要节点，列强争胜，文化繁荣，呈现出前所未有的生机与活力。地处长江腹地的楚国，以不甘落后的姿态，筚路蓝缕，问鼎中原，以后来居上的架势，成为南方霸主，在风云际会的时代，为中国历史留下了浓重的一笔。

茶马古道——八省区文物联展

西藏博物馆

“茶马古道——八省区文物联展”由西藏博物馆主办，参展单位有云南省博物馆、四川博物院、甘肃省博物馆、青海省博物馆、广西壮族自治区博物馆、内蒙古博物院和陕西历史博物馆。展览策划制作团队主要是由西藏博物馆工作人员组成。2016年5月24日至9月18日，展览在西藏博物馆向公众免费开放。

此次展览为八省13家博物馆332套件文物出展。在本站展览中，西藏博物馆充分利用和发挥自身的藏品优势，深入挖掘和展示了茶马古道对西藏经济生活的深远影响，对展览进行补充完善。“茶马古道联展”以西部古代交通史和茶马古道沿革为大背景，以滇、川、藏大三角、南北方通往藏区的茶马古道辐射地为主要区域，以时间为脉络，展示各地区的紧密联系以及茶马古道丰富多彩的文化特质。西藏作为中国陆路通往南亚国家的贸易和文化中心，作为高原丝绸之路、唐蕃古道、茶马古道的重要参与者，发挥了独特的区位优势和向南亚开放重要窗口作用。此展览的举办是新时代下对“丝绸之路”“茶马古道”精神的继承和升华，将有效促进西藏与沿线省市民族之间的全方位、多层次的对接和耦合，增进沿线各省区民族之间的人文交流与文明互鉴。

茶马古道场景复原

文物展示

展览按照时代顺序和文物的功能划分为“半月地带·早期文明”“通达陆海·汉唐古道”“茶马互市·茶风盛行”“古道新风·民族融合”“贯穿千年·珍贵集萃”五个部分。除了西藏展品部分是按照既定内容进行安排的，其他四部分展览基本是根据历史脉络安排的，比如各地早晚期的文物特色和地域特色等。基于茶马古道是茶马互市的产物，展厅的三分之一用于场景复原。为了让广大市民和游客近距离地了解西藏茶文化，在展厅内设藏式厨房和“茶馨巴啦”甜茶体验店，且在甜茶体验店循环播放《茶马古道》纪录片，游客可尽情享受西藏人民从茶马古道中悟出的西藏甜茶馆文化。以精品文物为主以场景的形式复原茶马古道，并且把藏语中关于茶的寓言以辅助展品的形式陈展出来，使得本地观众更好地了解此次展览。

“茶马古道联展”是在习近平总书记关于建设“新丝绸之路经济带”和“21 世纪海上丝绸之路”的大背景下，中国博物馆协会丝绸之路沿线博物馆专业委员会着力推动各区域、各省区博物馆联合打造系列“寻路中国——丝绸之路”文物展的情况下，由西藏博物馆在 2016 年中国博物馆协会“丝绸之路”沿线博物馆专业委员会年会时隆重推出的。

为了让更多的人更好地了解此次展览，馆方邀请了国内知名专家开展专题讲座对展览进行宣传推广，并通过大众媒体包括报纸、电视台、网络等对展览进行实时跟踪报道。在布展期间和开展时，中新网等主流媒体报道宣传推广，并与云南省博物馆联合出版《茶马古道》文物画册，配以文字说明，展示茶马古道的发轫、发展和繁荣过程。

该展览是西藏博物馆建馆以来最大的一次展览，在旅游旺季推出，每天来自各地的参观人数多达 4000 人次。

熠熠青铜　光耀四方——秦晋豫冀两周诸侯国青铜文化展

陕西历史博物馆

“熠熠青铜　光耀四方——秦晋豫冀两周诸侯国青铜文化展”由陕西省文物局、山西省文物局、河南省文物局、河北省文物局主办，山西博物院等协办。策划人是陕西历史博物馆陈列部主任董理，策展团队包括陕西历史博物馆宣教部、开发部等部门。展览于2016年10月24日在陕西历史博物馆开幕。

此展览是为配合2016年10月“秦晋豫冀四省博物馆理论与实践研讨会”在西安举办而策划筹备的，是一个既有学术高度又兼顾公众趣味，更具现实意义的展览。展览确立了“交流互鉴、融合发展”的展览主题。展览内容分为上、下两个篇章。上篇为西周部分，分四个单元：“成王剪桐分封晋侯”“武王哲嗣藩屏东土”“西土国族器宇轩昂”“晋南小国霸气犹存”；下篇为东周部分，分五个单元：“平王东迁晋郑是依”“绵远流长青铜为鉴”“南土大国实为翘楚”“白狄之国礼崇华夏”“燕赵壮士逐鹿中原”。重点表现两周10个诸侯国墓地出土的代表性青铜器及其文化内涵，基本反映两周诸侯国青铜文化全貌，注重展现不同区域青铜器的共性与个性，体现当时各地区民族与文化的碰撞、交流与融合。

展览精品荟萃，汇聚了陕西历史博物馆、山西博物院、河南博物院、河北博物院等四省20家文博单位收藏的两周诸侯国墓地出土的青铜器精品，共206件套，科学、历史、艺术价值极高，是迄今为止展出两周诸侯国青铜器数量最多、等级最高、价值最大、铭文最多的展览，其中一级品占到

展览序厅

展厅一隅

68%，许多重器更是首度公开展出。

展览制定了开展前、开幕式、开展后三阶段宣传计划。撰写多种宣传材料和稿件，出版宣传册、专刊、图书，制作海报、专题片和访谈节目，利用省市和中央驻陕主流报刊、电视台、电台、网络（尤其是微博、微信自媒体）和新闻发布会，对展览内容、精品文物、展览特色等展开持续性全覆盖式的宣传推广活动。

围绕本次展览主题、重要内容与重点文物展品，陕西历史博物馆所属利博实业文化开发有限公司与社会文创企业密切合作，共开发文化创意衍生品三大类、32 个品种。开发理念上，以大众熟悉的载体表现并传递中国青铜时代最基本的文化样式：器形即礼乐，纹饰即时尚，文字即功勋。其中檀香类产品共计 12 种，表现 12 种不同的外观优美、内涵丰富的青铜器器形；珐琅工艺徽章共计 8 种，表现以兽面、凤鸟和龙纹为主的青铜器纹饰；马口铁冰箱贴 12 种，表达器形。文创品定价合理，在 5—120 元之间，分低、中、高三个区间，以中低档为主。

同时，陕西历史博物馆针对此次展览开展了多种丰富有趣的社教项目，其中包括“华夏源脉博物馆之夜”、专家导览、延伸参观和博物馆观众调查研究学术沙龙等 4 个相关活动。其中最具代表性的是“华夏源脉博物馆之夜”活动，本次博物馆之夜活动以“华夏源脉博物馆之夜”为主题，以习总书记关于文化遗产保护系列重要讲话及“一路一带”倡议为契机，邀请专业团队精心打造体现陕西省文化元素的原创节目，讲述文物及文博人背后的故事。本次活动的成功举办是一次文博界和现代艺术界成功的跨界合作，也为今后进一步贯彻习总书记“让文物活起来”的重要文化理念进行了一次成功的尝试。

在新技术应用方面，展览秉持理念创新、风格特色、手法多样、效果震撼的原则。展览合理运用艺术品、多媒体、照明、色彩等表现手法，注重做好展览中的“关键沟通”，设计了多种观众参与互动体验项目。照明全部选用冷光源 LED，明暗有致，变换有序，同时避免炫光。色彩以黑、青、红、白为主；色调以厚重、神秘的深色为主。此外，还在展厅出口设置了文创产品展示区。

展览观众人数为 75 万人次，其中未成年人观众数量为 20 万人次。仅春节 6 天观众就接近 9 万人次，成为观众进馆参观的必看展览之一。展览开幕期间，38 家中央驻陕及地方媒体对展览进行了全覆盖式的宣传报道，创陕西历史博物馆宣传新高，引发业内和社会的广泛关注，每天展厅人流如潮，观众赞不绝口。

环肥燕瘦——汉唐长安她生活

西安博物院

“环肥燕瘦——汉唐长安她生活展”由西安博物院主办，陕西省考古研究院、汉阳陵博物馆、西安市文物保护考古研究院协办。作为2016年“5·18国际博物馆日”主题展览，该展览于2016年5月18日至9月18日在陕西省西安市西安博物院一楼临展厅展出。

汉代的长安，因开启了丝绸之路，大量的乐器由西域传入，使长安人为之耳目一新。尤其到了唐代，胡乐胡舞风靡朝野，外来的奇装异服使人眼花缭乱，女子也纷纷追逐效仿，城内出现“胡着汉帽，汉着胡服”的景象，长安变成名副其实的时尚之都。长安丽人们，凭借着身处天子脚下繁华都市的种种优势，从容出入于街市巷陌和苑林胜迹之所，留下不少脍炙人口的时尚故事。

“环肥燕瘦——汉唐长安她生活展”是西安博物院自主原创的女性文化专题展，展览以汉唐文化为核心，集文化性、时尚性、趣味性于一体，通过精美的文物及丰富的诗词，再现汉唐盛世帝都长安的女性多姿多彩的时尚生活。

展览序厅

观众在阅读展品

展览共展出汉唐时期陶俑、金银器、铜镜、玉器等近百件，分为五个单元："短长肥瘦各有态""风吹仙袂飘飖举""云鬓花颜金步摇""回雪飘飖转蓬舞""长安水边多丽人"，通过体态、服饰、妆容、乐舞、宴游的展示，将参观者带入汉唐长安兼容并蓄、灿烂夺目、壮丽多彩的盛世气象，带入长安女性开放、自信、时尚、生动的历史画卷之中，为观众了解汉唐文化开启了一扇窗口。

展览文物美、语言美、壁画美、设计美，是一个呈现美、感受美的展览，具有四个方面的特色：一是策展时采用诗的形式，以文字意境美激发观众的想象力；二是展出了汉墓壁画和唐墓壁画，用壁画再现汉唐时期生活的同时和文物相照应，同时也体现了习总书记"让文物活起来"的重要文化理念；三是展览挑选出来的文物形式美；四是展厅形式设计美，以绿色和大地色相结合的颜色布置展厅，简洁又不失美感。

该展览展出后受到观众的喜爱，观众对展览表现出浓厚的兴趣，纷纷留言"每个时代都有每个时代的审美观，回顾历史，展望未来，我们的生活多么幸福"，"从女人角度看历史，细致、情致、有趣味，非常好的展览，非常好的角度"，等等。

赫赫宗周　万邦之方——周原考古成果展

周原博物馆

“赫赫宗周　万邦之方——周原考古成果展”由周原博物馆主办，2016 年 11 月在周原博物馆展出。

展览以周原遗址 70 余年考古历程为主题，以周原遗址科学考古发掘和遗址范围内出土的征集品为标本，针对每个单元和小章节共选文物 668 件组（其中等级文物 189 件组）：仰韶时期的 1 件、龙山时代的 15 件、商代的 47 件、西周的 605 件；文物质地有铜、金、陶、石、玉、骨、蚌等七大类，展品出土地点明确，组合关系有序，早晚关系清楚，展览所表现的内容均有一定数量的文物标本，以体现陈列展览的严肃性、科学性，以提高陈列的科学性和研究价值，为讲述周原故事提供了丰富的文物载体，充分展示了周原遗址考古丰硕成果，阐述周原文化的丰富内涵。

展览以“叩问周原——不经意发现的‘青铜器之乡’”为开篇，以“考古周原——考古学家手铲下的周原”为重点，以“周原梦想——我们的周原，世界的周原”为尾声，充分运用考古学、传播学等方法，向观众讲述“周原故事”“中国故事”，追寻周原考古人的足迹，反映周原考古的重大成果，进而揭示周原文化的成因、内涵，以及周文化是中华民族传统文化之“根”的文化意义。

展览设于周原国际考古研究基地地下展厅，面积 1691 平方米。整个展览“以人为本”，突出“历史的人”和“人的历史”及其创造的物质和精神文明，缩短与观众的接受距离，贴近大众。尝试采用“双线并行”的展览理念和方法，将“历史线”和“考古线”有机“并联”，辅线独立展区，漫画互动，普及考古常识，探索“考古的世界”。利用丰富的考古成果，以物证史，追溯岐山脚下 3000

展馆外景

遗址场景复原

年前西周文明之源；以人为本，透物见人，见证周原考古 70 年风雨历程，弘扬几代周原考古人的朴素情怀和执着梦想；旨在以史为纲，以物明史，展示周原遗址在中华文明探源工程中的重要地位。

展览宣传得到了《人民日报》、人民网、新华社、《中国文物报》等 30 家中央、省、市级媒体的支持。据不完全统计，各大媒体共发稿 61 篇。通过在各大网络、电台、报纸、期刊等不同媒介的报道，对周原文化遗产的内涵与价值给予集中宣传，为弘扬周原文化起到了积极作用。

周原国际考古研究基地在周原遗址落成暨“赫赫宗周，万邦之方——周原考古成果展”开展同日，周原考古国际学术研讨会在周原博物馆开幕，来自海内外的著名考古专家、学者分别围绕周原遗址保护、发掘、利用等进行了全方位的研究交流。

为配合展览，周原博物馆专门成立了青铜范铸工艺研究所及文创礼品开发部，进行西周青铜浇铸工艺的研究和青铜复制品、礼品的市场开发工作，揭开了西周青铜铸造的基本方法——范铸工艺的神秘面纱，并成功进行了该工艺的还原实验，生产出了各种类型的青铜礼品。目前用该工艺开发的青铜礼品包括两大类共 56 个品种，特别是复制的周代铜鼎、折觥、何尊等成为全国许多城市和高校地标性文化符号和艺术景观。

展览的艺术设计追求简约平朴、典雅精致：一是寻找适合主题的形式和展示手段，营造沉稳厚重的空间氛围；二是展览图片、图表设计力求富有时代气息，在信息准确的前提下将复杂的信息条理化、清晰化；三是光源设计在充分考虑对文物安全性的前提下，重点文物重点照明，做到主次分明，富有层次感；四是灯具数量的选择遵循合理性和特殊性并重的原则，以对象和内容为主，特殊要求特殊对待；五是展板的形式设计以内容阅读层次分明、形式造型雅致简洁为原则，根据不同的内容需求，做合理调整，遵循“大系统统一，小系统求变”的原则。

展览力求雅俗共赏，既满足广大科研院所的教学、研究需要，又向广大群众全面展现周原文化的底蕴，力求全面展示周原考古对中国考古学学科发展，以及礼乐文明对中华文明形成、发展的重大意义。展览自开放以来，已接待观众数万人次，为周原文化的研究和周原文化遗产的保护揭开了新的篇章。

与华相宜——渭南故事

渭南市博物馆

“与华相宜——渭南故事展”由渭南市博物馆主办，策展人是董理。展览于 2015 年 10 月 26 日在渭南市博物馆东楼二、三层展出。

展览按照“以人为本，展现文化，一条主线，突出特色，多个亮点”的思路，通过展示渭南地区的历史状况与文明成就，表现渭南文明及其历史意义和现实意义。展览以中国历史的发展阶段为节点，以渭南文明的起源与发展为主线，精选渭南历史上的著名人物、代表性事件、重大成就、重要文物，科学配置背景知识、辅助展品，以专题形式为主，“珍珠”串线，形象直观地反映渭南上起远古、下至现当代的社会发展与进步，文明传承与演进。

展览力求突破传统思路，理念创新。不以通史的方式罗列事件或人物，而是选择重大历史事件、对中国历史发展产生重要影响的历史人物、重要文明成果，结合文物等相关展品，以专题的基本形式展示，仿佛一挂“珍珠项链”，来表现渭南文明史，突出渭南的历史时代特点和地域特色。展示内容和展示方式，突出科学性、知识性、艺术性、趣味性，增加展示技术的科技含量和观众参与互动

“小小讲解员”活动

展厅一隅

项目。同时，有别于其他地区的基本陈列风格，体现独创性、原创性、创新性、精品性以及艺术性。本陈列在展览内容上，力求取其精华，形式新颖，手段创新，避免重复，达到有效烘托主题、锦上添花的效果。

自筹展开始便对本展进行大量的宣传推广，贯穿始终，每个阶段都有其特点，比如在前期通过一系列座谈会、论证会、设计方案竞赛等让大众了解渭南市博物馆，参与到博物馆的建设中；中期主要采用及时播报布展情况、发布开馆当月观众爆满等消息来带动宣传；后期主要采取一些社会教育活动使全民尤其青少年学生深入了解渭南历史人文。宣传方式上，打破常规，合理利用广播电视、报刊等传统媒体，同时以新媒体宣传为主，对博物馆活动进行实时报道、实时互动，形成全方位、多角度、高效率的宣传推广模式。据不完全统计，从展览筹备至开馆以后，各类媒体报道（含转载）达 400 余篇（次）。

文化创意产品作为展览的延伸和延续，注重突出艺术性、趣味性、创新性。共计开发三类 11 种 25 款产品。产品定价 10—800 元之间，产品销售额逾 8 万元。

为丰富学生们的暑期文化生活，为学生们创造更多接触社会、感受人文的机会，使其能够充分利用渭南市博物馆资源，展览引领学生们走进博物馆，探索和发现自然规律，直观感受历史文化，为孩子们打开新的知识之门，以此来拓展学生视野、培养兴趣、陶冶情操。渭南市博物馆举办了“暑期‘小小讲解员’夏令营活动”。

展览以“贴近实际、贴近生活、贴近群众”为宗旨和要求，从渭南地方历史实际出发，依据史料、文物、研究成果，利用现代展示技术和手段，以宏阔的思想视野，通过独特的陈列语言，以雅俗共赏的设计形式，展现渭南优秀的历史文化和光荣的革命传统，使之成为渭南对外开放的重要窗口阵地和国民教育的乐园。

丝绸之路：对话与交流——十三省市区馆藏精品文物展

甘肃省博物馆

“丝绸之路：对话与交流——十三省市区馆藏精品文物展”由甘肃省博物馆承办并倾力打造，俄军担任项目责任人。此次展览作为首届敦煌文博会核心活动——丝绸之路文化年展中国馆的主要展览，于2016年9月在敦煌展出。

该展览是目前集中展示中国陆上丝绸之路沿线历史文化内涵最丰富、文物精品最集中、质量最高、参展单位最多的高水平展览。展览总面积1650平方米，汇集了山西、内蒙古、河南、四川、重庆、云南、广西、西藏、陕西、新疆、宁夏、青海、甘肃13个省区市的44家文博单位共计309件组（实际计量680件枚）馆藏文物，囊括青铜器、金银器、木器、佛教造像、玻璃器、陶瓷器、丝织品、石刻等种类，时代上起西周下至唐代。参展文物异彩纷呈，均是造型精美、历史文化价值极高的艺术珍品，其中国家一级文物逾50%以上。

展览设计独特、构思巧妙、布局精美，设计风格具有庙堂气象，观瞻氛围大气庄严、典雅祥和。在设计上，展览运用创新的展陈模式，融入互动感应技术、三维实时渲染等甘肃省博物馆智慧博物

展览序厅

铜奔马

馆建设的最新成果，以动静结合的方式全面展现丝绸之路在中西文明交流乃至全人类发展进步中的重大价值，弘扬“和平合作、开放包容、互学互鉴、互利共赢”的丝绸之路精神，兼具珍宝性、学术性、艺术性及地域特色。

在文化创意产品开发上，馆方推出“蓝莲”和“彩陶”系列产品。甘肃省博物馆文创中心以馆藏文物元代莲花琉璃托盏为设计元素，衍生设计出“蓝莲”系列产品75件，经过专家评审，遴选蓝莲仙子卡通人物、杯垫、钥匙扣、手机壳、笔记本、行李牌、开瓶器、丝巾、直柄伞、背包、首饰等共计21件投入生产打样。2016年初，甘肃省博物馆文创中心将绚烂精美的甘肃彩陶“移出”展柜，提取甘肃彩陶纹样，衍生设计出“彩陶”系列产品127件，通过评审讨论选取针织电子、家居、生活用品三类67件产品进行生产打样。“蓝莲”和“彩陶”系列产品以及画像砖、铜奔马、敦煌壁画系列文创产品，在首届丝绸之路（敦煌）国际文化博览会上配合“对话与交流——中国丝绸之路沿线十三省区市文物精品展”在文创展示区展出，获得众多中外观众的青睐。

结合展览，馆方开展了“金城尕娃梦想季——丝路寻宝暑期活动”“金城尕娃梦想季——小小讲解员暑期集训营”等一系列青少年社会教育活动。这些活动不仅注重儿童的参与，同时强调家长的积极参与，孩子和家长协力完成活动项目的过程也是增进亲子关系、增加互相理解的过程。

此次展览为首届敦煌文博会增添了一道文化盛宴，获得国内外莅会政要、嘉宾和广大观众的高度评价。

见证历史珍藏　谱写文物篇章
——青海省第一次全国可移动文物普查成果汇报展

青海省博物馆

“见证历史珍藏　谱写文物篇章——青海省第一次全国可移动文物普查成果汇报展”由青海省第一次全国可移动文物普查领导小组办公室、青海省文物管理局主办，青海省博物馆承办。在展览策划制作方面，此次展览由青海省第一次全国可移动文物普查领导小组、青海省博物馆共同完成展览的内容及形式设计工作，各方有着较为明确的分工，并制定详细的项目进度安排。此次展览于 2016 年 11 月 11 日至 26 日在青海省博物馆东侧厅向公众免费开放。

文物普查是科学保护和利用文化遗产的基础工作。第一次全国可移动文物普查是新中国成立 60 余年来，我国首次针对可移动文物开展的普查，是在我国文化遗产领域开展的重大国情国力调查项目。此次展览旨在总结青海省第一次全国可移动文物普查成果，促进成果应用和社会共享，真正实现“让收藏在禁宫里的文物、陈列在广阔大地上的遗产、书写在古籍里的文字都活起来”。通过对青海省第一次全国可移动文物普查工作取得的成果进行展示，展现青海独具特色的历史文化遗产和民族文化。

展览序厅

展厅一隅

展览以青海省第一次全国可移动文物普查工作取得的成果为主线，分为“精心组织”“着力实施”“丰硕成果”三个部分，以图文并茂的形式，用普查工作者的镜头和感触，带领观众了解普查流程，体味普查的艰辛，领略四年来普查工作的历程和所取得的丰硕成果。使观众认识普查，了解文物，引领观众走进神秘的高原古老文明，共同探索青海高原文化。

此次展览的亮点和特色体现在展览通过图片与视频结合进行展示上，从普查工作的实施、普查风采等方面，让观众可以近距离全面了解青海省第一次可移动文物普查工作。展览中通过图片形式对普查工作进行总结，使观众对青海省文物总量及现状有所知晓；以图片的形式对普查中登记的重点文物进行展示，将平日里不为人知的历史文物展现给观众。

在展览宣传与推广上，馆方充分利传统纸媒、电视媒体、互联网新媒体等多种传播平台对展览规模和特色进行宣传，扩大展览的影响力。青海省电视台、弘博网等专业媒体对展览进行了实时跟踪报道。馆方也通过官网和微博、微信平台及时发布展览信息。

青海省第一次全国可移动文物普查全面摸清了全省可移动文物收藏单位和藏品数量，发现和认定了一大批有价值的文物，进一步健全了文物保护与管理制度，全面夯实了文物基础工作，促进了成果应用和全民共享，使观众能够了解文物普查工作，珍爱文化遗产，进一步增强文物保护意识。此次展览是对这一重大成果的集中展示，得到公众的肯定和社会各界的一致好评。

千年固原　丝路华章

宁夏固原博物馆

“‘千年固原　丝路华章’展览”由宁夏固原博物馆主办，策划团队包括宁夏文化厅、宁夏文物局、宁夏固原博物馆；制作团队为金大陆展览装饰有限公司。展览于 2016 年 10 月在宁夏固原博物馆开展。

展览主题为“千年固原　丝路华章”，展示内容主要分为“文明序曲——史前时期”“华戎交响——先秦时期”“萧关纪颂——秦汉时期”“金石鸿篇——南北朝至隋唐时期”“边塞咏叹——宋夏金至元明清时期”五个部分，反映了固原不同历史时期的灿烂文化，重现了固原数千年文化的历史缩影。

展览为固原通史展，以精选的固原本地出土的 2280 件组珍贵文物，结合新的展陈手段，再现了自新石器时期以来几千年固原深厚悠久、丰富多彩、灿烂辉煌的历史文化，充分展现了固原文化是博大精深、源远流长的中华文明的一个重要组成部分。展览针对固原博物馆在固原市及全区文化建设中所发挥的作用及其功能设置，通过对固原市的地理环境、自然风貌、历史文化、民风民俗等特点的分析，以及对固原市现存文化遗存状况的掌握，结合固原博物馆展陈空间结构的确定性和利用的合理性，展陈方案从“文明序曲、华戎交响、萧关纪颂、金石鸿篇和边塞咏叹”五个章节入手，结合必要的辅展资料，合理利用新材料、新技术和高科技，以点带面，力求多角度、多方位地展现丝绸之路在固原的发展轨迹。同时将固原本地历史文化纳入展览之中，突出固原历史文化的多样性、

气势恢宏的展览序厅

展厅一隅

地域性和民族性，也反映了中华文明博大精深和源远流长以及多元一体的特性。

展览的宣传、推广媒介包括：新闻媒体、电视报道、宣传页、展览图录、专家论坛、知识竞赛等。

展览的文创产品包括：鎏金银壶、玻璃碗、陶俑、王子与金苹果（连环画形式）、二十四孝人物故事（连环画形式）、邮折、邮票、明信片、T恤衫、鼠标垫、水晶座、挂件、摆件等。

展览的讲解服务形式多样，社教活动丰富多彩，文创产品琳琅满目。网络虚拟展示、微博、微信等现代化互动手段综合运用。观众从动手中获得知识，从体验中获得乐趣，社会反响热烈。

展览的设计理念，突出核心，夯实基础，打造精品展。在展览内容的取舍上，紧扣“一带一路”倡议，突出固原历史文化的多样性、地域性和民族性，从而展现出中华文明多元一体的特性。在形式创新形式上，多边融合，打造活力展。展览结合必要的辅展资料，合理利用新材料、新技术和高科技手段，整体空间呈现出热烈豪迈、大气和谐，生动地再现了固原所具有的历史文化底蕴。

在展览的技术和方法应用方面，展览主题内容将整个固原通史与丝路文物有机地结合在一起，有面也有点，同时，文献记载与考古发现相互印证，特色鲜明。整体氛围以灰黑色为主色调，照片大多使用黑白原版历史照。局部空间用文物纹饰图案装饰。展线顺畅合理，展板色彩明亮，说明文字简洁洗练。展台、托架等紧密围绕文物，突出文物细节。灯光着眼于突出文物照明的层次关系，给观众带来多角度、多层次的视觉体验。展厅间以自然光过渡高，有效隔绝紫外线，并具有很强的防爆功能。既保障了文物安全，又净化了展厅环境。

在文物保护方面，大环境、微环境、温湿度控制科学；防震加固设施完备；安防、消防设施达标。展柜柜体采用冲压钢板，橱窗采用6+6超白夹胶玻璃，在保证通透性的同时，给陈列文物以最大程度的安全防护。通柜设计有电动助力开启功能，便于工作人员对陈列文物的定期维护。展托方面以积木包织物托为主，便于根据文物特点进行颜色搭配，同时为重点文物设计了方形和圆柱形的亚克力展托。

“‘千年固原　丝路华章’展览”获得2016年全国博物馆十大陈列展览推介精品奖，受到社会各界的认可和广泛好评。

盛世天子：清高宗乾隆皇帝特展

成都博物馆

“盛世天子：清高宗乾隆皇帝特展”由成都博物馆和故宫博物院联合主办，于2016年9月15日至11月15日在成都博物馆一楼临展厅展出。

此次特展精选了故宫博物院所藏与乾隆皇帝密切相关的文物100余件套，藏品涉及政治、经济、文化、军事、艺术等多个领域，为观众全方位展示了乾隆皇帝这位颇有作为并对后世影响深远的帝王。展览分为“福寿皇帝”“君临天下”“稽古崇文”“靖边宣武”“怡情乐志”五个单元，展品包括帝后画像、龙袍、玺册、宝座、文具、武器、甲胄、金器、玉器、瓷器、漆木器、珐琅器、玻璃器、钟表、戏服、书法、绘画、佛像、法器等众多门类，绝大部分是清朝的宫廷文物，少数为宋、元、明时期的艺术佳作。透过这些精美罕见的文物，一个承平既久、民物雍熙的时代栩栩呈现，同时也展示了乾隆的生平故事、皇权帝治、军事策略和他在朝堂之外闲情雅致的个人生活。

此次展览的展品大部分为一、二级珍贵文物，堪称价值连城。寓意社稷永保、江山永固的金嵌珠宝“金瓯永固”杯从未离开故宫，这件被乾隆以后的历代皇帝视为家国珍宝相传的珍品首次走出深宫与观众见面。乾隆御笔《寿星图》和他亲笔所写的诗稿更是第一次公之于众，尤其是乾隆诗稿，大部分是他在从政、筵宴、玩赏等活动中的即兴之作。这些作品直接向我们展示了乾隆皇帝的生活和思想，具有较高的史料价值。此外，北宋苏轼所作《定慧院诗稿》、明代唐寅所作《钱塘景物图》轴、紫檀木嵌玉十六罗汉屏以及明黄色缎绣彩云金龙夹朝袍等大量珍贵文物也在展览中展出。在展厅设计上，展览利用多种方式为观众营造了一种身临其境的感觉，仿佛走进了乾隆一朝的历史氛围。代表宫廷与皇权的红黄二色、代表狩猎与征战的墨绿色、代表雅致收藏的浅紫色，交织出乾隆时期的盛世；宝座、宫扇、围屏、香几……，裸展的清廷陈设还原出“宝座间”；半透明的纱幕垂落，圆明园山水楼阁显露其上，两侧镂空的展架上摆放着乾隆帝的收藏品，乍一看去仿佛漂浮在圆明园的如画山水间。

为了给观众提供更好的互动体验，此次展览特别策划了一系列颇具特色的社教活动，讲解员在活动前为观众讲解时还会穿上清朝服饰，扮成王爷和格格，带领观众“走入宫廷”。“成龙配套——皇室风貌场景拼图”“真龙天子——龙文化主题活动”“‘龙’笔成趣——皇家‘瓷瓶’创意活动”“望子成龙——‘文武百官大闯关’活动”“御印龙玺——乾隆特展印章收集”等五种特色社教活动让观众特别是少年儿童在游戏中了解乾隆这位声名显赫、颇具文才武略的封建君主和他所在的承平盛世。

此次展览是时隔30多年后故宫展第一次来到成都，也是故宫博物院首次在国内举行如此大规模的帝王综合主题展，更是西南地区的首个乾隆大展。

艺术篇

中国现代文化名人蜡像艺术展

中国国家博物馆

“中国现代文化名人蜡像艺术展”由中国国家博物馆主办，于 2016 年 7 月 8 日在中国国家博物馆南 10 展厅开展。该展览作为基本陈列长期向公众开放。

蜡像是一门被称为“立体摄影”的雕塑艺术，其“逼真、直观、还原”的属性，营造了栩栩如生的人物形象，独具魅力。国家博物馆精心打造的“中国现代文化名人蜡像艺术展”，以“历史与艺术并重”的定位为前提，以寓教于乐、雅俗共赏为宗旨，充分利用蜡像艺术高仿真的特点，以情景再现的方式，将中国现代文化名人蜡像与历史背景、文化关系、师友往来、家庭环境、学术贡献等融合在一起，还原出每一位文化名人在其所处时代的风采，以期让公众通过蜡像艺术去了解现代文化名人与成就以及中国现代文化的发展情况，从而区别于一般蜡像馆。

场景复原

名人蜡像

展览主要依据20世纪中国文化发展史以及文化成就，选取历史公认的、具有代表性的、对中国现代文化进程做出过卓越贡献、产生过重要影响的各方面文化名人34人，分国学、文学、艺术专题进行展出。其中有奋力向“旧文化”宣战、开启现代文化之源的领袖，有继承发扬、科学传承中国优秀传统文化的“清华四大导师”，有以鸿篇巨著流传于世的文史俊彦鲁迅、郭沫若、茅盾、巴金、老舍、曹禺等，还有美术界的徐悲鸿与齐白石、音乐界的聂耳与冼星海、曲艺界的梅兰芳、建筑学界的梁思成与林徽因，等等，让观众参观之后能记住文化名人的名字、音容笑貌和历史故事，从而了解他们的文化成就及产生的文化作用。

该展览将34位历史文化名人的一生通过蜡像艺术凝固成“某一瞬间”，除了在内容选择上下功夫外，在展示手法上，主要展示蜡像人物，并辅之以必要的场景、文物、实物、多媒体等展示手段，起到扩充展览内容的作用。将34位“文化名人”置身于19个历史或艺术的场景之中，注重历史场景的复原，有情节有故事、有人物有实物，重在用故事凝聚人物，从一个点、一个面反映文化名人的历史与成就；重在用背景、文物、实物、道具扩大展览内容的延读空间。声、光、电、立体影像、视频资料等手法的巧妙运用，将陈列的历史氛围烘托得更为浓厚，也更具观赏性。这些蜡像的创作凝聚了中央美院以及天津美院以及西安等地的蜡像艺术家的辛劳，他们代表了当今国内蜡像艺术创作的最高水平。

展览累计接待观众达15万人次，得到观众广泛好评。许多观众在留言中称赞内容选题立意高、场景背景设计独具匠心、对青少年教育形式新颖生动等，认为展览“弥补了当下文化教育的断层与缺憾，展览用故事讲述文化名人，更能让年轻人接受，润物细无声”。

这是一部特别的中国文化史。这些“立体”的文化名人形象，为公众创造了一个跨越时空与文化名人“见面”的机会和氛围。他们的思想、品格、精神，他们所创造的在中国现代文化史上占有重要地位的作品，成为一种鼓励人们积极向上的正能量，在弘扬中华民族文化精神的主旨下，激励当代人为实现中华民族伟大复兴的“中国梦”而努力奋斗。

罗马尼亚珍宝展

中国国家博物馆

“罗马尼亚珍宝展”由罗马尼亚文化部、中国国家文物局与中国国家博物馆联合主办，罗马尼亚国家历史博物馆与中国文物交流中心承办，罗马尼亚驻华大使馆与中华人民共和国驻罗马尼亚大使馆协办。展览于 2016 年 1 月 28 日至 5 月 8 日，在中国国家博物馆南 7 展厅向公众开放。

展览以罗马尼亚历史沿革为顺序，向观众全面展示了罗马尼亚主要历史时期，即从史前时期到近代早期（18 世纪末）丰富多彩、瑰丽夺目的重要文化遗产。策展团队共遴选展品 445 件套，类型丰富多样，有石器、陶瓷器、金银器、铜器、玻璃器、木器、壁画、书稿及纺织物等，时间跨度长，地理跨度广。展品从史前文明到近代早期文化，从喀尔巴阡山脉、特兰西瓦尼亚高原、蒂萨平原到摩尔多瓦平原，横贯古今，纵横东西。

此次展览主要围绕三大主题展开：

第一，罗马尼亚文明的诞生。从旧石器时代晚期、新石器时代、青铜时代，直到铁器时代早期（公元前 3500 年至公元前 650 年），以各时代日常生活所用的丰富的石器、青铜礼器、铁制兵器等，建构罗马尼亚文明诞生的历程，内容丰富，视野宏阔。

展览序厅

罗马尼亚珍宝展出

第二，罗马尼亚民族诞生的序曲。以考古发掘的大量具有盖塔－达契亚人文明特征的文物勾勒出在被罗马征服前（公元前650年至公元106年）的历史演变与文明进程。展示了罗马帝国统治下的达契亚与罗马文明的融合，即达契亚人的罗马化进程。达契亚人生活方式、建筑风格、艺术风格、信仰等逐渐趋向罗马化，达契亚人语言逐渐拉丁化，这些都为罗马尼亚民族的形成奠定了重要基础（公元106年至公元600年）。

第三，东西方交汇处的罗马尼亚文明。从中世纪到近代早期（公元10世纪至公元18世纪），罗马尼亚先后遭受匈牙利、奥斯曼帝国、哈布斯帝国以及沙皇俄国的扩张入侵，形成瓦拉几亚、摩尔多瓦和特兰西瓦尼亚三个公国。这一时期，罗马尼亚文明深受东西方艺术风格的影响，无论是宗教用品还是世俗生活器物，都受到晚期拜占庭文化、西欧文化、中欧文化、奥斯曼文化和东方神秘主义文化的影响，最终为现代罗马尼亚文明的形成提供了丰富的营养。

整个展览以精品文物勾勒出罗马尼亚的历史演进与文明进程：从精彩的新石器时代彩陶文明，到青铜和铁器时代高度发达的铜、金冶炼术；从罗马尼亚人先祖盖塔－达契亚人的金银器文明，到罗马帝国治理下的“罗马化”文明；从中世纪宗教文明，到近代早期吸收了东西方文明创造出的罗马尼亚本土文明。

展览中能够引起中国观众特别兴趣的，是新石器时代的罗马尼亚彩陶，无论是器形抑或装饰图案，都与中国新石器时代的仰韶文化、大汶口文化、马家窑文化类型彩陶有诸多相似之处。在未发现两种文化直接交流的证据下，如何理解两种物质文明艺术风格的相似性，也将为学术界提供新的研究课题。

为了便于观众理解展览所要传达的文化内涵，展览期间，中国国家博物馆邀请四位罗马尼亚历史学家与考古学家，结合本展览主题，分别就“罗马尼亚史前艺术的起源”“青铜时代金属器在罗马尼亚社会日常生活中所扮演的角色”“中世纪至近代早期基督教对罗马尼亚艺术与建筑的影响”“14—18世纪东西方文明影响下的罗马尼亚艺术、宗教与文化”等四个选题进行了演讲。

此次展览不仅是一个多门类的综合性文物大展，也是罗马尼亚文化遗产在中国乃至亚洲的一次盛大巡礼。开展期间，观众络绎不绝，展览的内容与形式设计受到国内外观众的一致好评。

威尼斯与威尼斯画派

中国国家博物馆

“威尼斯与威尼斯画派展”由中国国家博物馆、意大利文化遗产活动与旅游部博物馆司、威尼斯市立博物馆基金会联合主办。展览于2016年3月24日至10月20日在中国国家博物馆北16展厅展出。

此次展览是继“佛罗伦萨与文艺复兴：名家名作展”与“罗马与巴洛克艺术展”之后的第三期展览。这一系列展览是中意两国在《关于促进文化遗产合作的谅解备忘录》框架之下推出的重要文化活动。三个展览以时间先后为线索，为中国观众勾勒出意大利艺术自文艺复兴到洛可可时代的艺术发展史，同时也是共同构成意大利艺术史的重要篇章。

“威尼斯与威尼斯画派展”以威尼斯共和国为历史背景，旨在展示从15世纪到18世纪跨越400年历史的威尼斯绘画发展脉络：明媚和谐的文艺复兴时期、雍容华丽的16世纪、光彩强烈的巴洛克时期、轻盈柔美的洛可可时代、理性至上的启蒙运动时期，通过不同阶段艺术特色的呈现，使公众可以对威尼斯400年的艺术历史有一个清晰的了解。

为全面展现威尼斯绘画艺术风貌，中意双方历时一年多精心策划，几经修改展出内容和展览目录，终于确定了“威尼斯与威尼斯画派”这一主题，旨在推出一个既有学术高度又能达到艺术观赏高度的展览，不仅表现艺术史学的发展脉络，还要呈现威尼斯近400年的文化发展史。最终，意大利方面从国内各家重要的博物馆和美术馆征调展品，主要选自罗马、佛罗伦萨、威尼斯三地的乌菲齐美术馆，威尼斯美术学院美术馆，圣卢卡国家美术学院，威尼斯总督府等十余家意大利著名的博物馆和美术馆及相关收藏机构。展品数量总共达77件，是三期展览中最多的一次。由于国际重要文物及艺术品出境要求，展览分为两个阶段，第一阶段展览自开幕至展览的第四个月，展出作品73件

展出画作

展厅一隅

（绘画 70 件、雕塑 3 件）；第二期展览自更换展品后至 2016 年 10 月 20 日展览闭幕，展出作品 63 件（绘画 60 件，雕塑 3 件）。

在展厅的空间划分上，围绕展览主题，以一个世纪为一单元，总共 4 个单元 7 个小节。展出既有安德烈亚·曼特尼亚、真蒂莱·贝利尼、乔瓦尼·贝利尼、维托雷·卡尔帕乔、提香、委罗内塞、丁托列托等享誉欧洲艺坛的重量级大师的艺术杰作，又有塞巴斯蒂亚诺·里奇、罗萨尔巴·卡列拉、詹巴蒂斯塔·皮亚泽塔、彼得罗·隆吉、卡纳莱托等有着较强时代特色与地域特点的重要艺术家的精品力作，既贯穿文艺复兴、巴洛克、洛可可等多种风格，又展现了数百年来一脉相承的威尼斯本地独具魅力的艺术特点。

在展厅设计上，意大利设计师基于与中国国家博物馆合作的经验以及对国博展厅的了解，尤其是对展览主题的洞见，以别具匠心的理念使用意大利国旗上绿、白、红三种颜色为基调，配以精致的装饰细节点缀，结合精心的灯光布置和多媒体运用，将 400 年的艺术历史浓缩在展厅的特别空间中，既与此前两个展览呼应，又突出了本次展览的特点。

此展览是一个经过学术梳理的高品质的西方艺术展，绝大部分展品都是首次在中国展出。这些作品不仅是对“威尼斯画派”艺术风格的一次集中体现，也是对 15 世纪之后 400 年西方艺术发展史的一次浓缩展现。展览对于公众了解和欣赏威尼斯和威尼斯画派，感受和认知跨越 400 年的艺术发展史，进而深化对意大利历史与文化的认识，产生了积极的推动作用。

展览得到国内数十家媒体的报道，并有多人撰写展览相关文章进行宣传。其间，意大利驻华大使馆文化中心和中国国家博物馆社教部专门为此展览合作推出夏令营主题活动。北京大学、清华大学、中国艺术研究院、中国美术馆、中央美术学院等多家机构专门组织学生及专业人员进行参观。在国家博物馆的大力推广和多家媒体报道下，该展览在国内产生了广泛影响，并备受好评。

东方画艺——15 至 19 世纪中韩日绘画

中国国家博物馆

“东方画艺——15 至 19 世纪中韩日绘画展”由中国国家博物馆、韩国国立中央博物馆、日本东京国立博物馆共同主办。展览于 2016 年 11 月 5 日至 12 月 18 日在中国国家博物馆南 14 展厅展出。

此次展览是第九届“中韩日国家博物馆馆长会议”期间的一次重要活动，从三馆绘画藏品中分别精心挑选了中国明清时期、韩国朝鲜王朝时期以及日本室町、江户和明治时期的文人画、风俗画和佛教画共计 52 件套，展览主题鲜明，展品内容丰富，既显示了各国绘画的民族特色，又展示了相互的关联和影响。

展览内容主要分为三个单元：

第一单元为文人画。明清时期是中国文人画发展的鼎盛时期，文人山水画繁盛，写意花鸟画勃兴，呈现出摹古与创新两种趋势，并逐渐表现出雅俗共赏的新风貌。韩国在高丽王朝就接受了中国文人画的理念。至朝鲜王朝，文人画家们在与中国频繁交流的同时，发展了蕴含独特民族风格的绘画。日本的文人画是江户时代中期最有影响的绘画流派之一。它学习和借鉴了中国文人画的风格技法，并加入日本原有的绘画传统。

展览序厅

展出绘画珍品

第二单元为风俗画。明清时期，由于商品经济的兴盛、市民阶层的壮大和世俗文化的繁荣，风俗画在继承和延续两宋风格的同时，着力描绘乡村世俗和城市平民生活，并显示出传统风俗题材与文人画风的融合。朝鲜王朝后期的风俗画是韩国最具特色的绘画之一。风俗画家通过生动的构图和简洁的笔触，真实地表现了传统农耕社会的日常活动和诙谐场景，以及都市官僚和市民阶层的生活。日本的风俗画出现于最具平民色彩的江户时期，风俗画的世俗主题和华丽色彩受到富裕商人和城市平民的喜爱，产生了反映市民审美意识的风俗画——“浮世绘”。

第三单元为佛教画。西汉末年佛教从印度传入中国，佛教画也随之传入，并逐渐与中国传统绘画相融合。明清时期，汉传佛教和藏传佛教并存。汉传佛教画中水陆画、观音像和罗汉像尤为盛行；藏传佛教画以唐卡为代表。公元4世纪，佛教由中国传入韩国，佛教文化得到接受。在佛教盛行的高丽王朝，佛教画以线条精巧、纹样华丽和泥金描绘为特征。朝鲜王朝实行崇儒抑佛政策，佛教画带有浓厚的世俗色彩。538年，佛教经朝鲜半岛的百济正式传入日本。在室町时代，禅宗流行，出现以水墨方式绘制的佛教画。至江户时代，由于黄檗宗的流传，服务于寺院和将军的绘佛师创作了大量画面精致、色彩鲜艳而富于装饰性的作品。

此次展览是中、韩、日三家国家博物馆第一次合作举办的绘画展览。在展览中，观众不仅可以从东方绘画这一宏观视角，欣赏到三个国家的传统绘画，还可以对三个国家的绘画进行比较，通过绘画中呈现出的基本相似与局部相异，看到三个国家在文化上的相互影响和各自特点。

展览期间，中、韩、日三个国家艺术史专家朱万章、金云林、田泽裕贺分别以“明清绘画中的文人、风俗与宗教”“儒教的理想国家——朝鲜王朝的绘画艺术”“15至19世纪日本的文人画、风俗画和佛教画”为主题进行了演讲。

此次展览融合中、日、韩三国文化特色，使观众对15至19世纪中、韩、日绘画有了更为深入的了解，促进了三个国家的文化交流，受到了社会各界的好评。

梵天东土　并蒂莲华：公元400—700年印度与中国雕塑艺术大展

故宫博物院

早在公元400—700年间，一场以佛教为主要载体的中印文化交流在亚欧大陆东部震撼上演，这场交流辐射力强，震撼持久。“梵天东土　并蒂莲华：公元400—700年印度与中国雕塑艺术大展”由故宫博物院举办，故宫博物院研究员罗文华策划。展览于2016年9月28日至2017年1月3日在午门展厅以及东西燕翅楼展厅举办，通过175件中印雕塑展品呈现了这场文化交流的盛况。

展品来自于印度笈多与后笈多时期、中国的北魏至初唐时期有代表性的175件石质雕塑作品，少量铜质、陶泥质造像同场展出。展览还巡展至福建、浙江和四川，是近年来罕见的中印艺术的盛宴。展品由中国和印度的35家文物单位共同提供。其中，北京、山西、陕西、河北、山东、河南、四川、甘肃、新疆9个省市区26家文物单位提供了119件组雕塑藏品；印度新德里、北方邦、古吉拉特邦、拉贾斯坦邦、马哈拉施特拉邦5个省市9家文物单位提供了56件雕塑藏品。这是我国首次将中印古代同时期雕塑艺术对比展示，也是中印两国文化交流项目的重要部分，以此见证两国人民的长期友好往来以及文化交流的源远流长。

展览选择公元400—700年这个历史片断，具有特殊的历史意义。首先，中国的三位求法高僧法显、玄奘和义净在笈多艺术鼎盛时期以及后笈多艺术初期到达印度，他们的游记被西方学者重视，在印度有巨大的影响。本展览将以他们亲历的印度艺术文化中心为主线挑选文物。其次，这是笈多艺术走向成熟和达到极盛的重要时期，被称为印度艺术史上的“黄金时代”，其审美标准和艺术模式成为印度艺术的标尺，影响范围不仅涵盖大部分的印度本部，而且远达中亚、东亚、东南亚等广大区域；与此同时的中国佛教艺术开始本土化和个性化的历程，东晋晚期、十六国、北魏到唐初的雕塑展示出的是多种文化融合和创造力迸发的画卷，不同区域和时期、不同民族文化都在这个时期的创作中各展才华。没有这400年艺术创作的激荡，就不可能有盛唐艺术的绽放。这些精美的雕塑作品既展示了中国东晋十六国、南北朝至唐初佛教雕塑艺术与印度笈多艺术和后笈多艺术的辉煌，也见证了中印两国长久的文化艺术交流历程。

为配合这项展览，故宫宣教部组织志愿者为观众进行现场讲解。因为雕塑具有丰富的历史和宗教内涵，为此，故宫志愿者们经过2个月的培训学习，他们的讲解提高了观众参观了解展览的热情，也增加了观众对于雕塑的认知深度。

另外，在故宫还举办了一系列的公众活动。比如邀请策展人罗文华研究员、讲解员朱宏聊聊展览背后的故事，并为公众在展览中画重点，使公众能够更好地观展。此外，故宫还组织了“梵天东土　并蒂莲华：公元400—700年中印艺术国际学术研讨会”，大批专家学者的加入，促进了展览的学术意义的提升。当然，故宫宣教部还为中小学美术教师设计开设了“中印佛教雕塑展教师工作坊”，工作坊期间为教师进行展览背景知识培训。各中小学美术教师在教育中心内进行了工作坊成果汇报。该工作坊缘起于故宫午门展厅上展览的中印雕塑艺术展，故宫宣教部亦借此联合学校教师开发了一系列美术实践课程及活动。来自广渠门中学的高芸希老师还在现场实地演示了她的课程“华美精致——菩萨宝冠的造型艺术”，也吸引了众多学生的参与。该展也受到社会各界以及少年儿童的一致好评。

相信观众从这次独特的大展中也感受到前所未有的印度艺术与中国艺术之美，更加了解了亚洲两大文明之间源远流长的文化交流史，也感受到两者独特的文化创造力。

天下无双品，人间第一花
——洛阳牡丹与故宫博物院珍藏牡丹题材文物特展

故宫博物院

“天下无双品，人间第一花——洛阳牡丹与故宫博物院牡丹题材文物联展”由故宫博物院、洛阳市人民政府主办，北京市公园管理中心、景山公园协办。展览于2016年4月12日在故宫博物院慈宁宫前开展。

展览分为“故宫洛阳牡丹展”和“故宫博物院牡丹题材文物展”两个部分，分别在慈宁宫花园、乾清门广场等区域和斋宫、延禧宫同时展出，相互呼应，互为一体。“洛阳牡丹展”延期至2016年4月20日结束，“故宫博物院牡丹题材文物展”至6月12日结束。

牡丹花开雍容华贵、艳压群芳，被誉为“国色天香”“花中之王”，历来深受国人喜爱，形成悠久而独特的牡丹文化。在国人心中，牡丹是幸福美满、吉祥富贵的象征。我国牡丹产地众多，其中洛阳牡丹冠绝海内，雍正皇帝曾赞之曰：“天下无双品，人间第一花。”清代，宫中最著名的牡丹则为建福宫花园延春阁牡丹，乾隆皇帝在此赏花时曾赋《延春阁牡丹》。“洛阳牡丹展”即在春花盛开之际，于故宫博物院慈宁宫花园、乾清门广场、慈宁宫、寿康宫、永康左门－右门、隆宗门外及景山公园展出来自洛阳的万盆牡丹花，重现清代紫禁城牡丹花开盛况。在花展同时，慈宁宫花园咸若馆还有插花大师进行现场插花表演，使观众充分领略牡丹之美，吸引了众多青少年前来观看。

牡丹花作为最具观赏性的花卉之一，也一直深受中国历代宫廷及文人喜爱，其不仅是重要的绘画题材，而且常被用来装饰各类工艺品。为进一步传播中华牡丹文化，故宫博物院配合此次花展从院藏牡丹题材文物中择其菁华，于斋宫及延禧宫举办“故宫博物院牡丹题材文物展”，展览共展出文物186件套。斋宫展厅分“芳菲独秀、嘉瑞呈祥、灵禽致福、万紫千红”四单元，分别展示以牡丹做装饰或以牡丹与祥瑞、灵禽、佳卉组合装饰的器物类文物，其中包括北宋白釉刻花缠枝牡丹纹盘、元剔红绶带鸟牡丹纹盒、明永乐剔红双层牡丹纹盘、清象牙编嵌染牙玉兰牡丹图团扇等众多文物精品。所展器物装饰手法变化多端，各具特色，尽显牡丹雍容妩媚的风姿与神韵，堪称牡丹的艺术世界。

延禧宫展厅分“惟妙惟肖、织绣华丽、优雅闲适、富贵荣华”四单元，分别展示以牡丹为题材的明清绘画及丝帛文物，包括徐渭四时花卉卷、清《牡丹谱》、郎世宁花鸟册、乾隆石青色纳纱八团牡丹纹女单褂等精品。这些文物不仅有写实之作，也有抒情写意之作，或工笔重彩、华贵富丽，或水墨淡色、清雅脱俗，类型多样，精彩纷呈。

以花卉为主题的展览在故宫博物院尚属首次举办，这是一次文化传播与陈列展览崭新的思路和尝试。文物与鲜花交相辉映，姹紫嫣红，相得益彰，适时应景，诚为盛世之雅事。在洛阳牡丹绽放紫禁城之际，观众可在古老的紫禁城中沐浴惠风，观名花，赏珍品，领略牡丹文化，享受盛世春光。

故宫博物院在官方网站、微博、微信等媒体进行宣传，新华网等媒体也纷纷报道。

在文创方面，继故宫的猫火了以后，故宫的狗也得到了尊重。在展览中，展出了牡丹图案的狗服，也推出了相应的文创产品。

展出 6 天共吸引观众近 40 万人次，平均每天有 6 万余观众前来观赏。4 月 16 日达到最高峰的 79992 人次，几乎突破故宫单日 8 万人次限流标准。作为主要展场的慈宁宫花园，有不少年轻观众陪同父母前来赏花；女性观众、中老年观众以及摄影爱好者对牡丹这一展览主题显得格外感兴趣。有观众表示，万盆洛阳牡丹进故宫这个创意值得点赞，“皇家宫阙”加“国色天香”的绝配，扩大了洛阳牡丹“天下第一花”的知名度，也为巍峨壮丽的紫禁城增添了“百般颜色百般香”。

对话达·芬奇——第四届艺术与科学国际作品展

清华大学艺术博物馆

“对话达·芬奇——第四届艺术与科学国际作品展”由清华大学主办，冯远教授担任展览总策划。展览分两期开展，第一期从 2016 年 9 月 11 日至 12 月 11 日；第二期从 2016 年 12 月 22 日至 2017 年 3 月 19 日。展出地点位于清华大学艺术博物馆一层 1、2、3 号展厅。

展览包含列奥纳多·达·芬奇的 60 幅《大西洋古抄本》手稿真迹、装置模型和 3 幅油画真迹作品，同时并置呈现当代国际艺术与科学领域最新的艺术创作。展览不仅包括达·芬奇手稿及油画原作的静态展示，也有新媒体、交互技术等多方位展览互动，“静态”与“动态”结合，“经典”与“创新”并置，从多领域、多角度阐释艺术与科学的关系，跨越时间与空间界限，探寻物质与非物质因缘，激起东西方文化思潮碰撞，启迪人类文明时代方向，用“穿越”的勇气和眼光去寻找和发现其中隐秘的哲学意义和现实思考。

展览策划立足于解读“艺术”与“科学”的关系，创造“历史”与“未来”的对话，在碰撞中传递出东西古今的文化发展面貌。展览共分为《大西洋古抄本》手稿及油画真迹、《大西洋古抄本》主题单元、当代艺术家“艺术与科学”主题创作三大版块，不仅向人们展示了文艺复兴时期这位集艺术与科学造诣于一身的大师的生平概貌，还展现了当代国际艺术与科学领域最前沿的研究成果，在向大师致敬的同时，以新的思路探索未来。此展览是目前中国国内对列奥纳多·达·芬奇的艺术作品

展览序厅

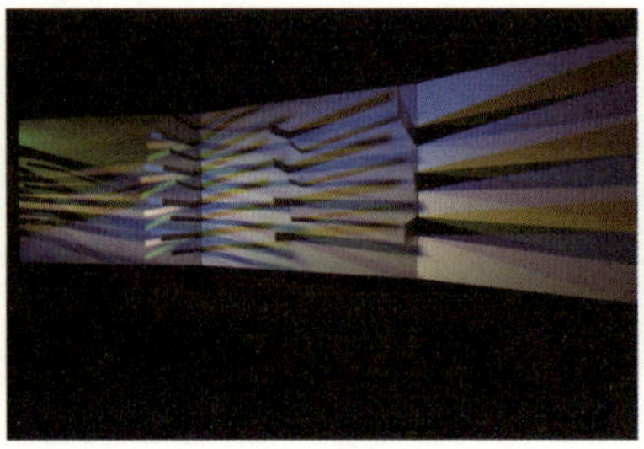
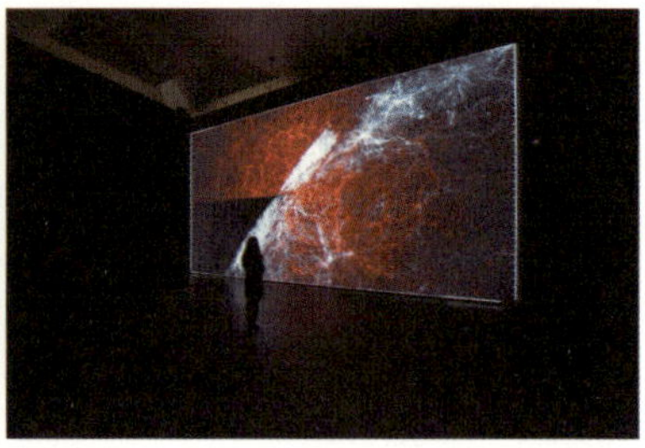

展厅一隅

展示数量最多、内容最全面、最具有时代意义和学术研究价值的一次展览。

展览采用地铁广告、网络新闻报道和数字展厅的方式进行宣传与推广。展览前期，艺术博物馆在清华东路西口、大屯路、望京西三站投放大型灯箱广告 15 块，刊登巨型达·芬奇海报，广告露出为期 1 个月，起到了很好的社会宣传效果。展览开幕当天，来自中央电视台、新华社、人民网、《北京晚报》等 60 余家国家级和北京市的新闻媒体对本展进行了报道，媒体覆盖网络、电视、报纸、杂志、微信等多种形式，通过网络新闻报道 2670 次，形成广泛的传播和较高的影响力。此外，本展结束后还制作了数字展厅，可在该馆官网线上阅览。

同时，为提高观众的观展体验，进一步挖掘作品的创作背景和延伸知识，展览配备自助语音导览及现场讲解服务。观众可根据需求选择相应服务，深层挖掘展览理念以及作品内涵。

为拓展展览周边文化产品的丰富性，展览从展出作品中提取元素，设计制作了相关衍生品十余种，品类包括文具、日用品。其中，文具类出品了带有展品介绍簿册的笔记本，以“最后的晚餐”为元素的马口铁铅笔盒、鼠标垫，以达·芬奇手稿为元素的水晶镇纸、眼镜布、复制画等。生活用品类包括 T 恤、帆布包等产品。

结合此次展览的主题和理念，博物馆开展了多场学术讲座，观众涵盖青少年、美术爱好者等，形成更为立体、多元的知识传播渠道。

在理念探索、技术和方法应用上，首先，展览从色彩、图形、宣传物料、书籍设计等多方面入手，打造完整、统一的视觉形象，呈现高水准的设计水平。其次，展览以国际一流博物馆为标准，打造高标准的展示物理环境，包括展厅照明、温湿度等，以满足文物展示的需求。最后，展览不仅运用静态展示营造安静的展览氛围，且运用数字多媒体技术形成丰富的观展体验，如多媒体影片播放、影像交互、声音交互、光影技术、脑机交互等。

此展览产生了广泛的社会影响和重要的学术价值。一方面，展览引起国内外的广泛关注，具有极高的社会影响力。展览持续约 6 个月时间，共接待观众 11.8 万人。伴随展览同时开展了艺术专题讲座等系列活动，对社会艺术、科学教育的普及与推广起到积极作用，有助于激发公众艺术创意。另一方面，此展览作为清华大学艺术博物馆开馆首展，由清华大学组织策划，得到意大利昂布罗修图书馆的大力支持。展览不仅展示了意大利文艺复兴时期的艺术作品，同时并置当代 10 多个国家和地区的最新创作，其中不乏中国艺术家的作品，对国际文化交流与合作共建具有积极的推动作用。

诗意的彩瓷——长沙窑瓷器艺术展

北京艺术博物馆

“诗意的彩瓷——长沙窑瓷器艺术展”由北京艺术博物馆、湖南省博物馆、湖南省文物考古研究所、长沙博物馆、长沙市文物考古研究所、长沙铜官窑遗址管理处联合主办。展览于2016年7月23日至10月23日在北京艺术博物馆西瓷厅展出。

展览是北京艺术博物馆举办的“中国古瓷窑系列展”之第九个，力求站在时代前沿，整合20世纪及21世纪初中国古瓷窑的考古发现与研究的新成果。展览主题通过体现唐代陶瓷文化海纳百川、有容乃大的时代特质，体现长沙窑外销瓷的辉煌成就，纪念长沙窑考古发现60周年三个方面来展现。展览分“造型艺术、烧造技术、装饰艺术与辉煌外销”四部分，全方位构架起长沙窑兴起、转折、发展和衰落的脉络。通过系列展览、学术报告与图书的出版，不仅向专家、学者及广大普通百姓展示了瓷窑遗址的地域个性、工艺特色及发展历程，还生动展现了古代陶瓷文化的交流性与包容性，使陶瓷文化这一瑰宝发扬光大，成为展览领域划时代的精品。

在展览的宣传与推广上，策划团队与电视台联合制作专题片两部，在各类媒体上进行多方报道、微信推送，并在专业刊物上发表文章六篇。在展览服务层面，采用学术报告和专家讲解的深度研究方式。同时，举办了窑址出土标本观摩活动，以通过折页免费领取、出版《中国长沙窑》图书的方

展柜摆放

珍贵瓷器展示

式来给各层次的观众提供服务。

在青少年教育方面，展出期间，每天上下午各组织一场学生团体现场教学与讲解活动。暑期还配合学校课外教育，组织“暑期阳光少年寻宝活动”，让学生们拿着文物图片在展厅内寻宝，获得快乐，增长知识。

此次展览的理念探索主要体现在两个方面：一是借用大量瓷窑考古标本作为展品。这是站在学术前沿的角度对长沙窑瓷器的造型、装饰艺术及烧造工艺等进行全面诠释与解读，无论是内容研究、形式设计，还是图书出版与社会教育等，均邀请专家进行指导。二是系统探研了策展过程中应当遵守的规范准则、实施步骤以及应当注意的问题等。在技术与方法上，展览充分利用多媒体技术在展厅开辟视听区、设置人机互动触摸体验空间、设计文物信息扫描二维码，让观众获取丰富的文物信息，了解器物背后的故事。

该项目作为古瓷窑系列展之一，生动展示了长沙窑遗址的最新考古发现与研究成果，使观众对长沙窑有了全新的认识，为专家学者和陶瓷爱好者搭建了一个研究、交流与学习的平台，实现了推进学术向高深层次发展的目标，取得了良好的社会影响力，为今后“古瓷窑系列展”项目的深入推进奠定了坚实的学术基础。

丹青遗韵　妙手生花——北方草原古代壁画艺术精品展

鄂尔多斯博物馆

“丹青遗韵　妙手生花——北方草原古代壁画艺术精品展”由内蒙古博物院、鄂尔多斯博物馆主办，鄂尔多斯博物馆馆长窦志斌策划，于 2016 年 9 月 8 日至 12 月 9 日在鄂尔多斯博物馆临时展厅展出。

展览以北方草原古代壁画艺术发展脉络为主线，重点发掘墓葬、石窟、召庙三大类壁画的闪光点，以时间为序，空间构点面。展览分四大单元：汉代墓葬壁画、阿尔寨石窟壁画、明清召庙壁画和内蒙古其他地区壁画。展览点面结合、静动相宜，风格静谧启迪，画面艳丽写实，着力展现出北方草原历史文化的壮美、绚丽。展览用摹制壁画、实体壁画、临摹壁画、出土文物结合对照展示。摹制壁画和实体壁画为主体，以画写史，以物映画，将壁画隐含的历史神韵和艺术魅力淋漓展现，再现游牧文化和中原文化碰撞、交融的物质历史和艺术生活。展览主题文字邀请美术泰斗侯一民先生书写，并用中、蒙、英文字展示，通俗，醒目，信息量大，民族性强。

展览的整体格调富于艺术性，高雅脱俗，重点、亮点突出于显著位置，主次搭配恰当、考究，色彩、氛围营造协调，侧重壁画艺术神韵的发挥，视觉效果古朴、典雅而不失清新。模仿的石窟寺、

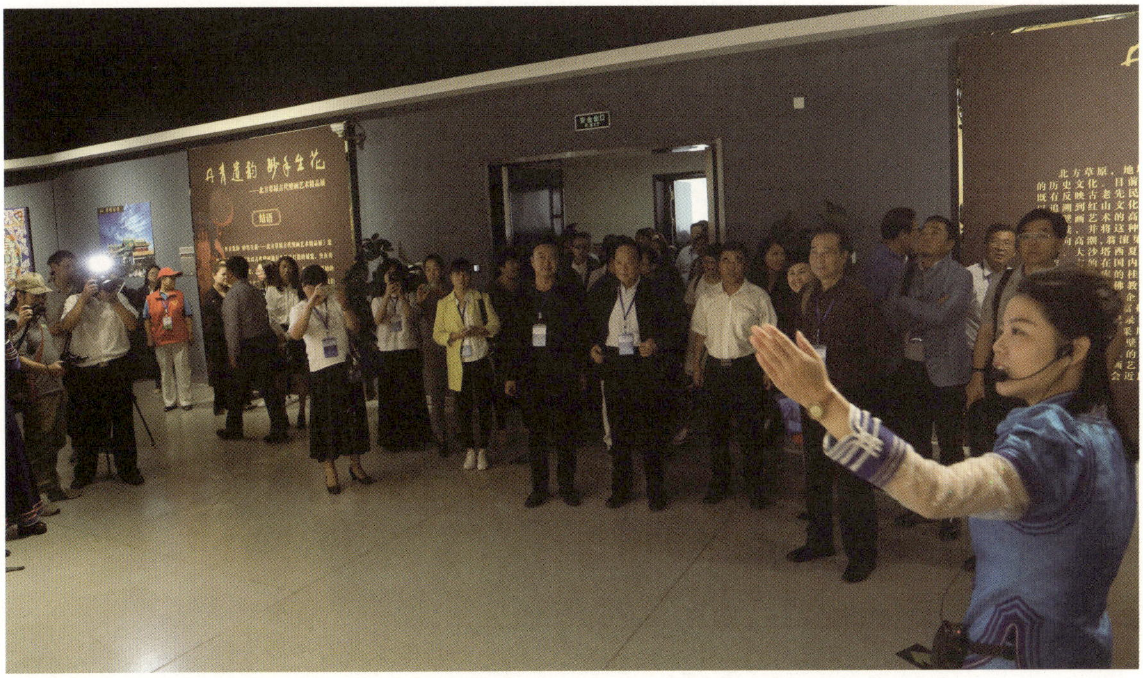

讲解员为观众解读展览理念

特色文物展示

召庙的空间效果和清幽复古的汉代音乐氛围，使人如身临其境。烘托的艺术效果使壁画主题更加突出，氛围更加清幽、素雅。特别是墓葬壁画深埋地下，不便展示且画幅较小，通过摹制手段可以将其放大，展示更多细节信息，利于传播。合理利用声、光、电及多媒体等现代化技术和辅助手段，在不失壁画、文物韵味的同时，最大限度地为壁画营造出时空穿梭的气氛。通过活态展示、实景再现、数字展示、感受平台等辅助展示功能的效应，提升展览的震撼力、艺术感染力。

博物馆通过《中国文物报》《鄂尔多斯日报》以及相关微信平台等进行宣传，并邀请中央和地方电视台宣传报道。此外还开展壁画国际研讨会、壁画拼图、壁画沙龙、专家访谈、专题讲座进行宣传，并与《国宝档案》栏目合作，制作专题节目。出版壁画图录、论文集，加强宣传推广。2016 年 12 月在北京民族文化宫举办了展览专家研讨会和推介会。

博物馆根据不同时期的壁画精品，摹制开发出与壁画基本相同的小幅画作，镶以精致木框，制作精良，格调高雅。除专业收藏、展示外，还可以满足社会大众的普通消费需求，是一款雅俗共赏的艺术品。未来还将根据壁画内容，开发出更多的文化产品，如车马饰件、模型、图案 logo 等，更深入地发掘壁画的内在潜力。

展览讲解上选派精干的讲解队伍进行讲解，运用了 3 种讲解语言。在场馆、网站设置了专门的观众服务平台，开展了专门的壁画社教活动，共 7 次。

“摹制法”是壁画非本体保护的先进技术，用此法打造成能走出去的壁画展览，是壁画推广展示的创新，具有开创性和转折意义。此次展览摹制壁画所用主要材料为国家专利产品，防水且防弱酸、弱碱，颜料取材于当地的矿物颜料，地仗结构牢固、轻便，具有抗压、抗拉、强度大，便于拆卸、运输等特点。展览以先进的壁画保护理念为基础，以最先进的专利新技术为支撑，最大限度地借鉴、吸收最新研究成果，对探索和研究这一地区的民族史、艺术史与科技史起到了开创性的作用。

展览的推出，受到社会各界的普遍关注，多家学术机构、科研院所、文博单位、学生团体、境外团体纷纷慕名而来，对摹制壁画展览和壁画保护、展示的新理念开展广泛交流，表达合作之意。此外，展览招募志愿讲解员 600 人，共接待观众 13 万人次。

雪域梵音——西藏佛教艺术展

山西博物院

为贯彻落实中央民族工作会议和对口支援西藏工作会议精神，根据山西省政府和山西省文物局关于援藏工作的安排，“雪域梵音——西藏佛教艺术展”由山西博物院与西藏博物馆联合策划举办，于 2016 年 4 月 29 日至 7 月 31 日在山西博物院一层临展厅展出。

西藏博物馆是西藏自治区唯一的一家综合性省级博物馆，藏品总量达 6 万多件，文物占有相当大的比重。“雪域梵音——西藏佛教艺术展”选取了 102 件组精美展品。这是山西博物院与西藏博物馆的首次合作，希冀通过展览使中原人民一窥西藏艺术的精髓，加强中原人民与边疆人民之间的了解和文化交流。

素有“世界屋脊”之称的西藏，是一片自然、纯净、美丽、令人神往的土地。高大宏伟的寺院和佛塔，无处不在的“六字真言”和玛尼堆，迎风招展的五色经幡，构成了蓝天白云下独特的奇观。以唐卡、造像等为主要表现形式的艺术，表现了高原人民丰富的想象力和别具一格的审美情趣。

此次展览共分为“指尖神韵、妙相梵容、庄严法供”三部分，精选西藏博物馆 11 世纪至 20 世纪初的唐卡、造像、供器等文物，兼顾造像的几大主要源流地、绘画唐卡的代表流派、特殊材质唐卡以及造型各异的法器供器，对 11 世纪至 20 世纪初的西藏概貌进行了解读。

展览序厅

展厅一隅

文物展示

绘制唐卡

在“指尖神韵”展区，一幅千手千眼观音度量图唐卡略显特别。这幅唐卡高 195.5 厘米，宽 138 厘米，描绘出千手千眼观音的画像。

一尊制作于 18—19 世纪，高 113 厘米、宽 74 厘米铜白度母坐像屹立于“妙相梵容”展区中央，双手双足各生一眼，额上也有一眼，又称七眼女。度母亦称救度母，有 21 位身色形象不同的度母，其中最受尊崇的是白度母和绿度母。

在文创方面，山西博物院和西藏博物馆联合推出了《雪域梵音——西藏佛教艺术》，此图册收录了西藏博物馆 11 世纪至 20 世纪初的唐卡、造像、供器等文物 102 件组，向公众展示了西藏的文化概貌及西藏地域文明的艺术遗产。

在宣传方面，山西博物院、西藏博物馆共同进行宣传，搜狐、新浪、网易等知名媒体也纷纷报道，吸引了众多观众前来看展。同时发行的同名书籍，也在山西博物院一楼商品部出售。

据西藏博物馆副馆长达珍介绍，历经 1300 余年的发展，西藏最终形成了独具特色的地域文化。达珍表示，希望通过此次两馆之间的合作促进两地的艺术文化交流。

孙煜峰家族捐赠上海博物馆“弘一斋”书画精品展

上海博物馆

“孙煜峰家族捐赠上海博物馆‘弘一斋’书画精品展”由上海博物馆主办，李仲谋担任策展负责人，馆方团队负责展览各方面的实施与协调。展览自 2016 年 12 月 16 日至 2017 年 2 月 26 日在上海博物馆中国历代书法馆向公众免费开放。

孙煜峰先生（1901—1967），上海著名实业家，平生酷爱中国书画，鉴藏历代书画作品数百件，庋藏于其书室“弘一斋”中。孙煜峰及其家属先后于 1965 年、1981 年两次向上海博物馆捐赠书画作品，总计达 160 件。2016 年岁末，为了表彰孙煜峰及其家属保护和热爱祖国文化遗珍、积极支持博物馆事业、热忱爱国的崇高精神，上海博物馆遴选其捐赠书画精品 40 余件，举办“孙煜峰家族捐赠上海博物馆‘弘一斋’书画精品展”，同时汇编出版《孙煜峰家族捐赠上海博物馆——弘一斋书画集萃》一书。

展览在内容策划上与常规书画展览以时间为序或以主题划分版块不同，以两次捐赠书画文物的事迹为纬线，并结合历史背景资料的展示，将展览分成三个版块，第一版块是历史文献资料的展示，第二版块是孙氏家族第一次捐赠书画精品的展示，第三版块是孙氏家族第二次捐赠书画精品的展示，清晰地向观众展现孙煜峰家族的捐赠事迹。同时，以书画作品为经线，发掘每件展品的内涵与孙煜峰的鉴藏故事。此外，展览还配有“孙煜峰年谱”“自强不息的青少年时代”“海上著名的民族资本家”“爱国的书画鉴藏家”“藏印集萃”几大知识展板。

在展品的诠释方面，对一级品文物南宋蒋璨等《睢阳五老图题跋》册作了重点推介。在介绍的方式上，除了传统的说明牌解说之外，还配有以“《睢阳五老图》册及其摹本”为题目的触摸屏导览，以动画的方式直观地展示此图册的流传经过、版本及鉴藏历史，给观众带来耳目一新的体验。此外，

展馆门口吊旗

展厅入口处

展厅场景

还邀请国内外专家撰文，出版《再读〈睢阳五老〉艺术史的维度》一书，为观众和艺术爱好者更深入地解读此图册的艺术价值和意义。

该展在上博常设书法陈列室中展览，原有的展馆结构不能损坏，力求有新意和独创性。入口处会标使用巨幅手卷形式的人物画烘托展览标题，创造气势。“前言”部位采用柚木贴面屏风，用中国画扇面的造型，衬托“前言”文字，中文竖排，英文横排，符合传统格式。下面铺有鹅卵石映衬，旁边采用透气的圆洞及山石翠竹点缀，并在背光的照射下，使窗外的竹子熠熠发光，以少胜多，运用中国写意画的手法，创造诗情画意的情趣。屏风背面用竹子及条案做装饰。在知识版面的设计上，运用古代书画的绫边装饰边线及虚化的山水画作背景、印章衬托文字；壁龛中的版面设计力求均衡中有变化。整个展厅在瓦筒式的屋檐长廊中陈列中国古代书画，让蒙尘千年的古书画作品焕发出异样的光彩。

针对“孙煜峰捐赠展”，馆方筹划了展前、开展、展中多次有针对性的媒体宣传工作。在展览开幕当天举行了新闻发布会，在上海博物馆官方微信共推送“孙煜峰家族捐赠书画展解读：弘一斋的主人”等话题 7 条。同时馆方同步推出了网上展览，作为实体展览的扩展进一步向观众展示了展览的热点，结合展品的详细介绍，观众可以自由放大缩小展品图片以观赏细节。网上展览还设有 3D 虚拟展厅浏览模式，为观众提供足不出户的观展体验。馆方亦举办“孙煜峰与弘一斋书画鉴藏”“孙煜峰的交游圈及其书画鉴藏成就——兼析 20 世纪上半叶以吴湖帆为中心的海上书画鉴藏的影响”等多场讲座向公众开放。

展览共接待了 348150 位观众，获得热烈反响。观众对展览的文物质量、展厅陈列设计、文创产品、展厅导览及推广活动等方面均表示满意。此次展览的举办，为弘扬爱国主义精神、继承中华优秀文化艺术传统、促进文化事业的建设和发展，发挥了积极的作用。

竹素流芳——周颢艺术特展

上海博物馆

“竹素流芳——周颢艺术特展”由上海博物馆主办，天津博物馆、南京博物院、苏州博物馆、宁波博物馆等文博单位协办。李仲谋担任策展负责人，馆方各个部门多方联动，共同承担展览的具体实施与协调。展览于2016年6月16日至8月15日在上海博物馆第三展厅向公众开放。

周颢（1685—1773），清代最著名的竹刻家，中国竹刻史上里程碑式的人物。他将自己擅长的绘画，特别是山水与竹石施于刻竹，开创了独具的艺术风格，对其后的竹刻艺术影响极为深远。

展览分为三个部分。第一部分：山水·人物，向观众展示周颢山水与人物题材的绘画和竹刻作品，着重介绍其师法宋元的山水画风以及在竹刻上的表现；第二部分：竹石·书法，让观众领略作者“风姿雨叶，无不曲肖”的画竹、刻竹成就，以及高超的书法与刻字艺术；第三部分：影响·赝鼎，选取了受其影响的著名竹人之作和各类仿制品。全部展品共44件套，其中周颢作品32件套。

周颢的作品传世并不算少，但散见于各处。与享有盛誉的竹刻相比，他的绘画尚未受到应有的重视，了解其绘画成就的人们在他去世之后就感叹其画名为刻竹名所掩盖。本次展览亮点和特色在于，通过系统展出周颢的镌刻和书画作品，力图全面呈现他的艺术世界，同时也为研究中国传统工

展厅入口

展厅内景

艺美术中文人艺术与工艺文化的交流互动提供一个富于深度的案例。

展览空间在设计上借鉴明清江南园林师法自然的建筑特色，结合运用具有代表性的竹、石、门、窗等元素布置空间，具体表现在会标设计中使用了整块竹板面写真作为标题的背景板，标题文字做雕刻形式处理，突出了竹刻展的主题性。园林庭院中的窗是园林的“眼”具有采光和借景的功能，据此在展墙上设计了洞窗形的灯箱，既能起到一定的照明效果，又能作为展示版面使用，也增添了以小见大的园林趣味感。展墙以园林墙体为原型，顶部做有滴水瓦造型装饰，展柜、壁龛根据视线高度结合在展墙之中；空间照明设计明暗对比鲜明，重点突出，代表性的竹刻文物使用木纹饰面的四脚中心柜单独呈现，展厅配以古琴音乐背景，形成一幅立体的画卷，营造了一个具有诗情画意和无限意境的展示空间。

馆方针对“竹素流芳展”筹划了展前、开展、展中多次有针对性的媒体宣传工作。在展览开幕当天举行了新闻发布会，在官方微信共推送“竹素流芳特展倒计时，你不可不知道的竹刻南北宗风”等话题 8 条，并设计推出了“竹素流芳”专题 APP。同步推出的网上展览，让观众能够多方位地了解本次展览的简介、热点、背景等信息。同时，为了能给参观者提供精美特色文化产品，馆方配合特展推出竹刻文具类和生活类系列文创产品 16 余种，并推出特展图录《竹素流芳——周灏竹刻艺术展》，深受国内外观众的喜爱。

为配合“竹素流芳展”，馆方特别向公众推出了系列活动，邀请清华大学美术学院艺术史论系尚刚教授、嘉定博物馆馆员王光乾先生等专家举办多场学术讲座；推出“嘉定竹刻文化考察暨竹刻工作坊”等文化考察暨手工工坊活动。

本次展览共接待了 206007 人次参观，观众反响热烈。这是国内首次为周颢举办的个人专题展，将有助于我们认识中国传统工艺美术中文人艺术影响的介入方式与深刻程度，同时也为周颢作品的真伪辨识提供更加科学的鉴定依据。

呼吸——中国传统文化的当代形塑

南京博物院

“呼吸——中国传统文化的当代形塑展”由南京博物院和中国工艺美术学会雕塑专业委员会共同主办，策展人为杨玲。展览于2016年5月18日至8月18日在南京博物院特展馆3F11号展厅展出。

展览邀请了曾成钢、董书兵、霍波洋等29位中国当代著名雕塑家，经过一年多的考察与分析，创造出不仅符合南京博物院特色，还具备中国传统文化精神的艺术作品59件，营造出南京博物院特有的文化环境。展览取名为“呼吸”，一方面来自博物馆展览内容中对传统文化的理解及对当代创造的追求，另一方面来自对博物馆空间特色化与舒适感的要求，来自公众对博物馆空间环境的感受，也即空间开敞处之“呼”的对象感与压抑处之“吸”的来源感，从而获得和空间、历史、艺术、造型相互呼应的顺畅的文化环境。

展览展示了富有传统文化精神的当代雕塑艺术，如南京博物院院落空间中央水景之上反映江南水乡特征的大型不锈钢作品《梦莲》，艺术馆东侧草坪上意蕴竹林七贤的《七贤》，特展馆观景台上对应

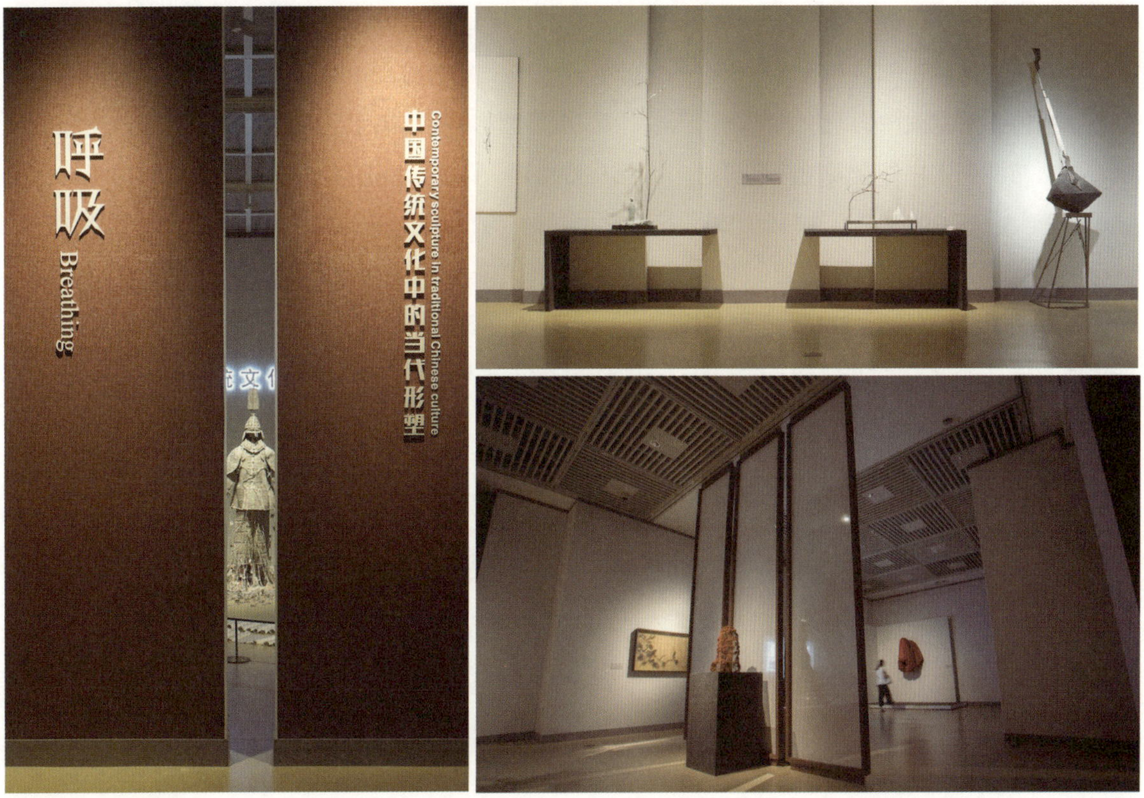

展厅一隅

雕塑展示

钟山龙盘的半入地青铜雕塑《升》，与故宫南迁文物故事契合的逼真的木箱状雕塑作品《海岸》，非遗馆前用石块和金属管结合而成的乐器状的“弦音系列”雕塑……，为南京博物院的文化景观带来新的活力与生命力。

为配合展览，南京博物院于2016年5月18日下午举行了三场研讨会，主题分别为“受众视角与雕塑作品的交互”“当代艺术与公共文化空间营造”和“博物馆：传统与现代生活”，从三个层面解读雕塑艺术与当下人们生活、新文化构建以及博物馆公共文化空间的关系。中国工艺美术学会雕塑专业委员会会长孙伟、清华大学美术学院雕塑系书记李鹤以及参展作品艺术家代表积极发言，研讨会讨论热烈，气氛融洽，由宽泛到具体，分别从受众视角、文化空间构建、博物馆公共空间阐述雕塑艺术所能够带来的可能性。

为进一步阐释“呼吸——中国传统文化的当代形塑”展览的延伸议题，2016年7月16日上午，南京博物院举办以“雕塑艺术与博物馆内外空间”为主题的开放式研讨会。会议邀请了来自博物馆界、雕塑艺术界、建筑设计界的专家学者，面向观众，共同研讨“雕塑艺术与博物馆内外空间”。此次研讨会着重探讨了如何提升博物馆内外空间的艺术与文化氛围，并围绕主题分为三部分内容：雕塑艺术在博物馆空间中的应用、博物馆需要什么样的建筑空间与文化空间、美学与博物馆空间的营建。雕塑与博物馆内外空间的跨界研讨，不仅在博物馆、雕塑、建筑界提供了交互研讨的机会，同时还打破人们对传统博物馆的刻板印象，结合学术讨论与公众参与的方式，丰富市民文化视野。

在社会服务和教育方面，配合本次展览共举办了12场特色活动，活动设计以当代艺术为灵感，融汇古今，深受广大观众喜爱。其中“禅心荷韵——荷花查茶道体验沙龙”在展厅的当代雕塑间，带观众体验夏日茶香，“金声玉振古今交响”将现代的乐器雕塑与千年前的编钟编磬隔空对话，感受音律跃动。“纸上的呼吸”以纸造境，通过不同的材质，体验当代雕塑的意趣。“石头记·太湖石”运用紫砂泥堆塑出理想中的江南。

展览是对南京博物院“文明与传统”展览定位的一次创新尝试。在博物馆中，除了以古代文物反映中华传统与文明发展的传统展览，蕴含中华传统精神的当代艺术作品同样可以起到博物馆社会教育的作用。带有中华文明传统的当代艺术作品或生产生活用品在博物馆内对公众的展示，也可以实现博物馆服务社会发展和社会公众的目标宗旨。“呼吸——中国传统文化的当代形塑展”，是我国首次在博物馆中有主题地引入富于中国传统文化内涵的当代雕塑艺术作品展，也是南京博物院首次充分利用馆舍空间（室内展厅、室内公共空间与室外空间）的展览，是南京博物院在传统文化与当代生活艺术展览上的又一次有益尝试。

烟云四合——清代苏州顾氏的收藏

苏州博物馆

“烟云四合——清代苏州顾氏的收藏展”由苏州博物馆主办，同时得到故宫博物院等单位的支持。李军担任本次展览的策展人。展览于 2016 年 12 月 13 日至 2017 年 3 月 12 日在苏州博物馆负一层临展厅、二楼吴门书画厅展出。

“烟云四合——清代苏州顾氏的收藏”是苏州博物馆“清代苏州藏家”系列学术展览的首展，该系列学术展览继明代“吴门四家”后将视角转向清代苏州收藏家。清代，苏州收藏家汇聚，其中尤以郡中几大家族最为著名，涌现出一批收藏家，他们对中国古代书画、古籍、碑帖、文房的蒐集与鉴赏，既代表了传统文人的趣味，也代表了苏州这座城市文化的面貌。过云楼顾氏作为晚清苏州著名的收藏世家，以所藏书画、古籍、碑帖、文房名于江南。通过展览，苏州博物馆希望为观众呈现过云楼顾氏的收藏概貌，勾勒藏品的流传经过，讲述收藏家族的兴衰历史，反映苏州古代收藏家的生活与精神。

展览的一大亮点在于：成功地将故宫博物院、中国国家图书馆、上海博物馆、南京博物院、南京图书馆、江苏凤凰出版传媒集团、苏州图书馆、苏州市档案馆、常熟博物馆以及苏州博物馆等国内 10 家机构的过云楼顾氏所藏书画、古籍、碑帖、文房精品 84 件汇集一堂，内容涵盖宋元明清历代的书法、绘画、古籍、碑帖、文房用品以及顾氏一门手迹等，内容丰富多样，前所未有。

过云楼

展厅一隅

展览期间，苏州博物馆官方微信平台相继推出《您有一份出席清朝时尚轰趴的邀请函正等待签收》《厉害了 word 展览，顾氏过云楼绝世藏品齐聚苏博》《关于“烟云四合”，你想知道的都在这里了》《烟云过眼：过云楼百年收藏史，不一样的“苏州史纪”》等文章，并广泛利用官方微博及 APP、报刊、电视广播、网站等各类媒体进行宣传推广，如展览期间联合网易共同推出“烟云四合——清代苏州顾氏的收藏”特展网络直播活动，策展人通过网易新闻手机客户端为网友们直播介绍展览的背景、顾氏收藏的概况以及重点文物的艺术特点等各方面内容，有超过 27 万的网友收看了直播。

为了让观众能够有更好的参观感受，苏州博物馆在“烟云四合——清代苏州顾氏的收藏”特展期间首次推出了策展人专场讲解，由展览的内容策划人分别以“过云楼及其古籍碑帖”和“过云楼收藏的书法绘画”为主题为观众进行现场导览。同时，展览依照惯例配合有专职讲解员、志愿者义务讲解、专家特别导览、语音导览设备以及微信自助导览等多种导览形式，为不同需求的观众提供全方位的展览解读。

配合展览，苏州博物馆出版了《烟云四合——清代苏州顾氏的收藏》图录及普及本，此外，汲取特展展品元素设计开发了“君子雅艺”信笺、杯垫、画轴，以及“烟云过眼”眼罩、帆布包、钥匙圈等六大类 21 款文化创意产品，让观众能够在参观结束之后，将展览相关的元素长留在生活之中，受到观众的喜爱。

“清代苏州藏家”系列学术展览秉承了苏州博物馆学术性与普及性并重，知识性与观赏性兼顾的办展思路，突出了苏州本地特色，以传承和弘扬苏州文化为核心，因此，展览相关的教育活动也紧扣苏州的文化与城市生活来设计。配合“烟云四合”特展，苏州博物馆不仅推出了“文博论坛——顾氏收藏系列讲座”和“国宝档案”系列影视欣赏，举办了“展厅互动——梅花笺纸刷印”以及写意山水和墨竹图临摹、陶泥砚台制作等体验活动，还特别策划组织了“怡园雅集”和“邓尉探梅·石壁怀古”两次体验之旅，效仿古人雅集、出游，循过云楼顾氏的生活轨迹细细品味文人风雅。

展览延续苏州博物馆“吴门四家”系列学术展览的做法，成立展览项目组，集合学术研究、展览、宣教、文创、志愿者、信息技术等各方面力量，整合博物馆的各项资源，全面统筹策划展览相关的各项工作，收到了良好的效果。展览期间，共吸引观众 390661 人次，观众总体满意率 95.68%，主题展陈宣传报道 40 余条。

云心石面——上海博物馆、无锡博物院藏明清文人篆刻特展

无锡博物院

“云心石面——上海博物馆、无锡博物院藏明清文人篆刻特展”由无锡博物院和上海博物馆共同主办。本次展览由蔡卫东和盛诗澜等策划，另有其他人员负责陈列设计、布展、宣传、推广、开放服务、配套活动、文创及核价等工作。展览时间为2016年10月29日至2017年2月19日，展览地点位于无锡博物院西区二层临展厅。

展览以明清文人篆刻为主题，展出上海博物馆、无锡博物院藏明清文人篆刻作品150余件，每一件印章作品的展示都包含印章实物、印蜕以及刻款拓片实物或图片三方面的内容。展览以明清文人篆刻艺术的发展脉络为据设计展线，用“印宗秦汉——明代篆刻艺术”“印中有我——清前期篆刻艺术”“印从书出——邓派篆刻艺术”“印从刀出——浙派篆刻艺术”和“印外求印——晚清篆刻艺术”五个部分充分展示文彭、何震、苏宣、汪关、程邃、林皋、许容、丁敬、邓石如、高凤翰、高翔、巴慰祖、鞠履厚、乔林、吴让之、赵之谦、徐三庚和黄士陵等明清文人篆刻名家的篆刻艺术特点。

展览的亮点与特色如下：

（1）以明清文人篆刻的发展为线索展开，展品基本囊括明清两代篆刻史上的名家名作，内容丰富、脉络清晰，以扎实深厚的学术支持，深入浅出，雅俗共赏，填补了相关主题展览的空白，在学术深度和展览规模方面都有重大突破。

（2）展品有很大一部分是首次面世，其中无锡明代顾林墓、华师伊墓出土的两组印章，更是为国

展览序厅

展厅一隅

内外研究者提供了实物参考，为广大观众提供了近距离欣赏、了解明清文人篆刻艺术的机会。

（3）展览期间成功召开“明清流派印学术研讨会”，开拓了当代篆刻理论研究的学术眼界，有助于进一步推动业内对明清文人篆刻的研究，从而进一步揭示中国传统篆刻的艺术魅力。

（4）本次展览融入了无锡地域文化的特征。上海博物馆藏明清文人篆刻作品中，有相当一部分为无锡籍近代实业家华笃安先生和毛明芬女士捐赠。此次展出也是华笃安旧藏首次回归故里，观众在品味明清篆刻艺术魅力的同时，亦可从中感受到收藏、捐赠者的文化情怀，以及无锡华氏悠久深厚的家族文化传承。

展览的宣传工作分为展前、展中和展后三个阶段，结合传统媒体和新媒体，以宣传册、电视、广播、报纸、海报、互联网和自媒体等形式全面宣传。在展览的推广方面主要采取了以下措施：

（1）建立广泛的媒体合作，加强展览的新闻宣传工作。

（2）做好展览的网络推广工作，向各大重要媒体平台的新闻投放工作。

（3）做好展览出版物的出版发行，如展览同名画册《云心石面——上海博物馆、无锡博物院明清文人篆刻展》。

（4）配合展览举办学术研讨会，为展览提供强大的专业理论支持，进一步扩大在业界的影响力。

青少年教育活动“第二课堂——篆刻体验”，针对不同年龄层次的青少年分两期进行：上期主要针对10—13周岁学生，主题为“汉字与印章的碰撞”，课程内容是橡皮章生肖篆刻，操作简易，风格活泼；下期则针对13周岁以上学生，以“汉字与印章的碰撞”为主题，课程进行石头章篆刻，用传统的篆刻工具去感受篆刻技艺的魅力。活动邀请篆刻老师进行专业指导，配合展览的主题，对展览进行更深层次的推介，加强青少年对展览的体验，也为他们更好地了解篆刻文化提供了有效途径。

在理念探索、技术和方法应用方面，本次展览策划既注重学术性又注重篆刻文化普及性，力求营造良好的展厅观展环境；对展览的珍贵文物进行高精度三维建模和展示，同时对展区进行三维数字化建模，观众能够在互联网上进行展厅虚拟漫游，将博物馆馆藏从静态品鉴向动态“活话”进行重新诠释，打造“永不落幕”的展览。

此次展览，社会认可度极高，自开展以来广大篆刻爱好者纷至沓来，展厅营造的良好人文氛围也使观众能够细细品赏明清文人篆刻作品。展览期间，系列学术和社教活动的开展进一步丰富了展览内容，带动了展览热度。展览得到篆刻学术界及广大观众的一致好评，取得了良好的社会效应。

中国丝绸和丝绸之路——锦程、更衣记

中国丝绸博物馆

“中国丝绸和丝绸之路——锦程、更衣记展览”由中国丝绸博物馆举办。策划制作团队由馆长赵丰总体负责，时任馆长助理蔡琴具体分管，陈列保管部主任金琳和陈列保管部副主任徐铮策展“锦程”，薛雁策展“更衣记”。西安黑曜石展示设计有限责任公司和苏州金螳螂建筑装饰股份有限公司承担陈列设计和制作。展览于2016年9月22日在中国丝绸博物馆“丝路馆”和“时装馆”开展，并荣获第十四届（2016年度）全国博物馆十大陈列展览推介精品奖。

展览结合“一带一路”倡议和2016年杭州G20峰会，依托中国丝绸博物馆丝路之绸考古、研究、修复成果和馆藏特色，完整呈现中国丝绸和服饰历史变迁，及其沿丝绸之路的传播与交流，并以丝绸为媒介，互通“一带一路”民心，以丝绸为实例，传承中华优秀文化和倡导时尚生活方式。

改建的丝路馆设“锦程”。通过“源起东方”(史前时期)、“周律汉韵”（战国秦汉时期)、“丝路大转折”（魏晋南北朝时期)、“兼容并蓄”（隋唐五代时期)、“南北异风”（宋元辽金时期)、“礼制煌煌”(明清时期)、“继往开来”（近代)、“时代新篇”（当代）8个单元，展示从史前社会到当代中国丝绸5000年历程及各个时期丝绸在丝绸之路东西文化交流中的贡献。

新建时装馆二层设“更衣记”。分“缤纷世相”（1920—1940)、“革命浪漫”（1950—1970)、“绮丽时装”（1980—2010）3个单元，呈现20世纪20年代起至今中国服装近百年演变过程，弘扬中国时装设计的独特魅力，扩大中国设计的影响力，促进中国服装更加繁荣。

研究夯实内容、设计彰显时尚、创新引领拓展、传播决定效果。展览以坚实的学术研究为基础，以前期20多个展览为经验，通过20年多不断的收藏积累，为展览提供了强力募集的支撑。在展览中提出重要系统观点：丝绸是丝绸之路的原动力，在“丝、茶、瓷”三项之中最早、最广、最久；

“更衣记”展厅实景

展厅内景

丝绸在中国起源、逐渐向西传播、通过中外交流、达到锦绣世界；家蚕驯化、提花机械、锦罗组织、夹缬印花是中国丝绸的四大科技发明；工匠精神和艺术设计，是中国丝绸千年风行世界的主要秘诀；传承文化、创新设计、融入时尚，是中国丝绸走向复兴的必经之路。

为扩大宣传以及更好地服务与推广，主办方通过各种途径，如大众媒体、专业期刊、电视广播、网络、直播、自媒体等，多层面、多角度地将展览及“意大利之夜”“阿拉伯之夜”等“丝路之夜”系列配套活动相关信息及时向社会传播，使公众了解并积极参与到博物馆的各种活动中。展区配有锦廊咖啡馆和经纶堂精品丝绸商场，提供书籍、文创产品和餐饮，供观众休闲和选购。充分挖掘展品元素，设计制作了具有特色的丝巾、文化用品等系列衍生产品，共计 5 大类 48 个品种 16000 余件。

开展了多样的青少年教育活动项目。专门设体验场馆——“女工传习馆”，开设染、织、绣、编等专业课程，让青少年体验缫丝、扎染、手绘、织造等传统女红技艺；开展“丝绸之路与丝路之绸”进高校图书馆巡回展。

展览应用国际上最先进的纺织品文物保护技术，以避免文物在展陈过程中受到损害。选用针对丝绸文物保护的国际专业展柜，柜内配备先进恒湿技术；根据文保要求定制各类展示脆弱丝绸文物的专业展架；展柜内安装无线传感器，实现柜内温湿度、二氧化碳、光照等微环境的实时在线监测。

在互动方面，运用藏品数字化理念和高新技术，开发安置多人多点的“锦绣世界”高科技交互屏和“清代服饰穿衣体验”互动项目。

2016 年杭州 G20 期间，展览接待元首配偶团等 6 批次重要来宾，受到阿根廷总统夫人、加拿大总理夫人、土耳其总统夫人、联合国秘书长夫人和世贸组织总干事夫人等贵宾的高度赞赏。展览配套活动“丝路之夜”系列活动，采用全程现场网络直播的方式，使世界各地的人士可零距离体验活动现场。

金题玉躞——安徽博物院藏古代书画特展

安徽博物院

“金题玉躞——安徽博物院藏古代书画特展”由安徽博物院主办，于2016年11月13日至2017年2月19日在安徽博物院五楼临时展厅展出。

本次特展是近年来安徽博物院馆藏书画精品的集中展示，分为绘画和书法两大部分，共遴选馆藏书法、绘画精品86件。绘画部分“丹青似锦，美不胜收”分为人物神佛、花鸟竹石、山水景胜三个类别，主要选取明清时期主要流派和著名画家的作品，包括明代董其昌和“吴门四家”沈周、唐寅、文征明、仇英的精品，“清四家”之首王石谷的力作，“清四僧”之八大山人、渐江、髡残的代表作，郑板桥的墨竹及近代张大千、黄宾虹的画作。书法部分“墨韵万方，灵动如云”选取从魏晋直至明清时期的书法名家名作，有“扬州八怪”中金农的“漆书”、吴昌硕的篆书、邓石如的隶书等。此外，还展出了一些难得一见的孤品和珍品，如董其昌38岁时所作《纪游图册》、明代吕希文的《四季花鸟图卷》、明代过仪的《苍松图卷》、清代尤萃的《杏花双雉图》等。

展览前言

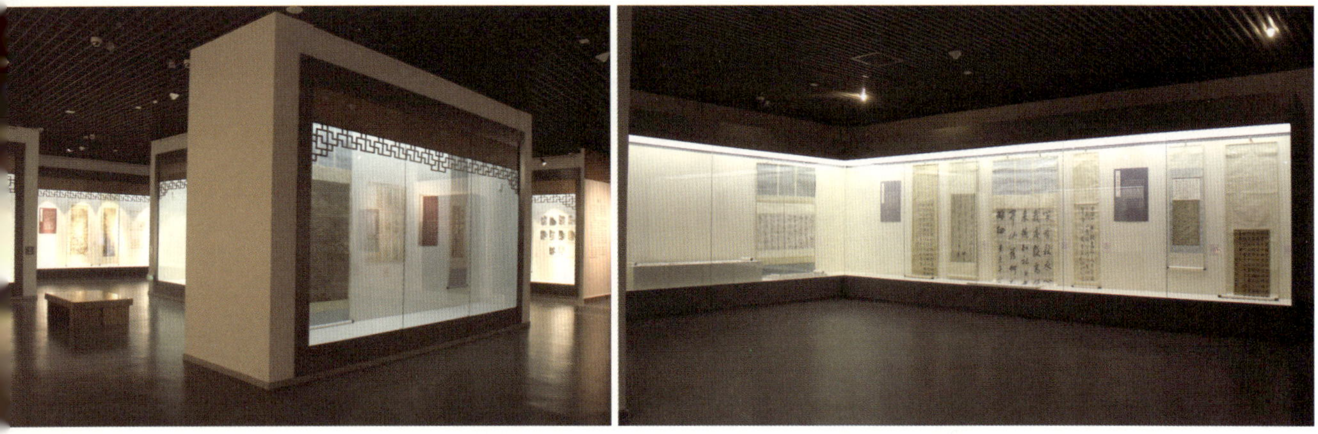

展厅一隅

本次展览形式设计以传统元素为切入点，以“雅”为主线，意在传递中式美学的儒雅朴素。整体设计以简洁明了为主，版面设计只保留了一些必要的元素，色彩上也通过降低明度等手段进行了弱化处理。展览采用了多媒体投影技术，在展厅内循环播放展品及细节图片，进一步加深了观众对展品的了解。此外，在书法展厅开篇处采用了墙体内嵌灯箱，选用展品中朱希贤《草书杜诗》局部图片，烘托了展厅氛围。

安徽博物院通过官网、新浪官方微博、微信公众号等平台对本次展览进行了推广宣传，微博阅读量达 44004 次。《安徽商报》、中国文物信息网、中安在线、合肥电视台等多家媒体对本次展览进行了专门报道，据不完全统计各类宣传达 20 余次，产生了良好的社会影响。

展览期间，安徽博物院“人文小讲堂”开展了“国风·画苑之四君子（梅）”绘画体验亲子活动，特邀安徽省美术家协会会员、省直书画研究会高级书画师陈祥华老师为小朋友们讲授关于梅花的人文知识，并现场演示如何画梅花。孩子们也提起画笔，画起属于自己的梅花作品。志愿者团队开展了书画艺术学习交流活动，请长于书画的志愿者蒋振勇老师，从书画派别、风格、技法、代表力作等不同的方面，结合时代背景，为志愿者朋友们详细讲解了本次特展。大家在现场开展了热烈交流，吸引了大批参观者来听讲和讨论。

此外，为提高观众参观满意度，切实为观众提供热情、真诚、优质的服务，院内也多次组织开展相关知识培训活动，确保每位展厅管理员都对展览内容和参观路线了然于心，能够熟练使用相关设备，及时为参观观众答疑解惑。

展览共接待观众近 15 万人次。通过特展，观众了解到古代书画家们的精湛技艺，窥见传统书画之精髓，领悟中华民族源远流长的传统书画文化。很多观众在观展后表示，通过观展以及参加相关活动，对我国古代书画增添了兴趣，有了更加深入的了解，切实提升了自己的艺术修养、丰富了文化底蕴。

指掌春秋——闽台木偶艺术展

中国闽台缘博物馆

“指掌春秋——闽台木偶艺术展”系列巡展由中国闽台缘博物馆策划举办，分别于2016年3月3日至4月25日在迪庆州博物馆、5月31日至7月3日在大同博物馆、7月9日至8月3日在邯郸博物馆展出。

展览通过“源远流长的中国木偶戏”“一脉相承的闽台木偶艺术”“独树一帜的木偶造型艺术”“高超绝伦的木偶表演艺术”“闽台木偶艺术的当代传承”五部分图文内容贯穿而成；展览实物由提线木偶、掌中木偶、木偶头、戏棚模型、戏笼、屏布、戏服、道具、戏神像、乐器、木偶艺术著作等200余件套组成，其中，在台湾地区征集80余件展品。

展览呈现出如下亮点：在内容上，策展团队将闽台木偶戏与当地宗教文化、民俗活动和民间工艺美术交相融合展示；在展品选择上，既有大陆的，也有台湾的，便于让民众了解闽台木偶艺术的传承发展关系及现状。

在展览宣传方面采取如下措施：开展前，在“中国闽台缘博物馆”官方网站、微信公众号等进行展览预告，建立手机短信推送平台，把展览预告及时发送到相关文博单位、文化系统单位及个人。开展过程中，馆方编写印制了《闽台木偶艺术展》宣传图册，放在博物馆展厅门口供观众取阅。展览

展厅陈设

不同年龄的观众

开展后，通过报纸、网站等媒体，在两岸开展宣传报道。通过展览分析会、志愿者培训等方式，培训当地博物馆的讲解员。同时，设置了“偶赏——闽台木偶艺术表演”，邀请泉州市木偶剧团和台湾诸罗山木偶剧团表演艺术家随展览分别进行泉州提线木偶戏、台湾金光布袋戏的表演。

此外，馆方专门成立了文创小组，挖掘木偶艺术文化内涵，设计生产了富有木偶艺术形象的纪念胸章、移动硬盘、陶瓷杯、秋款卫衣、镇纸（石头影雕）、调味瓶、牙签盒等 7 类 18 款文创商品。

针对不同年龄层次，综合考虑社会环境、艺术认知等因素，设计了多形式的青少年活动。基本如下：

偶遇——闽台木偶艺术沙龙（讲座）。邀请木偶表演大师（国家级非遗传承人）、木偶雕刻大师（省级工艺美术大师、省级非遗传承人）做客艺术沙龙，与观众畅谈木偶表演、制作工艺，并进行现场互动。

偶作——木偶 DIY 制作。DIY 亲子活动利用超轻彩泥、泡沫球型代替木制木偶头及颜料，让小朋友感知木偶头的制作过程。“我绘木偶”是在卡纸上绘制脸谱颜色，体验木偶头上色的环节。木偶彩妆秀，通过对木偶代替品进行上色、缝制、组装等环节，体验木偶完整制作过程。木偶雕刻 DIY，跟随专业老师学习木偶头雕刻，历经选料、开坯、定型、细雕、盖土、上粉、画脸、过蜡、装饰等多道工序，亲手体验制作。问答互动，印制特征突出的木偶卡片，卡片正面附上问题，与观众进行问答互动，卡片背面是答案。

“指掌春秋——闽台木偶艺术展”以闽台“文脉相承”为主向，以展示闽台历史、文化关系、民俗风情等为主题，以展示文物藏品和科普宣教相结合的方法，综合运用实物、图版、多媒体、现代网络技术及现场展演等手段，对闽台木偶艺术的历史进行梳理，向两岸民众展示“源远流长的中国木偶戏”“一脉相承的闽台木偶艺术”等内容。

展览在三地共展出 112 天，接待超过 20 万人次观众。不仅拓展了中国闽台缘博物馆与其他兄弟博物馆的交流与合作，更是通过展示闽台木偶传统艺术的传承和历史渊源，为两岸民众提供更丰富的文化享受和艺术熏陶，增进了解、认知和认同。

“碗”约生活——馆藏瓷质碗型器物展

青岛市博物馆

“‘碗’约生活——馆藏瓷质碗型器物展”由青岛市文化广电新闻出版局主办，青岛市博物馆承办，策展人为卢志远。展览于 2016 年 10 月 29 日在青岛市博物馆东区二楼北展厅开展，展览日期为 2016 年 10 月 29 日至 2017 年 2 月 21 日。

碗，是中华民族饮食生活中的重要器皿，目前可知的碗型器皿最早出现在新石器时代。其后虽历经数千年的变迁，材质、工艺、装饰、用途等愈见丰富和进步，但其作为饮食用器的基本功能始终未变。此展览以中华文明中碗的产生与发展为主题，以实物与图版相结合的方式，将汉晋时期直至清代的各式瓷质碗型器物展示出来，并以工艺造型与审美对瓷碗的影响，展现人们对美好生活的祈愿。

展览内容分为三大部分，分别是“汉 – 唐：简单的装饰”“宋 – 元：艺术的点缀”和“明 – 清：多彩的呈现”。展览以我国瓷器发展的脉络为线，展品由汉代至清代的 142 件套瓷质碗型器物组成，

展览前言

展厅实景

其中有50件展品为国家二级文物。

在展现碗的形制发展和图案装饰演进的同时，本展还重点展现了伴随人类文明的发展而逐渐形成的独具特色的“碗”文化及其与人们日常生活密不可分的关系。这些或拙朴或精致的瓷碗，见证了各种各样的人生，沉淀了悲欢离合的岁月，不变的是人们对“圆满”的向往、对生活的执着。展览设计上强调独立品组中文物的编排布局，突出文物本身感染力的传达，从而为观众营造出回家团圆的氛围。

为深化和延伸展览语言，拉近文物与公众的距离，青岛市博物馆依托此展开创了本馆首个自主展览主题沙龙会“爱生活——‘碗’约生活”百姓故事沙龙会。恰逢“12·5国际志愿者日”，许多优秀志愿者与其他慕“碗”而来的观众一起同赏馆藏珍宝，共话百姓情长。展览的策展人从专业的角度详细介绍了碗历经数千年的变迁以及策划本次展览的初衷：“‘碗文化’蕴含着中华民族5000年的文化底蕴，除了使用价值，从精神层面上讲，圆弧的设计也体现了中国人的圆满哲学。作为日常不可或缺的餐具，与碗有关的故事更是千千万万……”本次沙龙会的成功举办让展览更加亲民，赋予了文物人情味，参与者纷纷表示不但了解了文物背后的故事，还结交了朋友。本次活动也是博物馆社会教育工作与展览相结合的有效创举。此外，博物馆还举办了微信征文等一系列宣传推广活动。

在青少年教育活动项目上，青岛市博物馆举办了“‘碗’约生活乐淘陶，陶碗制作DIY”活动。博物馆工作人员与拙朴轩陶艺馆的工作人员为参加人员准备材料，并对陶碗的制作进行讲解：揉泥、拉胚、上色、上釉、烧制等步骤一一展现在大家面前，参加活动的孩子们亲自动手体验了揉泥和拉胚两个环节，增强了动手能力，激发了孩子们对知识的探索和学习欲望。

展览进行了留言整理和问卷调查。统计结果显示共有1.3万人次前来观展，观众构成以家庭团组为主。观众对该展的参观满意度整体较高，公众评价较好。与此同时，观众也对该展提出了宝贵意见，集中在建议增加展览相关的电子查阅及互动体验的多媒体设施上。

首届中原国际陶瓷双年展

河南博物院

“首届中原国际陶瓷双年展”由河南博物院主办，国际陶艺学会、中央美术学院、景德镇陶瓷大学共同支持，河南省文化厅、河南省文物局指导，策展团队由河南省博物院和国际策展人共同组成。展览于 2016 年 12 月 9 日在河南博物院开幕，2017 年 3 月 12 日闭幕。

展览分为四部分。“前世今生——五大名窑古代精品与当代创新”集中了两宋时期五大名窑的传世品和发掘品等精品文物，甄选了五大名窑国家级代表性传承人的作品。“马约里卡千年陶瓷精粹——意大利法恩扎国际陶瓷博物馆典藏”以马约里卡陶瓷发展为主线展现了意大利陶瓷精粹。“黏土之约（Contract Earth）”表达了双重含义：“与黏土的接触（Contact Earth）”从泥土到雕塑、声音振动创作、玻璃和黏土的创造性组合三个方面来表达人类与土地接触的本真关系；“与地球的契约（Contract Earth）”从生态卫士、社会项目、全球陶瓷遗产、自然与科技的对话四个分专题来思考人与环境的问题。“器物的未来——当代生活陶艺展”展现当代青年陶艺家对未来手工器物于生活之影响的深入思考和探索，旨在彰显匠人精神，表达生活艺术化、艺术生活化的观念，表现陶瓷在当代生活中的应用及带给大众愉悦的审美享受。

展览的展陈设计与视觉传达是本次设计的亮点。“前世今生——五大名窑古代精品及当代创新”将“前世”与“今生”分成两个展厅。“前世”展厅根据宋代瓷器风格特征，以素雅白色和浅灰色为主调，表达出古朴沉静的展厅氛围；“今生”部分采用传统与现代结合的设计风格，营造出凝重时尚的艺术环境，传世经典和当代创新在两种氛围中相互映衬、对话古今。“马约里卡千年陶瓷精粹”展厅以罗马柱、拱门、中世纪意大利建筑背景墙及陶瓷图案等元素进行装饰，整体营造出具有异域文化色彩的氛围。“黏土之约（Contract Earth）”打破博物馆传统陈展方式，采用多作者布景的展陈设

展厅实景

Tanja《白色的景观》

《器物的未来》展厅

NgoziEZEMA《幻想约拿》

计方式，参展艺术家递交对各自作品的陈列计划，策展人、艺术家和展览团队充分对话，极力创造出强烈而精致的观展效果。“器物的未来——当代生活陶艺”设计突出艺术生活化理念，使用错落有致的白色展台、暖黄色灯光、背景墙和插花等元素模拟出温馨生活场景，营造生活美学的艺术氛围，引导我们进入典雅生活和诗意的未来。

多媒体“研究空间”也是本次设计的亮点，将展出作品和行为艺术与展览环境相结合，更专注于展示作品创作过程，讲述背后“故事”，引导观众更好地理解作品与展览主题。

宣传推广定位于全方位、多层次、全过程、有重点，融合传统媒体和新媒体的推广优势，整合媒体资源，电视、报纸、网络、移动媒体同时推出，各有侧重。《中国文物报》、新华网、河南卫视等诸多媒体均对双年展进行了深度宣传报道，引起社会广泛关注。针对展览进行了观众调查与分析，专业讲解员和志愿者服务团队提供中英文双语讲解，印制了精美的中英双语图录、海报、明信片和折页。双年展的文化创意产品以“陶艺生活化，生活艺术化”为主旨，突出艺术与生活的融合，组织和开发瓷器、图书、茶叶、布艺工艺品等品类，以茶器、餐具、花器、香器、摆件为主的产品百余种。

配合双年展举办的国际陶瓷高端论坛围绕“陶瓷 +”“陶瓷与文化”“陶瓷与经济”等主题，吸引了 20 多个国家的 100 多位艺术家、理论家、学者共同探讨传统与当代陶瓷发展的新理念和新工艺。陶瓷社会教育活动，分为院内和院外活动两套体系，与学校、社区密切联系，开展“从技艺到记忆”“不一样的陶瓷”“笔会黏土之约”“陶艺与生活”等陶瓷相关体验活动。

此展览联系中外，贯通古今，延伸未来；既崇尚传统精粹，又鼓励时尚创新；既展示精湛的陶瓷工艺和先进技术，又关注陶瓷当代艺术的前沿及热点，并重视陶瓷与大众生活的联系，集艺术性、学术性、教育性、趣味性于一体。展览突破以往的办展模式，在展览构成、策展方式等诸多方面进行了创新与尝试，为观众提供一次领略当代国际陶艺发展水平的机会，搭建起中外陶艺家及相关企业的交流学习互鉴平台，开创中国博物馆发展的新领域。

谁调清管度新声——丝绸之路音乐文物展

洛阳博物馆

“谁调清管度新声——丝绸之路音乐文物展”由包括河南博物院在内的八家单位联合举办，策展团队包括从事音乐考古研究、博物馆学研究及丝绸之路考古研究的学者、陈展策划人员、专门从事古代乐器复原演出的乐者、专业设计师等，展览设计制作由郑州创意装饰有限公司承担。展览于2016年11月13日至2017年2月22日在洛阳博物馆举办。

展览展出的是丝路沿线地区出土的珍贵音乐文物，时间跨度自新石器时代至隋唐时期，提取每个时代或地区最具代表性的音乐文化进行阐释，全方位展现唐代以前丝绸之路音乐文化的交流发展演变，力求还原一个传承千年的丝路音声世界。

展览采取以时间为轴的通史性的叙事手法，将丝绸之路数千年音乐文化内涵浓缩为四大部分：“华夏与西域”重点表现丝绸之路开通之前，新石器时代至春秋战国时期丝路沿线各地区音乐文化的发展状态，探寻在丝路开通前各地区音乐的之间的联系；“凿空与涌流”着重表现自汉代张骞凿空西域之后，中原与西域交往频繁，西域乐器、乐舞逐渐进入中原，中原音乐同时向西传播，通过各地出土的乐俑及画像砖展现丝路沿线各民族音乐文化在西渐和东传中奔涌交汇；“百川归海”表现中国古代音乐发展至隋唐，已经成为融歌、乐、舞于一体的大型综合表演艺术；“天乐妙响”表现丝路沿

展览开幕式

展览演出与展厅陈设

线石窟寺中所见佛教音乐，采用多种手段对丝路沿线重要石窟及佛教遗迹中的音乐类图像进行展示，诠释丝路对于佛教音乐传播发展的影响。

此展览通过展出丝路沿线六省区出土的音乐文物和华夏古乐团的复原演出，形象地再现古代丝绸之路音乐数千年的发展历程。根据音乐考古资料，编排演绎各个时代不同风格的音乐，以实景表演的方式，再现古代音乐，拉近展览与观众的距离。配合展览出版了一本全媒体性质的图录，书中配有多段古代乐舞的复原演出视频，使读者在翻阅图书的过程中，也可聆听与观看古代乐舞优美的旋律与姿态，是一次全新视觉与听觉的体验，也是一个新的尝试。

展览宣传推广的宗旨是扩大服务受众面、提升展览知名度、打造文化热点，强化展览的社会效益。宣传推广定位于全方位、多层次、全过程、有重点，融合传统媒体和新媒体的推广优势，采用电视新闻、报纸新闻、手机报简讯、微博直播、微信互动相结合的方式，多渠道发布展览信息和活动动态，营造舆论氛围。在展场出口专门设置了与展览配套的社会教育空间及卖品区，为来参观的观众提供与展览相关的延伸教育活动及销售各类为该展览开发的文化创意产品。经过培训的志愿者服务队伍，为观众提供咨询、讲解、教育活动等文化服务。深入研究文物内涵、市场动态、观众消费需求，挖掘展览主题和音乐文物的文化元素，开发出各类仿复制乐器、抱枕、明信片等文化创意产品。

以“妙音乐舞·穿越丝路”为主题，展览设计了多种形式的参与活动：河南博物院及洛阳博物馆微博、微信公众号开辟“丝路遗韵”专栏，推出展览讲解直播、听古乐、丝路音乐知识问答等多项观众互动活动。在展厅专属互动区则推出了“印、画、说、奏、做”系列教育活动及新年古乐赏听特别活动。利用网络优势推出网上虚拟展览，采集实体展览的场景，通过高清拍摄、现场模拟、网络优化等手段，制作三维展厅，将高清影像处理技术与互联网技术相结合，在普通带宽情况下，公众点击鼠标就可在网上漫游展厅。

该展览将音乐与文物相结合，全面呈现了丝路音乐文化在数千年中发展演变的历史脉络，突出丝路沿线音乐文化的双向交流，体现丝绸之路对中国音乐文化发展的重要影响，是“一带一路”文化交流合作的一项尝试，为“一带一路”倡议提供重要的历史借鉴和文化支撑。展览纵跨元旦、春节等重要节日，反响极佳，受到观众及社会各界的好评。

还原大师——何绍基的书法世界

湖南省博物馆

“还原大师——何绍基的书法世界展”由湖南省博物馆、上海博物馆、南京博物院、重庆中国三峡博物馆、辽宁省博物馆、四川博物院、佛山市博物馆、长沙博物馆、谭国斌当代艺术博物馆主办，湖南省博物馆承办。展览于 2015 年 12 月 3 日至 2016 年 4 月 3 日在谭国斌当代艺术博物馆举办。

展览选取清代碑学书风发展中承前启后的代表人物——何绍基，以“还原”为切入点，将何绍基置于 19 世纪社会历史及碑学情境中，深入解读何绍基的家世、经历、品格、兴趣及个人成就，展示其丰富的精神世界及全面的书法风貌，揭示其人品、才学与书法之间的内在联系，梳理家学、师承、交友对其书法的影响。

展览以物观人，真实还原一位书法大师的艺术人生。展品共 153 件套，包括书法、绘画、碑帖、印章、古籍、墓志等文物精品，分为两个单元。“书虽一艺，与性道通”，下分五组：“家学渊源”“真名士”“雅好金石”“宋诗派中坚”“文人余兴”，交代对于何绍基书法风格形成的五个关键因素；“真草篆隶只一事”，分别从“楷法精详——楷书”“出奇生妙——行书”“遗貌取神——隶书”“草情篆韵——篆书”四个方面介绍何绍基的书法面貌与成就。展品类型包括书法、绘画、碑帖、印章、古籍、墓志等。

教育空间

展厅实景

展览形式设计打破了书画大通柜的展示方式，从何绍基故居提炼出月亮门、马头墙、青石墙、木栅栏等元素，将展厅分为若干“院落”，让观众有环境的代入感，辅以何绍基喜爱的竹子、兰草等绿植，烘托出“清雅”的观展氛围和学习教育环境。版面设计在展厅的整体风格定位后，以展标为中心展开。部分说明在借助木质构架造型的基础上，运用《读碑窠石图轴》为底纹。小组说明的设计，运用与墙体颜色一致的底色，采用远山、乌篷船的设计元素，表达何绍基一生游历各地求学、交友、做学问的文人士大夫形象。

展览期间，湖南省博物馆成功打造全媒体宣传矩阵，创新宣传模式，开展了多方位、多途径的立体式传播。第一，通过举办展前媒体见面会，对展览进行前期预热宣传；第二，通过举办“向大师致敬”书法大赛等主题宣传活动，打造文化热点，提高展览美誉度；第三，通过制作展览专题网页，对展览内容进行深入解读；第四，通过加强与新媒体的合作，举办线上活动，提升展览知晓度。

此次展览既是何绍基书法个案的充分展示，亦挖掘出书法欣赏与实践的一般规律，以此推动书法普及教育，共开展了 668 批次导览、17 次书法体验课程、3 次专题讲座、5 次专家导赏以及社会实践等形式多样的教育活动。展厅内开设了教育专区，并推出“还原大师——何绍基的书法世界”展览二维码导览手札，观众可以通过使用自己的移动终端扫描二维码，获取展览重要展品的基本信息和作品介绍此外，展览还精心编写设计制作了《“还原大师——何绍基的书法世界”书法描红册》。

展览中使用了 4 组数字展示终端，均采用高清晰度的 iPad pro 和 55 寸 4K 显示屏，分布在各展厅的重点展品旁。如《种竹日记》的辅助展示，观众不但可以点击翻阅 146 页日记的高清图片，还可以点选获取释文，浏览何绍基在京城游历的名胜古迹，了解何绍基交往的“朋友圈”。

展览不仅展示了何绍基的书法成就，而且通过全面、深刻地还原何绍基的世界，开启一个学会欣赏书法的有益模式，从而让大家真正了解、看懂何绍基，并由此寻觅书法的真谛。据统计，展览期间媒体宣传报道共计 125 篇 / 次（不含转载和重播）；其中，大众媒体报道 43 次，网络媒体报道 25 次，新媒体报道 57 次，展览观众达 138448 人次。

祥云托起珠穆朗玛——藏传佛教艺术精品展

深圳博物馆

“祥云托起珠穆朗玛——藏传佛教艺术精品展”由深圳博物馆主办，西藏博物馆、布达拉宫管理处和罗布林卡协办。展览于2016年12月29日至2017年5月3日在深圳博物馆展出，为期5个月，向公众免费开放。

展览分三大部分：第一部分“高原之声”，体现中央政府与西藏地方深厚的历史渊源，见证了西藏地方与历代中央政府之间的隶属关系，反映了汉藏文化自古以来血脉相连与团结融合的历史过程；第二部分“佛法之缘”，充分展示雪域文明的深厚底蕴、历史成就与艺术魅力；第三部分“器用之德”，展示出藏传佛教佛事用品是藏族人民智慧与精湛工艺的结晶。

该展集西藏博物馆、布达拉宫、罗布林卡等文物机构的藏品，精选了唐宋以来西藏相关文物130余件组，包括历代玺印、造像、唐卡、法器等珍贵文物，从历史、艺术与法器三方面诠释了藏传佛教艺术的无穷魅力。本展览是近年来海内外重量级的西藏佛教艺术题材展览之一，且展出的文物等级很高。展品有明清中央政府赏赐西藏上层僧侣的景德镇官窑瓷器精品近10件，以及大明永乐年制

展览海报

实物展品

铜鎏金造像

铜鎏金造像、早期唐卡、明朝西藏本土造像、雪堆白造像等，这些都是极为珍贵的。

展览内容旨在展现西藏传统文化保护的丰硕成果，在弘扬西藏民族传统优秀文化的同时，加强西藏博物馆与深圳博物馆的技术文化交流，也积极推动了藏传佛教历史与艺术的研究，同时也对市民观众深入了解雪域高原独特的地域文明、促进民族团结与汉藏文化交流具有重要的现实意义。

展览的内容与形式设计和展厅布展工作，基本由馆方工作人员负责完成。在布展期间，西藏博物馆方派出工作人员专门前往深圳博物馆参与布展工作。展厅整体以浓郁的西藏特色为主，藏品主要有诸佛、菩萨、本尊以及各类护法神灵、上师等，主要品类有唐卡、佛像、法器以及面具等，其风格多姿多彩，工艺精美绝伦。这些都凝结了藏民族的智慧与审美情趣，同时也是西藏与周边地区文化多元交流、融合的见证。

为了让更多的观众更好地了解此次展览，深圳博物馆邀请西藏博物馆专家开设专题讲座对展览进行宣传推广。其次，通过大众媒体宣传此次展览，包括报纸、电视台、网络等渠道。开展时，主流媒体对展览进行报道宣传推广，深圳博物馆也在网络上宣传推广，阅读点击量达 7281 次。

深圳博物馆与辽宁省博物馆和西藏博物馆联合出版《祥云托起珠穆朗玛—藏传佛教艺术精品展》文物画册，配以文字说明，且在画册最后附近年来博物馆研究人员撰写的论文，为广大读者提供图书资料。该图书在中国编辑学会美术读物编辑专业委员会年会暨第二十六届“金牛杯”优秀美术图书评奖会议上，喜获“优秀美术图书银奖”。

丹青桂韵——广西近代教育名家作品展

广西壮族自治区博物馆

"丹青桂韵——广西近代教育名家作品展"由广西壮族自治区博物馆主办，蓝韶昱担任统筹策划。此展于 2016 年 7 月 22 日至 11 月 1 日在广西壮族自治区博物馆二楼西厅展出。

广西壮族自治区博物馆基本陈列"丹青桂韵"第 12 季之"广西近代美术教育名家作品展"，展出了 20 世纪 20—30 年代到 1949 年中华人民共和国成立前，为广西近代美术教育发展做出贡献的书画名家们的馆藏精品佳作，一共 15 名书画家的作品 36 件。展览分为三大部分：第一部分"广西近代美术教育的开端"，展出 20 世纪 20—30 年代，被誉为"西画传入广西第一人"帅础坚的作品；第二部分"广西近代美术教育的发展"，展出抗战时期，以广西省会国民基础学校艺术师资训练班（1939 年更名为广西省立艺术师资训练班）设立时相关教员的作品，包括训练班的创立者徐悲鸿、创办者张家瑶以及在中国近代美术史上有影响力的名家如梁鼎铭、孙多慈等；第三部分"广西近代美术教育的繁荣"，展出 20 世纪 40 年代，桂林美术专科学校、广西省立艺术专科学校成立时创办者和相关教员的作品，包括关山月、马万里、龙潜、沈樾、阳太阳、周千秋、朱培钧、黄独峰、罗鼎华等。

展览赋予"丹青桂韵"全新的视角，首次集中展示多位广西近代书画家的馆藏作品，使"丹青桂韵"的展览视野转入近现代广西美术发展，聚焦于为广西近代美术教育发展做出贡献的知名书画家，使更多在书画史上有影响力的书画家作品可以进入观众视野。

展览展示了书画名家鲜为人知的一面。展出的大多是老百姓耳熟能详书画家的作品，他们的书画造诣和社会名望较高，但他们作为美术教育家的身份却鲜为人知，他们对中国（广西）近代美术教育发展所做出的贡献被现在的人们知之甚少。展览还选出了一些限于展览的主题，长期以来难以被遴选出来获得展示，却在中国近代美术史上占有不可泯灭的历史篇章、在海内外有知名度的书画

展厅实景

展出作品与结束语

家的作品，如孙多慈、梁鼎铭等。

围绕展览内容，立足于广西独特地域积淀文化和独具特色藏品，广西壮族自治区博物馆开发了定位文化特质突出个性、结合现代创意彰显品位、融入实用功能提升价值的四款文化创意产品，包括丹青桂韵书画书签册、墨马图纸巾、奔马图笔筒、梅兰竹菊小音箱等。这些文化创意产品凸显浓郁的艺术特色，其生活化的巧妙创意设计、亲民的实惠价格，使其走进百姓家庭，走向全国、迈出国门，在文化交流和满足公众需求方面扮演着日益重要的角色。

展览期间，广西壮族自治区博物馆推出了主题鲜明、富有特色的社教活动。通过“交流互动、手脑并用、学做合一”的方式和丰富多元的教学展示手段，让观众们深刻领会了展览的教育意义、书画的独特魅力。为使馆内带动馆外、线上线下联动，促进展览资源转化为教育资源，针对不同的受众群体，馆方结合本地历史、开发具有广西特色的书画主题教育活动，包括每月一期的书画沙龙活动、书画体验营、“八桂小画家”青少年国画比赛等。

在理念探索、技术和方法应用方面，展览以在展厅板墙大量采用珍贵老照片的形式，包括当时艺术院校的校徽、徐悲鸿与张安治 1937 年在桂林与众人的合影、徐悲鸿为国民基础学校艺术师资训练班同学录的题词（现广西艺术学院的校训）、当时艺术院校的师生合影、师生参加抗战宣传活动的照片以及近代广西报纸的相关报道等，呈现这个时期一些重要人物的形象和教学活动，以增强历史感，把观众瞬间拉回特定的历史时空，展现了广西近代美术教育的文化力量，增强观众对广西近代美术教育的可视化认识。

展览受到业界和广大观众的关注和好评。《广西日报》、人民网、新华社广西频道、《南国早报》、《南宁晚报》等予以报道，称其是广西“第一次大规模地展示近代画家的风采”。

影舞万象·偶戏大千——中国皮影木偶展

成都博物馆

“影舞万象·偶戏大千——中国皮影木偶展”是由成都博物馆策划制作的常设展，于 2016 年 6 月开幕。

展览包括“影舞万象：中国皮影展”和“偶戏大千：中国木偶展”两个部分。第一部分展陈面积约 1300 平方米，展出皮影文物精品超过 2000 件，提供近万件馆藏珍贵皮影文物查询。此部分着眼于中国皮影戏所包含的文化、艺术价值挖掘与展示，以保护、传承中华民族悠久灿烂的历史文化为旨归，从皮影的造型、制作、演出以及民俗等四个主要方面对中国皮影戏进行全面、集中展示。

第二部分展陈面积 400 余平方米，主要对中国皮影博物馆近万件木偶藏品中的 300 件精品进行集中展示。此部分展览追溯了中国木偶源于秦汉、成于北齐、兴于唐宋、盛于明清的历史，介绍了中国目前仍然流传的提线木偶戏、杖头木偶戏、铁枝木偶戏、布袋戏与扁担戏的分布与特点，将五大门类传统木偶的馆藏精品一一呈现给观众，并利用舞台场景让观众身临其境地观看经典的木偶表演。

展览遵循“立体化、多维度、交互性”三大原则，用“最国际”的表达诠释“最民族”的文化遗产。建筑层高的充分利用、特殊展柜的创新研发、交互技术的有机植入，打破了传统皮影、木偶展出的单一枯燥，让静态的藏品“动”起来，活态化演绎皮影、木偶表演艺术之魂。

展览采用纵横轴相交的方式进行全方位报道，制定相应的媒体策略和宣传排期。开馆至 2017 年 7 月 21 日，吸引了从央级到地市级的全媒体报道，平面媒体 748 条，电视媒体 266 条；自媒体微信发布订阅号 143 条，服务号 208 条，微信关注量 31 万余人，总阅读数近 180 万；微博共发文 894

展览序厅

皮影展示

条，单条阅读量约 175 万次；外籍媒体报道 43 条，微信报道 3278 条，微博报道 44130 条，APP 报道 2808 条，直播报道共计 110 条，观看人数约 150 万；原发网站 16250 条，“成都博物馆成都中国皮影博物馆”百度搜索词约 103 万个。

自 2016 年 6 月向公众开放以来，展览参观人数突破 294 万人次，免费为观众提供讲解服务 3390 批次共计 20 万人次（包含学生团队讲解接待 95 批次共计 20050 人次）。连续接受相关电话、现场等咨询近 2 万余次，免费向公众发放各类宣传资料近 25 万份。为使观众参观更为便捷，也同时满足不同观众的需求，成都博物馆特向公众推出展览免费微信语音导览服务，至今下载量已达 33655 次，观众通过手机和导览设备可以查看展厅文物高清图片、视频，收听专业语音讲解。

为传承、弘扬非遗文化，成都博物馆针对该展览研发设计了一系列文创产品。以馆藏皮影文物相关文化元素为设计灵感，与当代时尚元素相结合。目前已开发出璀璨皮影系列文化产品，包括杯垫、桌垫、纸胶带、文件夹、书签、鼠标垫等。其中，“成都皮影书签套装”获得“第二届广州国际文物博物馆版权交易博览会——十大最佳文博传承奖”。

与此同时，成都博物馆针对全年龄层的观众推出皮影专题社教活动，涵盖皮影展览讲解、皮影戏剧表演以及皮影操纵体验等内容；针对青少年儿童和亲子家庭推出“木偶奇遇记”主题活动；研发出以木偶文化为主题的专题系列课程——“木偶小艺人”。在规范化的学生团队参观预约服务机制下，接待了大量参与皮影木偶文化主题社教活动的学生团队，搭建起良好的教育合作平台。

在理念探索与方法应用方面，展览立足于对中国皮影与木偶进行全面的集中展示，创新性地将文物与非物质文化遗产展示进行了有机结合，特别注意营造空间的变化性与艺术感，特别强调互动展示手段运用的合理性，增强展览的吸引力、亲和性、包容感与互动性，营造出展览流线的丰富性。

展览已接待观众约 300 万人次，受到社会各界的一致好评和广泛赞誉。

陶土上的精灵——黄河流域史前彩陶大联展

金沙遗址博物馆

“陶土上的精灵——黄河流域史前彩陶大联展”是由成都金沙遗址博物馆联合青海省博物馆等7家文博机构联袂打造，由成都金沙遗址博物馆策展团队策划制作的临时展览。展览于2016年4月26至7月24日在成都金沙遗址博物馆临展厅展出。

展览分为黄河上、中、下游三个单元，结合考古学文化对三个区域的新石器时代晚期彩陶进行展示，并在最后与长江流域新石器时代彩陶进行对比，让观众不仅可以一览黄河流域新石器时代晚期彩陶的风采，更可通过长江流域的彩陶瞥见远古时期黄河流域与长江流域的交流。

展览汇集了黄河流域史前时期重要遗址的典型彩陶。彩陶是中国史前陶器中最为绚丽多彩的艺术品，陶器上繁简不一的纹样，不仅显示出独特的时代与地域风格，也代表了不同的审美、信仰和风俗。彩陶的传播及其所带来的史前艺术浪潮，是华夏历史上的一次文化大融合，标志着更深刻的文化认同。中国的史前彩陶，滥觞于公元前5000年前，发展近4000年。黄河流域是彩陶发现最为集中也最具特色的地区，并先后形成了仰韶文化、大汶口文化、马家窑文化三个彩陶文化中心。这些代表着史前先进生产力的陶器制作精美、造型古朴，成为件件精美绝伦的艺术品，直到今天仍然熠熠生辉。例如本次展出的国宝级文物蛋壳黑陶杯，考古学家形容其“黑如漆，亮如镜，薄如纸，硬如瓷”，器壁最薄处

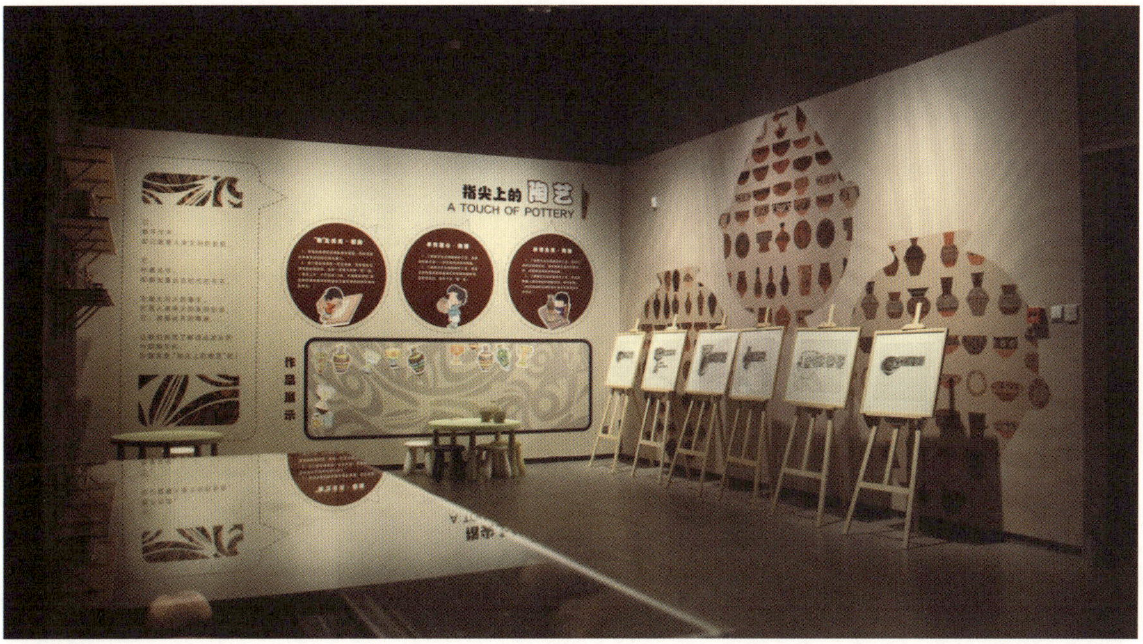

陶艺展示区

展厅一隅

仅为 0.2 毫米，和金沙遗址出土的“太阳神鸟”金饰一样薄，代表了当时制陶工艺的最高水平。

值得一提的是，本次展览不仅有来自黄河流域的史前彩陶，还有来自长江上游川西高原地区出土的六件彩陶，它们具有浓厚的仰韶文化或马家窑文化彩陶风格，充分证明了黄河流域与川西地区乃至长江流域早在新石器时代晚期便存在文化交流的现象。数千年后，两个早有联系的地域的文化再次交汇，一同在金沙展出，向人们静静地诉说着文化交流的灿烂火花。此外，展厅内还设置了互动区域，观众在参观完这些史前艺术品后，不仅能自己动手创作彩陶，还能将作品陈列在展架上，将彩陶的魅力延续到当下。

展览期间，四川电视台、成都电视台、《华西都市报》、《成都商报》、《四川日报》、《天府早报》、光明网、中新社等多家国内媒体以及金沙遗址博物馆官网、微博、微信等都对活动进行了百余篇跟踪报道。

为更好地服务观众，成都金沙遗址博物馆配备专职讲解员和志愿者为观众提供义务讲解服务，展览还提供微信语音导览、宣传折页、导览手册和咨询，及轮椅、儿童推车、伞具借用、包裹寄存等便民服务。

为了更好地向公众普及历史知识，成都金沙遗址博物馆举办了“彩陶：史前人的心灵之约”和“邛窑制陶技艺的发展和演变”的专题讲座。此外，展览期间还开展了“指尖上的陶艺”系列社教活动近 20 场，如“‘陶’之夭夭——彩绘”“手作匠心——陶塑”“妙笔生花——绘陶”“金沙村陶艺大赛”等，让观众在互动、娱乐中获得更多的知识。同时，博物馆还进行了“小小讲解员”的招募活动，他们用自己的理解和感受为观众讲述着彩陶的故事，让悠久的彩陶文化得到了更广泛的传播。开展当日，青年陶瓷艺术家、中外美术研究院艺术委员会会员朱鑫龙来到展厅内，为现场观众展示制陶技艺，随着拉坯机上陶轮的快速转动，一件精美的陶器在朱鑫龙娴熟的动作中诞生，从一堆不起眼的陶泥慢慢变成一件充满美感的艺术品。

在理念探索与方法应用方面，本次展览最初仅展示黄河流域的彩陶，但考虑到举办地是在成都金沙，特意设置了长江上游彩陶展出的板块，让观众在全面欣赏黄河流域彩陶的同时，也能看到同时期长江流域彩陶文明的情况，形成两大流域的呼应与对话。

“陶土上的精灵——黄河流域史前彩陶大联展”历时近三个月，共吸引观众 20 余万人次，取得了良好的社会反响。

泥火幻彩——唐两京三彩文物精华展

陕西历史博物馆

“泥火幻彩——唐两京三彩文物精华展”由陕西历史博物馆、洛阳博物馆、西安博物院联合主办，陕西省考古研究院、河南省文物考古研究院、耀州窑博物馆、甘泉县博物馆、凤翔县博物馆、陕西唐三彩艺术博物馆协办。经过近两年的策划，备受瞩目的“泥火幻彩——唐两京三彩文物精华展”于2016 年 3 月 22 日至 6 月 25 日在陕西历史博物馆东展北厅展出。

唐三彩造型优美，色彩绚丽，内涵丰富，工艺精湛，神韵独特，极具历史、科学与艺术价值，在中国乃至世界陶瓷史、雕塑史上占有非常重要的地位。

唐三彩主要出土于长安和洛阳地区。长安（今西安）是大唐帝国的首都，也是当时世界东方文明的中心和丝绸之路的起点；洛阳是隋唐王朝的东都，武则天时期的神都，两都均为高官显贵、富商大贾聚集之地。受厚葬之风的影响，作为风行一时的随葬品，三彩俑器的制作兴旺而发达。今天于此两京地区出土的唐三彩，各具风采，代表了唐三彩的主要艺术风貌。

大唐开放的世风，繁荣的经济、文化，日益成熟的陶瓷制作技艺，为唐三彩的诞生提供了条件。

展览序厅

文物展柜

大唐更是一个充满活力、激情与想象力的时代。三彩艺术体现出的激扬慷慨、瑰丽多姿、恢宏雄俊的气韵与格调，正是所谓“盛唐气象”的生动再现。

唐三彩是盛世的华章。本次展览萃集秦、豫两地三彩精品，希望观者睹其形、品其华，感知大唐文化的辉煌灿烂与祖国优秀传统文化的博大精深。该展览是首次将唐都长安及东都洛阳唐三彩精品联合向公众展示。展品约 130 件组，均为唐两京唐三彩的精品。

展览内容从唐三彩的起源、唐三彩窑址、唐三彩分类及其唐三彩技术的发展与传播等方面，全面展示了唐三彩艺术面貌。展览精品荟萃、形式设计高雅精致，学术性、观赏性俱佳。展览设计人员紧紧依附于内容主题，运用多种形式表达主题。同时，展览充分利用辅助展品，文字说明通俗易懂，兼具趣味性与知识性，提高观众的参观兴趣。

该展览学术性及观赏性俱佳，开展后引起学术界和广大观众的极大兴趣，各界媒体广泛报道。展览参观人数近 60 万人次。展览结束后，应国内文博单位的强烈要求，陕西历史博物馆在该展览的基础上，重新修订陈列大纲和展品，更名为“泥火幻彩——唐都长安三彩文物精华展”继续在国内巡回交流展出。目前已经在广西南宁博物馆与杭州西湖博物馆展出，更进一步发挥了“核心价值观”展览的作用。该展览已被国家文物局选入全国十二个“2016 年‘弘扬优秀传统文化、培养社会主义核心价值观’主题展览”。

明月照琼琚——古代玉器与艺术生活展

宝鸡青铜器博物院

“明月照琼琚——古代玉器与艺术生活展”由宝鸡青铜器博物院主办，陈列研究室策划，陕西正野设计及制作。2016年10月26日，历经两年筹备，在宝鸡青铜器博物院四楼北展厅正式开展。

展览共分为四个单元，分别以“崇礼、尚美、天趣、琢磨”为题。单元说明的文案采用《诗经》中的词句，加以整合和连贯，言简意赅却又句句缀珠。用上古的文辞雅言来烘托石之美者文脉传承。“崇礼”单元展示礼仪用玉，以璧、琮、圭等展品为主，绿竹为主要柜外布景，竹有节气，同美玉一起为君子之物，以竹为境得以烘托礼玉庄严的氛围。“尚美”单元展示装饰用玉，以串饰和饰品等展品为主，桃花为主要柜外布景，桃夭与美玉同是形容淑女的物象，以桃花为境得以烘托饰玉旖旎的氛围。“天趣”单元展示动物造型玉器，动物和竹子的幕布剪影构成了柜外布景。柜内布景采用两种装饰手法，平柜内采用刺绣的方法表现水下世界，玉鱼置于其间，一派灵动自然；通柜则采用二维与三维重叠展示手法，以二维的《富春山居图》为背景，在柜内延伸出三维的自然景观，牛于山巅，龟在小渚，鱼跃于渊，生机勃勃，充分展现玉的灵性与自然。“琢磨”单元展示玉器加工，以原料、工具以及带工艺痕迹的玉器为主要展品，柜外布景为经打磨的玉料原石与中国园林相结合，展现玉料加工“琢磨、切磋”的工艺流程。

展厅入口

展厅场景

雅音、古琴、皎月、璞石，在精心布置的场景中，再现了《诗三百》中无邪的先秦风貌。使观者甫一进展厅，声色间，便进入灵性的意境中，平静地感受古玉的美妙。在展陈方式上，借助定制的灯光与展柜，光束直接射于玉器之上，使玉器远观时达到悬浮的效果，且不会因为浮光或流影而让人感到不适。幽静黯然的外光，与温润明亮的柜内玉器形成鲜明却不强烈的对比，远远望去，如同繁星皎月浮于夜幕，留下一片惊艳。展柜内部的黑色吸光墙板除了吸收多余的光线外，还能让观者的视线更多地停留在展品之上。为此，展柜内部未使用墙板。所有的展板全部以精炼的文字配以原创插画浓缩在说明牌中。在设计师参照人体工程学的标准下，将其置于展柜前端，饰以灯带，上压特质玻璃，既便于观看，又不会喧宾夺主，能使观者的目光始终聚焦于展品之上。

为宣传展览，宝鸡青铜器博物院在汉唐网、宝鸡青铜器博物院官网以及各大微信平台上发布展讯，并出版《明月照琼琚》玉器图录。在开展当天举行了盛大的开展仪式，并邀请冀豫晋陕四省博物馆相关人员进行参观指导。根据此次展览的特性，文化产业部设计了一系列文创产品，包括文具用品和饰品。

展览开展后，举办了编结玉饰以及中国舞表演等相关青少年活动。在宝鸡中学、陈仓高级中学、长岭中学等学校举办相关讲座，并邀请相关学校师生进行参观。在暑期举办的小小讲解员活动，也加入玉器展的相关展览介绍。

在技术和理论方法创新方面，展览为了加强教育效果，不仅在说明牌中加大了相关知识点的讲解力度，还请专人配以插画，便于儿童理解。主创团队还在展厅内专辟出以中国庭院为设计元素的游客休息区，以黄翠梅老师的《从玉石到玉器：环太平洋地区玉文化之起源与传布》为基础，绘制出环太平洋玉器分布图；旁边辅以各地玉矿原石标本，使得游客在了解玉文化的同时也理解中国玉文化独一无二的灯塔地位。

“明月照琼琚——古代玉器与艺术生活展”是宝鸡青铜器博物院继“对镜贴花黄”铜镜展、“陶语诉春秋”陶瓷展之后，新增的常设专题展。展览一经开放便成为时下的焦点，好评如潮。

艺海存真·敦煌

敦煌艺术馆

“艺海存真·敦煌”由甘肃省文物局举办，制作团队是敦煌研究院文物数字化研究所和甘肃恒真数字文化科技有限公司。展览于 2016 年 12 月 30 日在敦煌研究院兰州分院敦煌艺术馆开展。

展览利用壁画数字化高清图像和洞窟三维扫描数据，高保真、等比例复制了敦煌莫高窟其中两窟，制作了莫高窟部分洞窟剖面结构模型。展览经过精心挑选 30 余幅经典壁画，利用高保真复制技术，让观众不到洞窟之中就可以高清、细致、完整地欣赏精美的壁画。展览利用彩塑三维扫描数据，通过 3D 打印技术，复制莫高窟第 45 窟整个佛龛彩塑，利用数字图像和投影融合技术，以动态的形式展示精美的壁画。展览将莫高窟洞窟制作的全景虚拟漫游节目利用计算机展示，观众可以亲自操作，360 度全方位欣赏洞窟。其中还有穿戴式全景漫游增强体验，身临其境地真实体验洞窟参观的感受。展览设置两台 84 寸触摸屏，内置开发的益智敦煌壁画拼图游戏，观众可以将零散的壁画碎块拼接成一幅完整的壁画，并且利用彩色打印机打印出来作为留念。

展览规模大，规格高，内容丰富，具有很高的专业知识依据。展览以多元、创新、有温度、有能量的文化展品，辅以一系列创意性、互动性、趣味性的艺术表达、美陈展示、互动活动、艺术衍生产品等主题内容，实现了动静结合、科技与艺术的高度融合，以可视、可听、可感、可触的形式，借助多媒体技术和高科技设备，配合灯光、音乐和语音解说，打破原有的固定环境的界限，最终营造石窟艺术多元异构的文化内涵和观赏氛围。运用不同的空间数据处理技术，将科学、技术、艺术融为一体，最终总结出学术是基础，技术是手段，艺术为目的石窟数字化内涵。

开展之前进行了相关预告报道，主要以文字新闻报道为主；开展之后通过大众媒体和网络媒体等报道，结合实景照片、视频等形式进行了宣传报道；通过互联网和移动互联网制作宣传短片以及

高清壁画展示

展厅一隅

展陈虚拟漫游，在微信公众平台、网站、微博等进行推广。

展览配有专业讲解队伍 4 人，讲解语种 2 个。展场设有观众留言板，对观众提出的意见和建议进行总结；展区有观众休息区、商店、互动体验等观众服务器。

展览文化产品的开发围绕敦煌艺术元素特色，利用敦煌文物数字化成果，开发设计包括出版物、高保真壁画复制品、文具、U 盘、丝巾、益智玩具、生活用品等 8 大类 10 余种。定价为明码标价，销售量根据观众数量不等，月销售额为平均 3 万元左右。

展览接待未成年人观众 2 万余人次，开展教育活动 20 次，将青少年教育活动贯穿展览始终，接待了大批中小学生观众，配有 4 名专业讲解员介绍讲解、现场互动问答。敦煌研究院专家不定期地举行学术活动，配合展览进行敦煌学术讲解，丰富拓展青少年的知识面。

敦煌研究院自 20 世纪 90 年代开始，经过 20 多年的探索和实践，形成了一套完整且成熟的文物数字化的技术和体系流程，从 2013 年到 2015 年，已经完成敦煌石窟 63 个洞窟的数字化工程，采集壁画面积约 8400 平方米。洞窟的测量、拍摄和编目工作，基于 Quick Time VR 技术；展览中的 VR 展示即虚拟实境，也称灵境技术或人工环境，是利用电脑模拟产生一个三度空间的虚拟世界，可以及时、没有限制地观察三度空间内的事物；3D 彩塑采用 3D 打印技术，利用光固化和纸层叠等技术的最新快速成形，并能实现色彩还原。

展览体现了科技对艺术的支撑，突破了传统的空间和时间的限制，让不能到敦煌实地体验的观众欣赏精美的敦煌壁画，让在洞窟中无法欣赏到的精美壁画“走出”洞窟，到展馆中让观众来欣赏，体验敦煌艺术的博大精深。展览使敦煌文化艺术的弘扬达到了新的高度，观众有充足的时间，通过实物和虚拟的结合来深层次解读敦煌文化、艺术的内涵。此次展览将充分发挥敦煌文化的影响力和辐射力，促进“一带一路”和“华夏文明传承创新区”建设中增强民心互通、青少年教育、文化交流等方面的重要作用。

展览累计参观人数达 15 万人次。

妙相庄严——藏传佛教金铜造像艺术展

青海省博物馆

“妙相庄严——藏传佛教金铜造像艺术展”由青海省博物馆主办，内容及形式设计工作均由青海省博物馆专业技术人员完成。展览于 2016 年 12 月起，在青海省博物馆北侧厅向公众免费开放。

此次展览通过展示青海省博物馆馆藏 78 尊藏传佛教金铜佛像，体现藏传佛教多姿多彩的艺术风格和精美绝伦的工艺技巧，展现藏传佛教金铜造像所蕴含的艺术之美，揭示藏族人民的聪明才智和审美情趣。弘扬藏族传统文化，展现藏传佛教艺术魅力。通过种类繁多、形象各异的金铜造像体现藏传佛教的博大精神与藏民族的审美情趣。

藏传佛教金铜造像是诸多造型艺术中的金属造像种类，是一种制作出各种具有实在体积的承载着一种思想理念的金铜造像，是藏传佛教文化艺术具有代表性的文化艺术作品，是青藏高原民族民间艺术的菁华。“妙相庄严——藏传佛教金铜造像艺术展”根据藏传佛教中神格分类，分为“妙相庄严如来相——佛”“慈眉善目菩萨相——菩萨”“曼妙多姿佛母相——度母”“生动写实比丘相——祖师”“狰狞可怖愤怒相——护法”五个单元，展示不同题材、不同时期、不同造型风格的金铜造像，展现艺术的独特魅力。

展览序厅

展柜设计

此次展览的亮点和特色在于，通过对藏传佛教不同神格金铜造像的分组展示，可使观众感受不同年代的金铜造像工艺与艺术风格的变化，同时领略藏传佛教金铜造像艺术题材的多样化。展览中运用图版和视频等辅助展品对金铜造像的工艺流程进行展示，让观众在品鉴精美文物的同时，了解一尊尊宝相庄严的佛像是如何通过匠人们的加工制作才得以让世人瞻仰朝拜的。

在展览宣传与推广层面，馆方充分利用传统纸媒、电视媒体、网站、新媒体互联网媒介在内的多种传播平台对展览规模和特色进行宣传，扩大展览的影响力。如在展览开展前后，馆方通过官方微信、微博、馆方进行展览信息的发布，多家专业媒体对展览进行了实时跟踪报道，扩大了展览的影响力。

针对此展览，馆方开发了一系列青少年社会教育项目，通过与当地中小学的合作，开发博物馆系列课程，使中小学生走出校园、走进博物馆，感受我国优秀传统文化的熏陶。同时，社教活动积极号召家长的参与，使孩子们和家长在博物馆里共度美好时光。

此次展览展示了藏传佛教金铜造像艺术的深厚底蕴与艺术魅力，对观众了解青藏高原独特的地域文化，促进民族团结与汉藏文化交流具有重要意义。

丝路于阗——文化与艺术的交融：新疆古代和田艺术精品文物展

新疆维吾尔自治区博物馆

“丝路于阗——文化与艺术的交融：新疆古代和田艺术精品文物展”是由新疆维吾尔自治区博物馆策划举办的原创性专题展，该展是第五届中国－亚欧博览会“中外文化展示周”的重要内容之一。展览自2016年9月18日在该博物馆二楼展厅开展。

展览以于阗历史文化为背景，通过“丝路重镇、物阜民丰”“纺织名城、罽锦缤纷”“灵艺天地、善美纯真”三个部分，从生产生活、纺织技艺、造像工艺等三个方面全面展现跨越千年的和田风貌。

展览遴选了新疆和田地区出土的近217件组精品文物，涵盖服饰、壁画、生活用品、钱币、纺织品、木简木牍和各类雕塑造像等多个种类，从造型优美的黑陶到小巧精致的约特干小猴，从纹样别致的木雕到缤纷绚烂的绛衣丝衫，从传承历史记忆的佉卢文木简、木牍到精美绝伦的丹丹乌里克壁画……，一件件珍贵文物，无不生动形象地描绘了世界四大文明在和田交流融汇的历史轨迹，展示了和田所承载的厚重历史文化底蕴，进而揭示了新疆海纳天下文化之美的独特魅力。

展览开幕现场

观众在聆听讲解

展览主要采用通俗和趣味性相结合的方式，将大量文献资料以通俗易懂的语言展陈在各族观众面前，通过场景复原、动态投影、知识链接、辅助展板等多种手段，集知识性、趣味性、娱乐性为一体，多层面、多视角地展示古代于阗地区的辉煌历史和灿烂文化成就，使各族观众在互动体验中与古代新疆丝绸之路瑰宝进行亲密的心灵对话，从中细味深厚的文化内涵。

在展览宣传、推广及教育方面，除了新闻媒体、官方网站、微博、微信等方式，在2016年10月9日至10日，博物馆还联合北京大学中国古代史研究中心、“新疆地区民间文化的调查与传扬”项目组，在乌鲁木齐市共同联办了“丝路于阗——文化与艺术的交融”学术研讨会。会议旨在挖掘展示于阗文化遗产的历史文化价值和意义，共吸引了来自我国文博科研机构及高校近50位专家学者参会。会议内容涵盖和田地区出土文物（包括纺织品、钱币、木简木牍等）研究、各类佛教遗迹考古、多语言多文字释读、壁画图像艺术横纵对比以及史地考证等方面。研讨会丰富、补充了展览的内容，拓展了新疆丝绸之路历史文化的学术研究和宣传展示。研讨会还突出了文化与艺术交融的主题，将于阗放在古老与现代丝绸之路的大背景下考虑。会上还公布了许多新资料、新发现，研究了许多新问题。

展览一经推出，就以其“历史与艺术并重”的丰富内容和咨政育人的现实教育意义广受社会各界关注和好评。据不完全统计，该展日均观众约4000人次，最高观众量每日近8000余人次。

故宫藏历代书画展

故宫博物院

“故宫藏历代书画展”由故宫博物院策划筹办，21幅书法珍品及47件稀世画作在故宫博物院武英殿书画馆展出。展览展期为2016年9月6日至10月26日。

“故宫藏历代书画展”共分9期，该系列展览以中国美术史的发展为主轴，系统展出故宫院藏书画典范之作，将众多深藏宫中难得一见的书画珍宝展示给广大观众。该展采用循环展出的方式，从2008年至2010年，故宫博物院开始推出每年3期、3年共9期的展览，并同时出版了每期展览的图录。本次展览是“故宫藏历代书画展”的第20次展出，也是最后一期。这意味着历时7年时间的故宫藏历代书画展将迎来“告别”展出。为了迎接故宫今后几年即将举办的系列书画专题展，本次展览的展品以原“故宫藏历代书画展”第二期的展品为主，避开了专题展必需的作品，共调换了原来“故宫藏历代书画展”第二期的11件展品。与以往一样，每件文物都经过严格的筛选，可谓件件皆是珍品。其中，13件晋唐宋元作品均为国宝级藏品，王羲之宋代摹本《行书雨后》帖、唐杜牧唯一存世真迹《行书张好好诗》卷、苏轼行书《新岁展庆、人来得书》帖，均为书法史中赫赫巨迹。此外，崔白的《寒雀图》卷、刘松年的《四景山水图》、马麟《层叠冰绡图》轴、钱选《幽居图》卷、倪瓒《梧竹秀石图》轴、吴镇《芦花寒雁图》轴，皆是绘画史中名作。

明代是中国书画史上承上启下、流派纷呈的重要阶段。其书法、绘画继承了宋元传统，在创作理论和表现技法上都取得了较大发展，并出现了以地区为中心的艺术群体，展现出丰富多彩的艺术面貌。一如既往，本期明清书画展品主要仍是展出书画史发展中的主要流派的作品。在明代的书画展品中，有明“院体”“浙派”绘画、“台阁体”书家、吴门书画家和董其昌、陈洪绶的作品，为明末社会动荡的艺坛增添了一抹亮色。

在清代的绘画展品中，有当时主要流派“四王吴恽”的作品，还有“四僧”、“金陵画派”、“扬州画派”、“海派”、清代宫廷代表画家的作品。而清代书法展出的是王铎、傅山、邓石如、尹秉绶、何绍基等名家的作品。这在这些作品中，有戴进《葵石蛱蝶图》轴、林良《灌木集禽图》卷、吕纪《桂菊山禽图》轴、吴伟《树下读书图》轴、沈周《乔木慈乌》轴、祝允明《行书七律寿诗》轴、文徵明《行书诗》轴、文徵明《溪桥策杖图》轴、徐渭《水墨葡萄图》轴等，精彩纷呈，佳作不胜枚举。

在文创方面，故宫秉承前8期出版图录的传统，最后一期也为观众和书画爱好者们提供了相关的图录、书籍，吸引了众多书画爱好者前来购买。在宣传推广方面，故宫官网、微博，微信等平台均对此次书画展的“告别展览”进行了相关宣传，人民网、中国书法网、凤凰艺术等多家媒体进行了报道。展览受到社会的广泛关注，吸引了众多的观众与书画爱好者、相关专业人士前来参观。

领袖·人民——馆藏现代经典美术作品展

中国国家博物馆

“领袖·人民——馆藏现代经典美术作品展”由中国国家博物馆主办，作为常设展览于2016年1月13日在中国国家博物馆1号中央大厅开幕，并长期向公众免费开放。

此展览是中国国家博物馆改陈提升的基本陈列之一，是在2011年3月开幕的“中国国家博物馆馆藏现代经典美术作品展”的基础上，经过一段时间的筹备，充实、调整“领袖·人民”主题部分美术作品后重新开放的。

中华人民共和国成立以来，为配合国家博物馆的陈列展览，在中宣部和文化部的领导下，先后组织了四次革命历史题材美术创作活动，其中反映领袖与历史、领袖与人民的作品，获得了广泛的好评，并成为20世纪中期以来美术创作的经典。这些作品以其精心的构思、深入的表现、细致的刻画、恢宏的气势、独特的语言、真挚的情感，留存了生动而精彩的历史篇章，董希文的《开国大典》、石鲁的《转战陕北》等就是其中的代表。进入21世纪之后，这类题材的美术创作作为主流的永恒主题，又进一步得到传承和发扬。

2011年国家博物馆改扩建工程完成并重新开馆后，“历史与艺术并重”成为国家博物馆新的发展定位。作为国家博物馆最重要的中心展厅，中央大厅自新馆开馆后，就是馆藏现代经典美术作品集中展示的空间。为了与新馆中央大厅的宏大尺度相配，中国国家博物馆从2012年开始组织部分艺术

《新中国诞生》

展厅一隅

家为中央大厅量身定制、创作了大型巨幅中国画，如唐勇力创作的《新中国诞生》，王迎春、杨力舟创作的《太行铁壁》，冯远创作的《世纪智者》等新时期美术经典作品。

《新中国诞生》是在“国家重大革命题材美术创作工程”中获奖的同名作品的基础上，进行放大和再创作的一幅主题作品。作品艺术再现了 1949 年 10 月 1 日，毛泽东主席在天安门城楼上宣告中华人民共和国成立的情景以及第一届中央人民政府全体 63 位委员的风采。这件巨幅中国画作品，高 4.8 米，长 17 米，气势宏大，有着浓郁的民族风格，是目前世界上在博物馆展出的最大的工笔重彩画。

《太行铁壁》表现了抗日战争时期，朱德、彭德怀、左权、刘伯承、邓小平等同志领导八路军在这里建立敌后抗日根据地，发动和组织广大太行山区军民，投身到艰苦卓绝的抗日战争中的情景。太行山区军民用生命、鲜血和钢铁般的斗志，谱写了中华儿女的英雄壮歌，凝铸成坚不可摧的铜墙铁壁。此画用笔苍劲有力，人物造型写实，多位领袖的精神气质和总体构图的山势结构相和谐，民众和山势岩石浑然一体，是中国画讲究笔墨的特殊效果。

《世纪智者》刻画了百余年来 160 余位为人类社会的文明进步做出杰出贡献的大智慧者，这些伟大的思想家、科学家、教育家、文学家，如群星灿烂，照耀着人类前行的方向。画面集中表现了人物的头像特写，神态各异，颇为传神。在构图上，巧妙采用多个人物重叠延绵的集锦式构图，由下而上递进式地推展，使观者仿佛触及历史脉搏，又如穿越时光隧道，表达了后人对文化精英的敬仰。

根据习近平总书记在文艺工作座谈会上的讲话要求，国家博物馆开启了以人民群众为主体形象的美术作品收藏工作。由中国美术学院组织该院老中青三代优秀画家组成团队，精心创作的五幅“时代领跑者”系列作品于 2015 年被国家博物馆收藏，它们以栩栩如生的艺术形象诠释出新中国成立以来不同时期人民群众耳熟能详的 60 位全国劳模的精神气质与人格风范，以及他们所代表的时代精神。2016 年，一批为纪念红军长征胜利 80 周年而新创作的美术作品入藏国家博物馆，并被陈列于中央大厅，进一步丰富和充实了“领袖 · 人民”这一展览主题，使中央大厅的美术作品更具视觉冲击力。

“领袖 · 人民——馆藏现代经典美术作品展”中既有中华人民共和国成立以来历次革命历史题材美术创作中的经典作品，又有近年来刚刚入藏的为国家博物馆量身定制的宏幅巨制。通过一幅幅画作、一件件雕塑，表现和谐社会中，领袖与人民的血肉关系，表现实现中华民族伟大复兴“中国梦”的过程中，领袖与人民的风采。

人物纪念篇

天下为公大道行——纪念孙中山诞辰150周年大型馆藏文物展

中国国家博物馆

“天下为公大道行——纪念孙中山诞辰150周年大型馆藏文物展”由中国国家博物馆主办，展览于2016年11月12日至12月4日在中国国家博物馆北11展厅向公众开放。

2016年11月12日是孙中山先生诞辰150周年纪念日。国家博物馆非常重视孙中山先生历史文物的征集、收藏、研究和展示，同时不断得到国家各级机关和各民主党派的大力支持，以及革命先辈及其后人、社会各界人士的热心捐赠，形成丰富的孙中山文物馆藏，曾多次举办纪念孙中山先生的展览。在孙中山先生诞辰150周年纪念之际，特策划推出大型馆藏文物展览。

展览的展示重心是馆藏文物，考验了策展团队对馆藏文物的挖掘、整理和研究水平。展品中包括孙中山手书“天下为公大道行”横幅。“天下为公”出自儒家经典《礼记·礼运·大同篇》，描述了中国古代先贤心目中的理想社会，其中“天下为公”的思想符合近代民权思想及“民有、民治、民享”的政治理论，深为孙中山所推崇，是在他法书中出现次数最多的内容之一，也是孙中山伟大一生的写照。展览最终确定以“天下为公大道行”作为展览标题。该标题主题鲜明、气势磅礴、紧扣展品，获得了广泛好评，在全国同类展览中独树一帜。针对展厅的回字型结构，设计了“主线+专题”的展览结构，从孙中山的伟大一生中提炼出“开创共和”“伟大转变”两大历史贡献作为主线，根据

展览序厅

展厅一隅

馆藏情况又设立“法书墨迹”“函电手迹”等七个专题，既点明了主题，又最大限度容纳了丰富的展品，从而全面呈现出一个伟大而又接地气的孙中山形象。展览还发掘馆藏关于孙中山的原版老照片60余张，在一个相对独立的空间内自成体系，在大的展览框架内又形成一个小型孙中山生平展，弥补了单纯以文物表现展览主题的不足。

展览分为“开创共和”“伟大转变”两大部分，见证和缅怀孙中山为中华民族做出的两大历史贡献，同时又设有“法书墨迹”“函电手迹”“革命筹款”“重要遗物”“委任书状”“珍贵留影”“永恒怀念”七个专题，从多个方面反映孙中山的奋斗历程和精彩人生。

展览从国家博物馆有关孙中山藏品中精选了326件馆藏文物予以展示，其中一级文物48件，首次展出的文物72件。此次展览是国家博物馆孙中山文物的一次集中展示，展出的文物数量大大超过了历次孙中山主题展览。馆藏藏品之外，展览还努力发掘了“孙中山宋庆龄婚约书”、孙中山“天下为公”“博爱”法书、中华民国临时大总统孙中山咨送参议院公文、章士钊著《孙逸仙》等一批珍贵藏品，特别是“孙中山宋庆龄婚约书”首次在国家博物馆展出，实现了宋庆龄生前夙愿，在社会上产生很大反响。

为克服展览在时间和空间上的局限性，充分发挥国家博物馆丰富的孙中山文物馆藏的社会价值，此次展览同时出版了《孙中山文物图集》，内有精美的文物照片，文物上的文字清晰可读，照片配有详细的文字说明，全面反映国家博物馆孙中山文物馆藏情况及研究水平。此外，设立了网上虚拟展厅，使广大网民足不出户即可参观展览，获得展览大部分信息，是实体展览的重要拓展和补充。

该展览是2016年国内同类展览中规模最大、展品最丰富、规格最高的展览，特别是展览与在人民大会堂举行的孙中山先生诞辰150周年纪念大会相呼应，成为纪念孙中山诞辰150周年系列纪念活动的高潮。展览期间，新华社、中新社、中央电视台、中国国际广播电台、《中国文化报》、凤凰网等几十家媒体进行了采访报道，展览消息出现在各大主流媒体上，并被广泛转载。展厅内人头攒动，前来参观的机关、团体、民主党派及各界群众络绎不绝。很多学校将展览作为爱国主义教育基地，组织学生前来参观。展览也受到前来参观的博物馆同行的好评，他们对展览的丰富展品、结构体系、内容及形式设计等方面都给予高度评价。

信念·精神·传承——纪念红军长征胜利 80 周年大型馆藏文物展

中国国家博物馆

“信念·精神·传承——纪念红军长征胜利 80 周年大型馆藏文物展”由中国国家博物馆策划并主办，于 2016 年 9 月 22 日在中国国家博物馆开幕，文化部部长雒树刚出席开幕仪式并宣布展览开幕，展期截至 2016 年 10 月 30 日。

“信念·精神·传承——纪念红军长征胜利 80 周年大型馆藏文物展”由“战争史诗”“军民情谊”“艰难岁月”“长征记录”“丰碑永存”“长征画卷”六个部分组成。

展览围绕“长征精神”用战斗武器、布告、木板标语、漫画、地图、歌曲诗篇、学习课本、烈士手稿、红军家信等多种类型的文物以及馆藏美术作品，多角度全方位展现了红军长征中的战斗、生活、学习和互助的场景。

展览共展出文物 312 件，其中有 109 件为首次与观众见面。展览还汇聚了 66 件馆藏一级文物精品，包括毛泽东在陕北接受斯诺采访时戴过的红军八角帽、周恩来长征时用过的望远镜、朱德为宣传

雕像展示

革命文物

民族政策签署发布的《中国工农红军布告》、陈毅修改的《游击战争纪实》手稿等。这些文物，见证了红军是如何在艰难跋涉、险象环生的远征中，谱写出一首首气壮山河的英雄史诗、传播革命的理想和信念、锻造出伟大的长征精神的。它们也是难得的长征文化遗存，是研究长征历史的珍贵资料。

“长征画卷”部分展出了馆藏长征题材美术作品，包括全山石的《娄山关》、范曾的《遵义人民迎红军》、李可染的《六盘山》、宗其香的《巧渡金沙江》、石鲁的《一个老红军和他的藏族妻子》等。这些作品是作者研究长征历史、亲走长征路、深刻体会长征精神后，精心创作而成的。它们既是波澜壮阔的长征历史画卷，也见证了新中国美术发展中长征题材美术创作发展的历史过程。

为全面宣传展览情况，中国国家博物馆网站上搭建了展览主题网页，并从筹展阶段开始在官网、微博、官微和小博上持续发布展览动态信息、专业研究文章、文物背后的故事等，发布原创稿件 30 余条，总浏览量近 300 万。该展览获得国家文物局推介，成为“纪念建党 95 周年和红军长征胜利 80 周年”十大主题展览项目之一，并在 2016 年 7 月 1 日的《中国文物报》上重点介绍。

展览开幕当天，有十几家媒体进行了采访报道。当晚，中央电视台中文国际频道就在《中国新闻》栏目中播出了“纪念红军长征胜利 80 周年文物展在国博开幕”的消息。9 月 23 日中央电视台《朝闻天下》栏目播出了展览开幕的新闻。光明网、人民网、新华网等主流媒体报道或转载了展览的消息，新闻媒体完成展览新闻稿件近 300 篇，扩大了展览的影响力。

展览得到社会各界的广泛关注，中组部、中宣部、文化部、军委后勤部等单位的机关党委组织党员同志们集体参观展览，各机关团体把展览当作开展“两学一做”学习教育实践活动、进行共产主义理想和信念教育的生动课堂。一些高校和中小学也组织学生前来参观，重讲长征历史，深刻体会伟大的长征精神。很多普通观众也自发走进展厅，驻足每一件展品，阅读长征故事，领会长征精神，并留下了热情洋溢的参观感言。

20 位意大利青年成为该展览的第一批外国观众。斯黛拉·德维卡尼说：“此前早已听说过中国的长征，但从未想过会与它如此近距离接触。”“我知道长征让今天的新中国成为可能。”

据不完全统计，展览开幕以来共接待观众近 25 万人次。

英雄史诗　不朽丰碑——纪念中国工农红军长征胜利 80 周年主题展览

中国人民革命军事博物馆

“英雄史诗　不朽丰碑——纪念中国工农红军长征胜利 80 周年主题展览”，由中国人民革命军事博物馆策划，中宣部、军委政治工作部、中共北京市委等主办，于 2016 年 9 月 23 日在中国人民革命军事博物馆隆重开幕。此次展览是纪念长征胜利 80 周年的重大活动之一。展期至 2016 年 11 月 6 日。

展览以长征历程为主线，以重要战役、重大历史事件和重要人物为主体，着力展示中国共产党领导下的工农红军艰苦卓绝的光辉历程，深刻诠释长征精神的深远指导意义和巨大时代价值。展览陈列面积达 2000 平方米，展出各种图片 275 幅、文物 252 件，其中国家一级品 33 件；展示艺术品 45 件，其中经典油画、雕塑等 28 件，新创作油画雕塑等 5 件。

该展览有五大看点：

内容全面权威。展览涵盖红一、红二、红四方面军及红二十五军的长征历程，既宣传红军主力的历史作用，又安排专题和单元反映陕甘边根据地政府和南方八省游击队的重要贡献，不仅充分展示领袖人物的丰功伟绩，还生动展现普通官兵的革命精神和人民群众的无私支持。

主体脉络清晰。展览内容编排以时间为顺序，以重要战役战斗、重大历史事件和重要人物为主体，包含六个主体部分：一是“战略转移踏征程”，主要反映苏区创建斗争，第五次反“围剿”失败，红军实施战略转移，开始长征；二是“伟大转折定航向”，主要反映中央红军坚持与党内“左”倾错误进行斗争，召开遵义会议，确立毛泽东在党中央和红军的领导地位；三是“浴血奋战勇向前”，集中反映在毛泽东等红军领导人高超军事指挥艺术指挥下，各路红军取得一个又一个战役战斗的胜利；四是“革命理想高于天”，形象展现红军爬雪山过草地的艰苦历程，突出展示红军将士坚如磐石的革命理想信念；五是“胜利会师开新局”，主要展示三大主力胜利会师，开创中国革命新局面；六是

珍贵革命文物展示

革命场景复原

“不忘初心，走好新的长征路”，主要展示中国共产党领导团结全国各族人民，继承弘扬长征精神，在革命、建设和改革中取得的伟大成就。

史料文物丰富。红军长征带到陕北的唯一一门山炮、红军战士过草地吃剩的半截皮带、泸定桥的铁索等一批珍贵文物集中展出。

艺术感染力强。展览综合运用主题雕塑、大型景观、油画插画、音视频和组合照等形式，陈列大量历史图片和珍贵文物，精心遴选“七根火柴”“金色鱼钩”等 30 个经典长征故事，生动展现了红军将士“革命理想高于天，不怕牺牲、排除万难去争取胜利，面对形形色色的敌人决一死战、克敌制胜”的坚定信念和英雄气概。

主题景观如临其境。展览精心设计了“遵义会议”“飞夺泸定桥”“过雪山草地”等五处大型主题景观，真实再现历史场景。比如，“过雪山草地”主题景观，不仅实景设置了雪山、水草地，还运用声、光等手段，营造出寒风呼啸、雪花漫天的天气效果。此外，每个主题景观标牌上还印制了对应的二维码，只要扫一扫就能看到翔实的图文介绍。

展方组织了对中小学生志愿者讲解员的讲解培训，由学生讲解员讲红军长征故事；开展了重温入党誓词、唱红军歌曲等群众性活动。

该展览还采用专场组织、集体组织与自主参观等相结合的方式安排参观。展览共有红军老战士老同志专场、解放军武警部队专场、首都大学生专场和外宾专场等多个专场，共计接待 12100 人次。

在开展期间，共接待观众 526876 人次，收集到观众留言 7679 条，整理观众留言汇总 45 期，编写简报 15 期，共计约 20 万字。

含英咀华——北京鲁迅博物馆馆藏文物精品展

北京鲁迅博物馆

“含英咀华——北京鲁迅博物馆馆藏文物精品展”由北京鲁迅博物馆（北京新文化运动纪念馆）策划举办，策展人为常务副馆长黄乔生。2016 年 9 月 19 日，在纪念鲁迅诞辰 135 周年、逝世 80 周年暨北京鲁迅博物馆成立 60 周年来临之际，展览在北京鲁迅博物馆开幕。展览于 2016 年 10 月 30 日结束。

展览从馆藏文物中撷英选萃，共分为“翰札”“丹青”“书香”“硕果”四个部分。透过鲜活的展品、动人的讲述感受最真实的鲁迅先生，体味“民族魂”。

展览中有很多珍贵的文物，如钱玄同、于右任的书札，是首次展出。此外，展览不仅展示了鲁迅本人的诸多作品，还多维度地展示了“鲁迅和他的时代、他的战友、他的学生”，这有助于观众更深地认识鲁迅。为了介绍和引进西方现代版画，鲁迅先生以开阔的视野和独到的审美收藏了各国版画 1600 余幅，这也是展览的一大优势。鲁迅还是装帧设计的高手，凡经他手的书，无不讲究，这些书籍也在展览中有所体现。

展览共展出馆藏精品文物 130 余件，其中较有代表性的展品有 6 件。一是鲁迅书赠许广平《悼

展览序厅

李桦：《怒吼吧，中国！》

杨铨》诗。1933 年 6 月，中国民权保障同盟总干事杨铨在上海被国民党特务杀害。鲁迅作《悼杨铨》诗，并手书赠许广平。释文为："岂有豪情似旧时，花开花落两由之。何期泪洒江南雨，又为斯民哭健儿。酉年六月二十日作。录应。景宋仁兄教。鲁迅。"二是瞿秋白题赠鲁迅诗。1932 年，瞿秋白题赠给鲁迅的诗稿，释文为："雪意凄其心惘然，江南旧梦已如烟。天寒沽酒长安市，犹折梅花伴醉眠。此种颓唐气息，今日思之，恍如隔世，然作此诗时，正是青年时代，殆所谓'忏悔的贵族'心情也。录呈鲁迅先生。魏凝。一九三二，十二，七。"三是鲁迅半身像，陶元庆作。1926 年，书籍装帧设计家陶元庆为鲁迅所作的素描画像，鲁迅非常喜爱。陶元庆是中国现代出色的书籍装帧设计家，曾为鲁迅设计多种书籍封面。四是《人民的刘志丹》，古元作。著名版画家古元于 1944 年所作的抗战版画，画中描绘了红军将领刘志丹与人民在一起的场景。五是《朝花夕拾》，鲁迅散文集。鲁迅自作散文集，1928 年 9 月，北京未名社初版，内收鲁迅 1926 年所作回忆散文 10 篇，卷前有鲁迅所作"小引"。该书封面及扉页均由鲁迅设计，陶元庆作画，书名及著者名系鲁迅自书。书中附有鲁迅手绘的两幅图：一为《老莱子三种》，二为《活无常》。六是《引玉集》，鲁迅编苏联木刻作品选。1931 年起，鲁迅托曹靖华从苏联搜求木刻作品，至 1934 年陆续得到苏联木刻原拓共 109 幅。鲁迅从中选 60 幅编成此书，以"三闲书屋"名义印成。"因为都是用白纸换来的，所以取'抛砖引玉'之意，谓之《引玉集》。"

9 月 18—19 日，受北京鲁迅博物馆（北京新文化运动纪念馆）邀请，日本 NPO 剧团仙台小剧场来华进行中日友好交流活动，并在北京西城文化中心演出两幕十场话剧《远火——鲁迅在仙台》。剧团共演出三场，来自北京大学、中国人民大学、中国传媒大学、北京 35 中、159 中学等院校的师生与学生家长一起观看演出。10 月 19 日下午，"纪念鲁迅诞辰 135 周年、逝世 80 周年暨北京鲁迅博物馆建馆 60 周年座谈会"在北京鲁迅博物馆（北京新文化运动纪念馆）召开。

本次展览结合微信、微博的宣传，吸引了众多观众前来参观。观众纷纷留言："通过展览感受到了一个'活生生的鲁迅'。""过去受时代局限，对鲁迅认识得不够全面，认为鲁迅是一个单一的、激烈的反叛者。展览让我们看到了鲁迅先生的丰富性，他其实是一个有趣的人，是一个既懂古典文化，又竭尽全力吸取优秀西方文化的人，是一个有着开放的胸襟、善于学习的人。"

永远的女红军——中国工农红军长征胜利 80 周年纪念展

中国妇女儿童博物馆

“永远的女红军——中国工农红军长征胜利 80 周年纪念展”为纪念红军长征胜利 80 周年，在全国妇联和国家文物局的支持下，于 2016 年 11 月 15 日在中国妇女儿童博物馆隆重开幕。该展览是国家文物局重点推介的“纪念建党 95 周年和红军长征胜利 80 周年”十大主题展览之一，展期至 2016 年 12 月 15 日。

展览是中国妇女儿童博物馆第一次对参加长征和在根据地坚持革命斗争的女红军进行全面系统的梳理，共收集整理出近 4000 位女红军名录，精选了 80 多位女红军的感人故事，通过大量珍贵的图片、实物以及 VR 虚拟现实技术，全方位、立体式、多角度地展示了在中国共产党的领导下，巾帼英雄们艰苦卓绝的革命历程和坚贞不屈的精神风范。她们所表现出的勇往直前的革命精神，她们所谱写的凄美壮丽的感人故事，她们所展示的视死如归的人格力量，惊天动地，可歌可泣，将永远震撼着我们每个人的心灵。中国女红军参加长征，不仅是中国革命战争发展的结果，也是中国妇女解放运动发展的结果，她们所建立的丰功伟绩将永不磨灭。

展厅一隅

长征精神讲堂

在此次展览中，VR 技术的运用是本次展览的一大亮点，观众们在互动参与中感受红军过草地的艰辛与不易。参观并聆听工作人员的现场讲解，观众们仿佛穿越了历史的沧桑巨变，一起回望 80 年前的那段苦难与辉煌。展厅内的一件件实物、一幅幅照片、一段段视频，一个个故事让观众们驻足观看、陷入沉思、触景生情。女红军们不仅和男战士们一样经历了险恶环境和惨烈战斗的考验，还与人类生存极限和女性生理极限进行殊死抗争，她们在苦难、曲折和死亡面前所展现出的坚定执着的理想信念、百折不挠的革命意志和巾帼不让须眉的奋斗精神无不深深震撼着每一位观众的心灵。心中只有别人的“长征圣徒”蔡畅、把长征看作为野外散步的康克清、身患重病坚持行军的邓颖超、不顾个人安危一心救战友的危秀英、小脚女红军杨厚珍、把冻断的脚趾磨平还多走一倍长征路的王定国……，一个个感人至深的英雄故事不仅让在场的观众深受震撼、备受鼓舞，也让大家深切体悟到“革命理想高一天”的强大精神力量，这必将激励人们以实际行动在为实现中华民族伟大复兴的新长征路上执着奋进、砥砺前行。此次展览还吸引了很多小观众，博物馆工作人员还为孩子们讲述巾帼英雄的动人故事。

热情的志愿者们也为广大观众提供了细致、周到的志愿服务。带着对革命先辈的深深敬意，不少观众纷纷在留言簿上留言，一句句发自肺腑的声音，浓缩成对英雄人物的缅怀、对和平事业的珍惜、对祖国未来的憧憬。一名小学生在听完女红军的故事后，在周记里这样写道：“没有红军的流血牺牲就没有我们今天的幸福生活。在以后的学习中，我要向红军女战士学习，面对困难不轻易被吓倒。我要努力学习，长大后做一个对国家有用的人。”观展后，一名女大学生感慨之余，欣然用画笔勾勒出心中的英雄。带着对革命先辈的深深敬意和缅怀，观众们纷纷在留言簿上留言。孩子们的日记和周记表达了他们的心声，既是对革命先辈的敬仰，更是对民族精神的传承。

展览还组织博物馆青年朗诵团，现场演绎感人至深的《最美丽的女人——献给女红军的歌》追忆英雄足迹，赞颂巾帼传奇。展现女红军在长征中勇敢顽强、团结向上、积极乐观、不怕牺牲的革命精神，教育当代人铭记过去，珍惜现在，以先辈们的事迹鼓舞我们，以不懈的努力共筑“中国梦”。

开展以来，引起社会各界的高度关注，参观者络绎不绝，观展热情持续升温。亲历长征的老红军后代及其家属、国家机关与企事业单位的党员干部职工、大中小学的师生等纷纷有组织地前来参观，此外还有许多慕名而来的普通群众。据不完全统计，截至 2016 年 11 月 30 日，预约观展的各类团体近 50 个，累计接待观众近万人次。

阳光下的罪恶——侵华日军化学战罪行展

东北烈士纪念馆

“阳光下的罪恶——侵华日军化学战罪行展”由黑龙江省文化厅主办，东北烈士纪念馆承办，策展团队包括东北烈士纪念馆编辑研究部、陈列展览部等部门。展览于 2016 年 9 月 17 日至 10 月 6 日在东北烈士纪念馆专题展厅展出。

2016 年是“九一八事变”爆发 85 周年，为了让民众牢记历史教训，更加珍惜现在的美好生活，东北烈士纪念馆特别制作“阳光下的罪恶——侵华日军化学战罪行展”。此次专题展览分为“国际社会禁止化学武器的努力”“日本化学战准备”“侵华日军的化学战”“日本化学武器战后遗留问题”“举步维艰的日遗化武器受害者对日诉讼”五个部分，展出了大量的图片等内容，其中图片 196 张，图表 16 张。展览主要展示了日本在第一次世界大战之后秘密研究和大量生产的化学武器。在侵华战争中，日本无视国际公约，大规模、持续使用各种化学武器，甚至惨无人道地用中国平民和战俘做毒气效应实验。一直到战后，这些被遗留在中国的化学武器仍继续危害中国人民的生命财产安全和生存环境。

“阳光下的罪恶——侵华日军化学战罪行展”的展陈设计以内容为核心，以展陈大纲为设计蓝本

展览序厅

展厅一隅

和依据，在内容与形式和谐统一的基础上，表达并营造出与大纲内容相辅相成的展示意境。此次展览的所有设计元素的选择与空间氛围的营造，都是从展陈的内容中提升而来的。此次展览在展陈形式的设计和组织上，策展团队对展陈内容进行不断提升，打破了以往专题展中所采用的统一展板尺寸、统一风格、按照展线平铺展览内容的普遍做法，而是采用大幅面背景与相应展陈内容相互衬托、造型多变的设计形式。展览的五个部分，分别采用五种不同的背景颜色和大量的背景史料组合的设计形式，背景颜色根据展示内容由浅至深再到浅，重点展示侵华日军利用化学战而犯下的滔天罪行和国际社会禁止化学战所做的努力、受害者对日化学战举步维艰的诉讼等内容。

展览自推出之日起，中新网、《黑龙江日报》、《黑龙江晨报》、东北网、《哈尔滨日报》等相关媒体就对此次特展的开展情况进行了跟踪报道。在展览开放的同时，也面向社会发行了《黑土英烈颂》诗词集。随着宣传报道的持续深入，来馆参观的观众日益增多，日均接待观众量近千人次。观众表示该展览加深了对日本侵华战争的历史认识。通过展出的图片和资料，足以佐证侵华日军在中国土地上的罪恶行径。通过本次展览，勾起对那场战争中遇难同胞的追思，要铭记历史、缅怀先烈、珍爱和平、开创未来。

此次专题展览的大量形式设计是对内容进行再次归纳、提炼。按照形式和内容高度统一的原则，通过大量的实物、图片、图表向观众传达信息，通过多样的展示手段对展陈内容进行表达。采用多种材料的组合来完成展览的多层造型的安装施工。着重关注展览段落的分配、展示流线的梳理、空间色彩的选择与典型时代符号的表达，使得展览重点得到强化突出，展示效果得到加强。陈列中综合运用多种展示手段，营造出特定的历史氛围，将观众带入特定的历史情境中，极具视觉冲击力和艺术感染力。

此次展览以详实的史料和图片证实了日本侵略者视生命如草芥、残害无辜百姓的丑恶事实，深刻揭露了侵华日军进行化学武器实验、化学战的罪恶行径和战后贻害以及中国民众对日诉讼等有关历史事实。该展览面向社会展出后，被中国人民抗日战争纪念馆、侵华日军第七三一部队罪证陈列馆作为交流展览引进并展出。

笃志先行　振兴中华——纪念孙中山先生诞辰 150 周年馆藏文物特展

宋庆龄故居管理中心

“笃志先行　振兴中华——纪念孙中山先生诞辰 150 周年馆藏文物特展”由宋庆龄故居管理中心（中国宋庆龄基金会研究中心）主办，艾多担任策展团队负责人，展览制作团队为北京时代佳业展览展示有限公司。展览于 2016 年 11 月 12 日至 12 月 31 日在宋庆龄故居濠梁乐趣厅展出。

展览通过展出宋庆龄珍藏的孙中山有关文物，以宋庆龄的视角向观众呈现孙中山革命奋斗的一生。展览共分为三部分：坚定不移百折不挠，精诚无间笃爱有缘，志先生之志行先生之行。第一部分重点展示了孙中山早年弃医投身革命，推翻了延续几千年的封建专制统治，以及孙中山以至诚的爱国精神致力铁路建设，绘制了宏大的发展蓝图。第二部分侧重展示 1915 年孙中山与宋庆龄在日本结为革命伴侣，在并肩走过的 10 年中，他们面对革命不断遭受的挫折和失败，坚定不移，甘苦共尝。第三部分突出展示孙中山逝世后，宋庆龄继承孙中山的思想和事业，在抗战、建国等关键历史时刻捍卫孙中山的主张，做出了重要贡献。中国共产党继承孙中山的思想和事业，每逢纪念日对孙中山进行隆重纪念。

此次展览的亮点和特色主要体现在以下四个方面：

1. 鲜明的展览主旨。特展主题突出反映孙中山先生的崇高追求、不懈奋斗和爱国主义精神。

展览序厅

展厅实景

2. 突出宋庆龄的视角。特展采用宋庆龄的视角，章节题目、章节导语和结语等均摘录宋庆龄对孙中山的经典评价贯穿始终，形成主线。

3. 彰显文物价值。宋庆龄收藏的孙中山遗物为此次展览的主体，其中包括孙中山先生临终前留下的家事遗嘱、国事遗嘱、签署遗嘱使用的钢笔原件等重要文物，许多文物为首次公开。

4. 立体式展示手段。展览以图片、文物交互结合的形式，配合多媒体音像、场景复原等现代展示手段，力争给观众直观易懂的观展体验。

在宣传与推广层面，展览开幕式邀请中央及北京市媒体进行报道，通过新华网、中新网、中国宋庆龄基金会官方网站等第一时间发布展览信息，被中共中央统战部、黄埔军校同学会等多家网站转载，作为纪念孙中山先生诞辰 150 周年的重要展览之一得到广泛关注。为配合特展开放，中国宋庆龄基金会研究中心将宋庆龄故居馆藏《建国方略》内部版本进行扫描，由线装书局原样再版，限量印制 616 套，编号发行，并于特展开幕当日进行首发。

为了吸引更多的青少年参与展览，宋庆龄故居将本次特展打造成志愿活动平台，通过宋庆龄故居志愿者联合会招募志愿者，最终北京师范大学、北京外交学院、首都师范大学、北京四中、北京市第十三中学、北京师范大学第二附属中学等多所大中学校的学生志愿参与了志愿活动。策展团队向志愿者进行历史知识讲座及讲解培训，由志愿者为观众讲解，该活动让更多青少年了解历史，加入传播弘扬孙中山、宋庆龄精神的行列中来。

展览在孙中山先生诞辰 150 周年纪念日之际开幕，在全国各个阶层产生了广泛深刻的社会影响。全国政协副主席、中国宋庆龄基金会主席王家瑞亲自到宋庆龄故居考察指导布展工作；中国宋庆龄基金会常务副主席杭元祥陪同辛亥革命后人李湄、孙中山卫士谭惠全之子谭志泉观看了展览；孙中山日本友人宫崎滔天后代宫崎蕗苳女士一行专程前来观看展览。此外，在京党政机关、企事业单位、青年团体等将特展当作学习孙中山精神和辛亥革命精神、接受爱国主义教育的重要基地，踊跃预约参观。近 2 个月的展期内，接待观众 22181 人次，安排讲解 98 场次。

津沽御侮——天津市纪念抗日战争胜利70周年展览

大沽口炮台遗址博物馆

“津沽御侮——天津市纪念抗日战争胜利70周年展览”由天津市滨海新区塘沽大沽口炮台遗址博物馆主办，制作团队为大沽口炮台遗址博物馆陈列部。展期从2015年6月13日始，开放至2016年5月5日，展览地点位于塘沽大沽口炮台遗址博物馆。

展览主要讲述了天津沦陷后开始建立日租界，日本侵略逐步从政治领域向经济文化领域加深蔓延；天津人民在中国共产党的领导下掀起了抗日浪潮，并逐渐形成以共产党为主导的抗日统一战线，各地武装力量兴起，进行了前仆后继的抗战活动，最终取得了伟大胜利。展览遵循时间线总共分为“前言”“侵略魔爪”“救亡图存”“英勇抗击”“结束语”五个单元。

展览设计亮点为入门背景墙用日本投降的场景与主题相互呼应，展览的整体色调由暗到亮，由冷到暖。展壁颜色随着展线变化：开始的灰色象征着日本侵略者的魔爪已经伸向中华大地；中段展壁使用真石漆做出满目疮痍的效果，寓意日本侵略者对中华大地的摧残和中国人民饱受苦难；到展览结束部分为暖色调，呼应八年抗日战争终于迎来曙光，前途一片光明。展厅第一部分展壁采用天津地图作为背景，用几块区域拼凑的方法暗喻出在日本侵略者的摧残下，天津地区已经四分五裂，国不成国、家不成家的悲惨状况。到展厅中间部分，用框架结构结合油画布的制作方式，制作出一

展览序厅

展厅一隅

个残垣断壁的场景，场景上方用石膏板和灯箱结合的方式，模拟出飞机俯冲轰炸中华大地、饱受日本侵略者蹂躏的场景。展厅尾部吊顶五星红旗的造型，寓意在党的正确领导下，中国人民不屈不挠，最终将日本侵略者赶出中华大地，取得抗日战争的伟大胜利。

本次展览灯光上使用 30 个专业射灯进行辅助，每个射灯的位置呼应展板，保证观众视觉上的舒适感。展板设计按照主线内容顺序使用了不规则排列方式，但局部又形成一个阵列，主次分明，突出重点。大部分展板上照片做了颜色上的处理，偏红色的展板给人视觉上的冲击，点明主题，纪念红色革命。

博物馆充分利用电视媒体、纸媒、网络媒体、微博及微信公众号进行了多层次广泛宣传，包括天津卫视、《天津日报》、《今晚报》、新浪网、网易新闻、天津网、北方网、微信号天津发布等。

展览期间曾开展过多种宣传教育活动，针对不同群体如重要领导、机关企事业团体、青少年群体、军队等。展厅内标识引导系统和观众服务设施齐备。展览中设有游览手册，供游客取阅，不定时发放观众调查表，收集游客反馈信息等。

展览期间开展了“历史文化大课堂”青少年教育活动。围绕“津沽御侮”展览，突出独特教育意义。由讲解员带领孩子们了解天津人民抗战历史，对重点文物进行讲解互动，将历史文化和民族精神根植到每个孩子心中。

根据展览大纲为主要设计展线思路，因为本次展览展厅进出口为一处，为充分利用有限的空间，尽可能做到层次丰富，适合观众游览，所以采用了循环式展线。利用灯光明暗转换营造革命不同时期的区分。

本次展览中使用了 12 个专业平柜、2 个高柜，1 个固定通柜放置文物。展架使用亚克力为原材料，用热弯技术制作而成展架。展台根据展览中展品需要设计出不同形状和尺寸的木质展台，多层次叠放，根据展品内容突出摆放重点文物。展览用材及安装标准均符合建筑、装饰工程、环保、安防、消防要求以及国家相关规范。

展览吸引了社会各界人士前来参观，广大群众通过观看展览能够了解到日本侵略者在天津的种种暴行，以及天津人民不屈不挠的抗日壮举。展览围绕“重温历史，弘扬民族精神”的主题，弘扬了伟大的抗战精神，凝聚起铭史励志、团结奋斗、振兴中华的强大力量。

经典传承七十年——“白毛女”主题收藏展

河北博物院

“经典传承七十年——‘白毛女’主题收藏展”由河北博物院主办，于 2016 年 1 月 29 日至 4 月 11 日，在河北博物院北区 5 号厅展出。

2015 年是抗日战争胜利 70 周年，也是中国民族歌剧的开山之作《白毛女》在延安首演 70 周年。70 年来，《白毛女》以惊人的艺术魅力，被改编成电影、芭蕾舞剧、地方戏曲等多种艺术形式，在中国大地掀起一片狂澜。2015 年，新排歌剧《白毛女》在全国巡演，观众反响热烈，社会效应轰动。以此为契机，河北博物院联系到中国“白毛女”收藏第一人——牛双跃先生，并推出这个主题收藏展。

就选题而言，“白毛女”的故事发生在河北西部平山、阜平、顺平一带。就藏品而言，本次展出的上百类藏品全部以“白毛女”为主题，且均来自河北的收藏家牛双跃先生。牛双跃收藏的“白毛女”系列艺术收藏品高达 12600 余件，在国内屈指可数，并荣获 2013 年“大世界基尼斯之最”。展览分为三部分，分别介绍了“白毛女的诞生和发展”、“白毛女”的收藏、牛双跃和“白毛女”。展厅面积 600 余平方米，展出《白毛女》剧本、宣传资料、艺术作品、生活用品 500 余件，珍贵照片 50 余张。此外还专门制作了 APP 供观众下载，让更多年轻的观众在手机上试听老艺术家王昆、郭兰英、彭丽媛演唱的“北风那个吹”“红头绳”等经典唱段。同时，在展厅开辟了视频观看区和音频试听区，供不同年龄段的观众欣赏各个阶段创作的《白毛女》歌剧、舞剧、电影等，全方位地展示了《白毛女》自诞生以来近 70 年灿烂辉煌的历程。

开展前和展出期间，通过河北博物院官方网站、微信、纸质媒体、广播、电视、海报、折页、LED 显示屏等途径，对展览进行全方位宣传推广。配合展览，制作了“白毛女”鼠标垫、“白毛女”

展厅正视图

展厅实景

扑克、“白毛女”纪念封等文创产品。同时还出版了《经典传承七十年——“白毛女”主题收藏展图录》，并制作了宣传片，对展览的筹备过程、展出过程进行总结回顾。

近年来，河北博物院逐步确立了讲好“世界故事”“中国故事”“河北故事”“自然故事”四大展览体系。本次展览属于“河北故事”，从题材的选择到藏品的收集，再到收藏家牛双跃先生，均为河北故事、河北籍贯。在歌剧《白毛女》诞生70周年的特殊年份，河北博物院做这样的展览是非常有意义的。

展览得到全社会的广泛关注，得到老中青几代观众的认可，也得到全国收藏家的肯定。《河北日报》《燕赵都市报》《燕赵晚报》及网易新闻、新浪新闻、中国收藏网、长城网等各大网站均做了报道。3月5日，青年歌唱家、国家一级演员、第四代喜儿的扮演者雷佳特意来院参观，对展览的选题、内容及形式设计给予充分肯定，并对形式多样的展品赞叹不已。3月9日，日本亚洲地域研究所特任研究员、立教大学教授、日本“白毛女”主题收藏家关浩志及其学生一行四人，特意从日本飞往中国，来到河北博物院参观展览。据统计，本次展览参观总人数达17万人次。

赶考永远在路上——西柏坡党风廉政教育展览

西柏坡纪念馆

“赶考永远在路上——西柏坡党风廉政教育展览”由中共石家庄市纪律检查委员会、石家庄市市委宣传部主办，西柏坡纪念馆策划并承办，于 2016 年 6 月 21 日在西柏坡纪念馆开幕。

该展览系统反映了中国共产党的廉政建设史，特别是西柏坡时期党的廉政建设以及党的十八大后廉政建设的新思想、新举措、新成就，旨在警示全党、教育后人、促进和谐，为建党 95 周年献礼。展览运用图片和文物的同时，还大量运用文字版发挥传递信息的功能。展览 400 米左右的展线中，分布了 86 处文字版，与照片、文物结合在一起，对事件或人物起到立体解读效果。

此次改陈中，有几个亮点。首先，在展厅空间范围内进行了全方位立体化的合理利用。在展览格局上以“方正”为原则，每一个展示空间都分割成正方形或长方形，形成简单、明了、流畅的展览空间。其次，展墙选用以往政治重大题材展览中较少用的清白色，地面则采用青石色，寓意从政“清清白白”。在展览方式上，展线上选取的有代表性或典型意义的照片或文字版，会随着空间格局“冲”出线外，形成“上顶天下顶地”或者“横亘”在梁上的特殊效果，让展线同时具有传递信息和营造氛围两种功能，给观者带来全方位、立体式的视觉冲击。改陈后的序厅采用了主体雕塑和背景墙浮雕相结合的方式。展墙浮雕依次展现了中共一大会址、井冈山、延安、西柏坡、天安门等里程碑式革命建筑以及“一带一路”等中国发展的新理念及宏伟规划，把党的革命历程与实现伟大中国

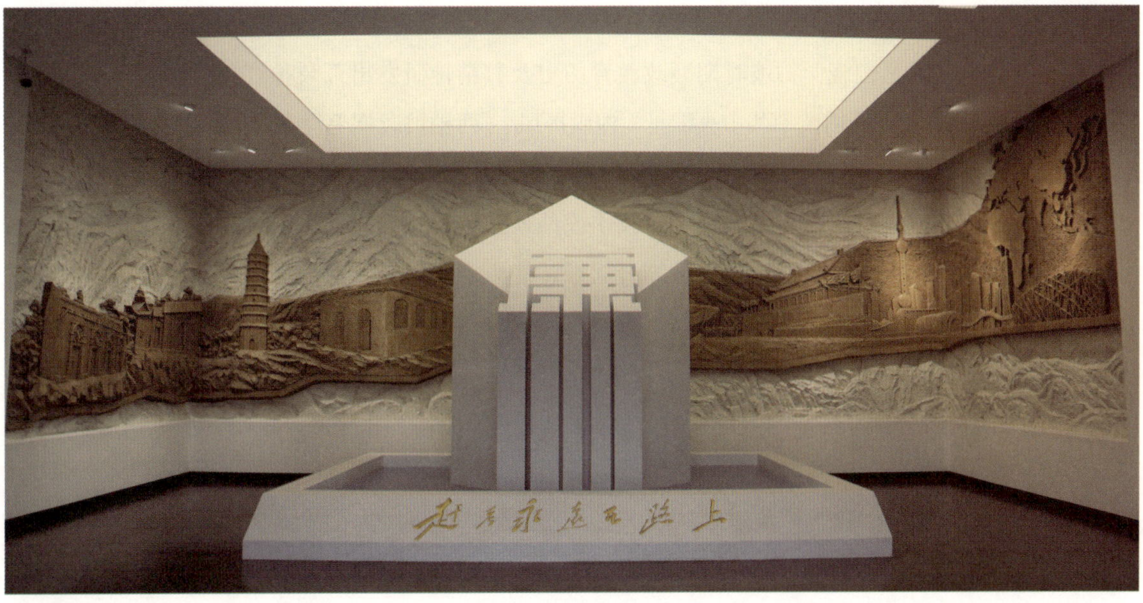

展览序厅

展厅一隅

梦贯穿起来并延伸开去，寓意“赶考永远在路上”，激发广大党员干部保持清廉，用赶考的精神为实现中华民族伟大复兴而奋斗。

结尾的大屏幕有着双重作用，一方面播放纪录片《作风建设永远在路上》，另一方面可以直接点击登录中央纪委监察部网站，察看实时更新的内容。同时，可以通过该网站的链接，登录全国各省市自治区的纪委网站，对全国各地的反腐倡廉动态一目了然。通过这些方式，也增加了观众与展览的互动，极大地调动了观众参观学习的兴趣；在官网上还有虚拟展览，可供全国各地的观众，党员干部学习了解。

在文创方面，紧紧围绕西柏坡时期廉政教育历史及其精神研发出百余种红色旅游纪念精品，主要有毛泽东半身铜像、“西柏坡中共中央旧址”内画屏风、《西柏坡时期毛泽东文稿手迹精选典藏》等。另外，还有独具西柏坡特色的钥匙扣、镇尺、折扇、纪念章、水杯等小型精美的工艺品。

在西柏坡廉政教育馆改陈中，运用了科技手段凸显主题。在展线上将纪录片合理穿插其中，把静态的展板与动态的人物形象或历史故事结合起来，使观众对内容有更加深刻的了解和认识；为了“让文物说话”，把“中共第一个反腐败文件——《关于坚决清洗贪污腐化分子的通告》”“陈云与《关于党内政治生活若干准则》”等文物采用多媒体播放、电子翻书、投影等方式展出，讲述内容“背后的故事”，真正实现“让文物活起来”；在展厅中制作了与展览内容相关的二维码，通过扫描二维码，观众能够了解到更加丰富的展览信息。

截至 2017 年 2 月 28 日，该馆接待观众达 120 万人次，其中青少年有 30 万人次。对所有观众提供免费、分批次讲解。在讲解过程中采用说快板、唱民谣的方式来丰富讲解内容，并免费向观众提供语音导览器，以满足不同观众的参观需要。同时为青少年提供相关教育活动。

张伯驹馆展览

吉林省博物院

“张伯驹馆展览”由吉林省博物院举办，展览策划制作团队由院长李刚牵头。展览于 2016 年 10 月 1 日在吉林省博物院一楼展厅展出。

张伯驹先生是近现代以来著名的收藏家、鉴赏家，被誉为“天下第一藏”。张先生一生珍藏书画名迹颇丰，曾说：“予所收藏，不必终予身，为予有。但使永存吾土，世传有序。”张伯驹先生曾于 20 世纪 60 年代出任吉林省博物馆常务副馆长，代行馆长之职，且将个人收藏的大量历代书画作品捐献给该院，为该院的书画收藏奠定了重要基础，并对该院的发展做出了重大贡献。故此，吉林省博物院专门开辟“张伯驹馆”，以纪念这位中国传统文化的守卫者。

“张伯驹馆”集中展示了张伯驹与夫人潘素的传奇人生经历和对吉林省文博事业的无私奉献。此次展出张伯驹夫妇捐献的历代书画 40 余件、历代名家印章及书籍资料 20 余件。此外，本次展览还遴选了先生夫妇捐赠给北京故宫博物院的部分国宝级书画藏品的复制品、张伯驹夫妇的生活照以及后人的一些怀念文章和著作。

本次展览中的精品亮点包括我国绘画史上留传至今的第一位女画家，曾被清宫和藏家视为绝代珍品的南宋杨妹子《百花图卷》，其他如元代诗人仇远的《行书自书诗卷》、明代王穀祥的《花鸟图

展厅入口，观众在聆听讲解

展厅一隅

卷》等，其中著录于清代宫廷《石渠宝笈》的有 6 件，集中展示了张伯驹先生对我院书画收藏方面所做出的重要贡献。

20 世纪 30 年代，日本侵略者扶植末代皇帝溥仪在东北建立伪满洲国，“定都”长春，后来随着日本战败投降，溥仪在逃跑过程中散失了大量书画，伪满皇宫专门收藏溥仪从北京故宫携带过来的书画文物也被散兵游勇洗劫一空，由此散入民间。中华人民共和国成立后，经过政府的抢救性征集，收回了大部分文物珍品。1952 年成立吉林省博物馆，吉林省政府继续拨款抢救性征集文物，在这种特殊的历史背景下，尤其是 20 世纪 60 年代由张伯驹先生出任吉林省博物馆常务副馆长，从技术角度为征集工作奠定了重要基础，其功甚伟。这是具有该院特色的一段鲜为人知的历史，通过本次展览，希望能够向世人展示张伯驹先生为该院的文博事业所做出的卓越贡献。

展览开放初期，长春电视台、吉林电视台以及多家平台媒体都对展览进行了全方位的报道和宣传。如长春电视台生活频道专门拍摄了宣传片，在新闻栏目中进行播报。为推广“张伯驹馆”展览，以展品为本，该院还制作了精美的名信片、名片夹、钥匙扣等 10 余种文化产品。

展览策划了“百花争艳绘春色”青少年社会教育活动。《百花图卷》是已知我国现存最早的一件女性画家的作品，现为吉林省博物院的镇院之宝，是 20 世纪 60 年代张伯驹先生捐赠给吉林省博物馆的。活动选取《百花图卷》中的“长春花”作为模本，转印在帆布手袋上，邀请参加活动的小朋友们填色，希望以此激发他们的想象力、创造力，同时培养他们的审美情趣，使其领略中国古典绘画之美。

展览围绕人物为主题，结合人物生平以及用过的遗物和所捐献的书画组成一个全方位、立体式的展览形式，在展厅中结合多媒体播放相关影像，尽可能地向观众展示一个有血有肉的鲜活的张伯驹形象。

展览吸引了大量书画爱好者、收藏者以及省市各级领导参观，并提出了相应的宝贵意见。相关展览信息通过省市电视台以及广播、报纸、网络等多种媒体渠道传播，在社会上形成一定的影响力和品牌意识。

红色的印记——庆祝中国共产党成立 95 周年吉林省博物院藏文物特展

吉林省博物院

“红色的印记——庆祝中国共产党成立 95 周年吉林省博物院藏文物特展”由吉林省直机关党工委和吉林省文化厅党组主办，总策划人是院长助理刘辉。展览于 2016 年 6 月 27 日至 11 月 17 日在吉林省博物院开展。

展览以“传承红色基因弘扬红色传统”为主题，充分发挥吉林省博物院藏党史文物丰富的优势，通过对数千件党史文物进行遴选，最终精选出反映中国共产党领导中国人民革命、建设和改革开放期间的旗帜、文献、军服、军需用品、武器、证章等 10 余类 259 件套文物，其中，国家一级文物 14 件套，国家二级文物 16 件套。以“让文物说话，讲党史故事”的展示方式贯穿展览始终，细化文物介绍，“以物感人”；解析党史故事，“以情动人”，力求“让文物活起来”；同时，辅以图片、视频等辅助展项，运用适当的艺术手段营造展览氛围，增强展览的感染力。

展览分为“旌旗飘扬指航程”“激扬文字书意气”“身披征衣蹈烽火”“枪刀闪烁壮军威”“荣誉功勋铭史册”5 个主体部分，共 15 个单元，吸收了最新研究成果，按照文物类别及历史脉络进行展出。以全新的视角见证了中国共产党 95 年的光辉历史和伟大精神。

展览发挥文字魅力，以情动人。该展览改变过去部分说明单纯陈述历史的形式，将历史融入散文诗的语言环境当中，着重情感带入。使观众在参观客观历史文物描述的同时，能够品读出更深刻的情感内涵。

展览解析文物故事，以物感人。“让文物活起来”就是要让文物的历史、文物的故事得到解析和传颂。该展览的文物说明讲求细致和感人，深入剖析文物故事，通过文物的故事再现历史。

展厅实景

文物展示

展览采用色彩亮丽、视觉冲击力及象征意义极强的“红色、旗帜”作为贯穿始终的设计元素。

序厅巨大的火炬象征着“星星之火可以燎原”。展厅中以立体的旗帜墙将 5 个部分 15 个单元的内容进行分隔。展墙上的文物错落有致地安放在点线面构成的框线中，展柜内文物摆放在红色烤漆台托上，而大型武器展台与之交相辉映，从而使文物的处理形式更为丰富。棚顶的旗云效果是画龙点睛之笔，飘扬的红色旗帜始终贯穿展线，寓意 95 年来中国共产党的丰功伟绩。流畅的造型，又起着展览流线指示作用。

展览尾厅设置了宣誓墙，高达 6 米多的立体红旗造型震撼，营造了党员重温入党誓词的庄重氛围。

在省内主要媒体开展前期宣传，介绍展览的基本内容等。制作“展览前瞻”：探访吉林省博物院纪念建党 95 周年专题展览。组织展览期间的媒体采访报道，在《吉林画报》推出展览专版，在《中国文物报》发表展览综述。

举办专家讲座：邀请中共党史专家到博物院进行讲座，使观众更加深入地了解党的历史，学习革命先辈和先进典型。

根据该展览主题，文创中心以部分代表性文物或展览所涉重大历史事件为元素，在贴近百姓生活、群众喜闻乐见的理念上，设计并生产了如“马灯挂件”“抗联 T 恤”等 10 余款 1.4 万件文创产品。观众对这批文创产品给予了认可和支持。

展览还策划了青少年教育主题活动：举办“追随红色足迹、伴我精神成长”“小小讲解员培训”等主题教育活动，让青少年在良好的教学情境下自主习得经验、培养动手能力、萌发爱国爱党情感，充分发挥博物馆的社会教育职能。

展览改变了近现代展览通常的通史展出方式，以文物为展示重点，“让文物活起来”的理念得到深刻贯彻和落实，为近现代史展览展出寻找到了新方法、新途径。

展览自开幕以来，观众参观踊跃，反响强烈。至展览撤展，吉林省委办公厅老干部处、吉林省林业厅、吉林省政府法制办、吉林省高速公路管理局、中国农业银行曙光支行、中国石化吉林天然气分公司、吉林财经大学、长春市宽城区南京小学、吉林省军区通信站等 145 个团体 24 万观众参观了展览，取得了良好的社会效益。

北国枪城 · 塞北延安

庆华军工遗址博物馆

“北国枪城·塞北延安专题展览”由北安市委、市政府主办，中共黑龙江历史纪念馆和庆华军工遗址博物馆共同承办，于 2016 年 7 月 22 日在北安庆华军工遗址博物馆临时展厅内开展。

展览共展出 175 幅反映北安红色历史军工文化等不同时期的图片，并以大量文献资料展示了北安曾两度设为省会，是具有深厚红色文化底蕴的区域性中心城市的历史，这里还诞生了中华人民共和国第一个枪厂。展览通过六部分展示红色北安，使红色文化成为北安鲜明的文化符号与积淀。

北安被誉为“塞北延安”，在东北抗战和东北解放战争时期发挥了重要作用。其位于黑龙江省北部区域中心，战略地位极为突出。这里是一片红色热土，红色历史文化深厚。原庆华工具厂的前身是沈阳“五一兵工厂”枪所，为适应抗美援朝战争需要，中共中央决定将其迁往北安，组建北安冲锋枪厂。经过艰苦创业，建成了当时新中国最大的枪厂——国营庆华工具厂（代号六二六厂），为共和国军工事业和国防事业的发展做出了重要贡献。

抗战胜利后，党中央做出“向北发展，向南防御”的战略方针和“建立巩固的东北根据地”的重要决策，建立了以北安为中心的黑龙江省根据地。1945 年 12 月 1 日，黑龙江报社在北安县正式诞生，从此揭开了黑龙江新闻史上新的一页。

展览开幕式

展览现场

国营庆华工具厂的诞生与发展，使北安这座城市成为享誉中外的“北国枪城”。庆华工具厂共科研各类枪械 82 种，列装部队 25 种，累计生产各种枪械 9006116 支，可装备 800 个步兵师，为保卫国家和平安全做出了卓越贡献。当时庆华工具厂是中国最大的枪厂，生产出众多国产名枪。国营庆华工具厂还创造了“两参一改三结合”企业管理经验，开创了社会主义企业管理新模式。1960 年，被毛主席写入《鞍钢宪法》，成为我国企业管理的一座里程碑。同年，庆华工具厂被授予“全国跃进红旗厂”光荣称号，这里还是中国运动枪械的摇篮，我国运动员用这里生产的运动枪参加世界比赛，获得数百枚奖牌，为祖国争得荣誉。庆华工具厂先后被国务院、中央军委、兵器部、黑龙江省评为“红旗厂”“先进企业”“大庆式企业”。朱德、李立三、洪学智、邹家华、李德生、廖汉生、宋任穷、许光达、赵尔陆等 50 多位党中央、国务院、中央军委、国家有关部委及黑龙江省委、省政府领导同志先后来厂视察工作，慰问为国防建设和军工发展做出卓越贡献的干部职工。

本次专题展览还以巡展的形式，在黑龙江省中共黑龙江历史纪念馆、黑河市博物馆展出。这次活动成为北安红色文化的深入挖掘和集中展示，旨在弘扬红色文化和红色军工文化，加快打造北安红色旅游品牌，提升红色旅游产业发展水平，为北安市特色文化强市增添了新亮点。

伟大开端——中国共产党创建史陈列

上海中共一大会址纪念馆

“伟大开端——中国共产党创建史陈列”由上海中共一大会址纪念馆主办，张黎明担任项目负责人。展览于2016年7月1日在上海中共一大会址纪念馆对外展出。

为纪念中国共产党成立95周年，满足时代和社会的需要，馆方对原基本陈列进行改建。展览主题为“伟大开端”，突出强调“中国共产党从这里诞生，中国共产党人从这里出征，中国共产党的历史从这里开始”的核心意涵，充分展示中共创建对中华民族伟大复兴的历史意义。

展览把中国共产党的诞生置于鸦片战争以来中华民族探求民族复兴的宏大历史中进行叙述，共分为五个部分，分别为“序厅：起点”“第一部分：前赴后继救亡图存”“第二部分：风云际会相约建党”“第三部分：群英汇聚开天辟地”“尾厅：追梦”。

第一部分讲述了自1840年鸦片战争以来，中国逐步演变为半封建半殖民地社会。为了挽救国家和民族的危亡，中国人民进行了英勇的抗争和艰苦的探索。这些探索和斗争虽然在一定程度上推动了中国社会的进步，但都未能改变中国的社会性质和人民的命运，这一重任历史地落到新兴的无产阶级身上。第二部分讲述了1915年兴起的新文化运动，掀起了思想解放的浪潮。在共产国际的关注和推动下，上海、北京等地相继组建共产党早期组织，开展革命活动，大力宣传并促进马克思主义

会议场景

展厅一隅

同中国工人运动相结合，为中国共产党的成立奠定了基础。第三部分讲述了 1921 年 7 月 23 日，中国共产党第一次全国代表大会在上海开幕。中共一大通过了党的纲领和工作决议，选举了中央领导机关，宣告中国共产党的正式成立。中国革命的面貌从此焕然一新。展览用“以史带物”的叙述手法，强调史实的完整性，从第一部分到第三部分层层递进、前后呼应，完整展现了中共创建的历史背景、过程以及对中华民族复兴的历史意义。

展览采用多样化和动态的表现手法，强调展览的吸引力和感染力。运用实物、图片、文摘、场景、艺术品和多媒体等多种展陈形式，综合表现主题和内容。第一部分采用暖灰色为主色调，反映了中国人民在黑暗中的艰辛探索；第二部分采用灰棕色为主色调，预示着中国革命曙光初现；第三部分采用红色为主色调，突出红色基因，宣告了党的诞生；序厅和尾厅以白色为主色调，营造庄重大气、具有海派特色的整体氛围。序厅运用紫铜主题雕塑“起点”、以党徽为中心图案的天顶以及“党旗屏”，共同演绎“伟大开端”的主题。尾厅由文摘、大型浮雕墙、视频“追梦”和缅怀墙共同组成，展示了中国共产党领导中国人民实现中华民族伟大复兴中国梦的历史征程。

馆方结合展览主题和藏品要素开发出《共产党宣言中译本——仿制版》、“从上海石库门到北京天安门——U 盘充电宝套装”、定制党徽、馆藏刊物手机壳、冰箱贴等 14 个种类红色文创产品。产品分为高、中、低三个价位，兼具美观性、实用性、知识性。

在宣传与推广上，馆方利用官网、微信发布展览预告，制作网上虚拟展览，举行国家级媒体参加的新闻发布会，提升展览影响力。在上海电视台制作、播出 2 部专题宣传纪录片。新展开放以来，共有《人民日报》、新华社、中央电视台、《光明日报》、《解放日报》、《文汇报》、《新民晚报》、《东方早报》、《联合早报》、《大公报》、上海广播电视台、上海教育电视台、新华网、东方网、腾讯网、凤凰网、大公网等 30 余家国内外主流媒体报道 60 余篇。

馆内设咨询处、预约处、观众休息处等服务设施。为满足普通观众参观需求，馆方提供微信语音导览，配备专职及志愿者讲解员，为 20 人以上团体提供预约讲解及散客定时讲解服务。开设专题讲座 75 场，提供入党宣誓 126 场。

展览自 2016 年 7 月 1 日正式向公众免费开放，截至 2016 年底，已为 339491 人次观众提供了 1462 批免费讲解服务和配套教育活动。展览得到领导、专家、党团组织以及观众的一致好评。

灯火：鲁迅与文艺——纪念鲁迅诞辰 135 周年特展

上海鲁迅纪念馆

“灯火：鲁迅与文艺——纪念鲁迅诞辰 135 周年特展”由上海鲁迅纪念馆主办，展览由馆长郑亚牵头、全馆人员共同策划而成。展览于 2016 年 8 月 25 日至 11 月 30 日在上海鲁迅纪念馆“奔流艺苑”展厅展出。

为纪念鲁迅先生诞辰 135 周年、逝世 80 周年，弘扬鲁迅精神，传承民族文化，并与《习近平总书记在文艺工作座谈会上的重要讲话》相呼应，博物馆以鲁迅先生的“灯火”思想为指引，重要文艺语录为导读，通过展示馆藏珍品，为观众呈现鲁迅的文艺观及其实践。

展览分为五个部分：一、新生——文艺观念的形成与倡导；二、呐喊——文艺创作的探索与实践；三、择取——民族文艺的继承与弘扬；四、拿来——国外文艺的引进与吸收；五、论争——文艺批评的开创与推进。五大部分遵循鲁迅文艺观及其实践的发展轨迹，文字说明通俗易懂，便于观众理解。各部分中所涉及的论断、观点均采用目前公认的研究成果，并得力于馆内专家的审核和学术支持。展览共展出实物展品 83 件，其中等级文物 16 件、艺术品 11 件、文物仿真复制品 56 件。展品类别丰富，除鲁迅手迹、相关书籍、文房用品外，也有现当代艺术家油画、版画、国画等颇具观赏性的艺术作品。

展览序厅

展厅一隅

展览在选题上紧扣社会热点。2014年文艺工作座谈会上，习近平总书记曾数次提及鲁迅及其文艺观。鲁迅曾说：“文艺是国民精神所发的火光，同时也是引导国民精神的前途的灯火。”“要改造国人的精神世界，首推文艺。”在展览的内容设计上，既考虑到展览的科学性和准确性，又贴近现实、贴近生活、贴近群众。在展览组织上，兼顾展品层次、角度的全面性与展品本身的代表性和观赏性。在展览形式上，合理运用展示手段。为突出主题“灯火”，展览整体色调以暖色系为主，展厅大氛围以吊杆射灯来营造。五大部分以结合鲁迅藏“秦汉瓦当”图案的雪弗板造型一级标题板为分隔，同时在两大重点区域设计了上海鲁迅故居场景复原。展览规划充分考虑壁龛柜、桌柜和中心高柜在展厅空间中的合理配置。

博物馆特别组织相关部门齐心协力、通力配合，进行了多层次、全方位、立体式宣传推广。制作了宣传图录、展览三折页、宣传册等；充分利用2016上海书展这一社会优势平台，发售同名图录《灯火：鲁迅与文艺》；与上海戏剧学院合作，共同策划文献剧《鲁迅：1936年的秋天》；还综合利用传统媒体和新媒体优势，针对不同年龄层，开展有针对性的展览宣传推广。

博物馆面向观众开展了2次“上鲁讲座”，邀请国内知名学者梅子涵和陈漱渝来馆授课，对鲁迅的文艺观及其成就进行多方位解读，同时紧扣展览主题，举办“名家经典我来演——2016年‘鲁迅杯’上海市中学生课本剧大赛”，将文学经典通过艺术化的方式进行表达，提高中学生对文艺尤其是鲁迅文艺观的理解和兴趣。

此次展览的理念是空间通透，绿色环保。为增加展厅通透感，特设计了几处双向壁龛柜，并配套设计了多组背靠背版画作品，以钢丝固定悬挂，增加了展品的趣味性；展厅隔墙均为轻钢龙骨基层加耐火油画布的组合，减少木料的运用也减少了消防隐患，展厅被分隔成三部分，在确保观众有足够观看距离的前提下，尽可能扩充展线。壁龛展柜安装帘幕探测器、门磁开关、玻璃张贴防爆膜。展柜采用铝合金型材玻璃展柜，并可利用手机上的APP进行无极调光，使灯光有效配合不同材质的展品；桌柜均采用国内领先的低反射玻璃，避免观众在参观过程中被反光及灯光光晕所侵扰。

展期内共接待观众71138人次，未成年人7130人次。展览较好地弘扬了社会主义核心价值观和时代精神，对于大众了解鲁迅的文艺观及其实践，引导人们树立和坚持正确的历史观、民族观、国家观、文化观等起到了积极作用。

正义必胜　和平必胜　人民必胜
——中国战区反法西斯战争胜利暨审判日本战犯史实展

侵华日军南京大屠杀遇难同胞纪念馆

“正义必胜　和平必胜　人民必胜——中国战区反法西斯战争胜利暨审判日本战犯史实展”是侵华日军南京大屠杀遇难同胞纪念馆（下称“纪念馆”）的常设展览。展览于2015年12月7日在纪念馆开展。

展览展陈面积约6000平方米，共展出图片1100余幅，文物6000余件，音像资料100余部。展览共分为“侵略者的罪恶、不屈的抗战、法西斯的投降、正义的审判、争取持久和平”五个部分。在充分考证研究的基础上，用大量的史料图片、人证物证，真实再现相关的重大历史事件和重要历史人物，多角度、多维度地展现中国人民抗日战争为世界反法西斯战争胜利付出的巨大牺牲和做出的重要贡献，充分揭露日本帝国主义侵略罪行，再现日本在南京及各地投降史实和正义审判史实。在大力弘扬中华民族伟大的抗战精神的同时，体现坚决维护战后审判所作的法律定论，共同维护二战胜利成果和战后国际秩序的重要意义。寄托人们铭记历史、珍视和平的美好愿景。

展览紧扣内容主题，结合建筑空间条件与展示史料及展品，用体系化的展览语言，重视观众参观体验及情感调动，通过“五线一效果”，即史料图文展示线、文物展示线、多媒体交互体验线、艺术品辅助展示线、叙事导引线和整体空间的专业灯光效果塑造的有机打造，使展览达到“一句话通过一本

展馆俯视图

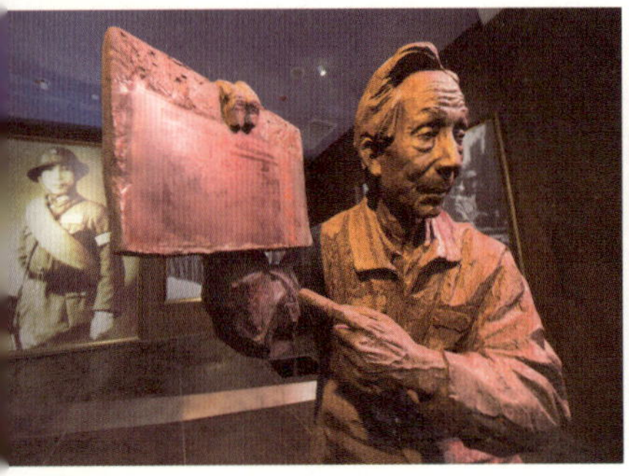

展厅实景

史料展示文本的有机阐释，一个建筑空间通过多元化艺术表达空间来充实，一个创意采用多种艺术表达方式来展现，一个展览与不同观众的体验对接，一个有形展览与智慧展览体现的有机结合”的效果。

展览设计从点到面进行延伸，设计语言采取倒叙手法，由胜利的欢庆到真实历史的回溯，紧紧围绕着政治性、史实性、特色性、国际性和艺术性展开。政治性上，由点到面，首先介绍抗战老战士于文瑞的故事，他作为国民党军队宪兵第十团第二营第四连中尉排长，亲身参加了1995年9月日军投降典礼；史实性上，以分层错落的立体化方式展示历史图片和影像，体现陈列的层次和深度；特色性上，利用场景复原的手段，局部复原了日军投降签字典礼和南京法庭审判的旧址，同时配合新媒体手段，还原现场的历史原貌；国际性上，在“穿越历史环球共庆”的多媒体展示中，巧妙利用建筑，通过自动空间和声光电新媒体技术，既回避大型多媒体造成的人员滞留弊端，同时全面地展示了世界各国欢庆胜利的场景，使观众可身临其境地感受到那份热烈的气氛；艺术性上，用多元的艺术表现手法，在过渡导览主线上添加艺术展示、灯光氛围过渡，既实现展示内容的舒缓有致，又体现人文关怀的体验与情感过渡，生动地刻画了多个抗战主题。

展览正式开展之前，纪念馆围绕“国家公祭”的主题启动了宣传推广工作。通过中央及省市的报纸、电视台、广播电台、主流网站等平台加以宣传报道。据不完全统计，共有80多家新闻媒体报道或转载展览的有关信息。纪念馆也利用自身“两微一端”平台进行相关的宣传推广。“国家公祭日”前后，海内外媒体又形成数轮宣传合力，集中性、规模性地报道，实现了良好的传播效果。

展览目前主要面向观众提供中、英、日、韩、德、俄等6种语言的现场讲解服务，接待了大量海内外观众。2016年，纪念馆围绕展览开展了82次青少年教育活动，接待了北京、上海、杭州等地的高校学生，丰富了青少年的课余文化生活。

此外，在展览尾厅还设立了文创产品销售中心，以宣传抗战历史，弘扬民族精神为主要目的，开发系列文创产品，包括带有紫金草图案的和平鸽以及V字形胜利图案的贴纸、徽章、明信片、挂坠、胸针、铅笔、圆珠笔、笔记本、胶带等，定价情况充分考虑一般观众为主，兼顾高端人群，受到观众的喜爱。

该展览自开展以来广受好评，并于2017年5月18日荣获第十四届（2016年度）全国博物馆十大陈列展览精品推介精品奖。

飘扬的红旗——纪念建党 95 周年暨红军长征胜利 80 周年主题展

安徽博物院

“飘扬的红旗——纪念建党 95 周年暨红军长征胜利 80 周年主题展”由安徽省文化厅主办，安徽省文物局、安徽博物院承办，皖西博物馆、大别山烈士陵园协办，于 2016 年 10 月 20 日至 11 月 22 日在安徽博物院新馆展出。

展览讲述了安徽地区共产党人和红军的革命历程与功绩以及长征中安徽籍红军将士可歌可泣的感人故事，再现了安徽地区保留的红色革命旧址背后的历史记忆与革命精神。皖西北苏区是鄂豫皖革命根据地的重要组成部分，是孕育红军的摇篮之一。该展览紧扣“两源两地”的重要定位，凸显了安徽在中国革命史特别是在建党、建军中的重要地位。通过 240 余件革命文物、350 余张图片，配合视频播放、互动触屏等表现手段，在有限的空间内最大限度展现出丰富的内涵。

展览采取多线并行的方式，从时间轴、人物线、革命遗址遗迹三方面展开。结合展览主题，展厅选用红色作为主色调，形成强烈、振奋的视觉冲击力。展览设计以表现平面展品“立体化”为原则，通过版面的层次、色彩的纯度、灯光的照度来传达出主次内容。灯光的运用是本次展览技术的重点，通过选用适当的灯具，做到“层次分明、重点突出、经济合理”，对重点展品重点表现，引导观众参观。灯光表现注重“洗墙效果”和“聚焦效果”的结合，通过良好的视觉环境，营造出与主题相适应的展览氛围。此外，考虑到光照对纸质文物的影响，在具体运用中以文物保护为原则，注重灯光的照度及色温。

安徽博物院在官网、新浪官方微博及微信公众号等平台对此次展览进行了推广宣传，微博阅读量达 72105 次。国家文物局网站、中国文物信息网、中安在线、《安徽商报》、《安徽日报》、合肥电视台等多家媒体以及文化部、《安徽日报》的官方微博平台均对本次展览给予持续关注。据不完全统计，

展厅一隅

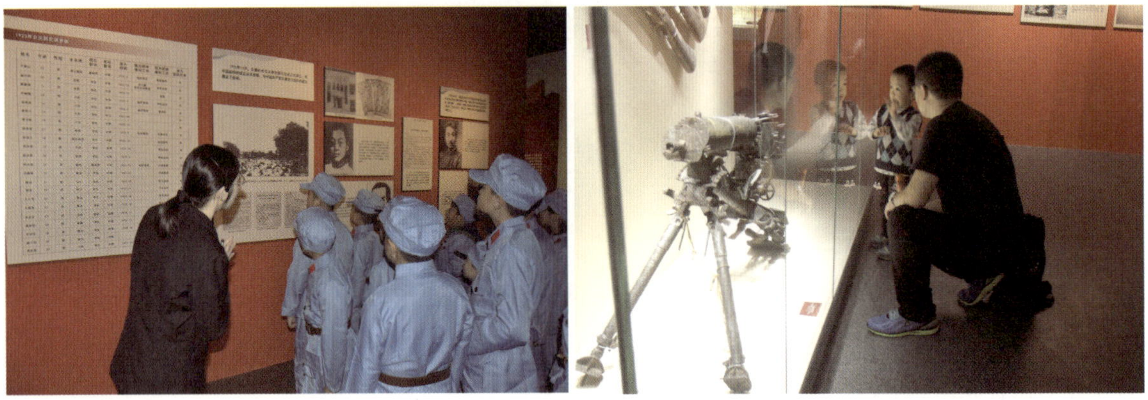

认真的小观众

各类宣传报道达到30余次，产生了良好的社会影响。

为配合此次展览，把革命故事和红色精神送到观众身边，安徽博物院特推出“红色记忆”系列文创产品，以常用的生活物品为文化载体，将红色记忆和革命精神传播到日常生活中，在展览结束后继续浸润观众的心灵。系列产品包括“红军不怕远征难”双肩包（可折叠），“八月桂花遍地开”T恤（黑红两色），以“革命理想高于天”“映山红花开”“八月桂花遍地开”为主题的红色记忆便签本和“映山红花开”系列零钱包、U型枕、抱枕等。产品以红、黄为主色调。红分两种，有象征着红军长征精神的“革命红”和体现革命区人民对红军归来的深切期盼的“映山红”。黄为“桂花黄”，取意于“八月桂花遍地开”，反映了广大人民支持革命的高涨热情和内心的欢喜。

展览期间还开展了“我是红军小战士”青少年主题活动3场，共计150人参加；组织红色宣讲进社区、进部队、进校园活动共4场；通过校园网络电视直播安徽革命史宣讲活动，进行在线直播教育；送展至安徽建筑大学马克思主义学院，并在学院内同步开展“红军长征中的皖籍将士”讲座。博物院不但采取“送出去”的方式进行教育活动，同时也通过“引进来”的手段丰富拓展展览内涵——邀请中共安徽省委党史研究室苗键副主任做客安徽文博讲堂，主讲“传奇的红军别样的长征——关于红二十五军和它的长征”。整个展览期间，各类教育活动项目的受众达7000余人次。此外，安徽省博物馆陈列展览联盟同时制作了展览电子图版，组织全省陈列展览联盟单位在所在地市县博物馆和纪念馆以及政府办公地点广场、机关、部队、社区、学校等公共区域同期举办展览，形成强大的宣传声势。

该展览全景展现了安徽地区共产党人及红军的革命历程与功绩、长征中安徽籍红军将士可歌可泣的感人故事和安徽地区的红色革命旧址以及背后的历史记忆，弘扬了伟大的长征精神，培养了公众的爱国意识和民族责任感，激励7000万江淮儿女为实现中华民族伟大复兴中国梦而不懈奋斗。本次展览接待观众5万多人次。

东方戏圣汤显祖

抚州市汤显祖纪念馆

“东方戏圣汤显祖基本陈列”由江西抚州市汤显祖纪念馆主办，于 2016 年 9 月在抚州市汤显祖纪念馆展出。

展览内容主要以追寻汤显祖的人生轨迹为“故事线”，分为读书、求仕、出仕、居家创作四个时期，文本大纲以其人生历程为主体脉络，加后世传播影响为辅助，进行内容与文字设计。展览共分五个单元。第一单元“星耀临川，才子蹭蹬”，第二单元“浮沉宦海，名臣铿锵”，第三单元“堂开玉茗，临川终老”，这三个单元主要以追寻汤显祖的基本人生轨迹，即少时扬名于文坛，中年失意于官场，晚岁功铸于曲苑。第四单元“情铸四梦，传奇辉煌”，主要展示汤显祖的剧作“临川四梦”（《牡丹亭》《紫钗记》《南柯记》《邯郸记》）的情节主题与艺术成就，淋漓尽致地描摹戏中人生，将戏中之梦和梦中之情予以生动展示。第五单元“东方戏圣，汤学播扬”，主要以梳理明代以来汤显祖与其戏剧的重要影响，20 世纪以来国内外“汤学”研究热潮，彰显汤显祖及其剧作的历史地位。展览展品齐、规格高、系列全，涵盖古籍、服饰、乐器等多个类型 500 余件展品，这些展品主要通过前期积累和后期征集获得。

戏曲服饰展示

多样的展品与展示方式

纪念馆与设计施工单位多次沟通，对藏品精心选择，准确定位，并挖掘了不少新的材料，比如在一楼的汤显祖生平陈列部分，选用了国家二级文物、由汤氏直系后裔捐赠的清同治七年《文昌汤氏宗谱》。此外还有1982年在抚州举办纪念汤显祖逝世366周年纪念活动时，由资深学者捐赠的明代版本《汤显祖文集》《汤显祖尺牍》，以及当时留存下的一批珍贵字画和其他明清时期“临川四梦”的古籍版本、近现代国内外出版发行的汤显祖及戏剧研究专集、古代戏剧人物服饰等各类馆藏，其中珍贵文物就高达134件，可谓“重器”连连。该展览充分运用国内外学术界“汤学”研究的最新成果，是目前国内唯一以全景展现汤显祖生平履历及其戏剧成就的专题性展览。2015年10月国家主席习近平出访英国时提议，2016年中英两国共同纪念中国伟大戏剧家汤显祖和英国杰出戏剧家莎士比亚逝世400周年。本展览为此重要系列活动之一，搭建了一座展示汤显祖及其戏剧的高水准舞台。

在服务、教育方面，为增强观众的互动娱乐性，纪念馆特别设置了一个游戏环节，即观众可以通过二维码把现场的图片转发至微信朋友圈，还可以借助微信上传自己的照片到圆柱与圆台互动桌面系统。如此，观众便可在流动的花瓣中抓取到自己的照片，并成为他人欣赏的一部分。

纪念馆在吸取中国传统戏剧起、承、转、合观念的基础上，精心设计展厅空间。一楼进行了巧妙的分割组合，拓展空间容量。二楼巧妙利用错层，营造峰峦叠嶂之势。三楼搭建圆形空间，做层次处理，形成独特的观展平台。在设计风格上借用戏剧“虚”“实”并用的手法，注重审美意境的营造，突出清雅深幽的空蒙太虚之境，使汤显祖人生境遇的超然与“临川四梦”的唯美浑然一体，虚实互映，层层推进，产生一种曲径通幽、绰约迷离的戏剧幻象之美。借鉴古典园林、赣东民居建筑和戏剧的元素，以抽象写意和抒情诗化的形式呈现简约、精致、恬静的人文气息。色彩从青春版《牡丹亭》服饰中提炼与展览契合的色系，清新淡雅的主色调中配以嫣红、粉绿等色彩的装点，形成明朗清雅有如暗香袭来的韵致。通过科技手段的运用与创新，达到文化与科技的充分融合，使观众在沉浸式的展示环境中实现与传统文化的对话。《牡丹亭》充分利用建筑错层，以景观形式精心营造令人难忘的后花园。《紫钗记》运用了微缩半景画方法，再现剧中“拾钗、还钗”的著名桥段。纪念馆还把最新科技与展览结合起来，以增强展览艺术效果，比如弧形环幕投影、大数据互动拼接屏、360度全屏互动体验台柱等。

展览开展以来共接待观众人数约42万人次（海外观众1.5万人次），其中2016年国庆黄金周参观人数就达到12万人次，取得了良好的社会效益。

光辉的历程　伟大的成就——山东省庆祝中国共产党成立 95 周年主题展

山东博物馆

“光辉的历程　伟大的成就——山东省庆祝中国共产党成立 95 周年主题展”由中共山东省委宣传部、省委党史研究室、山东省文化厅和山东省文物局主办，由山东博物馆承办。展览于 2016 年 6 月 27 日至 2017 年 5 月 1 日在山东博物馆展出。

展览内容涵盖政治、经济、文化、社会、生态文明和党的建设等诸多方面，通过大量珍贵文物和历史照片集中展示了 95 年来山东的党组织团结带领全省人民进行革命、建设和改革的伟大历程及取得的辉煌成就，生动再现了一代又一代共产党人前赴后继、百折不挠、艰苦奋斗、改革创新，谱写争取民族独立、国家富强、人民幸福壮丽诗篇的伟大壮举，全面体现了山东人民在党的领导下艰苦奋斗、开拓创新的辉煌成就和宝贵经验。

本次展览展品数量众多，共展出党史文物 247 件，其中展出珍贵文物达到 62 件（一级文物 9 件、二级文物 3 件、三级文物 50 件）。展出文物来源广泛也是一大特色，除山东博物馆精心遴选馆藏 223 件文物外，还从济南市博物馆、青岛市博物馆、淄博市博物馆等 10 家文博单位借用文物 24 件。

展览序厅

展厅一隅

展览具体的宣传工作主要分为“新闻宣传”和“活动宣传”两大部分：“新闻宣传”通过电视、报纸、网络、电台和手机自媒体等多种渠道，以专版报道、专题文章、现场采访、微信互动、手机 APP 资讯发布等多种形式进行；新闻媒体积极主动宣传展览，为展览提供有力舆论支持，进一步放大展览的积极影响，在构建社会主义核心价值观、讲好党史故事方面发挥巨大作用。与此同时，通过爱国主义教育活动、鲁博剧社、流动博物馆等行式，促成广大观众热烈参观展览的热潮。

与展览相关的社会教育活动也相当丰富：展览开展后，山东省内各地机关事业单位、军队、高校师生、中小学学生团体及各界群众前来参观，举行爱国主义教育活动；展览还采取“流动博物馆”的方式，将展览带进社区、学校、部队，开展纪念建党 95 周年系列活动，深入开展“学党史、感党恩、跟党走”等群众性主题教育活动，唱响时代主旋律，进一步增强道路自信、理论自信、制度自信；结合“两学一做”学习教育，充分发挥展览的最大效应，大力弘扬党的优良传统和作风，动员全省人民更加紧密地团结在以习近平同志为核心的党中央周围，不断谱写加快经济文化强省建设、在全面建成小康社会进程中走在前列的辉煌篇章。

展陈文物的同时还举办了相关学术交流活动：

2016 年 6 月 29 日，山东博物馆党委组织全体党员在一楼报告厅与团省委的党员干部共同听取了由省委党校党史教研部主任王立新教授为全体党员干部作的“正确认识党的光辉”专题党课讲座。王立新教授从什么是中国共产党党史、党史的特点讲起，深入浅出、内容丰富、旁征博引，具有很强的指导性和感染力。通过此次党课学习，党员干部加深了对党史的认识，强化了党性修养、党员意识和党性观念，进一步加深全体党员干部对“两学一做”学习教育活动的理解和掌握。

2016 年 7 月 1 日上午，山东博物馆党委组织全体党员干部在一楼报告厅集中收看中国共产党庆祝建党 95 周年大会电视直播实况。7 月 4 日上午，为庆祝中国共产党建党 95 周年，同时结合“两学一做”学习教育主题活动，山东博物馆党委组织全体党员一起参观了“‘复兴之路’山东展”暨“山东省庆祝中国共产党成立 95 周年主题展”，并重温入党誓词。党员在一系列生动深刻的党性教育学习中进一步加深了对党史的深入理解。作为新时代的共产党员，应当积极响应“两学一做”学习教育要求，党员学习的目的就是要把习总书记讲话精神贯彻落实到博物馆事业各项工作中去，积极开展“两学一做”学习教育，充分发挥基层党组织的战斗堡垒作用和党员的先锋模范作用。

此次展览累计参观量近 100 万人次，受到社会各行各业、各个年龄阶层观众的广泛好评。观众通过展览重温新中国建设的光辉历程，同时深切体会到中国共产党在其中发挥的重要作用。

郭永怀事迹陈列

荣成博物馆

“郭永怀事迹陈列”由荣成博物馆主办，策展团队由李波等博物馆工作人员组成。该展览于 2016 年 10 月 16 日荣成博物馆一楼展厅长期展出。

展览共分七个部分。第一部分“荣成之子、潜心求学”，展示了郭永怀少年才俊、崭露头角、辗转求学、立志报国的求学之路；第二部分“扬名海外、毅然回国”，展示了郭永怀在美国突破声障、创立 PLK 方法，蜚声域外，却情系祖国，义无反顾回归报国的历程；第三部分“两弹一星、功勋卓越”，展示了郭永怀归国后作为国防事业的先行者和航天事业的拓荒人，为我国科研以及国防事业做出的巨大贡献；第四部分“儒家情怀、大师风范”，展示了郭永怀重视人才培养，学术上要求严谨以及无私无畏、刚正不阿的人格魅力；第五部分“以身许国、壮烈牺牲”，展示了郭永怀在飞机失事的危难关头，为保护数据资料，与警卫员牟方东紧抱一起，用血肉之躯保护绝密资料，以身许国的壮烈一幕；第六部分“怀瑾佩瑜、爱在天际”，展示了郭永怀与李佩夫妇的爱情传奇，及李佩先生为我国教育事业做出的突出贡献；第七部分“高山仰止、永远怀念”，展示了郭永怀以赤子之心报国，为中国的力学事业、国防科技事业，航空航天事业贡献了毕生精力，斯人已去，风范永存。

该展览以郭永怀事迹为主线，按照时间顺序，由早到晚表现。通过对展览主色调和氛围把握、元素运用、展示设计、灯光照明及辅陈设计等方面，用多种语言及表现手段，对郭永怀人物事迹进

陈列馆外景

展厅内景

行全面的阐述。采用原始场景复原、爆轰场景模拟、激光风洞模型、多媒体影像等多种展示手段方式，系统全面地展示中国核武器发展道路之艰辛与困难，以及今天我国核武器事业的成就与辉煌。

荣成博物馆与中国科学院力学研究所、中国科技大学、中国工程物理研究院、中国空气动力研究与发展中心、工程兵第三研究所合作，建立党员干部教育基地。国防科工局、中国国防科技工业文化交流协会授予其“全国军工教育基地”称号；山东省人民政府、山东省军区授予其“山东省国防教育基地”称号。同时，荣成博物馆主编出版了《家国情怀大师风范——“两弹一星”元勋郭永怀》画册；与中科大出版社合作，参与编辑出版《佩瑜怀瑾纨质蕙心——李佩先生的世纪生涯》画册；与国家邮政局合作，参与发行郭永怀纪念邮票。2017 年 7 月 1 日由郁百杨导演的音乐剧《爱在天际》在荣成首演，演员均为荣成本地各界群众和在校大学生。

荣成博物馆针对“郭永怀事迹陈列”开展了一系列青少年教育活动。开设“永怀讲堂”，聘请院士、教授进校园宣讲。2016 年共举办两期永怀讲堂，第一期讲堂由郭永怀的学生胡文瑞院士主讲“郭永怀与中国航天航空事业”；第二期讲堂由郭永怀的学生，上海大学终身教授戴世强教授主讲“永怀精神永放光芒”。在 12 月 5 日郭永怀牺牲纪念日当天，全市举办郭永怀精神演讲比赛和征文比赛，获奖征文在《荣成日报》设专栏刊登，演讲比赛在市电视台播出。

该展览始终把握人物事迹是展览主角的理念，并以图片展示形成展览的主展线，将与事迹相关的背景知识及相关连接作为辅展品，穿插于主展线中。七个部分串联成一个一个大展厅，整体统一风格，把握各层次艺术张力与平衡。展览的照明选取点射与漫射结合运用，突出表现展览的层次与节奏。灯光与光源，选择与配光，均达到博物馆照明对色温、照度、显色性等专业的要求，确保实现展览效果与展品保护。

郭永怀事迹展馆成为山东省首个院士纪念馆，成为目前全国屈指可数的展示新中国科学家风采的展馆，成为对社会各界进行红色教育、科普教育的重要场所和践行社会主义核心价值观的重要阵地。在今天，继承发扬永怀精神，对于加强国防教育、党性教育、科普教育和践行社会主义核心价值观有重要意义。

南粤沃土铸伟业——庆祝中国共产党成立 95 周年纪念展

广东革命历史博物馆

“南粤沃土铸伟业——庆祝中国共产党成立 95 周年纪念展”由广东革命历史博物馆与广东省社科联、广州市社科联联合举办，于 2016 年 6 月 25 日至 10 月 16 日在广州起义纪念馆中楼展出。

南粤大地是一片沃土，中国共产党在这里根植沃土，精心涵养，发展壮大。在党的 95 岁生日到来之际，中共广州市委党史研究室和广东革命历史博物馆联合策划了“南粤沃土铸伟业——庆祝中国共产党成立 95 周年纪念展”。

该展依据中国共产党在广东的思想理论、组织建设、宣传工作、工农运动和军事建设等不同领域的开拓探索，分为“探寻真理：从认识到实践”“开拓新路：引领组织建设”“精英荟萃：舆论宣传重镇”“如火如荼：全国工农运动先锋”“蓄势待发：中共军事建设起点”五个部分。

通过 160 余张珍贵的历史照片、广东革命历史博物馆馆藏的 40 余件相关文物以及多个视频影像资料，再现了 1921 年到 1927 年间，陈独秀、陈延年、瞿秋白、毛泽东、周恩来、熊雄、彭湃等一批重要的共产党人在南粤大地的探索历程和主要成就，缅怀他们为了革命理想不懈奋斗的精神。

展览序厅

革命文物展示

这段时间，中国共产党在思想理论、组织建设、宣传工作、工农运动和军事建设等领域都进行过开创性的探索和实践，并取得了显著的成就。展览重点介绍了中共广东区委书记陈延年、无产阶级宣传家瞿秋白、“农运大王”彭湃、工人运动领袖苏兆征、黄埔军校政治部主任熊雄等中共名人，还原了他们的形象、事迹。观众通过了解人物本身，能更好地理解历史事件，更深刻地理解展览内容。

此次展览的一个重大突破就是将1921年到1927年间中国共产党在广东的历史进行整合和归纳，打破党史展览以时间为先后顺序的线性展示方式，以一个全新的、横向的视角更加清晰地展现中国共产党在广东的探索历程和主要成就。

在服务方面，为做好此次展览的开展及讲解接待工作，博物馆特向讲解员进行了展前培训，并筹划了应急措施。尽管2016年7月1日当天的观众达千余人，讲解达20批次，但在工作人员的安排下，全部观众都能有序参观，并听取了讲解。此外广东革命历史博物馆还结合展览主题，推出特色活动，在党旗前重温入党誓词、绣党徽、共唱《国际歌》等。配合展览内容，博物馆还精心设计制作了“一张图教你看懂展览”，以图文结合的形式，生动形象地告诉观众“你在展览中能看到什么”“展览有什么亮点”“内容这么多，你该怎么看”等展览细节，帮助观众更轻松愉悦地参观展览。序厅还设置有“追忆·中共名人在广东（1921—1927）”展览微互动墙面，观众可以通过翻阅墙面上的书纸，了解更多中共名人在广东的信息。

该展览展出后吸引了许多单位和大批观众前来参观。据统计，从展览推出2016年至7月中下旬，参观人数多达万余人次。市人大常委会、市政协、市国土规划局、天河区人民检察院、南方电网、中建四局等单位纷纷莅临广州起义纪念馆参观学习。“2016广东社会科学普及周”以“爱党爱国爱社会主义”为总主题，自8月份启动以来，全省共有418个项目入选其中。该展作为入选的主题展览之一，与其他系列活动一起，为全省人民群众献上了一份社科盛宴、文化大餐，对于提升广大人民群众的科学文化素养、弘扬“爱党爱国爱社会主义”的精神具有重要意义。

鸦片战争

鸦片战争博物馆

“鸦片战争展览”由鸦片战争博物馆主办，于 2016 年 12 月 8 日改陈升级后正式向公众开放，展出地点位于海战博物馆。

这是一个建构性、记忆性、智慧性和心灵性的展览，围绕两次鸦片战争，介绍其背景原因、发生发展、结局影响等全部过程。此次展览由鸦片战争博物馆主办，由“鸦片战争前的中西世界”“中英战前冲突”“战争第一阶段”“第二阶段”“第三阶段”“第二次鸦片战争”及“沉沦与觉醒”七个单元组成。

博物馆紧扣展览主题，选择最能体现历史史实的文物。重点是反映中英军事方面的文物，如英军的枪、炮、弹药、军服等，清军的弓箭、鸟枪、盾牌以及刀矛等冷兵器，清军训练、操演系列通草纸水彩画等。展览借鉴世界史宏观视角与研究方法，将鸦片战争投放到 19 世纪东西方交融与碰撞的大背景中考量定位。通过中西、中英对比，揭示鸦片战争本质是两种不同社会形态之间的较量。从军事技术角度分析中英火炮、战船、枪械的制造原理和工艺性能，更加直观、深刻印证“落后就要挨打”的主题。

在陈列设计上，为打破传统展览的静态模式，博物馆秉承“让文物活起来”的宗旨，一方面坚

展厅外景

展厅一隅

持“互联网 +”的理念，借力高科技手段，实现展览从静态向动态的转变。陈列通过数字多媒体技术，将中英火炮、枪械、战舰的机制原理、制作工艺以及技术性能等信息可视化，通过视频解说，详细剖析其发射原理、技术参数等，让文物不再单调无味；又例如，陈列中数字投影等技术的利用，还原了百年前十三行街市、虎门销烟等场景，让观众潜移默化地学习知识、了解历史。

另一方面，博物馆充分利用展览和文物资源，积极开发文创产品、“复活”馆藏文物，让观众把“展览”带回家。共开发文创产品 19 个系列、69 个品种。其中，特色明信片、战船模型、古炮铁艺钟摆件、通草画图案茶饼等文创产品都深受观众喜爱。此外，该馆还以沙角之战、虎门之战、清明英烈祭奠日等重大纪念日为契机，举办诗歌朗诵会、形象报告会、合唱音乐会等活动，大力弘扬传统文化；以共建爱国主义教育基地为桥梁，把流动展览、专题讲座和形象报告会送入学校、部队、企业、社区，全面系统讲述相关历史题材。

馆内专门开辟“探索工坊”互动体验专区，策划了军事、科技、技术等 7 大类共 120 个社会教育实践项目，并定期组织实施，让参与者在观展之余还能快乐体验、深入学习。这些社会教育实践项目形式多样，内容新颖，包括“清朝定鼎中原之清朝皇帝的一天”“我给皇帝造新衣”“鸦片原来不是用火烧——销毁鸦片化学小实验”“‘广东水师工坊’体验活动”“邀你来扮‘外交使臣’”等活动，在实施上更重视互动性和趣味性，创新采用了故事会、小剧场、手工 DIY 等类型。此外，社会教育实践项目还主动走向馆外，深入学校和课堂，举办“知识讲座 + 互动体验 DIY”等特色体验活动，为青年学生和少年儿童带去不一样的教育实践课。

博物馆还通过数字虚拟技术，推出全景虚拟漫游展览，为网民提供身临其境的线上观展体验，有效实现了展览从线下向线上延伸。广大市民可以通过鸦片战争博物馆官方网站、微信公众号等渠道进入虚拟展厅轻松观展。此外，海战博物馆百度百科数字博物馆、鸦片战争博物馆百度百科数字博物馆均已成功上线，为广大观众提供陈列的全景虚拟漫游展览、VR 模式参观、文物藏品介绍、自助语音导览等线上服务。博物馆还首创推出“数字移动博物馆”，打破了枯燥乏味的展板单一展示和观众单向观展模式，以充满信息化时代活力的平板电脑为载体，以互动体验为手段，让观众真正参与其中、自主了解历史。目前，这样的数字移动展览分别走进了虎门高铁站、东莞地铁鸿福路站、虎门天虹商场以及虎门港澳码头等人流量较大的场所，吸引过万观众观看，广受观众欢迎。

浴火重生——红军长征过桂北特别展览

广西壮族自治区博物馆

“浴火重生——红军长征过桂北特别展览”由广西壮族自治区文化厅主办，广西壮族自治区博物馆承办，潘汁担任统筹设计。此展于 2016 年 10 月 21 日至 2017 年 1 月 21 日在广西壮族自治区博物馆陈列大楼一楼西厅展出。

展览以宣扬党领导红军为主题，反映红军信念坚定、追求公平公正、团结互助、不畏艰难、百折不挠、前赴后继、勇往直前、遵守纪律、军民互爱的精神。

展览共分为五个部分。第一部分“长征前奏：中央苏区的创建和第五次反‘围剿’失败”，通过向观众展示中央苏的创建过程及第五次反“围剿”失败的原因，拉开了中央红军从江西瑞金出发开始万里长征的序幕；第二部分“红军长征过桂北”，以丰富的实物、图片资料和多元的展示手段，展示了红六军团在广西的战斗、中央红军长征抢渡湘江战役、中央红军西进越城岭山区战斗等红军在广西的主要战斗历程，红军长征过广西的历史地位和影响，以及红军长征过桂北时与当地百姓的鱼水情深；第三部分“经历艰难，胜利会师”，通过遵义会议的召开、四渡赤水、巧渡金沙江、强渡大

展览序厅

展厅一隅

渡河飞夺泸定桥、翻越夹金山、爬雪山过草地等重要历史节点的展示，还原红军长征过广西后的历史征程；第四部分“长征中广西籍红军”，结合史实，展示了李天佑、韦国清、莫文骅、雷经天等广西籍红军的英勇事迹；第五部分“长征精神，永放光芒”，重点展示党和国家对长征遗址的重视和保护，使之成为红色教育的基地。本次展览共展出文物 92 件套，照片 355 幅，图表 3 张，场景 3 个，文字版面 33 块。

长征是宣言书，长征是宣传队，长征是播种机。中国共产党领导红军以无以伦比的英雄气概进行的长征，创造了气吞山河的人间奇迹，谱写了中国革命史的光辉篇章，在我们党、军队和中华民族的发展史上都具有十分重大和深远的意义。

围绕展览内容，立足于广西壮族自治区博物馆独特地域积淀文化和独具特色的藏品，开发了定位文化特质突出个性、结合现代创意彰显品位、融入实用功能提升价值的四款文化创意产品：长征胜利 80 周年笔记本（大号和小号）、长征胜利 80 周年便签本、胜利搪瓷杯、红星卡包等。物美价廉的文化创意产品，既赢得青少年喜爱，又吸引众多观众购买。

同时，广西壮族自治区博物馆针对展览开展了多种丰富有趣的社教项目。“红星闪闪耀八桂”特展课堂从战役、人物、故事等角度给青少年介绍红军长征经过桂北时的事迹，课程在馆内展厅和馆外学校同步进行，采用展览解读、多媒体演示和手工活动相结合的模式；“馆长说宝”特别节目以重要文物“红军长征过桂北遗留旗帜”为线索，以馆长与小学生谈话为形式录制的网络微视频，多次运用在馆内外教育活动的展示中；广西壮族自治区博物馆还联合相关单位面向全市中小学生开展“与长征同行”主题征文比赛；“草鞋新编”亲子手工活动通过动手制作，体验作为历史符号的“红军草鞋”所凝聚的精神；儿童导览与“指尖长征”微信游戏将纸质学习单与线上知识问答相结合，引导少年儿童参观展览。

革命理想高于天——中国工农红军标语展

重庆中国三峡博物馆

“革命理想高于天——中国工农红军标语展”由重庆中国三峡博物馆主办，甘肃省博物馆、井冈山革命博物馆等 15 家单位协办，于 2016 年 9 月 30 日至 2017 年 2 月 28 日在重庆中国三峡博物馆展出。该展由重庆中国三峡博物馆原创策划，由馆领导任项目总负责和总策划，陈列部负责项目统筹管理，整合办公室、研究部、公众教育部、信息部、产业处和安全管理处等多部门力量构建策展团队，并分设六个工作组，执行展览项目任务。

展览紧紧围绕“纪念建党 95 周年和红军长征胜利 80 周年”主题，遵循“让文物说话，讲中国故事”原则，突出社会主义核心价值观内涵，以红军标语及红军文物资料展现长征精神，全面反应了土地革命战争时期中国共产党人的理想追求和革命信念。展览共分“铭刻在大地上的理想信念、凝固在文字里的战火硝烟、争取民族解放的铮铮誓言、土地革命的激情呐喊、革命战争中的群众组织动员、追求理想与信念的伟大壮举”等六个部分。展览突破传统策展视角，“以小见大”地用“红军标语”这一独特载体，突显红军理想信念与革命情怀；从土地革命战争的历史大视角，表现中国共产党人及广大红军将士的理想追求与革命情怀，彰显其理想信念这种精神力量对革命事业的决定性作用。

红军标语多分散保存在“老少边”地区，为鉴选组织展品，整合展品资源，展览项目组人员踏上“长征路”，去访甘肃、四川、贵州、湖南、江西和重庆等 6 省市的 16 个地区 27 家文博单位，最终展览借用展品多达 111 件套，其中包括甘肃省博物馆馆藏一级文物等珍贵文物展品。

展览序厅

展厅一隅

馆方为展览制订和实施全媒体宣传方案，取得良好宣传效果。联合重庆市地方史研究会举行专题学术研讨会，邀请了四川大学原副校长、著名党史专家王庭科教授等国内知名专家参会并作主题演讲，收集论文成集。历经沧桑保存下来的各类标语已成为马克思主义传播中国化与大众化的宝贵红色记忆，是不可多得的革命传统教育的珍贵文物载体。有助广大党员与青少年认识长征的伟大意义，也是“两学一做”活动、培育核心价值观的形象课堂。

为宣扬红军精神，扩散红色文化的影响力，展览期间，重庆中国三峡博物馆提供专职讲解员对该展览进行定时的免费讲解。针对不同年龄层次的观众推出多版本的微信语音导览（成人版、青少年版、英文版），实现了从观众本位出发，满足了不同观众的需求。

为了更好地弘扬革命理想信念，馆方围绕展览主题推出系列主题文创品。其中，“卡套”画面是两个可爱的小红军战士正在致敬我们伟大的红军精神和坚定的理想信念，在“2016年第九届海峡两岸（厦门）文博会”中获得“最佳创意奖”。

同时，重庆中国三峡博物馆以“博物馆学堂”和“流动博物馆”为平台，开展“让信仰点亮人生”系列活动，针对中小学生、家庭、社区、企事业单位等，分别开展包括讲座、巡展、馆内外参观、亲子互动、线上互动、征文比赛等活动。开展“红色故事”进课堂活动，根据展览特色，结合中小学有关课程，为学生讲述革命故事，并有序开展相关学习、实践活动（活动内容包括参观展览、专题讲座、征文比赛等）。让青少年贴近红色历史，感受红色精神，培养他们奋发向上、百折不挠、舍己为公的崇高品格。

在理念探索与应用方面，馆方实现了形式设计新突破。结合人体工程学原理，充分考虑不同展品体量和质地，为每单元中心文物展品量身设计陈列方式，以重点展品的“点”串起观众参观的“流线”，围绕展览主题充分做好空间规划和艺术表现。

自开展以来，观众络绎不绝。2016年国庆期间，观众接待量为10.3万人次，荣获第十四届（2016年度）全国博物馆十大陈列展览精品推介精品奖。

建设坚强的战斗的西南党组织
——中共中央南方局党的建设暨红岩革命先辈党性风采荟萃

重庆红岩革命历史博物馆

“建设坚强的战斗的西南党组织——中共中央南方局党的建设暨红岩革命先辈党性风采荟萃专题展览”是由重庆红岩革命历史博物馆策划主办。展览于2016年7月1日至11月10日在中共中央南方局暨八路军驻重庆办事处礼堂旧址开展。

展览主要回顾中共中央南方局在党的建设方面突出贡献和丰富经验，缅怀红岩先辈的丰功伟绩，继承红岩先辈们锤炼党性的优良传统，为新时期全面加强党的建设，提升广大党员的党性修养提供镜鉴。展览的主要内容共分为五个部分：第一部分是思想建设——强化党内教育坚定理想信念，第二部分是组织建设——质重于量巩固重于发展，第三部分是作风建设——坚守宗旨根植群众，第四部分是廉政建设——甘守清贫秉持“六月风荷”品格，第五部分是制度建设——严格纪律规矩。

展览紧扣时代脉搏，紧扣党中央全面加强党的建设伟大工程，首次全面地展示中共中央南方局在国民党统治区，在八年艰苦卓绝的斗争中，坚决执行中共中央的路线、方针、政策，重视加强党的建设，切实加强党的领导，为党的建设伟大工程做出的重大贡献和宝贵经验，为今天加强执政党

展览序厅

展厅一隅

的建设，提供借鉴和指导作用。

展览虽投资不大，多媒体展示手段运用不多，但特别选择历史上中共中央南方局开展党建工作和党性教育工作的主要场地——中共中央南方局暨八路军驻重庆办事处礼堂旧址作为展出地点，把200余幅（件）珍贵的历史照片和档案资料与历史文物建筑完美结合，同时辅以古朴、庄重的展墙形式，突出了展览主题，增强了展示效果。

陈列展览既将推出的前一个月，负责宣传推广的社教部门组织专人提前谋划，拟制计划，加强与媒体沟通联系，邀请了《重庆日报》、《晨报》、人民网、华龙网、中新社等10余家媒体到展厅体验，采取专家现场讲解答疑方式丰富新闻素材，后多家媒体的报道引起了社会各界热烈反响，纷纷来馆参观，

同时，提炼展览资源，开发出智慧笔记本、语音导览讲解等文创产品。智慧笔记本是集扫描二维码听故事和日常笔记相结合的一种实用笔记本。特别是以周恩来提出的共产党人要有“同流不合污出淤泥不染如六月风荷”品格为创意，开发了荷花系列产品——笔筒、雨伞、纱巾等，在重庆文博会上受热捧。

为了增加展览对青少年的吸引力，红岩博物馆丰富展览的内容和形式，增加观众互动环节，取得了很好的效果，尤其是让青少年学生能够更直观更贴切地接触、参与、体验。利用博物馆资源优势，开展“小小讲解员”志愿服务、“小萝卜头和我”游学活动、“红岩故事我知道”、“红岩班队主题班队会”等教育项目，招收培训小小志愿者进行现场讲解服务；招收学生参加“小萝卜头和我”夏令营活动进行现场学习；把展览中适合青少年教育的故事送到南坪中学、曾家岩小学等开展故事比赛或者主题班队会。这些活动使政治性强的展览不再枯燥乏味，而变得趣味生动，扩大了展览在青少年中教育影响作用。

展出期间，数据统计显示观众达13万人次，其中青少年观众约2万人次。展览还作为红岩党性教育基地的重要教学点，承接了60余个党性教育主体班的教学接待工作，使广大党员通过学习党史党章，永葆共产党人政治本色，不忘初心，继续前进。

人民的光荣——朱德同志生平事迹展览

朱德同志故居纪念馆

“人民的光荣——朱德同志生平事迹展览”是由朱德同志故居纪念馆主办、朱德故居管理局策划承办的常设展览。展览于 2016 年 10 月 1 日在朱德同志故居纪念馆开展。

朱德同志故居纪念馆，位于朱德故里——四川省南充市仪陇县朱德故里景区。朱德同志是伟大的马克思主义者，伟大的无产阶级革命家、政治家、军事家，中国人民解放军的主要缔造者之一，中华人民共和国的开国元勋，是以毛泽东同志为核心的党的第一代中央领导集体的重要成员。毛泽东称赞他为“人民的光荣”。为纪念朱德同志诞辰 130 周年，经中办秘书局和国办秘书局批准同意，对朱德同志故居纪念馆以“人民的光荣”为主题进行陈列改展。

展览分为三个部分：第一展区基本陈列分九部分 32 个单元，抓住朱德的革命历史贯穿旧民主主义革命、新民主主义革命、社会主义革命和社会主义建设几个历史时期以及他职业军人的特点，提炼出“苦闷中的求索”“红军总司令”“长征中的坚定意志”“战斗在抗日前线”“在大决战的日子里”“推进人民军队的正规化现代化建设”“党的第一任纪委书记”“在党和国家领导岗位上”“人民的光荣”九个部分，作为朱德一生伟大功绩的概括。第二展区为缅怀厅，缅怀厅以战友情、人民情、故乡情、亲情、情趣五个单元组成，展现朱德与战友们同甘共苦、肝胆相照，热爱家庭、关

展览序厅

展厅实景

心家人，热爱故土、关心家乡父老，热爱人民、植根于人民，热爱生活、情趣广泛的光辉品质。第三展区为互动体验区，是对基本陈列的回味。将朱德著作、历年来研究朱德的成果与历史影像植入互动魔墙等电子查询系统，做到资源共享。

展览采用文物(标本)数量373件,其中珍贵文物（标本）数量71件。深入挖掘文物内涵，选取紧扣主题、特色鲜明的文物进行展示，将文物与图片史料紧密结合，运用大量朱德生前使用过的珍贵实物史料进行展示，373件文物展品使展览主题立意得到升华，展示效果更为生动。同时采用了辅助展品53件，基本陈列充分运用电动图表、电子沙盘、录音解说地图、三维造型、壁饰景观、多媒体、幻影成像、弧幕、环幕、半景画等现代科技展示手段作为辅助展品，根据陈列内容的需要穿插布置部分原创艺术作品和部分艺术复制品。展览文字在内容上完全以史实为依据，做到严谨、详实、简炼，文字设计主要考虑统一节奏和韵律，在设计排版上不仅功能完整，而且视觉效果大气庄重。陈列文字紧扣版面内容，以简明准确为标准，提炼核心内容为标题，图文组合与色彩运用既合理又独特。

展览根据朱德同志故居的建筑结构和展览空间，采用全新的设计理念，将大量背景形象作为图片、文字和文物的环衬，合理采用浮雕和壁饰立体展墙等手法以及多维动画、电动图表、录音解说图等，多层面、立体化展示陈列内容。展厅设计在充分考虑陈列内容的基础上，运用新颖独特的造型设计，突出陈列形式对观众的视觉感觉力，通过一个个相对独立的展陈空间，为观众营造出个性鲜明又具有高鉴赏性的展示氛围，呈现出当代纪念馆展览的最佳参观效果。陈列内容展示具有多样性，通过多媒体插入与陈列内容密切相关的隐性史料信息、背景资料，使陈列内容更加丰富。为了深刻生动地诠释内容主题，搭建完美的空间结构，用高度审美的标准去陈列、组合、创造每一组文物、展墙和艺术景观。

朱德同志故居纪念馆通过这些宝贵的遗物宣传、纪念老一辈无产阶级革命家丰功伟绩，同时也是全国爱国主义教育示范基地、全国中小学爱国主义教育基地、全国青少年教育基地、全国国防教育基地、全国廉政教育基地。

红军长征在四川主题展

建川博物馆

“红军长征在四川主题展”由四川省建川博物馆举办，由麻省理工学院建筑系主任张永和先生设计。展览于 2016 年 5 月 18 日在四川省大邑县安仁镇建川博物馆开展。

2016 年是红军长征胜利 80 周年，5 月 18 日又恰逢“国际博物馆日”，四川建川博物馆将红军在四川的光辉历程汇集到建川博物馆聚落的 27 个场馆中，展览通过文物、史料和新锐展览等三方面呈现红军三大主力军团在四川长征的经历故事。四川是红军长征路程和时间最长、自然环境最险恶、斗争最艰苦的省份，许多可歌可泣的英雄壮举都发生在四川，长征精神在这里得到了集中体现。根据历史上的长征故事，该展览将内容分为七个单元：第一单元，突出重围远征；第二单元，红一方面军在四川；第三单元，红二方面军在四川；第四单元，红四方面军在四川；第五单元，播撒革命火种；第六单元，北上陕北抗日；第七单元，长征精神永存。

展览以文字、图片、实物、影像等形式，全面回顾了红军长征在四川的光辉历史和伟大精神，充分展现了新中国成立后特别是改革开放以来红军长征途经地翻天覆地的巨大变化和近年来脱贫攻坚的显著成就。通过陈列展览，全面展示了中国共产党领导红军长征在四川的光辉历史，展现了红军用鲜血与生命铸就的长征精神。举办这一主题展览，就是要缅怀革命先辈、传承红色基因、弘扬

展厅一隅

革命文物展示

长征精神，激励全体党员干部和各族群众锐意进取、攻坚克难、开拓创新。

为了配合国际博物馆日活动，“红军长征在四川主题展”开展仪式于2016年5月18日举行。国家文物局有关领导、四川省文化厅副厅长王琼、成都市人民政府副市长傅勇林，老红军彭强、李鸿翔，以及社会各界代表200余人出席开展仪式。馆长樊建川致辞，副市长傅勇林讲话，国家文物局副局长顾玉才讲话并宣布展览开展，敬一丹主持开展仪式。该展览引起媒体的高度关注，中央电视台、《人民日报》、新华社、四川电视台、成都电视台等80余家媒体进行了报道。新浪网、四川在线等网络媒体也进行了报道或转载。特别是在“带上一本书重走长征路”活动中，就有全国30余家党报党端对该展览进行了报道。

该展览自2016年5月18日开放以来，举办了24场青少年主题教育活动，如“缅怀革命先烈弘扬长征精神”未成年人社会实践活动、“成都市青少年纪念红军长征胜利80周年主题教育活动”等。截至2016年12月，共有6万余青少年参观了该主题展。

长征与遵义会议——纪念红军长征胜利 80 周年展览

遵义会议纪念馆

“长征与遵义会议——纪念红军长征胜利 80 周年展览”由遵义市委宣传部和遵义会议纪念馆主办。展览自 2016 年 7 月以来在全国巡展，先后走过北京、上海、浙江等地。

巡展的主体内容分为两个部分。第一部分“长征与遵义会议”，主要展示遵义会议，中央红军转战遵义、四渡赤水、创建黔北苏区，红一、二、四方面军大会师等重大史实。第二部分“红色圣地·醉美遵义”，主要反映“十二五”以来遵义经济社会发展取得的丰硕成果和辉煌成就。

在本次巡展中，遵义会议纪念馆专门抽调了 10 名优秀的解说员来到展览现场，共提供了千余次解说服务。行进中的“遵义会议”，运用主题雕塑、油画插画和音视频、组合照等形式，通过数百件文物、图片、资料，将长征故事娓娓道来，在细微中透出伟大，在奋斗中传承精神，让广大观众获得了一堂堂入心入脑的精神洗礼。

为了让中国共产党创建革命史与中国工农红军长征史珠联璧合，上海“一大”精神、浙江“红船”精神同遵义会议精神相映生辉，在上海市图书馆的巡展展览中，增加了“开天辟地·伟大序曲”和“攻坚拔寨·精准脱贫”两个篇章，并将展览名称更改为“长征与遵义会议——纪念红军长征胜利 80 周年暨上海对口帮扶遵义成果展览”，全面展示沪、遵两地历史及当下的深厚渊源。同时，增加“参加遵义会议的上海籍领导人”版块，呈现上海人张闻天、陈云对遵义会议作出的重要历史贡献。在浙江省巡展展览中，增加了“参加长征的部分浙江籍指战员”和“北上抗日先遣队”两部分内容，展出周恩来、钱壮飞、刘英等 14 位浙江籍指挥员的相关情况。这种通过增设特别版块，让巡展展览与当地情况深度融合的举措，深得展出地广大观众的好评和欢迎，使同为革命圣地的遵义、上海、浙江，通过联合办展，携手挖掘红色文化基因，共同推进革命传统教育，把三地的爱国主义教育工

展览开幕现场

观众参观

作推向了一个崭新的高度。

本次巡展活动还通过同步举办纪念长征胜利 80 周年学术研讨会，同步举行长征与遵义会议专题讲座，同步销售长征与遵义会议研究论著，同步实地培训大学生义务讲解员等与广大观众互动交流的有效手段，扩大“辐射面”，催生“附加值”，形成了良好的叠加效应，在展厅内外，均掀起了弘扬传承长征精神和遵义会议光荣传统的热潮。全国各地已有几十家高校和部门，闻讯前来遵义联系办展事宜。展览中同步推出的“红色圣地·醉美遵义”版块，展示了英雄之城的红色传奇、绿色神奇和开放形象，升华了广大观众对遵义的认识和了解，激发了他们到遵义观光旅游和投资兴业的热情。行进中的“遵义会议”，为贵州省和遵义市纪念红军长征胜利 80 周年活动增添了炫丽的光彩。

四渡赤水出奇兵

四渡赤水纪念馆

“四渡赤水出奇兵展”由遵义市文物局和中共习水县委主办，四渡赤水纪念馆承办，贵州省博物馆协会、遵义长征学学会和四渡赤水研究中心协办，于 2016 年 5 月 9 日在四渡赤水纪念馆开展。

展览重点展示遵义会议后，以毛泽东为代表的党中央、中革军委带领中央红军，用三个多月的时间往返四次渡过赤水河、巧渡金沙江，成功跳出包围圈，摆脱国民党 40 万大军围追堵截的战斗史实。展示单元安排为“序言：战略转移，挺进赤水河”“第一单元：一渡赤水，摆脱被动”“第二单元：二渡赤水，避实击虚”“第三单元：三渡赤水，调敌西进”“第四单元：四渡赤水，跳出合围”“第五单元：游击武装”。展览“故事线”从发端到高潮，注重选取了四渡赤水中最惊心动魄的情节；学术上采用了“长征”一词最新考证、红军情报工作、毛泽东军事思想研究等最新成果。

展览采用电子动态地图的形式，体现了中央红军四渡赤水的全过程。将红军与敌人周旋的运动路线通过动态的色光线路演示出来。通过短短几分钟的光电演示，观众就能明白红军四次渡过赤水河的先后关系，在敌人众多兵团缝隙中穿插运动的轨迹。同时以多媒体综合艺术景观表现青杠坡战斗，展示毛泽东、朱德亲临指挥红军与尾追之敌川军郭勋祺部在青杠坡发生的一场激烈战斗。由于敌情不明，战斗受挫，红军主动撤出，西渡赤水河，揭开四渡赤水序幕。展览用信息与艺术融合的体验景观，表现一渡赤水。观众在晃悠悠的浮桥上体验红军一渡赤水的感受，可以和虚拟的红军战士们一起快速从桥上跑过，可以在浮桥上驻足，留下体验一渡赤水的影像。展览设置互动发报体验区，表现红军四渡赤水中的杰出情报工作。情报工作是红军取得四渡赤水之战胜利的重要因素，对

展厅实景

展厅一隅

现实观众来说这是最神秘、最好奇的部分，观众可以进入红军战地情报工作发报体验展区，零距离体验。

展览宣传在中央电视台军事频道、教育频道、新闻频道，贵州卫视、广东卫视、江苏新闻频道等媒体新闻报道数十次；新华社发表《探访红军长征“四渡赤水纪念馆”》通稿，先后被人民网、半月谈网、中国文明网、三峡日报网等网站或微博转发；求是网、求是官方微博、齐鲁网等作了专题报道。《贵州日报》《遵义日报》《湖南日报》《长沙晚报》等专版报道；“今日头条”“今贵州”等众多手机应用客户端均有转载报道。

展览开发文化创意产品 8 个系列共 52 种：毛主席得意之笔（毛笔类）、邮品类、纪念章类、扇帽类、电子产品类、乡愁类、布包类、水杯类等。以红军“四渡赤水出奇兵”“毛主席得意之笔”“军民渔水情”为产品开发主题，设计上与四渡赤水纪念馆 LOGO、红军元素为重点。价格高中低档文化产品 10—500 元，其中包括印章、徽章、信封、帽子、布包、扇子等适合大众的中小型纪念品。截至 2016 年 12 月 31 日，全年文创产品收入 300 多万元，销售量与 2015 年相比增加了 80%，其中，得意之笔类和毛主席纪念币类等得到游客的认可和喜爱。

中国远征军主题展

云南陆军讲武堂历史博物馆

“中国远征军主题展”由云南陆军讲武堂历史博物馆主办，展览策划制作由云南陆军讲武堂历史博物馆和深圳市越众历史影像馆共同完成。展览于 2016 年 5 月 18 日在云南陆军讲武堂历史博物馆旧址主体建筑西楼一楼展出。

展览重点介绍了 1942 年至 1945 年期间，中国远征军出征缅甸，支援美英盟军抗击日本法西斯，保卫中国国际运输线——滇缅公路和战略后方安全的历史。该展览是目前国内第一个系统展示中国远征军在中缅印战区与美英盟军协同作战抗击日寇为主题的专题固定陈列展览。展览以中国远征军出征缅甸抗击日寇的历史史实为蓝本，共分为“出征入缅作战”“败退怒江对峙”“反攻作战胜利”“云南人民对滇西抗战的贡献”“远征军中的讲武堂师生”等 5 个部分。集中展示了在中缅印战区，中国军队和云南人民与美英盟军共同携手抗击日本法西斯侵略者的历史。

展览展出的图片来自美国国家档案馆收藏的美军 164 份在中缅印战区所拍摄的中国远征军及盟

图片展示

展厅一隅

军的图片和影像资料，从其中23000多张图片、200多个小时的视频资料中精选出800余张图片和近80分钟的视频资料进行展示，部分图片为首次在国内公开展出。同时还展出了500余件文物实物，从多角度呈现中国远征军官兵生活、训练、战斗、医疗救助，以及云南人民同心协力筑公路、建机场、运送弹药、抢救伤员、保障粮食供应等珍贵的历史瞬间。

博物馆结合展览主题和内容，开发了美军威利斯吉普车模型、“顶好”远征军小兵雕塑、记事本、明信片、冰箱贴、书签、文件夹等文创产品及《国家记忆》图册。同时，邀请著名学者晏欢及主持人高小龙举办了“图说中缅印战区盟军将帅”等讲座，受到观众和游客的喜爱。

“中国远征军主题展”以独特的视角、专有的独家题材及现代展陈方式，以最新的理念和富有创意的手段，利用大量图片、影像资料、实物展品、现场演示等多媒体相结合的方式，达到了挖掘整理、还原史实、线索清晰、情景逼真、整体优化的目的。珍贵的史料，丰富的实物，巨幅图片与小图合理搭配，场景与多媒体相结合，使展览赋有强大震撼力，是一个高质量的历史主题展览。许多远征军老兵及老兵后人、国际友人和省内外观众慕名前来参观，参观之后留下许多感人肺腑的留言。展览自开展以来，先后接待各界观众30余万人次，收到了良好的效果。

“中国远征军主题展”展示了抗日战争时期，在中国共产党倡导建立的以国共合作为基础的抗日民族统一战线旗帜下，为支援盟国军队，保卫中国国际运输线和战略后方安全而组建的中国远征军，在中缅印战区英勇抗击日寇的历史，再现了自甲午战争以来中国军队第一次出国援助盟邦并获得胜利的史实。从一个侧面反映了中国远征军出征缅甸对日作战是中国抗日战争的一个重要组成部分，战争的胜利鼓舞了全国人民的抗战斗志，拉开了中国战区战略反攻的序幕，在世界反法西斯战争和中国抗日战争史上具有的重要地位。

伟大长征　辉煌史诗

延安革命纪念馆

“伟大长征　辉煌史诗展”由延安革命纪念馆举办，策展人是石和平、赵学德，制作团队包括研究部、保管部等部门。展览于 2016 年 10 月 18 日至 2017 年 6 月 30 日在延安革命纪念馆东临展厅开展。

展览主要内容是按照历史编年体与专题相辅相成的体系，分六个单元展现了长征这部英雄史诗：一、中央红军战略大转移；二、伟大的历史转折；三、北上抗日，到陕北去；四、落脚陕甘根据地；五、高举抗战旗帜三军胜利会师；六、长征精神光耀千秋。展览全景式再现了长征这一光耀千秋的伟大壮举，总结了历史经验，继承和弘扬了长征精神。

展览着力宣传在中国共产党领导下红军长征艰苦卓绝的光辉历程，着力宣传长征在中国革命历史上的重要地位，着力宣传伟大的长征精神，着力宣传陕北人民特别是以刘志丹、谢子长和习仲勋为代表的老一辈无产阶级革命家在创建西北革命根据地的斗争中，英勇奋斗、英勇献身的光辉业绩，大力弘扬爱国主义、革命传统和延安精神，从而激励广大干部群众，特别是年轻一代为实现中华民族伟大复兴的中国梦而奋斗。

展览的设计理念充分表达了中国工农红军在党的光辉思想的“指引”下，高举飘扬的“旗帜”，

展览序厅

展厅一隅

坚定不移，实施战略转移，历经艰难险阻，最终走向光明与胜利的主题。通过指引、旗帜、足迹的展览路线，使观众踏着先辈的“足迹”，重走长征之路，感受艰苦奋斗的长征精神。展览采用平面构成的设计方式，重点图片进行了放大和强调层次的处理，地面展柜与之相对应，重点突出。展览运用场景、多媒体、平面立体化、文物重点展示等多种展示手法。鲜明地表述出长征是人类历史上最伟大的奇迹，是中国共产党发展史上最辉煌的一章，是一部厚重的红色史诗。

2016 年年初，展览制订了关于中国工农红军长征胜利 80 周年展览宣传计划，多渠道、全方位、高效率地进行宣传推广。开展当天观众爆满，多家新闻媒体现场报道。展览共有新华社陕西分社、《陕西日报》、陕西电视台、延安电视台、延安广播电台、《华商报》、《延安日报》等重要媒体报道 36 次，网络媒体报道 16 次，刊发报纸专版 6 个，刊登在报纸首版 4 个，网络首页的报道 6 个，刊发专刊专题专稿专栏 4 个。展览的各类报道还被各省市地方的日报晚报等主流媒体及网站所关注并刊登转载。

展览每天根据观众人数提供 4—8 场免费讲解，并配备语音导览器 50 台，导览器提供 2 个语种讲解。展区设有安全标识、参观须知、人员疏散标志、观众休息椅、急救箱、轮椅等配套设施。馆方设置咨询台，解答观众问题及接听观众来电。馆方还组织中小学生进行爱国主义教育活动。

延安革命纪念馆与西安印钞有限公司联合开发的“红色印迹系列之一——纪念中国工农红军长征胜利 80 周年”纪念册，由延安革命纪念馆提供设计素材并监制，西安印钞有限公司负责设计、制作、发行、销售。一套三张纪念钞、四枚邮票，图案选取了“瑞金旧址”“遵义会议”“延安宝塔山”“红军到陕北”。

展览期间开办了多次青少年教育活动项目，其中包括“组织延安新城小学一个年级纪念长征胜利 80 周年主题队会”“组织延安职院附小一个年级纪念长征胜利 80 周年主题队会”“‘传承红色基因发扬延安精神’红色远足活动”等多种活动。

展览计划每日接待观众 3000 人次，实际接待人数远超计划，日最高接待量突破万人。

1650——文明的回响

敦煌博物院

“1650——文明的回响展”由敦煌博物院主办，由敦煌石窟文物保护研究陈列中心承办，制作团队包括敦煌研究院陈列中心主任娄婕及其展陈团队和志愿者们。展览于 2016 年 9 月在敦煌莫高窟老美术馆开展。

本次纪念展是敦煌研究院为纪念莫高窟开窟 1650 周年举办的系列活动之一，也是为迎接首届丝绸之路（敦煌）国际文化博览会举办的系列展览之一。展览主题分为“众生营造”“庄严净土”“东西融贯”“万象人间”“砥砺新生”五个部分，将敦煌莫高窟 1650 年的历史进行全面的回溯与整理。本展览是敦煌研究院为纪念莫高窟开窟 1650 周年而举办，沿着时间轴梳理敦煌莫高窟的 1650 年的跌宕起伏的历史、精美绝伦的文化艺术价值在中华文明中的地位和意义。通过莫高窟可以看到中华文明的发展史上吸收了许多其他文明的元素，佐证了中华文明与其他文明互鉴共进的历史。莫高窟的重要意义还体现在它不但保留和见证了随着佛教从印度、中亚，经过敦煌而向中原发展的文化传

展厅入口

展厅实景

播、彼此影响的历史，也见证了随着多元文明间的经济贸易加深，文化艺术交融后所达到令人叹为观止的高度。之所以将纪念展定名为“1650——文明的回响”，意在透过回溯莫高窟历史，搭起过去与未来的精神桥梁，认识现在而展望未来。希望通过这座精神的桥梁，在展现莫高窟1650年脉络的同时，为当代的文化艺术发展，甚至是对于不同的群体间的相互尊重、相互认同、协同发展提供借鉴。透过这个展览，展现出历史上的中华文明在面对世界文明时的态度，其强盛正是由于它不是孤立自闭的，而是善于吸收其他文明的成果，同时结合自身而取得更为长足的发展。

展览对敦煌壁画中重要的主题进行了诠释，将在洞窟游览过程中无法近距离欣赏的细节进行截取与细致的解说。在展览过程中配有3D打印的建筑模型、乐器复原制品和相应的媒体影音设备，加深观众对敦煌艺术的理解。

在宣传方面，展览在莫高窟景区内做海报，在老美术馆回廊的每一个廊柱上缠贴了展览标题和1650年间莫高窟大事记年表。展厅中提供座椅和留言簿。

展览进行了三个青少年活动项目，分别为“潜心画栋亦雕梁”“浓妆淡抹总相宜”“砥砺新生——1650知多少”。“潜心画栋亦雕梁”活动是通过参观展厅中3D打印的建筑模型，了解敦煌壁画中的建筑——古塔，并利用壁画中古塔的元素，发挥想象力和创造力，在画纸上自行设计古塔。“浓妆淡抹总相宜”是通过参观唐宋时期壁画中女供养人的形象，了解唐代女子妆容的每一个细节部分的知识，体验为一个唐代女子描绘妆容、设计发饰。“砥砺新生——1650知多少”则是发放观展任务卡，鼓励观众带着问题看展览，在了解莫高窟1650年的峥嵘历史岁月的同时学习如何看展览，以寓教于乐的形式增添观众看展览的兴趣。

在新技术应用方面，展览通过多媒体动画展示了莫高窟南区各朝代洞窟的营建、驼道上的历史、萨埵那太子舍身饲虎、释迦牟尼降魔成道图、尸毗王割肉贸鸽、观无量寿经变中的西方净土极乐世界。展览还增加了互动投影装置和3D打印建筑模型。展览根据壁画中的内容复制乐器实物，并以书籍墙的形式展示敦煌学研究百年成果。

红旗漫卷——宁夏革命文物陈列

宁夏回族自治区博物馆

“红旗漫卷——宁夏革命文物陈列”由宁夏回族自治区博物馆策划主办，制作团队为宁夏回族自治区博物馆相关部门。展览于 2016 年 7 月在宁夏回族自治区博物馆二楼开展。

展览的展陈面积 1200 平方米，基础设施、配套设施功能完备。内容分为七大部分：前言；星星之火，宁夏早期革命活动；红星照耀，红军长征在宁夏；共赴国难，宁夏的抗日活动；峥嵘岁月，宁夏的解放；日新月异，宁夏社会主义建设初期；结语。时间跨度从 1925 年至 1958 年。整个展览基于对宁夏近代革命史的深刻解读，完整地呈现了宁夏近代革命史，力求真实表现宁夏从辛亥革命时期至宁夏回族自治区成立这段跌宕起伏、波澜壮阔的革命历程。

展览展出了馆藏红色文物 300 余件套（含国家一级文物 46 件）、历史革命照片 600 余幅。辅以照片、图版、文字、油画、雕塑、图表，通过多媒体展示、场景再现、电动沙盘和电子声像等表现手段的有机结合，全方位、多角度、立体式地再现宁夏革命这段波澜壮阔的历史。用独具地域特征的形式语言来表现内容精神，让观众在个体展现与民族情感的融合中体会一次历史的沉淀与反思，从而更加

展览序厅雕塑

多样的文物与展示方式

直观、真实、生动地再现源远流长与博大精深的中华历史文化中，宁夏所具有的广大的文化空间。

展览结合参展文物，馆内定期或不定期地开展学术讲座和文物知识大赛，技术部门研发的文化产品和纪念品也越来越受到游客的欢迎。中厅的服务台为观众提供了与展览相关的宣传手册和折页。这些与宁夏革命文化、文物有关的学术著作和出版物以及与展览相关的学术论文，对整个展览起到了很好的宣传作用。如：2016 年 10 月 22 日是红军长征胜利 80 周年纪念日，为纪念这一伟大的日子，由宁夏回族自治区博物馆和《新消息报》共同举办了“纪念建党 95 周年及红军长征胜利 80 周年”知识竞赛，并邀请党史专家张琳教授做“初心永不忘　走好新长征”专题讲座。

展览先后开发了挂件、摆件、小饰品、仿制品等 10 余个品种近 3000 件文创产品，主要以政府对外交流和各省博物馆交流展品使用。

在青少年活动项目方面，展览进行了小学生党史知识问答互动、小志愿者讲解员讲解宁夏党史展览培训活动，针对大学生开展党史知识讲座以及参观“红旗漫卷”宁夏革命陈列展厅，以近距离了解宁夏革命历史的相关活动，旨在让青少年参观博物馆展览的同时，了解宁夏革命史，热爱祖国，热爱人民，热爱中国共产党，达到向青少年进行爱国主义教育、红色文化教育的目的，以参观和互动体验为主要形式。

展厅根据内容的需求，在充分利用展示空间的前提下，适当有度地在不同的展区，运用投影、立体电视、幻影成像、多媒体等科技手段，补充、完善相关的展陈内容。与展览配套的语音导览与同声传译系统的使用，丰富了讲解内容、讲解手段和方式，使观众可以多渠道地获取更多的知识信息，更广泛地服务于观众。知识问答等多媒体与西夏签名墙等互动区的设置，增强了展览的趣味性和观众的参与性，打破了以往历史展览教科书式的单调、乏味、沉闷与冗长，使该展览将学术性、知识性、趣味性、观赏性有机结合起来，寓教于乐。展厅的各个章节，合理有序地设置了出入口，展厅外围走廊设置了休闲座椅，观众可随时到展厅外休息，

展览通过全方位、多角度、立体式的展陈手段再现了宁夏革命这段波澜壮阔的历史，实现了博物馆展览对于观众的教育功能，发挥出爱国主义教育、廉政教育、国防教育三大基地的作用。带领观众重温革命史、重走革命路，缅怀先烈，不忘初心。对于增强观众的爱国心、荣誉感有着切实、深刻的影响。

晋冀之旅——张守中考古六十年手迹展

山西博物院

“晋冀之旅——张守中考古六十年手迹展”为纪念张守中先生从事考古工作60年，由河北博物院、河北省文物研究所、山西省考古研究所、山西博物院共同策划，于2016年2月2日至28日在山西博物院举办。

张守中，河北省文物研究所研究员，中国考古学会会员，曾师从邓散木、商承祚，学习篆隶书法和古文字临摹。张守中参与了山西、河北两地一系列重要遗址的发掘和研究。他勤于学习，勇于探索，理论和实践并重，考古与艺术并举，侯马盟书发现于1965年12月，出土5000余件，可辨识临摹的有600余件。文字是用毛笔书写在玉石片上。是春秋晚期至战国早期晋国卿大夫举行盟誓的约信文书。其发现对于研究古代盟誓制度、晋国历史及古文字意义重大。1972年至1974年，由张颔、陶正刚和张守中三人负责整理《侯马盟书》，张守中承担盟书人名表、盟书摹本和盟书字表三部分工作。他参加了《侯马盟书》考古报告的编撰，并著有《中山王器文字编》《睡虎地秦简文字编》《包山楚简文字编》《张人骏家书日记》等，曾两度荣获省部级科研优秀成果奖。

本次展览希望通过张守中的考古之旅，弘扬文博前贤的学术成就与文化精神。展览共展出了张守中的出版著作、书画作品、往来书信、工作笔记、考古绘图以及其学生们的部分作品等共计100余件，以学术研究、书画艺术和师生传承等三部分，展示了张守中60年的考古之旅、学术成就与文化精神。

著名考古学家杨富斗先生在介绍侯马考古工作站的历史和成就，其中讲到了张守中：“一位20岁年轻儒雅的军人，心甘情愿转业到山西省文物管理委员会从事文物工作。两年后来到侯马工作站，直到1976年调回老家河北。张守中家学渊源，聪慧好学，勤耕不辍，成就斐然。他参与了山西南部一系列重要考古遗址的发掘和研究以及《侯马盟书》的临摹与编撰。无论田野考察、遗存研究，还是金文、盟书，测量绘图，工作一丝不苟，涉猎无所不能。20年如一日，将他的花样年华奉献给了山西的文物考古事业，并为山西培养了很多考古技术与考古艺术人才。”

在展览宣传方面，河北博物院、河北省文物研究所、山西省考古研究所、山西博物院共同进行宣传，搜狐、新浪、网易等知名媒体也纷纷报道，吸引了众多观众前来看展。同时发行的同名书籍，也在中国考古网、豆瓣、京东等网站进行宣传。

山西与河北，一山相邻，一衣带水，张守中的晋冀考古之旅走过了整整60载。张守中给我们留下了可敬的探索精神与丰厚的学术遗产，以及他诲人不倦、培养后学的社会责任和对中国书法艺术的创新性贡献。

自然科技篇

珍珠：来自江河海洋的珍宝

中国国家博物馆

“珍珠：来自江河海洋的珍宝展览”由中华人民共和国文化部、中国国家博物馆与卡塔尔博物馆管理局联合主办。展览于 2016 年 9 月 27 日至 2017 年 1 月 8 日在中国国家博物馆北 10 展厅向公众开放。

此次展览是 2016 中国卡塔尔文化年系列活动之一，也是国家博物馆首次推出的以西亚地区历史文化和传统艺术为主题的国际交流展。

展览以独特的展示方式呈现了珍珠的悠久历史、古老传说和神话故事，详尽解析了珍珠的成因与类别，并追忆了人类从艰险的天然珍珠采集最终成功过渡到科学培育人工养殖珍珠的不平凡历程。展览还将人类使用珍珠的人文历史进行了细致发掘，上及罗马时代，下迄 21 世纪的今天，时间跨越 2000 多年。在众多精巧细致的展品中，既有蜚声世界的著名设计师的珠宝杰作，也有来自欧洲君主国的珍珠冠饰，更有众多不同地域内，以稀有珍珠打造的美轮美奂的穿戴饰品，其中还能领略到中国珍珠养殖业兴旺发展的历程，感受中国文化的独特魅力。观众在感受珠光宝气交相辉映的同时，可以尽情徜徉于自然、历史、文化、艺术构筑的美妙时空之中。

展厅入口

展厅一隅

展览共分为六大部分：

第一部分，珍珠的自然历史。讲述了珍珠的性质、种类及成因，列举了各种绚丽的贝壳及其附属的天然珍珠实例。

第二部分，海湾地区的珍珠。概述了海湾地区数千年的珍珠捕捞和贸易历史，以及天然珍珠对海湾地区国家的重要意义。

第三部分，历史中的珍珠。总结了珍珠饰品的发展史。最早的珍珠首饰有罗马与拜占庭时期的精巧饰物，它们尽由黄金、天然海湾珍珠和其他贵重宝石组成，设计极为精巧，保存异常完好。

第四部分，天然淡水珍珠。讲述了与海水珍珠并存，同样分布于陆地上的河流和湖泊中的淡水珍珠，在世界各地很早就开始被采集并利用。

第五部分，养殖珍珠的开拓者。介绍了以御木本幸吉等为代表的杰出人物不断挑战，从培育半圆珠直到成功生产出圆形珍珠的曲折历程，为珍珠养殖事业的发展奠定了基础。

第六部分，中国方式的养殖珍珠。重点介绍了中国珍珠养殖事业在当代取得的巨大成就。

卡塔尔是古代“海上丝绸之路”的重要交通枢纽，其久负盛名的珍珠贸易在漫长的历史岁月中是联结东西方文化的重要纽带。在习近平主席提出共建“一带一路”重大倡议后，卡塔尔是率先与中国签署合作备忘录的国家之一，也是实施“一带一路”的重点国家。中卡两国确立了战略合作伙伴关系，双方的经贸往来不断扩大，合作发展迅速。在此基础上，推动深层次、多方位的文化交流与合作是双方共同的需求，中卡文化年是双方文化交流与合作的桥梁。本展览的举办加深了中卡两国人民对彼此文化、历史和未来发展的了解，成为2016中国卡塔尔文化年系列活动中的亮点。

百年历程——中国地质博物馆建馆 100 周年成就与精品展

中国地质博物馆

“百年历程——中国地质博物馆建馆 100 周年成就与精品展”由中国地质博物馆策划展览，于 2016 年 7 月 23 日在中国地质博物馆展出。

此次展览包括“关怀鼓舞、科学启航、地质巨擘、先行保障和自然瑰宝”五个部分，旨在继承优良传统，普及科学知识，弘扬科学精神，传播科学思想，倡导科学方法，为服务社会公众，推动事业发展，建设世界科技强国砥砺前行。

此次展览的特色体现在以下几方面：

一是突破以往叙述方式，将中国地质博物馆百年历程放到当时的背景中叙述，集中阐述百年重大事件、重大人物、重要影响，让民众对场馆的建立、发展意义以及时代的特点有进一步的了解。

二是加强展览内容的文学性和故事性，吸引受众参观并加强对青少年受众热爱地球科学的教育引导。

三是用独立章节详细介绍我国地学先贤的巨大贡献，展示先贤的学术成就和使用过的部分物品，

展览序厅

展览内景

在传播科学知识的同时弘扬科学精神，让青少年热爱地球科学，学习地球科学。

四是突破一般地学类展品的陈列方式，采用更容易被观众接纳的方式展陈，如古生物部分根据生物进化史上几个重要的时间节点和生物群落，展示古生物的进化和发展，并注重介绍第一个科学命名的恐龙、第一个果实化石等民众感兴趣的内容。针对民众喜欢对比各类颜色相近的宝石的特点，精选一部分宝玉石按照颜色系列等划分方式，对比展示各类宝玉石，并通过咨询服务帮助观众了解颜色相近的不同宝石的特点，为他们今后的收藏购买提供一定的建议。

五是通过模型、陈列室复原、宝玉石鉴定等方式为观众提供增值服务。通过科普讲座，互动实验等方式吸引儿童和学生群体。通过系列科普巡展、进校园活动和夏令营活动，在青少年受众当中传播地球科学。通过科普广场的展示扩大宣传范围，提高影响力。

博物馆还组织全馆职工定点讲解和巡逻，扩大周末值班队伍，保证观众随时可以找到工作人员，可以了解展品信息或得到其他帮助。加派安保人员保证展览安全，增加志愿者的数量，进一步满足观众的讲解需求。

在宣传方面，包括中央电视台在内的主流媒体多次对本展览进行了报道，还在《国土资源报》上开辟专版进行宣传，接受众多媒体采访并着手拍摄相关纪录片，让更多公众了解地质行业的历史。

博物馆还在一层多功能厅开展了百年展系列地学科普讲座，赴北京郊区开展了系列科普进校园活动，并组织首都师范大学附属中学永定分校地学兴趣小组的学生开展了夏令营活动，引导广大青少年探索地球奥秘，更好地保护家园，尽享地球科学的独特魅力，为国家可持续发展培育后备力量。在地学科普广场制作了与该展配套的图片展等，在北京国际展览中心和中国地质博物馆各分馆开展系列巡展和展示活动，与展厅展览形成互补。

航天放飞中国梦——庆祝中国航天事业创建 60 周年航天科技成果展

中国科学技术馆

2016 年是中国航天事业发展的第 60 个年头，4 月 24 日习近平总书记在首个“中国航天日”发表重要讲话时说：“探索浩瀚宇宙，发展航天事业，建设航天强国，是我们不懈追求的航天梦。”为了庆祝中国航天事业创建 60 周年，“航天放飞中国梦——庆祝中国航天事业创建 60 周年航天科技成果展”由中国科学技术馆举办，在短期展厅推出。展览展期为 2016 年 9 月 12 日至 12 月 18 日。

本次展览主要围绕“航天——放飞中国梦”这一主题，展现了中国航天事业创建 60 周年所研究的科技成果，主要通过主题展览、现场操作、互动体验等多种方式，宣传我国 60 年来航天事业的发展历程和航天科技取得的辉煌成就。展厅共分为九个主题展区：序厅、国家战略基石、进入空间能力、载人航天工程、空间基础设施、中国探月工程、创造美好生活、自主创新排头兵、建设航天强国。

展览展出的一些航天“真家伙”，可以让迄今为止只能在电视画面上看火箭腾空的市民过足眼瘾。展览 9:30 开始，9 点过后，科技馆门口就有一些家长带着孩子排起长队。展览汇集了长征一号运载火箭（备用箭）、神舟三号飞船返回舱、返回式卫星、液氢液氧发动机、飞天舱内航天服、神舟飞船降落伞、太空南瓜等大批珍贵的实物。此外，长征系列运载火箭、神舟飞船、天宫二号模型也闪亮登场。

长征一号运载火箭全长 29.86 米，最大直径为 2.25 米，起飞重量为 81.6 吨，起飞推力 112 吨，可以把 300 千克重的卫星送入 440 公里高的近地轨道。展品展出效果良好，引得观众纷纷拿出相机与这位“航天明星”合影。当年长征一号火箭的研制成功，揭开了我国进入航天时代的序幕，这枚火箭也曾参加过 1984 年的国庆 35 周年阅兵仪式。

神舟飞船返回舱 1：1 模型（VR 体验），飞船内部配有四个位置可供观众体验 VR 短片，让观众身临其境体验神舟飞船与天宫一号飞行器对接全过程。进入天宫二号 1:1 模拟仓和神舟飞船模型内部参观，近距离看到真正的舱内航天服，触摸模拟版月球仪，让孩子们欢呼雀跃。返回式卫星、嫦娥三号探测器也是孩子们参观的“热点”。

“漫步广寒宫”主要运用增强现实技术（AR），观众可通过屏幕互动，体验嫦娥三号探测器在月球表面着陆的场景，了解嫦娥三号着陆器和玉兔号月球车拍摄月球的过程。

260 寸裸眼全球最大裸眼 3D、人体与健康虚拟现实科普系统、水滴舱、小罗机器人、深层月壤探测装置……，中国科技馆还有许多新鲜好玩的展品，令人过足“科技瘾”。260 寸裸眼全球最大裸眼 3D，将裸眼 3D 与视频、互动、AR、VR 等结合；裸眼 3D+ 视频，可播放多宫格裸眼 3D 视频，实现无需眼镜的裸眼 3D 观看体验。水滴舱是一种可以同时提供 VR 视觉体验和动势动态模拟的 VR 组合产品。水滴舱提供风感、动感及按键互动功能。加入动态模拟，可以为 VR 的视觉内容增加真实性和互动性，用户与 VR 内容产生一定的交互，令整个体验在多维度感官层面更上一个台阶。

为了向青少年普及航天知识，锻炼他们的动手能力，培养科学精神，科技馆推出了“建设我的月球基地之登陆大作战”等活动，受到家长和孩子们的一致好评。

此次展览吸引了众多青少年以及航空航天方面的爱好者与相关工作人员，累计接待观众 9 万余人次。

遇见更好的你——心理学专题展

中国科学技术馆

“遇见更好的你——心理学专题展”由中国科学院心理研究所与中国科学技术馆共同策划主办，在中国科技馆短期展厅拉开帷幕。本次展览为公益科普展览，向社会公众免费开放，展期为 2016 年 1 月 1 日至 5 月 3 日。

展览面积约为 1000 平方米，包括 36 件互动展品及系列的科学表演、科教活动等内容。该展览以“完善自我，理解他人，遇见更好的你”为主题，分为“认识自己”“管理情绪”“理解他人”“释放压力”“突破自我”五个主题板块。

“哈哈，又踩到雷了！”一群家长领着孩子玩“穿越雷区”的游戏吸引了记者的注意，伴随着一声声“滴滴”声，一张长约 4 米、宽约 2 米的“地垫”一角上出现“3、2、1”秒表倒计时，一个七八岁的小男孩站在地垫上的“开始”处，此时眼前的地垫上出现一片长着花草的土地上布满地雷的影像图，10 秒钟后，“地雷”消失，小男孩要凭借记忆，在尽量不踩到地雷的情况下穿越雷区。可雷区刚穿越了一半，显示地雷爆炸了，地垫中心出现“穿越雷区失败”的提示。

这是一个考验记忆力的游戏，对于大多数人而言，“过目不忘”很难实现。早在 1885 年，德国心理学家艾宾浩斯通过实验研究发现，遗忘在学习之后就立即开始，而且其进程并不是匀速的。最初遗忘速度很快，以后逐渐变慢。到了相当长时间后，几乎就不再遗忘了。在艾宾浩斯发表了记忆实验研究报告后，记忆研究成了心理学中被研究最多的领域之一。

在展览另一个区域，有一个看眼神猜表情的测试仪器。两个穿着校服的初中女生分别坐在测试仪器的两头，仪器两端都分别有一排快乐、生气、忧伤、惊讶等的表情按钮，只是在一端多了一个白色假脸。一个女生先按下一个表情按钮，然后脸贴到假脸后面，通过露出的眼神让对面的女孩猜她的表情。对面女孩通过自己感受到的对方眼神，选择面前一个情绪按钮，仪器会根据选择结果判断第二个女孩选择结果的对错。结果，仪器几次显示“×”灯亮起，女孩从假脸后露出小脸，嗔怪同伴没有看懂她的心思。

配合情景化、互动化、艺术化的展览形式，通过对气质人格与智力、情绪认知与管理、人际交往与沟通、压力调节与心理健康及自我价值实现等五大内容的展示，引导观众客观认识自我，科学管理调节情绪，在人际交往中学会换位思考、理解他人，积极探索人生的意义、更好地实现自我价值。

展览期间，心理所还围绕展览主题举办咨询体验、科普讲座等一系列科普活动，向社会公众普及心理科学知识，传播心理健康文化。中科院心理所知名专家来到中科馆大讲堂，与听众共同探讨“如何培养孩子的心理能力”“如何做一个明智的家长”“如何在互联网时代下改善家庭关系”“如何促进亲子对话”等问题，讲座会场座无虚席。亲子沟通、青春期叛逆、学业障碍、行为障碍……，专业的心理咨询师坐镇展览现场，为观众提供免费心理咨询体验，聆听诉说，答疑解惑。

在宣传方面，科技馆和心理上都通过官方媒体进行宣传，更有人民网、《中国妇女报》等媒体竞相报道。在109天的展览期间，共接待观众140058人次，日最高观众量达5352人次；观众占全馆总参观量比例，日均达16.14%，日最高占比达35.32%。

近40件新颖生动的互动展品、内容丰富的知识拓展图文板、形式活泼的教育活动、贴心的心理咨询、叫座的中科馆大讲堂等，为观众营造了一个有理有趣的心理天地，还有线上心理展览强势配合，带领观众经历了一次难忘的“心”路之旅。

神圣职责——中国民航飞行员专题陈列

中国民航博物馆

“神圣职责—中国民航飞行员专题陈列”，由中国民用航空局主办、中国民航博物馆承办。展览于 2016 年 7 月 1 日开展，作为固定陈列在中国民航博物馆长期展出。

中国民航博物馆是中国民用航空局主办的民用航空专题博物馆。博物馆位于北京首都机场辅路民航 200 号地区，总占地面积 189600 平方米，总建筑面积 21980 平方米。其中主体建筑 15924 平方米，是德国 OWP 公司按照飞机发动机形状设计的外观独具一格的现代建筑。

民航博物馆是中国民用航空业文明发展进步的标志，其中陈列民航的历史，包括民用航空器发展史、民用机场建设史及民航科技发展展望等。馆藏有各种型号飞机，民航运输、通信导航方面设备，是新中国成立以来中国民航发展的缩影。

“神圣职责—中国民航飞行员专题陈列”（以下简称“飞行员专题陈列”）主要以中国民航发展史上的重要事件为结点，展示飞行员在重要飞行、处理突发事件等方面的重要作用和突出贡献，弘扬中国民航人为保证航空安全所表现出的高度责任感、使命感和奉献精神。

展览序厅

展厅一隅

展览以时间为主线分为四个部分：第一部分介绍中国早期民航飞行员的情况；第二部分为重要事件模块和荣誉模块，介绍在重要历史事件中表现出高超的驾驶技术和过硬的心理素质的飞行员，通过介绍他们的优秀事迹，全面展示民航飞行员始终以保证飞行安全为最高使命的责任感；第三部分展示内容主要为如何成为一名民航飞行员，介绍飞行员选拔、航校学习、培训等内容；第四部分侧重展示飞行员的管理。

展览亮点主要集中于第三部分介绍飞行员成长历程的展示内容中，通过时间轴的方式向观众展示如何成为一名民航飞行员。设置测试飞行员视力的“C 字表”体验项目，观众可自行检测视力，通过体验了解一名合格飞行员的基本要求。

展览将学生作为重要的观众群体和受教育对象，展陈内容为开展各类青少年活动提供了基础，如组织中国 AOPO 雏鹰计划航空主题夏令营，邀请专业飞行员与北京市第五十七中学飞行员培养早期实验班的学生面对面开展教育活动等，使学生学习民航知识，感悟民航文化。

此次展览的开放，标志着从 2016 年 7 月 1 日开始，中国民航飞行员有了自己的专题陈列展。展览亦产生了广泛的社会影响，吸引大量关注民航事业发展的人群前来参观。民航局航空安全办公室副主任刘清贵在民航博物馆馆长王小辉的陪同下参观了“飞行员专题陈列”。此外，多种团体活动也都在此地开展。展览累计接待观众 2 万人次。

宇宙穿梭

北京天文馆

“宇宙穿梭展”由北京天文馆策划和制作，位于天文馆 B 馆地下一层，于 2016 年 1 月面向公众开放，属于常设展览。

该展览以宇宙学的前沿科学知识为主题，共七个展区。以“宇宙演化”雕塑开篇，拉开穿梭宇宙的序幕；接着动手体验“宇宙尺度”，了解人类认识宇宙的深度；然后走出太阳系，开启寻找“系外行星”的旅程；通过“引力透镜”，欣赏宇宙中神奇的天体变形像；在最具神秘色彩的黑洞附近体验“逃离黑洞”的乐趣；转动转盘，观赏和了解层级式的“天体系统”；最后，进行“时空穿梭”，实现穿梭宇宙的梦想。

展览的策划、设计与制作，是副馆长总体负责，以展览设计部团队为核心，与展览制作公司的设计、工程实施人员以及聘请的馆外天文或博物馆领域专家共同组成展览的实施项目团队。

在展览的设计与制作过程中，项目团队在传播理念和新展示技术的应用等方面做了以下几个方面的尝试：

1. 在内容上，不拘泥于传统的基础天文知识。考虑到观众不同的观展需求，通过趣味化的观展方式，全面展示宇宙相关知识和最新的前沿动态。

2. 在形式上，充分考虑展厅本身的空间特征，因地制宜。既有常规形式的展示，也有活泼生动的设计，最大限度地追求展览整体氛围。

“宇宙尺度”体验区

观众互动装置

3. 在展示手段上，将展览分为平面静态展示、直观动态展示和交互体验展示三个层次。综合运用了各种先进展示设备和灯光照明系统，营造出深空宇宙的氛围，使得观众身临其境。

4. 在新技术方面，充分利用国际先进的展示技术，包括“历动”交互技术、激光投影技术等，让观众在快乐观展过程中学习到丰富的天文知识。

5. 在创新性上，每一个展项都是原创设计，由设计团队根据具体的知识点有针对性的利用先进展示技术实现生动的效果。

“宇宙穿梭”展览于 2016 年 1 月 15 日开展后，基于该展览组织了一系列青少年教育活动，具体如下：

1. 组织实施“六一场馆寻宝”活动，有近 8000 人次观众参与。

2. 开展 12 期亲子主题天文体验活动，组织孩子们和家长一起来到天文馆学习天文知识，体验最前沿的天文研究成果。共有超过 500 个家庭来到天文馆观展和体验。

3. 与北京市教委、市教科院合作，在馆内开展“利用社会资源丰富中小学校外实践”活动 8 场，参与的学校包括北京第五十六中学、北京展览路小学等。

4. 发挥资源单位优势，继续开展“社会大课堂”活动。立足于“宇宙穿梭”展览，总结出典型的天文小问答提供给学校和同学，供其在参观过程中思考和总结。据不完全统计，本年度社会大课堂接待参观人数约 1 万人次。

此展览的开放正值寒假前夕，为北京市乃至全国的青少年朋友们增添了一道寒假文化大餐。北京电视台、中国教育电视台、《科技日报》、《天文爱好者》杂志等电视和平面媒体争相报道，观众反响热烈，好评如潮。经统计，2016 年全年观展超过 80 万人次。

改变世界的机器：从中国到世界　从世界看中国

北京汽车博物馆

常设展览“改变世界的机器：从中国到世界　从世界看中国”由北京汽车博物馆筹备，于2016年9月23日正式开展。

该展览以“车”为载体，诠释“人－车－社会”关系的综合性命题，透过汽车揭示和反映汽车历史的变革、科技的进步、文明的发展，关注安全、能源、交通、环境等社会问题，倡导人、车、社会的和谐可持续发展。透过汽车这一改变世界的机器，从中国到世界，从世界看中国。

展览共设有三馆一区，分为创造馆、进步馆、未来馆和中国汽车工业经典藏品车展区。整个展览依据汽车的“历史、科技、未来”的故事线，阐述人、车、社会的关系。突破了传统博物馆展览相对静止的展览叙述，利用汽车科技的属性，展示不同品牌的整车展品54辆、车模132个、图文资料48件、车牌50个、车标46个、发动机22台。展示藏车包括世界第一辆车“奔驰一号”、开创汽车生产线制造先河的福特T型车、斯大林送给毛主席的吉斯轿车以及对中国汽车工业进行抢救性保护的藏车——红旗系列、上海系列、北京系列等。现累积馆藏品近万件，整车类藏品80余辆、零部件类藏品百余件、文献类藏品数千件。展现了世界及中国汽车工业的发展脉络和汽车社会多元化发展。藏品车在征集、鉴定、分类、研究修复等方面均填补国家及行业空白。

展馆外景

交通标识与汽车模型展示

同时还展示了早期汽车流水线、二战场景、城市拥堵等场景还原时代，实现故事情境讲历史；4.5：1 发动机机电演示模型、被“激光”剖开的真实汽车横截面，实现科学讲科普；“上海 F1 赛道”模拟器、“模拟风洞”演示体验、“现代汽车生产线”沉浸式剧场体验，实现有限空间、无限体验。

在宣传方面，该馆利用各类传统媒体和新媒体进行宣传报道，累计报道 2200 多篇次；拍摄各类专题片，如主题宣传片《播一颗种子给未来》；与新浪合作《汽车档案》15 期；与卡酷频道拍摄《穿越吧，少年》；热播电视剧《太太万岁》以该馆为拍摄故事地，时长 30 分钟；与北京交通广播《一路畅通》栏目合作多期节目；与平面媒体《北京汽车报》《赛车总动员》《中国标准化》合作开展专栏专版；建立官网、微博、微信；编印宣传册、科普图册、书签等资料进行宣传。

在文创方面，围绕汽车类藏品和展陈进行开发汽博馆展陈延伸的产品，出版发行《汽车简史》系列丛书 10 册，开发纪念封、纪念邮票、明信片 3 种邮品，结合场馆 3D 艺术地面开发个性化明信片。

在青少年教育活动方面，围绕汽车科普教育，形成科普课堂和衍生产品互相带动的良性局面：结合“未来工程师”科普实验室，开发太阳能车、风能车等新能源车系列教具；结合“汽车赛事主题教室”，引入“MINI-Z”赛车、四驱动态赛车和“卡雷拉”轨道赛车，并荣获全科普教育基地、爱国主义教育基地、国家 4A 级旅游景区等称号，成为全国科技馆、博物馆行业首家国家级服务业标准化示范项目，形成工作标准 156 个。

该馆的微信实现常设展览 360 度实景导览，具有地图导引等信息查询功能，通过扫描二维码可以阅读并收听馆内藏品车讲解及相关资料。网站开设《汽博新闻》《藏品精选》《常设展览》《专题展览》《科普课堂》等专栏。并与百度地图、腾讯、千龙网等合作，实现街景地图、馆内展厅实景与传统地图结合，零流量地图访问，使观众可以更便捷地了解汽车博物馆。

该馆在开展过程中接待社会观众 200 余万人次，还成功举办文化和观众教育活动 500 余场。形成“绿丝带行动”“寒暑假体验营”“‘未来工程师’科普实验室”等教育品牌，推出“汽车人走进汽车博物馆”公益讲坛。

回眸百年　致敬科学——北疆博物院复原陈列

天津自然博物馆北疆博物院

“回眸百年　致敬科学——北疆博物院复原陈列”由天津自然博物馆主办，黄克力担任策展团队负责人，展览于 2016 年 1 月 22 日在天津自然博物馆北疆博物院对外开放。

展览的主题为“恢复原貌、传承发展、创新提升”。此次复原陈列共展出各类自然标本及人文藏品近 2 万件，不仅包括大量珍藏的珍贵自然标本，还特别新增了北疆人文历史展区和开放式库房。

展览分为三个部分：第一部分为北疆复原陈列。一、二层陈列室依据历史老照片进行了忠实复原，原汁原味地体现百年前的北疆原貌。第二部分为北疆人文历史展区。这部分展示内容包括有 70 余幅照片、100 余件实物及展板等，由北疆博物院的创建、桑志华的科学考察、北疆博物院学术研究三个版块组成。第三部分为开放式库房。包括一层岩矿标本库房、二层古生物标本库房、三层现生生物标本库房，三层库房还同时展出有桑志华科考及研究工作时使用的实验器皿等实物。

北疆博物院在建筑格局、风格及细节上呈现出高标准的博物馆专业水平，艺术形式上采用了具有美学外形的中心牛腿柱内框架结构，以及高密度、小跨度的高窗设计。高窗设计是将平板花玻璃镶嵌在钢筋水泥窗框内，既能最大限度地获得良好的天然采光，又能起到防沙、防水、防盗、防震等保护标本的作用。此次复原开放将北疆旧藏的各类珍贵标本、馆藏各类历史人文藏品及文献资料 2 万余件悉数展出，使公众从中一窥 20 世纪 30 年代这座传奇博物馆的前世今生。

展览在理念探索、技术和方法应用上均有所创新。“北疆博物院复原陈列”展厅设计立足于修旧

展馆石雕

自然标本展示

如故，将历史文物、自然标本有机整合并呈现于拥有百年历史且同样具有文物属性的建筑空间中。陈列中沿用了原有的、保存完好的铁制展柜，柜内增设 LED 灯光以提升展示效果。人文历史展区新增了具有近代欧式风格的铁制展壁和展柜，再现了北疆博物院的百年历史。开放式库房则在沿用原有木制标本柜架等的基础上，增加了可视性铁制展柜展示标本。在建筑的艺术空间表现形式上忠实复原了中心牛腿柱内框架结构和高窗设计、标本吊装设施、壁挂动物头部标本等展示。

北疆博物院重新开放首日，中央电视台《新闻联播》即进行了相关报道。重新开放以来，多种媒体渠道同时助力北疆博物院的对外宣传工作。一方面，官网和微信平台累计发布信息百余条，与公众进行交流与互动；另一方面，有关展览及教育活动受到国内多家主流媒体的广泛宣传报道，参与媒体数量达 12 家，全年累计报道达 30 余次。

为提升服务水平，精选天津自然博物馆骨干力量组成高素质讲解队伍，并通过向社会广泛招募，遴选出志愿者讲解员达 30 余人。全年累计讲解 700 余场次，使用语音导览机共 300 余台次。

北疆博物院依托丰富的馆藏资源设计开发了各类文创产品 10 余种。其中包括北疆博物院专题明信片 1 套、书签 1 种，以及纪念章、蝴蝶系列靠垫、丝巾、蝶翅画等。全年开展各类教育活动（包括学术讲座、夏令营、志愿者活动等）共计 22 场，累计参与观众 4000 余人，活动形式丰富多彩，取得了良好的社会效果。

北疆博物院自重新开放以来，累积接待观众 5.6 万人次，其中，未成年人观众约 0.8 万人次。这座经历了百年岁月磨砺的博物馆，一方面启发着公众和我国博物馆人去思考一个成功博物馆的诞生，对今天我国博物馆事业发展所具有的借鉴意义，另一方面透过穿越式体验，使人们沉思于百年前科学家的求实精神与理性追求之中。

会飞的花——世界珍稀蝴蝶展

河北博物院

“会飞的花——世界珍稀蝴蝶展”由河北博物院和天津自然博物馆共同主办，展览于 2016 年 7 月 2 日至 10 月 9 日在河北博物院北区 5、6 号厅展出。

蝴蝶，被世人誉为“会飞的花朵”“虫国的佳丽”“百花仙子”。全球蝶类约 20000 种，分布非常广泛，从赤道到北极，从平原到高山，都有它们的踪迹。我国蝴蝶种类约 1700 种，是蝴蝶资源最为丰富的国家之一。古往今来，作为美和自由的象征，色彩绚丽的蝴蝶一直深受人们的喜爱，它的身影出现在人类生活的方方面面。

展览分为“关于蝴蝶”“蝴蝶秘密”“蝴蝶世界”“蝴蝶文化”“蝴蝶剧场”“蝴蝶谷”六个版块。前四个版块从生物学、社会学等角度立体解读蝴蝶的种种神奇和奥秘，700 余件珍贵的蝴蝶标本、300 余幅精美图片，运用数字投影、动画等多媒体手段，为观众呈现出千姿百态的蝴蝶世界和丰富多彩的蝴蝶文化。“蝴蝶剧场”演出科普剧——《米娜和大小姐》，是一部以蝴蝶为主题的真人互动剧，通过两位主人公奇妙的际遇，歌颂质朴的心灵和纯洁的友谊，教会小朋友们以乐观积极的态度来面对生活中遇到的问题。“蝴蝶谷”是活体蝴蝶观赏区，面积约 130 平方米，放置五色梅、串红、网纹草等蜜源植物 20 余种，放飞凤蝶、斑蝶、粉蝶等活体蝴蝶 10 余种，并通过蝴蝶幼虫培育箱展示了蝴蝶由卵到虫、由虫到蛹、由蛹化蝶的整个过程。休息区电视播放动画版《梁山伯与祝英台》。

展厅入口

展厅实景

此次展览数量与质量兼备，共展出蝴蝶标本700余件，均为天津自然博物馆馆藏，包含六大区域的代表蝶种、四总科代表蝶种、各种蝴蝶之最以及11国国蝶。“蝴蝶谷”打破博物馆展品的静态化与距离感，使抽象的概念转为具体的认知。“蝴蝶谷”内摆放了大量适合蝴蝶生存的寄主植物、蜜源植物，加上适宜的温湿度和光照，成功模拟了蝴蝶生活的自然环境，由专业蝴蝶养殖人员负责定期放飞活体蝴蝶，观众在此可享受三三两两的蝴蝶在身旁嬉戏翻飞，近距离观赏蝴蝶翅膀上美丽的花纹、翩翩飞舞时的优美体态，观察它们是如何觅食、如何羽化成蝶的全过程。专门为小朋友们准备的科普互动剧——《米娜和大小姐》，每周六进行现场演出，演员为社教部工作人员。小朋友们通过观看表演不仅能收获有关蝴蝶的知识，如蝴蝶是如何羽化的、蝴蝶与蛾的区别等，还会学习到“米娜”身上的美好品质：善良、宽容与坚强。演员们寓教于乐的表演方式，与小朋友的趣味互动，加上绚丽的舞台效果，使蝴蝶剧场深受小朋友的喜爱。

开展前夕通过河北博物院官方网站、微信公众号、纸质媒体、广播、电视、海报、LED显示屏等途径，对展览进行了宣传与推广。开展后出版展览图录《会飞的花——世界珍稀蝴蝶展》，“文博讲坛”推出蝴蝶知识专题讲座。展厅入口处设置商品售卖区，出售蝴蝶标本、服饰、配饰、文具、玩具等28种相关文化产品。

展览在炎炎夏日为省会观众带来生机盎然的自然文化大餐，为小朋友们营造与自然亲密接触的乐园，同时唤起更多人关心动物伙伴和保护自然环境的意识。鉴于石家庄市没有专门的自然类博物馆，此展览于2016年暑假期间开放，无疑为全市青少年提供了了解和学习自然生物知识的绝佳机会。观众对展览的创意和效果十分认可，展览取得社会各界的一致好评。据统计，展览期间参观总人数达20万人次。

邮票上的贝壳

常州博物馆

“邮票上的贝壳”是常州博物馆主办的原创性科普特展，由常州博物馆自然部主任万永红主持策划，自然部和陈列部共同设计制作，展期为 2016 年 6 月 2 6 日至 8 月 14 日，展场位于常州博物馆一楼临展厅内。

为了深入浅出地解读展览，策展人员根据观众认知特点，将展览内容分成三部分：第一部分介绍贝壳和邮票的基本知识，通过图文并茂的展板揭示贝壳的基本特征和分类知识、贝壳相关邮品的发展历史等，从而让观众了解什么是贝类，贝类可分为几大类，邮票的产生历史，贝壳邮票中典型的套票、小全张、小型张、首日封等。第二部分是整个展览的重点，结合贝类邮票分门别类地展现有代表性的贝类标本，如翁戎螺、鲍螺、涡螺、海扇蛤、海菊蛤、砗磲等，兼及头足类和化石贝类等内容。第三部分扼要介绍了贝壳邮票与人类文化、艺术、生活等密切关系，以揭示贝壳与人类深厚的渊源。

策展人员通过观众调研，结合本馆的藏品特点，以“邮票上的贝壳”为主题，将收藏界中的两大热门题材——邮票和贝壳有机融合。这种“文理兼容”的展览形式，是常州博物馆近年来科普展理念上的创新和突破，对广大观众特别是青少年学生拓宽视野、培养探究学习的兴趣、增强个性化的生活情趣、促进综合文化素养的提升具有积极的意义。

展厅一隅

小观众在阅读展品

该展最大的特色在于将贝壳邮票与贝壳实物标本完美结合，使自然科普与人文内容有机交融。观众通过展览，不仅能领略海洋世界的神奇，懂得保护大自然的重要性，更能透过一枚枚精致的邮票，了解其背后的历史、文化、艺术等多方知识，从而使展览的内涵得以升华。该展在制作方面虽花费不多，但通过精美的展品、精巧的构思、精心的设计，展览同样赢得了广大观众的喜爱，实现了中小型博物馆“花小钱、办大事”的目标。

为让更多的观众了解该展的信息与内容，在展前和展出期间，常州博物馆一方面采用传统的模式进行展览宣传，如邀请省市的电视、电台、报社记者进行新闻报道，在博物馆周边、社区张贴宣传海报，在博物馆大厅用电子屏滚动播放展讯等；另一方面利用新媒体加大展览的宣传力度，如通过博物馆网站及相关的政府网站发布展讯及展览新闻，利用博物馆微信多次推送展览信息，让网络新媒体充当宣传的生力军。同时在展出期间博物馆热情做好观众的接待和服务工作，如由志愿者当好展览引导，免费发放宣传册页，节假日定时免费讲解，专业人员经常赴展厅巡视，为观众朋友答疑解惑等。

为了让展览给广大观众留下深刻的印象，博物馆卖品部在开展前积极组织开发与展览相关的文创产品，如贝壳原体标本、贝壳贴纸、贝壳扑克牌、贝壳挂件、贝壳工艺品、印制贝壳图案的水杯和杯垫、贝壳邮票、相关的科普书籍等，琳琅满目的文创产品让观众特别是青少年朋友流连忘返。

展览期间，博物馆开放部还策划推出系列的配套性青少年教育活动，以进一步扩大展览的社会影响力：1. 特邀贝类专家何径先生来馆作“华丽丽的贝壳”专题科普讲座。2. 举办“奇趣贝壳汇”夏令营活动。3. 举办“海贝寻宝”夏令营。通过参加活动，小观众和他们的爸爸妈妈学到了知识，也收获了快乐。

“邮票上的贝壳”丰富了常州公众特别是青少年学生的暑期文化生活，展出 40 多天时间，受众人数达 6.6 万人次。该展还入选“2016 年江苏省馆藏文物巡回展”项目，先后赴省内淮安、连云港、海安、大丰、太仓等博物馆巡展。展览所到之处，均反响强烈，多种媒体纷纷报道，许多观众的留言感人至深。

狂野之地——肯尼斯·贝林世界野生动物展

浙江自然博物馆

“狂野之地——肯尼斯·贝林世界野生动物展”大型常设展览于 2016 年 7 月 22 日在浙江自然博物馆开展。

展览以肯尼斯·贝林先生捐赠的动物标本为基础，结合现代化的展示手段，形象科学地将非洲和北美洲最具代表性的动物及其生活方式、生存环境等再现于观众面前。贝林厅的生物类群以生物物种所居环境分区展开，从非洲热带雨林、非洲大陆 - 旱季、非洲大陆 - 雨季、北美森林、北美苔原、北美荒漠六个方面，以标本数量和环境特色为支撑，反映动物真实的生存概貌。走进“肯尼斯·贝林世界野生动物展”，观众将体会到非洲野生动物大迁徙的恢宏场面，感受动物适应北美酷寒环境的生存智慧。矫健的花豹躲在树后伺机捕食猎物，萌萌的非洲公象在悠闲地散步，高贵的长颈鹿伸长脖子在吃金合欢树的树叶，雪白的北极熊在茫茫冰原上前行，凶猛的非洲雄狮昂扬傲视草原的其他生灵……，观众在身临其境地感受大自然魅力的同时，无形中对野生动物和生态环境的保护产生认同和共鸣。

展厅入口

自然场景复原展示

展览的最大特色在于采用制作工艺先进、栩栩如生的珍贵野生动物标本，结合大型场景复原技术、多媒体技术等手段，复原了非洲热带雨林、稀树草原等多个不同生态系统的野生动物赖以生存的自然环境，引导观众认识生物与栖息地之间的紧密联系，带给观众强烈的视觉冲击力，让观众能深入其境。展览在策划设计中，着重突出动物生态与环境这条主线，强调动物生态与自然环境，以标本的丰富度，突出环境的丰富面貌，从而带领公众了解各种生物为了生存和繁衍而演化出基于各种关系的"生存智慧"。例如，展览中精心选择了诸如非洲狮、非洲象、长颈鹿、斑马等大量明星标本，以及非洲鳄捕猎羚羊等一些神似动态的捕猎情形，用动物群组方式阐述动物及其栖居地之间的故事，有助于观众了解演化、分类等知识。为了达到良好逼真的场景展示效果，利用声光电等多媒体现代科技的表现手法，借助投影与场景灯光的变化，使场景舞台呈现出不同时段、不同天气状态的效果，塑造一个亦真亦幻的稀树草原情景，营造场景的艺术感染力效果。另外，设计上巧妙地用足所有空间，丰富而不拥挤，细腻而不紊杂，流线顺畅自然，展陈视角多元，近视与远观、仰角与俯视并进，使得展览生动有趣，富有节奏与韵律，使静态的自然环境和动物展览焕发出活力。

为使得展览取得良好的社会效果，针对"狂野之地——肯尼斯·贝林世界野生动物展"专门制订展览宣传推广计划，采取前置宣传、节点宣传、跟踪宣传相结合的方式，报道贝林先生标本捐赠、重点展品动态等，多渠道、有效地对展览进行宣传，吸引观众的注意力。据统计，在电视台、报纸、杂志、电台、网络、自媒体等进行媒体报道 200 余篇次。此外，积极开发文创产品，在展厅里专门开设此展文创产品商店，提供各式文创产品 200 多种，包括各种毛绒文具、标本模型、文具、T 恤、挂件等。

同时，拓展博物馆教育服务功能，提升展览知名度，围绕展览，开发了类型多样的教育服务项目，组织"环球自然日青少年科普绘画大赛""长颈鹿——手绘 T 恤""优雅的巨人——大象"等专题讲座、影院剧场、开放实验室、知识竞赛、亲子教育等配套项目 32 个。

展览期间，凭借广泛的教育媒介与丰富亲和的专门教育活动，进一步深化了野生动物保护与生命多姿多彩的展览主题，也扩大了展览的社会影响力。展览推出后，受到广大观众的普遍好评，展览推出一年，共计接待观众达 203.57 万人次。

天工追梦——郑州古代科技文物展

郑州博物馆

“天工追梦——郑州古代科技文物展”由郑州博物馆举办，展览主题策划、展览形式总设计、展览实施工程由张霆负责，其他展览项目由博物馆各部门工作人员协同负责。展览于2016年1月15日至5月23日在郑州博物馆三楼展厅举办。

展览紧扣“中国梦”和“创造”“创新”的时代主旋律，结合社会形势、地区历史特点和文化遗产现状及展厅面积和馆藏实际，致力打造具有中原区域个性和华夏历史文明特色的原创展览。展览定位为科技文物和历史文化普及展，专业性与大众化、知识性与趣味性相结合，目的是普及古代文物科学知识，传播华夏历史文明，提升全民科学文化素质，希望能够从社会历史发展和古代科技进步的角度，对“中国制造”及“大众创新、万众创业”有所启发、借鉴和推动。

展览按照郑州古代科技文物发展的历史脉络，分“陶瓷发明——追逐生活的便捷和美丽”“炉火淬金——创造着先进的生产力”“测影观星——探索人与自然的和谐”“营造技艺——构筑人类最美的家园”四个部分进行设计，展出相关文物100余件。展览配有丰富的辅助展品、建筑模型、互动项目等，并以通俗的语言、形象的实物和图片资料及现代多媒体技术等进行综合展示，紧紧围绕“社会创新和科技进步如何不断满足并推动人们对社会生产与美好生活的追求”这一线索展开，是对郑州古代科技成果进行的一次精心梳理与综合展示。

展览序厅

展厅一隅

展览的亮点与特色在于从文物中挖掘郑州地区古代科技创新基因，由科技角度展现藏在文物中的智慧，突出科技创新精神、中原区域个性和华夏历史文明特色。

为达到广而告之的效果，博物馆专门针对此次展览制定宣传报道计划，增强宣传力度，与网络、电视、报纸、广播、宣传栏等大众媒体加强合作，并创新性地引入微信、微博、网络虚拟展示等新媒体手段，全方位地广泛宣传，将展览资讯及时向社会传播。通过召开新闻发布会以及综合利用各种传媒手段，对展览整个过程进行全方位的宣传报道。

为优化展览的观众服务，博物馆专门制定《观众接待工作制度》。同时，每天定时为观众提供义务讲解服务，并且会根据实际需求适当增加义务讲解场次。为有效利用本次展览的教育资源，专门设计制作展览册页进行免费发放，同时还根据本次展览内容特色，专门组织策划以古代科技为主题的教育活动，以参观、现场展演等不同形式，对普通观众、未成年人、历史文化爱好者等开展形式各异的教育活动，在充分利用、挖掘展览教育内涵的同时，使博物馆的教育形式和内容更加丰富。文创产品有展览宣传册页，介绍展览概况、展览精品；还有儿童七巧板、儿童孔明锁、趣味斗拱、趣味华容道等。

青少年教育活动项目方面，博物馆对未成年人团体实行免费讲解，通过讲解，将郑州古代科技文化推向广大青少年之中；邀请郑州市桐淮小学同学们到博物馆，开设传统游戏项目“七巧板快速拼”，在娱乐的同时培养孩子的创意思维及动手能力；举办“‘天工追梦’益智游戏比赛”；举办“雷锋日——携手福利院儿童参观‘天工追梦’”，邀请郑州市福利院残障儿童到博物馆参观“天工追梦”展览，并参与益智小游戏。博物馆还举办“关爱进城务工人员——参观‘天工追梦’展”，邀请郑州市市政维护工程有限公司的进城务工人员以及二七广场环卫工人来馆参观“天工追梦”展览；举办“天工追梦”巡展活动，以展板形式把展览带进校园、带进社区、带进机关单位，更全面地宣传古代科技文化；举办“馆长讲郑博”，“5·18 国际博物馆日”邀请郑州博物馆馆长讲述大型原创展览“天工追梦”。

展览坚持以人为本的理念，引导参与互动、启发思考创新。综合运用模型、灯光、触摸屏、网上虚拟展览、微信导览技术，组织专题教育活动、同名流动展览、相关科普讲座等，进行多元化的宣传展示推广。

展览为期四个月，观众人数达 30 万人次，其中未成年观众数量 20 万人次。展览宣传报道 100 多篇，媒体报道数量 18 家。展览荣获“第十四届全国博物馆十大陈列展览精品推介”优胜奖以及河南省优秀陈列展览。

长江之歌　文明之旅

长江文明馆

“长江之歌　文明之旅”是由长江文明馆主办，吴涛担任项目负责人，北京清尚建筑装饰工程有限公司进行装修制作的常设展览。展览于 2015 年 9 月 25 日开幕，在长江文明馆展厅对公众免费开放。

为集中收藏、展示、研究长江自然生态和历史文明，根据溯源、求知、明道、展望的建馆纲领，通过“长江之歌　文明之旅”常设主题展览，讲好长江与文明两个故事，讴歌开拓进取、用于创新的长江精神及人与自然的和谐共生。

展览以生态长江、文化长江和经济长江为展示重点，全面展现长江的自然禀赋和文明大成，展览分布于序厅和“走进长江”“感知文明”“梦幻长江”厅。“走进长江”厅以一轴八点为展览结构，将八个单元展示在长江流域大沙盘周边。“感知文明”厅以水孕育人类、人类创造文明、文明融入生态为脉络设置八个单元，引领观众纵览长江文明。“梦幻长江”厅利用黑暗骑乘技术，让观众在 10

盘龙城遗址

长江沙盘模型

展柜设计

分钟内体验七个最自然、最人文的长江景观。故事线涵盖季羡林的《长江文化研究文库》，李学勤的《长江文化史》，楼宇烈、冯天瑜、陈铎、陈汉元等有关长江文明的解读。

展览文字紧扣主题，依据自然和人文长江资料，在重要概念提法上体现研究成果。展品信息、资料图片、辅助展品描述准确，集把握客观事实又通俗易懂。各级标题内容凝练、层次分明，说明文字优美且简要，附有中英文对照。展品选择紧紧围绕生态长江、文化长江、经济长江的展示重点，精心选择了能集中反映长江自然生态与人文景观、黄金水道与丰富资源的珍稀动植物标本，以及突出反映长江悠久历史与璀璨文明的一批珍贵文物，总计 664 件（仅展出件数）。

在艺术表现上，“走进长江”厅以河谷式的空间承载长江全流域本体沙盘展示，再现三级阶梯、干支流水文水系、名山大川等重要节点；两侧分别展示长江资源、水利、交通、生态、城市。“感知文明”厅以“文明的漩涡”为设计理念，规划文明之源、生活之道、精神之魂、融合之美、未来之思五大模块。“梦幻长江”厅利用雪域高原、巴蜀奇观、高峡平湖、赤壁烽火、飞跃名楼、江南盛景、神奇纬度七大场景再现长江自然之美、人文之最。古典与现代元素相结合的展板、科学的图表、典型的数据、珍贵的文物和动植物标本以及生动的造景，全面立体勾勒出长江的造化钟灵。数千套专业展陈灯具、节能环保的 LED 光源，通过点线面相结合、光与美相结合，用照亮的方式点缀展览主题与内容。

在文创产品开发上，馆方提取长江流域的自然与文化元素，结合市场需求，开发出具有实用性、美观性、娱乐性的文化创意产品。目前设计开发的有图书影像、珠宝银饰、邮票、儿童商品、文具、饰品摆件、典藏精品等逾十大类。

在宣传推广层面，策展团队在新华社、《人民日报》、中央电视台、《光明日报》、《中国文化报》、《中国文物报》、《湖北日报》、《长江日报》等媒体发布稿件 320 篇，其中展览宣传 90 篇，大河对话报道 230 篇。出版《长江文明馆巡礼》《长江之歌文明之旅》《大河文明的嬗变与可持续发展》等著作。

自开馆试运行以来，馆方举办各类社教活动 26 次，服务人数达 5160 人次。自开展以来，累计接待观众达 110 万人次。

地球·生物·人类

重庆自然博物馆

“地球·生物·人类基本陈列”由重庆市文物局主办，重庆自然博物馆承办，欧阳辉担任项目负责人。该展览于 2015 年 11 月 9 日起在重庆自然博物馆长期展出。

展览以自然类博物馆的性质和任务作为展示主题，以此概括自然历史、自然关系、自然规律等内容。融合多学科知识、重新架构内容体系是该展览最鲜明的特征，展览凸显原创性、个性化、普适性，面向大众。“地球·生物·人类”展览共有六大展厅，各个展厅之间有序组合，形成各有侧重又相互衔接的内容体系，展示地球演变、生物进化、生物多样性，以及资源、环境与人类活动的关系，涵盖地质学、古生物学、古人类学、生物学、生态学等内容。地球厅以新地球观为指导，多维度揭示地球科学进展；进化厅串联进化脉络，阐释进化机制；恐龙厅以众多标本展现恐龙化石奇观，引导大众探秘；动物厅在全球视野下突出生物地理特色，阐释物种间关系；环境厅回顾文明进程中的人地关系，启迪对未来发展的思考；重庆厅展示当地自然历史变迁、人与环境相依存的生存智慧，宣传生态文明城市发展理念。

巨幅海百合装饰墙

贝林商店

多功能厅

在艺术表现上，展览以“美”为设计精髓，反映实物展品静态之美、影视动画动态之美、展品展项与展示环境相融的和谐之美。重点部分采取展品集中式陈列，借助辅助展品和声光电技术，增强视觉表现力而成为展览亮点。选取自然元素，以现代风格主导设计，既重视大氛围营造，也注重小细节雕琢，追求大气震撼与清新唯美交相映衬的艺术效果。图片、图表设计美观，安排讲究，大型背景画均为科学原创，具视觉冲击力。照明设计规范、系统，采用多种模式智能控制满足不同需求，在展览模式下具有明暗对比、虚实相映的效果。展厅光源数量充足，全部采用冷光源保护展品。展版设计简约风格，规范统一。观赏性展项和描述性展项在展线上渐次搭配，做到艺术与科学融合，形式与内容统一。

馆方高度重视展览宣传工作，开馆前侧重宣传建设进展，开馆后侧重展览主题内容、重点展品和展教活动的宣传。2015—2016 年，地市级以上广播、电视媒体报道 37 篇（全国性 25 篇），地市级以上报刊媒体报道 124 篇（含国家级 51 篇），网络媒体宣传搜索约 81700 篇。同时，利用网站、微信、微博等新媒体平台推送展览展品解读和科普活动等各类资讯。

在文创开发上，馆方与社会文化机构联合进行产品开发，推出产品共计 817 种，已形成图书、文具、玩具、装饰品、生活用品、矿晶 7 大系列，较好体现藏品特点和展览特色。产品制作精美，兼具设计感和实用性，定价合理。年销售约 20 万件，销售额 1400 余万元。恐龙系列产品获得重庆市首届十大文博创意产品精品奖。现为全国博物馆文化创意产品开发试点单位。

重庆自然博物馆“地球 · 生物 · 人类基本陈列”吸引了广泛的观众前来参观。同时，展览获第十四届（2016 年度）全国博物馆十大陈列展览精品推介精品奖。

恐龙蛋·诞恐龙

北京自然博物馆

“恐龙蛋·诞恐龙主题展览”由北京自然博物馆、浙江自然博物馆、台中自然科学博物馆联合主办，在北京自然博物馆临时展厅开展。展览为免费展览，展期时间为 2016 年 12 月 6 日至 2017 年 3 月 5 日。

我国的恐龙蛋化石无论从数量、类型还是从完整度上，都是其他国家无可比拟的。此次展览所使用的展品涵盖了大批量我国境内出土的恐龙蛋化石，产地跨越我国 12 个省份，为观众呈现了我国恐龙蛋化石研究的丰硕成果，展品珍贵精美。

科学家未必百分之百清楚小恐龙出生的全部身世。但是，这并不意味着一无所知，恐龙蛋的发现让我们确知：恐龙宝宝是从蛋中孵化的。而这些稀有而奇特的化石标本将为科学家解开恐龙繁殖的秘密提供重要的线索，它们将激发人们对远古恐龙繁衍的认知力和想象力。

“恐龙蛋·诞恐龙主题展览”展出恐龙蛋化石展品 138 件。其中，一级展品 8 件，恐龙与蛋共生的展品 5 件。展品包括确定种类的恐龙蛋化石，其中，最特别的藏品是两件腹腔含蛋的恐龙标本，这是它们首次联袂展出。这两件全球仅有腹腔含蛋恐龙标本，一件为浙江自然博物馆馆藏珍品，一件“腹腔含蛋窃蛋龙类复原模型”为台湾地区捐赠。腹腔内外各含一枚蛋的恐龙标本在全世界仅此一件真品。另一件窃蛋龙胚胎蛋化石呈现了破壳前恐龙的生存状态，也是极为罕见的稀世珍宝。

其中一件标本由 20 多枚恐龙蛋呈圆环形叠加排列在一起，每个蛋壳或多或少都有一些开裂，最上面的一层恐龙蛋长大约有 10 厘米左右，而位于最下面的那层恐龙蛋只能看见个蛋尖。

另一件产自江西赣州的恐龙蛋标本则共有 26 枚蛋分两层环状排列，每枚蛋的形状为短椭圆形，蛋体长径 21—22 厘米，短径达到 12 厘米，显示出短粗的形态。据了解，从形态上看，这窝蛋属于窃蛋龙类的蛋。令人奇怪的是，这些恐龙蛋的蛋壳颜色是黑色的，经初步推断，这是在地层中受地质作用影响而变黑的。

此外，展品包括 138 件浙江自然博物馆馆藏珍稀恐龙蛋化石标本，如共生在蛋窝中的不同类型的蛋化石、共生的两窝不同类型的恐龙蛋窝、共生的恐龙骨骼与恐龙蛋化石、体腔内外各有一枚蛋的窃蛋龙化石等。

本次展览摒弃了以往的以恐龙骨骼或模型展示为背景主线，而是将恐龙蛋化石作为展览主线，展览选题新颖独特。通过向人们展示恐龙蛋化石，深入解读这些“蛋”背后的恐龙故事。该展此前仅在台湾地区自然博物馆和浙江自然博物馆、大连自然博物馆展出过，备受当地市民瞩目。此次展览吸引了众多青少年来参观，总观展人数近百万人次。

附录

一、年度特色陈列展览名录

省份	序号	名称	举办单位	举办地点	展期
中央	1	庆祝中国共产党成立95周年全国美术作品展	中国文学艺术界联合会、中国美术家协会、中国文学艺术基金会、中国文学艺术发展专项基金会	中国国家博物馆北1至北4展厅	2016年6月19日至7月1日
	2	纪念红军长征胜利80周年馆藏文物美术作品展	中国国家博物馆	中国国家博物馆	2016年10月22日至11月10日
	3	中华史诗美术大展	中国文学艺术界联合会、中华人民共和国财政部、中华人民共和国文化部	中国国家博物馆北1至北4展厅、南1至南4展厅	2016年11月20日至12月11日
	4	谢云书画艺术展	中国国家博物馆	中国国家博物馆南2展厅	2016年1月15日至2月24日
	5	高冀生钢笔建筑速写画展	中国国家博物馆、清华大学建筑学院	中国国家博物馆南3展厅	2016年1月16日至2月23日
	6	迎丙申猴年——楹联书法展	中国国家博物馆	中国国家博物馆北4展厅	2016年2月4日至4月6日
	7	佛光菜根谭——星云书法展	中国国家博物馆、星云文化教育公益基金会	中国国家博物馆南1展厅	2016年3月1日至4月15日
	8	范曾著《锦文掇英——学研习近平用典心得》书法作品捐赠展	人民日报出版社	中国国家博物馆南1展厅	2016年3月17日至4月8日
	9	追梦之旅——张海书法展	中国文学艺术界联合会、中国国家博物馆、故宫博物院、中国美术馆、中国书法家协会	中国国家博物馆北2、北3展厅	2016年3月26日至5月10日
	10	时代心象——沈启鹏绘画六十年回望	中国国家博物馆、中国美术家协会	中国国家博物馆南1展厅	2016年5月17日至6月15日
	11	2016中国当代工艺美术双年展	中国艺术研究院	中国国家博物馆南1至南4、北1至北4展厅	2016年7月10日至7月22日
	12	萧朗书画艺术展	中国国家博物馆	中国国家博物馆北11展厅	2016年8月12日至8月28日
	13	李延声艺术展	中国国家博物馆、中国美术家协会、中央美术学院、中国美术学院、中国国家画院、中国艺术研究院、中国人民政治协商会议全国委员会书画室	中国国家博物馆南1至南4展厅	2016年9月25日至10月16日
	14	含弘光大——章祖安书法展	中国美术学院、浙江省文学艺术界联合会	中国国家博物馆北2、北3展厅	2016年10月15日至10月27日
	15	大年百年——纪念祝大年百岁诞辰艺术展	中国国家博物馆、清华大学美术学院	中国国家博物馆北4展厅	2016年10月16日至11月9日
	16	山高水长——陈佩秋、照诚书画联展	上海市文史研究馆、上海中国画院、上海龙华古寺	中国国家博物馆南3展厅	2016年10月19日至10月30日
	17	远山呼唤——李宝林八十艺术展	中国国家博物馆、中国国家画院	中国国家博物馆南2展厅	2016年10月23日至11月11日
	18	东去西来·陆永安绘画展	中国法语联盟基金会	中国国家博物馆南3展厅	2016年11月2日至11月13日
	19	美林的世界——韩美林八十大展	中国联合国教科文组织全国委员会、中国文学艺术界联合会、中国国家博物馆	中国国家博物馆南1至南4展厅	2016年12月21日至2017年2月12日
	20	《四部医典》曼唐长卷——娘本唐卡艺术传承成果展	中国国家博物馆	中国国家博物馆北10展厅	2016年7月8日至27日
	21	星云大师捐赠北齐佛首造像回归	中国国家博物馆、星云文化教育公益基金会	中国国家博物馆南1序厅	2016年3月1日至25日
	22	菊香晚艳——开封菊花与故宫博物院藏菊花题材文物联展	故宫博物院、开封市人民政府、北京市公园管理中心	故宫博物院	2016年9月27日至11月27日

续表

省份	序号	名称	举办单位	举办地点	展期
中央	23	太璞如琢——崔如琢艺术故宫大展	故宫博物院	故宫午门展厅	2016 年 2 月 25 日至 5 月 25 日
	24	玲珑万象——来自美国的俄罗斯皇家法贝热装饰艺术展	故宫博物院与美国弗吉尼亚美术馆	故宫雁翅楼展厅	2016 年 4 月 16 日至 7 月 17 日
	25	太璞如琢——崔如琢艺术故宫大展	故宫博物院	故宫午门展厅	2016 年 2 月 25 日至 5 月 25 日
	26	海岳镜如画——中华铜镜传拓技艺精品展	文化部恭王府管理中心	恭王府中华传统技艺精品馆	2016 年 8 月 9 日至 27 日
	27	笔墨自觉・刘玉泉花鸟画展	文化部恭王府管理中心	恭王府嘉乐堂及东西配殿	2016 年 5 月 29 日至 6 月 16 日
	28	国家级非物质文化遗产——‘画中有戏’传统年画精品展	文化部恭王府管理中心	文化部恭王府管理中心	2016 年 3 月 20 日至 4 月 12 日
	29	岳镜如画——中华铜镜传拓技艺精品展	文化部恭王府管理中心	文化部恭王府管理中心	2016 年 8 月 7 日至 8 月 27 日
	30	“锦绣中华”国家级非物质文化遗产——传统刺绣技艺精品展	文化部恭王府管理中心、中国国际时装周组委会	文化部恭王府管理中心	2016 年 10 月 29 日至 11 月 20 日
	31	太古遗韵—中国古琴文化大展	国家图书馆	国家典籍博物馆第七、八展厅（海淀区中关村南大街 33 号）	2016 年 11 月 22 日至 2017 年 5 月 22 日
	32	民族记忆 精神家园——国家珍贵古籍特展	国家图书馆（国家古籍保护中心、国家典籍博物馆）	国家图书馆	2016 年 6 月 21 日至 8 月 21 日
	33	且饮墨瀋一升——吴昌硕的篆刻与当代印人的创作展	国家图书馆（国家典籍博物馆）与中国书法家协会、中国文艺评论家协会	国家典籍博物馆	2016 年 12 月 8 日至 2017 年 1 月 6 日
	34	一门三院士 共筑中国梦	国家图书馆、江门市人民政府	国家图书馆二期大厅	2016 年 5 月 19 日至 6 月 19 日
	35	只研朱墨作春山——纪念鲁迅逝世 80 周年美术展	中国美术馆与北京鲁迅博物馆	中国美术馆	2016 年 3 月 8 日至 5 月 22 日
	36	亘古的回声——宁夏岩画艺术特展	中国华侨历史博物馆	中国华侨历史博物馆	2016 年 7 月 15 日至 9 月 15 日
	37	航天放飞中国梦——庆祝中国航天事业创建 60 周年航天科技成果展	中国科学技术馆	中国科学技术馆	2016 年 9 月 12 日至 12 月 18 日
	38	首届中国矿物精品展	中国地质博物馆、中国观赏石协会	中国地质博物馆	2016 年 12 月 1 日至 20 日
	39	重庆中国三峡博物馆馆藏年画展	北京鲁迅博物馆（北京新文化运动纪念馆）	北京鲁迅博物馆	2016 年 12 月 9 日至 2017 年 2 月 24 日
	40	抗战中的延安鲁艺	北京鲁迅博物馆（北京新文化运动纪念馆）、延安鲁艺文化园区管理办公室	北大红楼	2016 年 11 月 23 日至 12 月 23 日
	41	今风古韵——旅美画家梁政均书画展	北京鲁迅博物馆（北京新文化运动纪念馆）	北大红楼	2016 年 3 月 4 日至 3 月 27 日
	42	人民的音乐家——冼星海生平事迹巡回展	广州市番禺区文化广电新闻出版局、番禺博物馆（冼星海纪念馆）、北京鲁迅博物馆（北京新文化运动纪念馆）	北京鲁迅博物馆	2016 年 10 月 26 日至 11 月 26 日
	43	大千世界方寸间——民国香烟画片展	北京鲁迅博物馆（北京新文化运动纪念馆）与广州孙中山大元帅府纪念馆	新文化运动纪念馆	2016 年 9 月 2 日至 10 月 23 日

续表

省份	序号	名称	举办单位	举办地点	展期
中央	44	铭记历史、追寻经典、彰显底蕴——保定兰亭书法临帖晋京展	中国书画收藏家协会、北京鲁迅博物馆（北京新文化运动纪念馆）、河北省书法家协会教育委员会等	北大红楼	2016年8月20日至28日
	45	两朝帝师翁同龢及翁氏家族文物特展	北京鲁迅博物馆（北京新文化运动纪念馆）、江苏省常熟市文化广电新闻出版局	北京鲁迅博物馆	2016年8月4日至9月4日
	46	诗的力量——鲁迅、裴多菲文学生涯展	北京鲁迅博物馆（北京新文化运动纪念馆）、裴多菲文学博物馆	匈牙利裴多菲文学博物馆	2016年6月25日至10月25日
	47	流年似水——旧上海广告月份牌特展	北京鲁迅博物馆（北京新文化运动纪念馆）与辛亥革命武昌起义纪念馆	北京新文化运动纪念馆	2016年6月7日至7月24日
	48	天津——京剧艺术的重镇	北京新文化运动纪念馆与天津戏剧博物馆	北京新文化运动纪念馆	2016年1月22日至2月28日
	49	辛亥名人——海南石刻遗墨展	北京鲁迅博物馆（北京新文化运动纪念馆）、海口市博物馆	北京鲁迅博物馆	2016年5月24日至7月20日
	50	明德至善　家国天下——徽州优秀传统文化展	北京鲁迅博物馆（北京新文化运动纪念馆）与安徽博物院	北京鲁迅博物馆	2016年5月18日至7月24日
	51	立党为公　勤政为民——董必武同志生平业绩图片展	湖北武汉中共一大会址纪念馆与北京鲁迅博物馆（北京新文化运动纪念馆）	北京鲁迅博物馆	2016年3月5日至5月5日
	52	新文化运动主将——陈独秀	北京鲁迅博物馆（北京新文化运动纪念馆）、上海鲁迅纪念馆	上海鲁迅纪念馆	2016年12月6日至2017年1月6日
	53	瓷国明珠　海丝琨瑜——福建德化瓷展	福建民俗博物馆、北京鲁迅博物馆（北京新文化运动纪念馆）	北京鲁迅博物馆	2016年3月8日至5月8日
	54	营造·中华——清华营建学科专题展	清华大学艺术博物馆、清华大学建筑学院	清华大学艺术博物馆7号展厅	2016年9月11日至2017年8月31日
	55	清华藏珍——清华大学艺术博物馆藏品展	清华大学艺术博物馆、清华大学美术学院	清华大学艺术博物馆9.10.11.12.13号展厅	2016年9月11日开幕，常设展览
	56	竹简上的经典——清华简文献展	清华大学艺术博物馆、清华大学出土文献研究与保护中心	清华大学艺术博物馆8号展厅	2016年9月11日至2017年3月10日
	57	笃志先行　振兴中华——纪念孙中山先生诞辰150周年馆藏文物特展	宋庆龄故居管理中心（中国宋庆龄基金会研究中心）	宋庆龄故居濠梁乐趣厅	2016年11月12日至12月31日
	58	锦绣八桂——广西少数民族织绣文化展	中国民族博物馆、中国妇女儿童博物馆、广西民族博物馆	中国妇女儿童博物馆	2016年12月15日至2017年1月5日
	59	动物士兵——勇敢的伙伴	中国妇女儿童博物馆	中国妇女儿童博物馆	2016年4月26日至6月15日
	60	奔向未来——儿童数字化游乐空间展	中国妇女儿童博物馆与北京华协文化发展有限公司、加拿大多伦多国际电影节	中国妇女儿童博物馆	2016年1月18日至4月6日
	61	童心的叙事——第三届全国儿童剪纸作品展	全国妇联儿童工作部、中国妇女儿童博物馆	中国妇女儿童博物馆	2016年6月1日至6月20日
	62	清朝京局钱币精品展	中国钱币博物馆	中国钱币博物馆	2016年5月24日至8月23日
	63	红军不怕远征难——文学中的长征	中国现代文学馆	中国现代文学馆	2016年8月12日至12月31日

续表

省份	序号	名称	举办单位	举办地点	展期
中央	64	和谐自然 妙墨丹青——徐悲鸿纪念馆藏齐白石精品画展	中国园林博物馆	中国园林博物馆 一号临展厅北京	2016年10月1日至10月30日
	65	追梦正未有穷期——海关服务"一带一路"建设专题展	中国海关博物馆	中国海关博物馆	2016年9月至11月
	66	影数海丝——汕头对外贸易历程展	中国海关博物馆、汕头海关	中国海关博物馆地下一层东侧临展厅	2016年1月13日至2月29日
	67	绿色印刷成果展	中国印刷博物馆	中国印刷博物馆三层	2016年5月15日开幕，常设展览
	68	《敬首使命》中国印刷博物馆20周年展	中国印刷博物馆	中国印刷博物馆三层	2016年6月1日开幕，常设展览
	69	雕刻百工 炉捶万物——福建博物院馆藏雕刻文物展	中国文字博物馆、福建博物院	中国文字博物馆	2016年7月13日至10月8日
	70	茅以升与中国铁路	中国铁道博物馆	中国铁道博物馆	2016年2月开幕
	71	回乡漫步——宁夏回族民俗及文物展	民族文化宫、宁夏回族自治区文化厅、宁夏回族自治区文物局	民族文化宫	2016年2月24日至3月15日
北京	1	匠心筑梦烁古今——燕京八绝	首都博物馆、北京国际人才交流协会	首都博物馆	2016年8月9日至11月9日
	2	牦牛走进北京——高原牦牛文化展	西藏牦牛博物馆、首都博物馆	首都博物馆	2016年12月15日至2017年3月15日
	3	走进养心殿	故宫博物院、首都博物馆	首都博物馆	2016年9月27日至2017年3月26日
	4	博物馆里过大年——大圣来也	首都博物馆	首都博物馆地下一层M厅	2016年2月2日至3月13日
	5	天与民藏——京津冀民间收藏文化展	首都博物馆	首都博物馆	2016年1月24日至2月12日
	6	民族瑰宝——中国少数民族服饰珍品展	民族文化宫博物馆、首都博物馆	首都博物馆	2016年2月4日至3月6日
	7	西域回响——新疆古代舞乐文物展	国家大剧院、新疆维吾尔自治区博物馆	国家大剧院东展厅	2016年7月15日至9月15日
	8	飞向白垩纪——中国翼龙展	北京自然博物馆、中国古动物馆	北京自然博物馆	2016年9月27日至2017年3月26日
	9	史前桑塔纳——巴西白垩纪大型立体鱼化石展	北京自然博物馆、大连自然博物馆	北京自然博物馆	2016年3月25日至5月25日
	10	南海水生生物展	北京自然博物馆、国家海洋局	北京自然博物馆	2016年6月8日至2016年7月31日
	11	普洱岁月 茶马春秋——普洱茶马文化风情展	周口店遗址博物馆、普洱市博物馆	周口店遗址博物馆	2016年7月20日至9月20日
	12	韫玉良缘——良渚文化玉器精品展	周口店遗址博物馆、杭州市余杭博物馆	周口店遗址博物馆	2016年5月27日至7月15日
	13	传承·跨越——民国景德镇窑瓷器艺术展	北京艺术博物馆	北京艺术博物馆	2016年3月23日至7月3日
	14	金猴贺春——中国画名家联合展	孔庙和国子监博物馆、李可染画院、中国艺术研究院美术创作中心、文华阁书画院	孔庙和国子监博物馆	2016年2月2日至2月23日

续表

省份	序号	名称	举办单位	举办地点	展期
北京	15	大美寻源·翰墨薪传——中国古典名画临摹暨国子监写生展（中国古典名画学术研究展）	中国艺术研究院主办，中国艺术研究院美术创作研究中心、孔庙和国子监博物馆	孔庙和国子监博物馆	2016年9月26日至10月8日
	16	美人如花隔云端——中国明清女性生活展	北京艺术博物馆，北京市颐和园管理处	颐和园德和园扮戏楼	2016年7月12日至9月12日
	17	中国古代盾牌文化展	北京市团城演武厅管理处，北京市古代钱币展览馆	德胜门箭楼三层展厅	2016年7月30日至8月31日
	18	相看两不厌——历代萌宠展	观复博物馆	观复博物馆	2016年7月22日至2017年3月29日
	19	诒晋春秋——清代成亲王永瑆藏历代名家书帖展	北京石刻艺术博物馆	北京石刻艺术博物馆	2016年10月1日至12月25日
	20	丝路寻石——丝绸之路十三国建筑与石刻艺术考察图片展	北京石刻艺术博物馆、中国敦煌吐鲁番丝绸之路专业委员会、大唐西市历史文化中心	北京石刻艺术博物馆	2016年12月24日至2017年3月1日
	21	花木邂逅——馆藏古旧家具修复成果展	北京石刻艺术博物馆	北京石刻艺术博物馆临时展厅	2016年4月2日至12日
	22	手绘布艺	密云区博物馆，密云区第三小学	密云区博物馆	2016年末至2017年寒假
	23	平西抗日战争史陈列	永定河文化博物馆	永定河文化博物馆三层展厅	2016年开幕，常设展览
	24	永远的老舍	老舍纪念馆、郭沫若纪念馆	郭沫若纪念馆	2016年11月11日至12月24日
	25	敬神祭祖 祈福辟邪——河南安阳木版年画展	安阳博物馆 北京市正阳门管理处	北京市正阳门管理处三楼	2016年1月17日至4月15日
	26	车轮上的生活——中美汽车文化摄影展	北京汽车博物馆、美国激扬美术学会	北京汽车博物馆二层临展区	2016年5月18日至9月
	27	文明的回响——穿越敦煌	中央美术学院、北京市总工会、敦煌研究院	北京劳动人民文化宫太庙艺术馆	2016年1月12日至3月16日
	28	西京印迹——大同辽金文物展	北京市文物局、北京辽金城垣博物院、大同市博物馆	北京辽金城垣博物馆	2016年8月23日至11月20日
	29	“未来艺术实验室” 漂流的文明	中华世纪坛世界艺术馆	中华世纪坛世界艺术馆	2016年1月23日至4月10日
	30	和合家风主题展览	首都精神文明办、北京市妇联、北京歌华发展集团、中华世纪坛世界艺术馆	中华世纪坛世界艺术馆	2016年1月30日至3月31日
	31	印象莫奈：时光映迹艺术展	中华世纪坛艺术馆、深圳市小橙堡文化传播有限公司	中华世纪坛世界艺术馆	2016年5月1日至8月31日
	32	回望美好时代——意大利19世纪末至20世纪初绘画精品展	中华世纪坛世界艺术馆、意大利文化遗产旅游活动部博物馆总局、费拉拉艺术基金会、费拉拉现当代艺术馆	中华世纪坛世界艺术馆	2016年7月19日至10月9日
天津	1	朝鲜时代御真御衣服饰复原展	北京服装学院民族服饰博物馆、韩国兰斯传统服饰文化研究所 、韩国檀国大学石宙善博物馆		2016年10月15日至25日
	2	晚明绘画作品展	天津博物馆	天津博物馆五楼书画厅	2016年2月2日至4月24日

续表

省份	序号	名称	举办单位	举办地点	展期
天津	3	永远的长征——纪念红军长征胜利80周年	中共天津市委宣传部、中共天津市委组织部、中共天津市委党史研究室、天津市文化广播影视局、天津博物馆	天津博物馆	2016年10月至12月
	4	燕赵大地——京津冀民间收藏文化展	天津博物馆	天津博物馆	2016年8月5日至9月18日
	5	自律、创新、爱国——李叔同的人格精神	天津博物馆、李叔同故居纪念馆	天津博物馆四楼北侧特展厅	2016年7月1日至8月1日
	6	岁月涟漪——近代“湖社”画会展	天津博物馆、天津美术馆	天津美术馆四层七号厅	2016年12月6日至2017年5月6日
	7	记住童心——丰子恺漫画展	天津市文化广播影视局、天津美术馆、浙江省博物馆、李叔同故居纪念馆	天津美术馆	2016年12月16日至2017年2月12日
	8	丝绸之路　自然大观	天津市委宣传部、天津市文化广播影视局、天津自然博物馆	天津自然博物馆二楼临展厅	2016年12月28日至2017年9月30日
	9	美丽富饶的南海	中国国家海洋局宣教中心、天津市文化广播影视局、天津市海洋局、国家海洋博物馆、天津自然博物馆	天津自然博物馆	2016年6月7日至9月7日
	10	不尽的思念——周恩来邓颖超纪念馆馆藏书画珍品展	周恩来邓颖超纪念馆	周恩来邓颖超纪念馆三楼展厅	2015年12月30日至2016年3月13日
	11	旧邦新命——新文化运动百年纪念展	北京鲁迅博物馆（北京新文化运动纪念馆）、周恩来邓颖超纪念馆	周恩来邓颖超纪念馆三楼展厅	2016年4月20日至5月22日
	12	海纳百川——周恩来与党外朋友	周恩来邓颖超纪念馆	周恩来邓颖超纪念馆三楼展厅	2016年9月27日至12月20日
	13	钢铁长城强军梦——天津市庆祝中国人民解放军建军90周年主题展览	中共天津市委宣传部、中共天津市委党史研究室、天津警备区政治工作局、天津市文化广播影视局、天津市当单据、平津战役纪念馆、新华社中国图片社	平津战役纪念馆一楼临时展厅	2017年9月5日至12月31日
	14	榜样的力量——“两学一做”学习教育专题展览	大庆铁人王进喜纪念馆、孔繁森同志纪念馆、平津战役纪念馆	平津战役纪念馆二楼临时展厅	2016年10月开幕，常设展览
	15	审物——张其翼绘画艺术与文献展	天津美术学院 天津市文史研究馆	天津美术学院美术馆2FB，3FA/B厅	2015年11月24日至2016年1月10日
	16	津沽御侮——天津市纪念抗日战争胜利70周年展览	天津市滨海新区塘沽大沽口炮台遗址博物馆	天津市滨海新区塘沽大沽口炮台遗址博物馆	2015年6月13日至2016年5月5日
	17	遗产活化——保护与利用的双赢之路	元明清天妃宫遗址博物馆	天津市北辰区第四十七中学、天津市第二十一中学	2016年全年
	18	御侮见证——天津抗战遗址	元明清天妃宫遗址博物馆	塘沽博物馆、天津耀华滨海学校、实验中学、武清区第七中学	2016年全年

续表

省份	序号	名称	举办单位	举办地点	展期
河北	1	南海归帆——西沙华光礁Ⅰ号沉船特展	河北博物院、海南省博物馆	河北博物院北区一楼1、2号展厅	2016年8月28日至10月30日
	2	地域一体·文化一脉——京津冀历史文化展	河北省文物局、北京市文物局、天津市文物局	河北博物院北区13、14号厅	2016年5月31日至7月31日
	3	申猴朝岁——丙申新春猴文物图片联展	中国文物报社、河北博物院、河南博物院等	河北博物院北区1、2号展厅	2016年1月31日至4月30日
	4	首届京津冀民间收藏文化季——民间收藏文化展及奥运藏品展	北京收藏家协会、天津市收藏家协会、河北省收藏家协会、天津市文博学会民间收藏专业委员会、张家口市民间收藏协会	河北博物院北区7、8号厅	2016年3月15日至4月6日
	5	禅者的足迹——“净慧长老在河北”图片事迹展	柏林禅寺、邢台大开元寺、震旦佛教艺术研究院	河北博物院北区7、8号厅	2016年4月12日至4月24日
	6	星云大师一笔字书法展——2016中国大陆巡回展（河北）	河北省文化厅、星云文化教育公益基金会	河北博物院北区5、6号厅	2016年4月30日至5月29日
	7	太行山上的新愚公——李保国事迹图片展	河北博物院、河北美术出版社、河北农业大学	河北博物院北区2楼阳光大厅	2016年7月1日开幕
	8	全国首届金石拓本题跋精品展	河北省文史研究馆、河北省金石学会、河北博物院、河北省书法家协会	河北博物院北区15、16号厅	2016年8月20日至9月4日
	9	中日佛教界纪念临济禅师涅槃1150周年书法展	河北省佛教协会、日本临济宗黄檗宗	河北博物院北区3、4号厅	2016年9月7日至9月17日
	10	翰墨情缘——河北博物院近三年书家捐赠作品展	河北博物院、河北省书法家协会	河北博物院北区7、8号厅	2016年9月23日至10月16日
	11	旧邦新命——新文化运动百年纪念展	河北博物院和北京鲁迅博物馆（北京新文化运动纪念馆）	河北博物院北区16号厅	2016年9月30日至11月13日
	12	千年窝妥——丹寨苗族蜡染文化特展（河北）	中国人类学民族学研究会、中国民族博物馆、河北博物院、	河北博物院北区5、6号厅	2016年9月30日至10月24日
	13	匠艺百年——河北省传统手工技艺“织染纫绣”系列精品展	河北省文化厅、河北博物院、河北省非物质文化遗产保护中心	河北博物院北区1、2号厅	2016年12月23日至2017年2月28日
	14	庄上画语——2007—2016艺术创作与文献展	河北博物院、麓美术馆	河北博物院北区7、8号厅	2016年12月30日至2017年2月12日
	15	年末辞旧·画意迎春——河南朱仙镇木版年画展	廊坊博物馆	廊坊博物馆第一展厅	2016年1月8日至3月6日
	16	草原盛装——中国蒙古族服饰展	廊坊博物馆、通辽市博物馆	廊坊博物馆	2016年6月18日至8月7日
	17	新年特展之十二生肖系列金猴献瑞·纳福迎春——猴年猴文化展	廊坊博物馆	廊坊博物馆第二展厅	2016年1月1日至7月3日
	18	燕都宴飨——舌尖上的燕国	廊坊博物馆、北京西周燕都遗址博物馆	廊坊博物馆第二展厅	2016年7月9日至9月20日

续表

省份	序号	名称	举办单位	举办地点	展期
河北	19	东风西渐——上海市历史博物馆藏欧洲瓷器展	廊坊博物馆、上海市历史博物馆	廊坊博物馆	2016年10月15日至11月30日
	20	2016年度吉祥法喜殿概念复原展	承德市外八庙管理处	须弥福寿之庙吉祥法喜殿	2016年开幕，常设展览
	21	丹青记忆 守望家园——第三届中国文化遗产美术展	承德避暑山庄博物馆	承德避暑山庄博物馆松鹤斋	2016年6月11日开幕
	22	青铜之路——宁夏固原两周时期北方系青铜文化特展	宁夏固原博物馆、邯郸市博物馆	邯郸市博物馆	2016年10月23日至12月12日
山西	1	考古的故事——山西十二五考古成果展	山西博物院、山西省考古研究所	山西博物院主馆一层临展厅	2016年8月31日至11月27日
	2	怀袖清风——明清扇面艺术展	山西博物院、吉林省博物院	山西博物院四层书画展厅	2016年7月8日至9月11日
	3	雪域梵音——西藏佛教艺术展	山西博物院、西藏博物馆	山西博物院	2016年4月28日至7月27日
	4	晋冀之旅——张守中考古六十年手迹	山西博物院、河北博物院、山西省考古研究所、河北省文物研究所	山西博物院	2016年2月1日至28日
	5	指掌春秋——闽台木偶艺术展	福建中国闽台缘博物馆	大同市博物馆一层临展厅	2016年6月1日至7月3日
	6	从平城到敦煌——甘肃与大同丝绸之路文物展	甘肃省博物馆	大同市博物馆一层临展厅	2016年7月10日至9月10日
	7	千年窑火 生生不息——邯郸市博物馆馆藏磁州窑瓷器展	邯郸市博物馆	大同市博物馆一层临展厅	2016年9月10日至11月5日
	8	无“锁”不谈	山西民俗博物馆、高雄科工馆、晋城博物馆	大同市博物馆一层临展厅	2016年11月5日至12月25日
	9	骁腾万里——中国古代马文化展	陕西历史博物馆	大同市博物馆一层临展厅	2016年12月25日至2017年2月28日
	10	朝花夕拾——鲁迅的美术世界	北京鲁迅博物馆（北京新文化运动纪念馆）与云冈石窟研究院	山西大同云冈石窟研究院云冈美术馆	2016年6年15日至8月15日
	11	胡风东来——宁夏固原丝绸之路文物精品展	太原市文物局、宁夏回族自治区文化厅、宁夏回族自治区文物局	太原市晋祠博物馆	2016年1月19日至3月8日
	12	芮城县博物馆历史文物展览	芮城县博物馆	芮城县博物馆	2016全年
	13	庆“六一”儿童绘画作品展	永济市美术馆主办、永济市青少年活动中心少年宫金太阳书画部	永济市美术馆三楼临展厅	2016年5月28日至6月12日
内蒙古	1	洗尽铅华是最美——南京市江宁区博物馆馆藏六朝青瓷精品展	内蒙古包头博物馆、南京市江宁区博物馆	内蒙古包头博物馆	2016年6月15日至7月15日
	2	阿拉善蒙古族民族民俗文物精品展	阿拉善博物馆	在云南昆明博物馆、普洱博物馆、贵州民族文化宫、桂林博物馆、贺州博物馆、广东瑶族博物馆、广东佛山市博物馆等地巡展	2016年巡展

续表

省份	序号	名称	举办单位	举办地点	展期
内蒙古	3	《纪念中国共产党建党95周年及红军长征胜利80周年——红色记忆》主题展	巴彦淖尔市委宣传部、巴彦淖尔市委组织部	内蒙古河套文化博物院分馆——阴山岩刻艺术馆	2016年6月27日至7月5日
	4	品味文化，感受考古—赤峰博物馆考古新发现展	赤峰市博物馆	赤峰市博物馆西临展厅	2016全年
	5	内蒙古地方史料文献展	内蒙古史料博物馆	内蒙古史料博物馆	2016年7月至8月
	6	“弘扬长征精神、决胜全面小康”——通辽市纪念红军长征胜利80周年	通辽市委宣传部、市委史志办、市文化新闻出版广电局、市双拥办	通辽市博物馆2楼展厅	2016年7月20日至2017年3月30日
	7	英雄史诗永垂丰碑——纪念中国工农红军长征胜利80周年主题图片展	内蒙古自治区社会科学联合会、乌兰察布市委宣传部	乌兰察布市博物馆	2016年11月30日至今
	8	2016年文化遗产日至让文化遗产融入现代生活	锡林郭勒盟博物馆	锡林郭勒盟博物馆一楼环廊	2016年6月11日至9月1日
	9	民族的骄傲——乌兰夫同志光辉一生巡回展览	中共呼和浩特市委宣传部、乌兰夫纪念馆、内蒙古民族解放纪念馆、呼和浩特民族美术馆、伊利集团	第一期在内蒙古民族解放纪念馆、第二期在呼和浩特民族美术馆、第三期在伊利集团	第一期于2016年12月16日开始，展期一周 第二期于2016年12月23日开始，展期一周 第三期于2016年12月26日开始，展期一周
辽宁	1	那山 那水 那人——广西壮族历史文化展	辽宁省博物馆、广西壮族自治区博物馆、广西民族博物馆	辽宁省博物馆一层3号临时展厅	2016年12月23日至2017年3月12日
	2	牵星过洋——万历时代的海贸传奇	辽宁省博物馆、广东省博物馆	辽宁省博物馆一楼3号临时展厅	2016年4月29日至7月24日
	3	篆籀丹青——吴昌硕的艺术世界	辽宁省博物馆、浙江省博物馆	辽宁省博物馆展馆一层1号临时展厅	2016年10月28日至2017年1月2日
	4	学有本原——杨仁恺书法展	辽宁省文化厅、辽宁省博物馆	辽宁省博物馆一楼1号临时展厅	2016年9月9日至10月16日
	5	艺海之旅——杨德衡从艺60周年学术展	辽宁省博物馆	辽宁省博物馆展馆一层1号临展厅	2016年4月16日至5月29日
	6	砚田生活——宁斧成金石书画精品展	辽宁省博物馆	辽宁省博物馆一楼1号临时展厅	2015年10月1日至2016年4月10日
	7	扇舞清风——湖州市博物馆藏扇面展	大连现代博物馆、湖州市博物馆	大连现代博物馆	2016年12月23日至2017年2月23日
	8	青铜之路——宁夏固原北方系青铜文化特展	大连现代博物馆、宁夏固原博物馆	大连现代博物馆	2015年12月31日至2016年3月31日
	9	古蜀探秘——三星堆和金沙遗址出土文物菁华展	大连现代博物馆、四川广汉三星堆博物馆、成都金沙遗址博物馆	大连现代博物馆	2016年4月22日至7月22日
	10	天地精灵——武汉博物馆馆藏玉器精品展	大连现代博物馆、武汉博物馆	大连现代博物馆四楼B专题展厅	2016年4月8日至7月10日

续表

省份	序号	名称	举办单位	举办地点	展期
辽宁	11	宝相庄严——格萨尔唐卡及藏族艺术展	大连现代博物馆与四川博物院	大连现代博物馆	2015年12月25日至2016年2月25日
	12	盛世菁华——乾隆文物精品展	沈阳故宫博物院、颐和园	沈阳故宫博物院	2016年9月28日至12月20日
	13	盛世典藏——沈阳故宫博物院藏国宝展	沈阳故宫博物院	沈阳故宫博物院	2016年9月26日至11月10日
	14	爱新觉罗皇室后裔书画展	沈阳故宫博物院	沈阳故宫博物院	2016年11月15日至12月20日
	15	传古启新——罗振玉学术成就展	大连市文化广播影视局、旅顺博物馆、故宫博物院、辽宁省博物馆、天津博物馆、深圳博物馆、辽宁省图书馆、大连图书馆	旅顺博物馆分馆二楼	2016年10月19日至2017年1月10日
	16	舞动生命 乐扬心声——新疆古代舞乐艺术展	旅顺博物馆	旅顺博物馆分馆二楼	2016年9月27日至12月14日
	17	颗粟大千——中国古代玺印精品展	旅顺博物馆、西安博物院	旅顺博物馆分馆二楼	2016年7月19日至8月28日
	18	以法相会——明清水陆画艺术展	旅顺博物馆、山西博物院	旅顺博物馆分馆二楼	2016年8月12日至10月12日
	19	相映成辉——草原丝绸之路文物精华展	旅顺博物馆、内蒙古博物院	旅顺博物馆分馆二楼	2016年4月29日至7月12日
	20	沥粉贴金 宏伟绚烂——唐卡艺术展	沈阳新乐遗址博物馆、青海省民俗博物馆	沈阳新乐遗址博物馆	2016年1月26日至3月25日
	21	品读记忆 感悟民俗———辽南川南民俗文化联展	辽宁省文物局	四川合江长江岸边合江文联明清大戏楼二楼	2016年1月11日至1月31日
	22	伟大的历程——纪念国歌《义勇军进行曲》创作80周年图片展	沈阳“九一八”博物馆、田汉基金会	沈阳“九一八”历史博物馆	2016年4月1日至5月5日
	23	雄鹰出击·共捍和平——抗日空战图片展	沈阳“九一八”历史博物馆、南京抗日航空烈士纪念馆	沈阳“九一八”历史博物馆	2016年5月10日至6月10日
吉林	1	书苑英华——中国当代书法名家作品展	吉林省博物院	吉林省博物院	2016年4月28日至7月6日
	2	大海的方向——西沙华光礁1号沉船特展	吉林省博物院、海南省博物馆	吉林省博物院	2016年11月9日至12月30日
	3	第18届东北亚地区美术作品展	吉林省、俄罗斯滨海边疆区、蒙古国中央省、韩国江原道、日本鸟取县等五国文化部门	吉林省博物院	2016年8月17日开幕，常设展览
	4	丹青颂党——纪念中国共产党建党95周年吉林省书画作品展	吉林省直机关党工委、吉林省文化厅	吉林省博物院	2016年6月27日开幕，常设展览
	5	“甜蜜假期——尼古拉巧克力艺术展”	伪满皇宫博物院	伪满皇宫博物院交流展厅（东北沦陷史陈列馆三楼）	2016年12月14日至2月14日
	6	吉林市首届世界陨石精品展	吉林市政府、中国科学院紫金山天文台、中国极地研究中心	吉林市博物馆	2016年9月13日至10月末

续表

省份	序号	名称	举办单位	举办地点	展期
黑龙江	1	嫩江古城 渔猎文明——昂昂溪文化专题展	黑龙江省博物馆	黑龙江省博物馆负一层临时展厅	2016 年 6 月 22 日至 7 月 27 日
	2	北疆艺宝匠心传世——黑龙江省非遗仿古刀剑锻造技艺展	黑龙江省博物馆、哈尔滨市啓兵坊刀剑博物馆	黑龙江省博物馆二楼精品展厅(南岗区红军街 64 号)	2016 年 7 月 26 日至 9 月 13 日
	3	多克多尔神韵——杜尔伯特蒙古族历史文化展览	杜尔伯特蒙古族自治县人民政府、黑龙江省民族博物馆	黑龙江省民族博物馆(哈尔滨文庙)东庑展厅	2016 年 4 月 28 日至 10 月 30 日
	4	英雄的城市——纪念哈尔滨解放 70 周年专题展	东北烈士纪念馆	东北烈士纪念馆	2016 年 4 月 5 日至 6 月 5 日
	5	血肉筑长城——东北著名英烈及英雄群体展	东北烈士纪念馆	东北烈士纪念馆	2016 年 8 月 15 日至 9 月 5 日
	6	中国共产党光辉历程图片展	东北烈士纪念馆、嘉兴南湖革命纪念馆	东北烈士纪念馆	2016 年 7 月 1 日至 8 月 5 日
	7	永远的铁人——王进喜生平业绩展览	东北烈士纪念馆、大庆油田展馆管理中心、铁人王进喜纪念馆	东北烈士纪念馆	2016 年 3 月 9 日至 3 月 29 日
	8	永恒的怀念——王杰英雄事迹展	东北烈士纪念馆、阿荣旗王杰纪念馆	东北烈士纪念馆	2016 年 2 月 5 日至 2 月 25 日
	9	清明时节——名家书画笔会	东北烈士纪念馆、黑龙江省书法家协会	东北烈士纪念馆	2016 年 4 月 4 日开幕，常设展览
	10	多克多尔神韵——杜尔伯特蒙古族历史文化展览	杜尔伯特蒙古族自治县人民政府、黑龙江省民族博物馆	黑龙江省民族博物馆(哈尔滨文庙)东庑展厅	2016 年 4 月 28 日至 10 月 30 日
上海	1	酌彼金罍	上海博物馆、湖南省博物馆	上海博物馆第三展厅	2015 年 11 月 19 日至 2016 年 1 月 31 日
	2	吴湖帆书画鉴藏特展	上海博物馆	上海博物馆中国历代绘画馆	分为两期展览，前期时间为 2015 年 12 月 10 日至 2016 年 1 月 24 日，后期时间为 2016 年 1 月 28 日至 3 月 13 日
	3	流光溢影——金山博物馆古灯展	中共一大会址纪念馆、上海市金山区博物馆	中共一大会址纪念馆专题展厅	2016 年 9 月 1 日至 9 月 18 日
	4	鲁迅的读书生活	中共一大会址纪念馆、北京鲁迅博物馆	中共一大会址纪念馆专题展厅	2016 年 8 月 1 日至 8 月 25 日
	5	炫彩中华——黑龙江流域渔猎民族传统服饰展	黑龙江省民族博物馆、黑龙江省博物馆、呼伦贝尔民族博物院、上海纺织博物馆	上海纺织博物馆	2016 年 1 月 30 日至 3 月 15 日
	6	空间三重奏	震旦博物馆	震旦博物馆	2015 年 11 月 19 日至 2016 年 2 月 18 日
	7	“绘”飞的神兽——儿童创意手绘文物成果展	震旦博物馆、迈未教育及奇翔儿童教育发展中心	震旦博物馆	2016 年 6 月 25 日至 8 月 25 日
	8	时间之光——胡介鸣·记忆的拼图	震旦博物馆 、丽安文化发展有限公司	震旦博物馆	2016 年 11 月 11 日至 2017 年 3 月 30 日
	9	时间线——中国美术学院手工艺术学院玻璃艺术专业十周年师生玻璃艺术作品展	中国美术学院手工艺术学院、上海玻璃博物馆	上海玻璃博物馆设计新馆二楼、三楼临展厅	2016 年 11 月 6 日至 2017 年 2 月 28 日

续表

省份	序号	名称	举办单位	举办地点	展期
上海	10	退火——玻璃肠	上海玻璃博物馆、北京公社	上海玻璃博物馆 N1 艺术写字楼 1 楼、2 楼	2016 年 11 月 9 日至 2017 年 3 月 26 日
	11	第 11 届上海双年展“何不再问：正辩，反辩，故事”	Raqs 媒体小组、上海当代艺术博物馆	上海当代艺术博物馆 1–3 楼	2016 年 11 月 12 日至 2017 年 3 月 12 日
	12	欧米茄“她的时光”女士腕表百年臻品展	上海当代艺术博物馆	上海当代艺术博物馆 1 楼	2016 年 10 月 1 日至 30 日
	13	市民都会——上海：现代城市主义的样本	上海当代艺术博物馆，上海电影博物馆、上海市普陀区曹杨新村街道办事处、上海图书馆（上海科学技术情报研究所）	上海当代艺术博物馆三楼 6 号展厅	2016 年 7 月 9 日至 10 月 9 日
	14	刘开渠与二十世纪中国美术	中华艺术宫、刘开渠艺术研究院	中华艺术宫（上海美术馆）	2016 年 8 月 5 日至 10 月 9 日
	15	丝路精魂——丁和古代龟兹石窟壁画艺术纪实	中华艺术宫（上海美术馆）	中华艺术宫（上海美术馆）	2016 年 5 月 29 日至 7 月 18 日
	16	般若光华——中国古代唐卡艺术展	上海图书馆	上海图书馆	2016 年 11 月 30 日至 12 月 4 日
	17	造物之灵——工业设计 160 周年特别展览	上海汽车博物馆	上海汽车博物馆 4 楼临展厅	2016 年 6 月 16 日至 2017 年 1 月 13 日
	18	伟大光辉的一生——陈云生平业绩展	上海鲁迅纪念馆、陈云纪念馆	上海鲁迅纪念馆奔流艺苑	2016 年 6 月 25 日至 7 月 25 日
	19	傩魂神韵——中国傩戏傩面具艺术展	上海嘉定博物馆、贵州省民族博物馆	上海嘉定博物馆特展厅	2016 年 4 月 30 日至 6 月 26 日
	20	“同道而相益 同心而共济——宋庆龄与鲁迅的革命友谊”图片展	北京鲁迅博物馆（北京新文化运动纪念馆）与上海宋庆龄陵园管理处	上海宋庆龄陵园临展厅	2016 年 5 月 27 日至 8 月 27 日
	21	春天的故事——邓小平生平业绩图片展	中共上海市委党史研究室、中共四川省广安市委、中共上海市虹口区委	上海市虹口区曲阳社区文化活动中心	2016 年 2 月 21 日至 3 月 21 日
	22	思源·飞天——逐梦苍穹的交大人特展	上海交通大学钱学森图书馆、上海交通大学档案馆、上海交通大学航空航天学院、上海交通大学校友总会	上海交通大学	2016 年 3 月 31 日至 6 月 30 日
江苏	1	纸载千秋——传统记忆与保护技艺	南京博物院	南京博物院特展馆 8 展厅	2016 年 12 月 16 日至 2017 年 3 月
	2	神灵的艺术——来自中部非洲的面具特展	南京博物院、广东省博物馆、甘肃省博物馆、云南省博物馆、河南博物院	南京博物院	2016 年 8 月 2 日至 2016 年 11 月 6 日
	3	金石新趣——清代碑学书法专题展	南京博物院	南京博物院艺术馆 1 楼 25 展厅历代书法陈列展	2016 年 4 月 5 日至 7 月 5 日
	4	星云一笔字书法特展	江苏省政府新闻办、省台办、省文化厅、南京市政府新闻办、星云文化教育公益基金会、佛光山文教基金会	南京博物院	2016 年 4 月 26 日至 6 月 26 日
	5	如意猴——南京博物院藏猴文物展	南京博物院	南京博物院	2016 年 1 月 25 日至 4 月 25 日
	6	南京记忆——侵华日军南京大屠杀史实展	侵华日军南京大屠杀遇难同胞纪念馆、旅顺日俄监狱旧址博物馆	旅顺日俄监狱旧址博物馆	2016 年 8 月 15 日至 10 月 15 日
	7	蘇·宫——故宫博物院藏明清苏作文物展	苏州博物馆、故宫博物院	苏州博物馆临展厅	2016 年 8 月 12 日至 11 月 13 日

续表

省份	序号	名称	举办单位	举办地点	展期
江苏	8	与古为徒——苏州博物馆藏明清仿古山水展览	苏州博物馆	苏州博物馆二楼书画展厅	2016年7月13日至9月25日
	9	木石缥缃——苏州博物馆藏古籍碑拓特展	苏州博物馆	苏州博物馆吴门书画展厅	2016年5月18日至6月26日
	10	金色江南——宋元明清江南地区藏金银器展	苏州博物馆、南京博物院、安徽博物院、南京市博物馆、江阴博物馆、江宁博物馆、常州市武进区博物馆	苏州博物馆特展厅	2016年4月29日至7月20日
	11	江南佳丽——苏州博物馆藏仕女画精品展	苏州博物馆	苏州博物馆二楼吴门书画展厅	2016年3月8日至5月2日
	12	绝妙好辞——苏州博物馆藏对联精品展	苏州博物馆	苏州博物馆二楼书画厅	2016年1月1日至3月11日
	13	怪而不怪——天津博物馆藏“扬州八怪”书画展	扬州博物馆、天津博物馆	扬州博物馆二楼书画厅	2016年4月10日至5月20日
	14	神秘的契丹——辽代文物精华展	内蒙古博物院、扬州博物馆	扬州博物馆一楼特展厅	2016年1月26日至4月25日
	15	江苏省第一次全国可移动文物普查精品成果展	扬州博物馆	扬州博物馆一楼特展厅	2016年12月10日至2017年2月8日
	16	历史印迹——清宫帝后宝玺展	故宫博物院、扬州博物馆	扬州博物馆一楼特展厅	2016年5月18日至2016年8月18日
	17	七夕故事——宋元时期泥塑特展	常州博物馆	常州博物馆三楼现代艺术展厅	2016年8月4日至10月30日
	18	神奇的马王堆汉墓珍品展	常州博物馆、湖南省博物馆	常州博物馆一楼临展厅	2016年9月4日至10月30日
	19	太后园居——颐和园珍藏慈禧文物特展	常州博物馆、北京市颐和园管理处、北京华协文化发展有限公司	常州博物馆一楼临展厅	2016年9月10日至11月16日
	20	寻觅，那一抹蓝——烟台市博物馆藏金属胎珐琅器精品展	常州博物馆、烟台市博物馆	常州博物馆一楼临时展厅	2016年11月11日至12月14日
	21	香风雅韵——吴江常州馆藏香具联展	常州博物馆、吴江博物馆	常州博物馆一楼临展厅	2016年3月18日至5月3日
	22	神奇的马王堆汉墓珍品展	常州博物馆、湖南省博物馆	常州博物馆一楼临时展厅	2016年9月4日至10月30日
	23	香风雅韵——吴江常州馆藏香具联展	常州博物馆、吴江博物馆	常州博物馆一楼临时展厅	2016年3月18日至5月3日
	24	翰墨飘香——淮安馆藏明清书画作品展	常州博物馆 淮安市博物馆	常州博物馆一楼临时展厅	2016年1月15日至3月13日
	25	胜代崇文物 官窑重楷模——景德镇·南京 明清官窑瓷器联展	南京市文化广电新闻出版局、南京市博物总馆	南京市博物馆多功能展厅	2016年12月28日至2017年3月10日
	26	万象更新——中外火花精品展	南京市博物总馆、全国火花收藏家协会	太平天国历史博物馆	2016年4月29日至5月15日
	27	海纳百川——周恩来与党外朋友	南京市文化广电新闻出版局、南京市博物总馆、周恩来邓颖超纪念馆	梅园新村纪念馆周恩来图书馆一楼	2016年12月28日开幕
	28	从南昌起义走出的共和国将帅	南京市文化广电新闻出版局、南京市博物总馆、南昌八一起义纪念馆	中共代表团梅园新村纪念馆	2016年9月29日开幕

续表

省份	序号	名称	举办单位	举办地点	展期
江苏	29	一生家国梦　几代赤子心——梁启超家风图片展	南京市文化广电新闻出版局、天津市河北区文化和旅游局、南京市博物总馆	太平天国历史博物馆静妙堂	2016 年 9 月 22 日至 12 月 3 日
	30	城南忆事——老南京记忆展	南京市文化广电新闻出版局、南京市档案局（馆）、南京市博物总馆	南京市民俗博物馆 42 号临展厅	2016 年 10 月 26 日至 11 月 30 日
	31	弘扬西柏坡精神 实现中华民族伟大复兴	南京市博物总馆、西柏坡纪念馆	渡江胜利纪念馆	2016 年 9 月 1 日开幕
	32	永远的旗帜 光辉的历程——纪念中国共产党成立 95 周年专题展	南京市文化广电新闻出版局、南京市博物总馆、嘉兴南湖革命纪念馆	中共代表团梅园新村纪念馆	2016 年 6 月 28 日开幕
	33	崇高的精神 永远的榜样——弘扬优秀传统文化、培育社会主义核心价值观	南京市文广新局、南京市博物总馆	南京市民俗博物馆临展厅	2016 年 6 月 14 日至 30 日
	34	南京市文化遗产保护成果展	南京市文化广电新闻出版局（文化遗产管理局）	南京市博物馆	2016 年 6 月 10 日至 7 月 10 日
	35	畅墨文心 ——南京市博物馆藏民国名人书画展	南京市文化广电新闻出版局、南京市博物总馆、南京市博物馆	南京市博物馆多功能展厅	2016 年 2 月开幕，常设展览
	36	花树摇曳 钿钗生辉——萧后实验室考古与保护成果展	陕西省文物保护研究院、扬州市文物考古研究所、扬州博物馆	扬州博物馆一楼特展厅	2016 年 9 月 15 日至 10 月 18 日
	37	比德于玉——江苏・博物馆玉器精品联展	淮安市博物馆	淮安市博物馆 2 楼临时展厅	2016 年 7 月 6 日至 8 月 6 日
	38	点陶成金——新曼生十八式茶壶艺术展	江阴博物馆、江阴市宝壶斋茶具博物馆	江阴博物馆二楼临时展厅一	2016 年 5 月 18 日至 8 月 18 日
	39	松雪神韵——赵孟頫碑刻拓片特展	苏州碑刻博物馆	苏州碑刻博物馆明伦堂	2016 年 11 月 1 日至 2017 年 2 月 12 日
	40	汉画印像——中国汉代画像艺术展览	苏州碑刻博物馆、河南南阳唐王府博物馆	苏州碑刻博物馆	2016 年 7 月 28 日至 8 月 28 日
	41	苏韵流芳——评弹名家旗袍演绎特展	中国苏州评弹博物馆	中国苏州评弹博物馆临特展厅	2016 年 10 月至 2017 年 4 月
	42	众擎犹举情丝万缕——丝博廿五载捐赠展	苏州丝绸博物馆	苏州丝绸博物馆现代馆二楼临展厅	2016 年 9 月 29 日至 11 月 20 日
	43	国韵风姿——苏州丝绸博物馆藏民国旗袍展	苏州丝绸博物馆、太仓市博物馆	苏州太仓市博物馆	2016 年 12 月 23 日至 2017 年 2 月 20 日
	44	长征精神永放光芒——纪念中国工农红军长征胜利 80 周年图片展	无锡博物院、无锡市史志办公室、无锡市新四军历史研究会	无锡博物院一楼大厅	2016 年 9 月 28 日至 12 月 31 日
	45	色・艺之美——江阴市博物馆藏金银器精品展	无锡博物院、江阴市博物馆	无锡博物院中区二层南厅	2016 年 8 月 12 日至 10 月 10 日
	46	光辉历程——庆祝中国共产党建立 95 周年暨红军长征胜利 80 周年	无锡碑刻陈列馆、民盟无锡市委员会、无锡收藏家协会文献资料专业委员会	无锡碑刻陈列馆	2016 年 6 月 25 日至 7 月 25 日
	47	众器之优——重庆中国三峡博物馆藏古琴展	无锡博物院、重庆中国三峡博物馆	无锡博物院西二精品展厅	2016 年 4 月 29 日至 7 月 25 日

续表

省份	序号	名称	举办单位	举办地点	展期
江苏	48	寿州窑瓷器精品展	淮南市博物馆 连云港市博物馆	连云港市博物馆一楼临时展厅	2016年10月20日至11月12日
	49	兰亭修禊 如水之美——农历三月三风俗展	南京市博物总馆 六朝博物馆	六朝博物馆	2016年3月26日至6月26日
	50	南京文创展	南京市文化广电新闻出版局、南京市博物总馆、六朝博物馆	六朝博物馆	2016年6月11日至27日
	51	鲁迅的读书生活图片展	北京鲁迅博物馆（北京新文化运动纪念馆）、南京市文化广电新闻出版局	渡江胜利纪念馆临展厅	2016年5月18日至6月18日
	52	广陵潮——顾大风主题书法展	江苏省文联、省文物局、扬州市委、市政府	江苏省美术馆	2016年5月28日至6月8日
浙江	1	中兴纪胜——南宋风物观止	浙江省文物局、浙江省博物馆	浙江省博物馆武林馆区 地下一层临时展厅	2015年11月21日至2016年4月5日
	2	观泉阅世：浙江近代货币金融概览	浙江省博物馆	浙江省博物馆武林馆区二楼临展厅	2016年12月15日至2017年3月31日
	3	金罍野逸·徐三庚书法篆刻展	浙江省博物馆	浙江省博物馆武林馆区三层书画厅	2016年12月13日至2017年1月15日
	4	错彩缕金——浙江出土金银器	浙江省博物馆	浙江省博物馆孤山馆区精品馆	2016年11月26日2017年2月12日
	5	瓷言片语·景德镇新出元明瓷器	浙江省博物馆、景德镇陶瓷考古研究所	浙江西湖美术馆三楼	2016年8月5日至11月5日
	6	金玉默守——湖北蕲春明荆藩王墓珍宝展	浙江省博物馆，蕲春县博物馆、湖北明藩王博物馆、湖北省博物馆	浙江省博物馆孤山馆区	2016年8月3日至10月7日
	7	锦绣世界：国际丝绸艺术展	中国丝绸博物馆	中国丝绸博物馆时装馆一楼临展厅	2016年9月5日至12月5日
	8	丝绸之路上的神秘王国——西夏文物精品展	宁夏回族自治区博物馆、杭州市园林文物局	杭州博物馆	2016年1月22日至4月20日
	9	湖畔寻古——讲述西湖考古的故事	杭州西湖博物馆 杭州市文物考古研究所	杭州西湖博物馆	2016年8月1日至9月30日
	10	美丽的西湖之花——西湖绸伞精品特展	杭州工艺美术博物馆	杭州工艺美术博物馆二楼临展厅	2016年8月26日至10月31日
	11	西子湖畔 制宪奠基	“五四宪法”历史资料陈列馆	“五四宪法”历史资料陈列馆	2016年12月4日开幕，常设展览
	12	陶瓷之间——印纹硬陶与早期青瓷器特展	浙江省文物考古研究所、杭州市文物考古研究所、杭州市萧山区文化广电新闻出版局	杭州市萧山区博物馆	2016年11月28日至2017年2月28日
	13	坚定的木刻战士——版画家邵克萍诞生100周年纪念展	宁波中国港口博物馆	宁波中国港口博物馆三楼临展厅	2016年12月9日至2017年2月19日
	14	德泽生辉——郑振铎先生捐献故宫文物特展	故宫博物院、中共温州市委宣传部、温州市文化广电新闻出版局主办，温州博物馆、温州市文物保护考古所承办	温州博物馆	2016年10月18日至12月20日
	15	瓯居海中——瓯海历史文化陈列	温州市瓯海区博物馆	温州市瓯海区博物馆	2016年5月18日开幕，常设展览

续表

省份	序号	名称	举办单位	举办地点	展期
浙江	16	何要浮名——齐白石的艺术世界	宁波博物馆、北京画院	宁波博物馆	2016年9月22日至11月13日
	17	源·流——纪念钱山漾遗址考古发掘60周年暨慎微之诞辰120周年特展	浙江省文物考古研究所，湖州市文化广电新闻出版局（文物局），湖州市博物馆，湖州市文物保护管理所	湖州市博物馆	2016年10月18日至12月18日
	18	临安人的一天——杭州民间收藏的南宋器物	杭州南宋官窑博物馆	杭州南宋官窑博物馆名窑传承馆	2016年1月22日至5月3日
	19	嗅里乾坤——武汉博物馆馆藏鼻烟壶展	杭州南宋官窑博物馆、武汉博物馆	杭州南宋官窑博物馆	2016年10月20日至2017年1月8日
	20	神秘的契丹——辽代文物精华展	内蒙古博物院、杭州南宋官窑博物馆	杭州南宋官窑博物馆	2016年5月13日至8月10日
	21	玩，味十足——海盐县博物馆馆藏中国民间玩具展	海盐县博物馆	海盐县博物馆	2016年2月4日至5月4日
	22	糕中滋味·印里人生——西溪糕版艺术展	中国湿地博物馆、江南民俗糕板馆	中国湿地博物馆专题展厅	2016年8月4日至10月8日
	23	“菇色菇香”菌菜养生文化专题展览	庆元县香菇博物馆	庆元县香菇博物馆临展厅	2016年2月开幕，常设展览
	24	佛峙天姥——新昌大佛1500年纪念特展	新昌博物馆、新昌大佛寺	新昌博物馆	2015年12月31日至2016年4月4日
	25	秀山丽水——丽水自然生态基本陈列	丽水市博物馆	丽水市博物馆新馆	2015年10月15日开幕，常设展览
	26	片羽吉光——余杭区全国第一次可移动文物普查成果展	杭州市余杭区人民政府、杭州市余杭区文化广电新闻出版局	杭州市余杭博物馆二楼临展厅	2016年11月22日至12月25日
	27	美丽家园——舟山自然陈列	舟山博物馆	舟山博物馆一层	2016年经展陈调整提升后，全年开放
	28	驼铃古道 锦绣丝路——甘肃省博物馆馆藏丝绸之路文物展	甘肃省博物馆、浙江舟山博物馆	舟山博物馆三楼多功能展厅	2016年9月24日至2017年1月5日
	29	遥远的对话——大地湾考古成果特展	杭州市萧山区人民政府、浙江省文物考古研究所、中国博物馆学会史前遗址专业委员会	浙江跨湖桥遗址博物馆	2016年11月15日至12月30日
安徽	1	异趣·同辉——清代广东外销艺术精品展	安徽博物院、广东省博物馆	安徽博物院新馆二楼临时展厅	2015年12月24日至2016年3月29日
	2	迎新春馆藏扇面精品展	安徽博物院	安徽博物院新馆五楼	2016年1月29日至10月13日
	3	从敦煌出发——“丝路明珠”的复兴与创新美术作品展	安徽博物院、中国文物交流中心、北京薪火相传文化艺术有限公司	安徽博物院新馆五楼	2016年3月18日至5月9日
	4	丝绸之路上的神秘王国——西夏文物精品展	安徽博物院	安徽博物院新馆二楼	2016年4月28日至7月31日
	5	铁笔翰墨——邓散木艺术精品展	安徽博物院、黑龙江省博物馆	安徽博物院新馆五楼	2016年6月29日至10月7日

续表

省份	序号	名称	举办单位	举办地点	展期
福建	1	不忘初心·信仰永固——纪念红军长征胜利80周年馆藏文物特展	福建博物院	福建博物院第1号展厅	2016年10月15日至11月30日
	2	绿叶对根的情意——华侨华人奉献展	福建博物院	福建博物院2号临时展厅	2015年9月23日至2016年3月22日
	3	雪域梵音 高原宝藏——西藏罗布林卡文物精品展	西藏自治区罗布林卡管理处、福建博物院	福建博物院4、6、7、8号厅	2016年1月26日至4月27日
	4	丝路唐风——洛阳市文物考古研究院唐三彩特展	中国闽台缘博物馆、洛阳市文物考古研究院	中国闽台缘博物馆三楼东侧展厅	2016年5月25日至8月20日
	5	缘源相汇 ——闽台传统建筑文化撷萃	中国闽台缘博物馆	中国闽台缘博物馆一楼西斋厅	2016年5月18日至31日
	6	穿越七十万年——周口店遗址博物馆特展	福建省昙石山遗址博物馆、周口店北京人遗址博物馆	福建省昙石山遗址博物馆（临展厅）	2016年4月16日至5月22日
	7	清廉自律 慎守儒风——林则徐家风展	福州市林则徐纪念馆	福州市林则徐纪念馆“左海厅”	2016年4月21日至5月20日
	8	坊巷情·丹青韵——福州市博物馆馆藏三坊七巷名人字画展	福州市文化广电新闻出版局、福州市文物局	福州市博物馆	2016年5月1日至6月15日
	9	怀古雅集收藏精品展	福州市文化广电新闻出版局、福州市文物局	福州市博物馆	2016年2月5日至7月5日
	10	瓷国明珠——德化窑陶瓷精品展	抚州市文化广电新闻出版局、德化县陶瓷发展委员会	抚州市博物馆	2016年12月28日至2017年3月28日
	11	佛·晓——古代佛造像艺术精粹展	龙海市博物馆、福建省源古历史博物馆	福建省龙海市石码镇紫崴路文体中心龙海市博物馆二楼展厅	2016年12月1日至2017年2月28日
	12	陶烟五色永乐瓷——景德镇御窑出土明永乐瓷器特展	景德镇市陶瓷考古研究所、厦门市博物馆	厦门市博物馆器物厅	2016年9月3日至10月10日
	13	“紫气东来 圣旨驾到”——徐州圣旨博物馆馆藏珍品展	徐州圣旨博物馆、厦门市博物馆	厦门市博物馆书画厅	2016年12月29日至2017年2月28日
	14	伟大的长征从这里出发	瑞金中央革命根据地纪念馆、厦门市博物馆	厦门市博物馆器物厅	2016年8月18日至9月25日
	15	开天辟地 ——中国共产党创建史图片展览	嘉兴南湖革命纪念馆、厦门市博物馆	厦门市博物馆书画厅	2016年7月1日至7月30日
	16	穿越七十万年——世界文化遗产：周口店遗址文物特展	周口店北京人遗址博物馆、厦门市博物馆	厦门市博物馆器物展厅	2016年6月9日至7月10日
	17	厦门市第一次全国可移动文物普查成果展	厦门市第一次全国可移动文物普查领导小组	厦门市博物馆临时展厅	2016年5月12日至6月5日
	18	壶容乾坤·中国鼻烟壶主题展	陈嘉庚纪念馆	陈嘉庚纪念馆	2016年12月20日至2017年2月20日
	19	古生物化石展	集美学校委员会、华侨博物院、九三学社厦门市委员会	陈嘉庚纪念馆	2016年9月3日至10月10日
	20	书刻红色八闽——福建省刻字艺术精品展	福建省海峡民间艺术馆	福建省海峡民间艺术馆	2016年11月2日至8日
	21	长征从闽西出发——纪念红军长征胜利80周年展览	古田会议纪念馆、福建省革命历史纪念馆	古田会议纪念馆	2016年10月12日开幕，常设展览

续表

省份	序号	名称	举办单位	举办地点	展期
江西	1	赣风鄱韵——江西古代文明展	江西省博物馆	江西省博物馆	2016年9月1日开幕，常设展览
	2	新四军统战工作图片展	南昌市委统战部、市文化广电新闻出版局	南昌新四军军部旧址陈列馆	2016年11月10日开幕，常设展览
山东	1	耀州窑历代陶瓷精品展	山东博物馆	山东博物馆三楼19号展厅	2016年11月15日至2017年2月15日
	2	传奇妇好	山东博物馆、中国社会科学院考古研究所	山东博物馆三楼19号展厅	2016年7月20日至10月20日
	3	惟薛有序 于斯千年——古薛国历史文化展	山东省文物局、山东省文物保护与收藏协会、滕州市人民政府	山东博物馆	2016年4月29日至7月20日
	4	永恒之城——古罗马的辉煌	罗马国家博物馆、佛罗伦萨考古博物馆、山东博物馆	山东博物馆一楼4号展厅	2016年7月26日至10月8日
	5	石墨镌华 传拓千秋——馆藏精品拓片展	青岛市文化广电新闻出版局主办 青岛市博物馆承办	青岛市博物馆东区一楼北展厅	2016年3月26日至5月26日
	6	德州历史名人展	德州市博物馆与德州市美术馆	德州市博物馆展区二、三楼环廊	2016年9月开幕，常设展览
	7	聊城市民族团结进步教育展	聊城孔繁森同志纪念馆	聊城市孔繁森同志纪念馆	2016年全年
	8	艺术与生态——中国海瓷艺术展	滨州市文化广电新闻出版局	滨州市博物馆一楼展厅	2016年1月1日至6月30日
	9	博兴简史展	博兴县博物馆	博兴县博物馆	2016年1月至12月
	10	声名水上书——王一亭的艺术与人生	烟台市博物馆	烟台市博物馆二楼笔墨丹青展厅	2016年1月1日至5月8日
	11	从远古走来的渔猎文明——黑龙江鱼皮兽皮桦树皮文化艺术展	黑龙江省博物馆、青岛市博物馆	青岛市博物馆	2016年春节期间
	12	中都钱币特展	汶上县中都博物馆	宝相寺景区内	2016年1月1日开幕，常设展览
	13	寻觅，那一抹蓝——烟台市博物馆藏金属胎珐琅器精品展	烟台市博物馆	烟台市博物馆一楼特别展厅	2016年3月4日至4月7日
	14	英租威海卫历史文化展	威海市博物馆	威海市博物馆1号临时展厅	2016年9月30日至2017年9月30日
	15	古风逸品·翰墨丹青——魏晋至宋元绘画名品展	滨州市文物局、滨州市博物馆	滨州市博物馆一楼临展厅	2016年1月1日至6月30日
	16	博兴佛教造像艺术展	博兴县博物馆	博兴县博物馆	2016年1月至12月
	17	忠诚——“三严三实”的好干部孔繁森	孔繁森同志纪念馆	聊城大学、吉林四平战役纪念馆、上海陈云同志纪念馆、山东政法学院、天津平津战役纪念馆、济南市历下区甸柳新村	2016年多地巡展
	18	众生录——中国画的人物世界	烟台市博物馆	烟台市博物馆二楼笔墨丹青展厅	2016年5月13日至7月15日
	19	菏泽市抗日战争专题陈列展	菏泽市抗日纪念馆	菏泽市抗日纪念馆展厅	2016年9月1日至10月3日

续表

省份	序号	名称	举办单位	举办地点	展期
河南	1	衣锦荣归——清代织锦珍品特展	河南博物院、台北历史博物馆和苏州丝绸博物馆	河南博物院	2016年12月30日至2017年2月26日
	2	丝路遗韵——丝绸之路沿线音乐文物展	丝绸之路沿线博物馆专业委员会、河南博物院、宁夏回族自治区博物馆	洛阳博物馆	2016年11月11日至2017年2月22日
	3	毕加索时代：与西方版画大师同行——北京大学赛克勒考古与艺术博物馆馆藏版画展	河南博物院和北京大学赛克勒考古与艺术博物馆、河南省美术馆	河南省美术馆	2015年12月23日至3月
	4	石头上的文明对话——海上丝路宗教石刻精品拓片展	新乡市博物馆、福建省泉州海外交通史博物馆	新乡市博物馆	2016年12月8日至2017年2月18日
	5	纪念红军长征胜利80周年专题展	八路军驻洛办事处纪念馆	八路军驻洛办事处纪念馆西院	2016年9月30日至12月31日
	6	沈阳审判史实陈列	八路军驻洛办事处纪念馆、沈阳“九一八历史博物馆”	八路军驻洛办事处纪念馆	2016年7月7日至8月7日
	7	纸墨寿金石——朵云轩藏清代拓片展	安阳博物馆 上海朵云轩集团	安阳博物馆六号厅	2016年2月10日至11月30日
	8	红色货币——中国革命根据地货币展	安阳博物馆	安阳博物馆	2016年7月1日至10月31日
	9	“长征——壮丽史诗”革命文物珍藏展	郑州二七纪念馆、聚协昌博物馆	郑州二七纪念馆临时展厅	2016年9月30日至12月31日
	10	南阳汉代陶狗展	南阳市博物馆、商丘博物馆	商丘博物馆	2016年5月18日至2017年1月18日
	11	帝京气象——乾隆时期北京的城市和生活	北京市文物局、信阳市人民政府、北京市正阳门管理处、信阳市文化广电新闻出版局、信阳博物馆	信阳市博物馆	2016年4月27日至2017年4月28日
	12	“北上先锋”——纪念中国工农红军长征胜利80周年展览	中共信阳市委宣传部主办，鄂豫皖革命纪念馆承办，中共信阳市委党史研究室协办	先后在信阳市各县区及广州、武汉、郑州、天津等地巡回展出	2016年9月7日至12月30日
	13	窑火神工——馆藏瓷器精品展	焦作市博物馆	焦作市博物馆主展厅二楼	2016年5月1日开幕，常设展览
	14	“长征——壮丽史诗”革命文物珍藏展	郑州二七纪念馆、聚协昌博物馆	郑州二七纪念馆临时展厅	2016年9月30日至12月31日
湖北	1	海上瓷路——粤港澳文物大展	湖北省博物馆、广东省博物馆、香港艺术馆、澳门博物馆	湖北省博物馆综合馆三楼展厅	2016年1月22日至3月1日
	2	五色玲珑——欧洲玻璃艺术展	捷克共和国布拉格国家工艺美术博物馆、湖北省博物馆	湖北省博物馆综合馆三楼	2016年10月28日至2017年2月23日
	3	穆穆曾侯——全国十大考古发现：郭家庙墓地特展	长江文明馆与湖北省博物馆、湖北省文物考古研究所、襄阳博物馆、枣阳市博物馆合作举办	湖北省博物馆综合馆二楼	2016年2月2日至24日
	4	海上瓷路——粤港澳文物大展	湖北省博物馆、澳门博物馆、广东省博物馆、香港艺术馆等	湖北省博物馆综合馆三楼	2016年1月22日至2月29日
	5	商邑翼翼，居国南乡——武汉大学考古系盘龙城遗址工作展	武汉大学万林艺术博物馆	武汉大学万林艺术博物馆	2016年10月28日至11月20日

续表

省份	序号	名称	举办单位	举办地点	展期
湖北	6	乡间画记——青岛市博物馆藏山东地区民间木版年画展	青岛市博物馆、武汉博物馆	武汉博物馆	2016年12月12日至2017年2月12日
	7	雅舍清风——顾蓓、王心耀教授中国画小品展	武汉博物馆	武汉博物馆	2016年9月10日至10月20日
	8	竹韵——清代竹刻艺术展	济南市博物馆、武汉博物馆	武汉博物馆	2016年6月18日至8月18日
	9	盛世衣冠——汉·唐服饰文化艺术展	深圳木雅文化投资有限公司和武汉博物馆	武汉博物馆	2016年4月16日至6月10日
	10	芙蓉出水——清代康雍时期外销青花瓷精品展	杭州南宋官窑博物馆、武汉博物馆	武汉博物馆	2016年1月13日至3月30日
	11	木影流光——福建金漆木雕展	武汉博物馆、福建民俗博物馆	武汉博物馆	2016年8月20日至10月18日
	12	和衷共济 筑梦中华——孙中山与华侨专题展	辛亥革命博物馆、中山市博物馆、江门市博物馆	辛亥革命博物馆	2016年11月8日至2017年1月8日
	13	武汉上空的鹰——纪念苏联空军志愿队特展	辛亥革命博物馆与俄罗斯中央卫国战争纪念馆	辛亥革命博物馆	2016年3月23日至6月23日
	14	旧邦新命——新文化运动百年纪念展	辛亥革命武昌起义纪念馆	辛亥革命武昌起义纪念馆临时展厅	2016年6月7日至7月24日
	15	孙中山与武汉——纪念孙中山先生诞辰150周年特展	辛亥革命武昌起义纪念馆	辛亥革命武昌起义纪念馆临时展厅	2016年11月5日至2017年2月28日
	16	中国古代三百六十行及木工工具展	荆州博物馆、北京文旺阁文化传播中心	荆州博物馆临时展区第一展厅、第二展厅	2016年4月至7月
	17	银·宴：奥地利施瓦策瑙古堡银器展	深圳市木雅文化投资有限公司、湖北省博物馆协会	荆州博物馆临时展区第一展厅、第二展厅	2016年1月至4月
	18	宜昌记忆——三峡·宜昌民俗文物展	宜昌博物馆、秭归县文物局、长阳县博物馆、兴山县民俗博物馆	宜昌博物馆	2016年开幕，常设展览
	19	党之元老·人民公仆——董必武诞辰130周年生平展	武汉市委宣传部、武汉市文化局	武昌农讲所旧址	2016年3月20日至6月30日
	20	中国红色财经金融的开拓者——毛泽民诞辰120周年生平展	武汉市委宣传部、武汉市文化局	武昌农讲所旧址	2016年3月20日至6月底
	21	激扬正气定乾坤——全面从严治党永远在路上	八七会议会址纪念馆	八七会议会址纪念馆	2016年6月24日至12月31日
湖南	1	潇湘情怀——湖南现代名家绘画作品展	湖南省博物馆、湖南省文学艺术界联合会、湖南省美术家协会、长沙市文化广电新闻出版局、谭国斌当代艺术博物馆	谭国斌当代艺术博物馆	2016年9月30日至2017年1月5日
	2	天地之中——河南文物珍品展	湖南省博物馆、河南博物院、湖南广播电视台、谭国斌当代艺术博物馆	谭国斌当代艺术博物馆	2016年4月28日至2016年8月14日
	3	白银时代——中国外销银器特展	长沙市文广新局、长沙市文物局	长沙博物馆二楼特展二厅	2016年9月30日至2017年4月20日

续表

省份	序号	名称	举办单位	举办地点	展期
湖南	4	神秘的古蜀王国——三星堆和金沙遗址出土文物精华展	长沙市文化广电新闻出版局、长沙市文物局	长沙博物馆二楼特展一厅	2016年9月20日至12月20日
	5	张家界故事——张家界市博物馆历史文化陈列	湖南省博物馆，张家界市博物馆	张家界市博物馆	2016年9月开幕，常设展览
	6	中国梦　军垦情——纪念“八千湘女上天山”66周年历史文物展	新疆生产建设兵团文广局（文物局）、长沙市文化广电新闻出版局等	长沙简牍博物馆一楼临展厅	2016年10月28日至12月28日
	7	独立苍茫——湖南名人书法展	中共长沙市委宣传部、长沙市文广新局、长沙市文物局、长沙博物馆、湖南省博物馆、谭国斌当代艺术博物馆	长沙博物馆	2015年12月28日2016年6月28日
	8	华夏瑰宝——保利海归精品文物特展	中共长沙市委、长沙市人民政府、中国保利集团公司	长沙博物馆	2015年12月28日2016年4月28日
	9	月亮粑粑——蔡皋的艺文世界	长沙博物馆、蔡皋艺术工作室、中南传媒出版集团	长沙博物馆	2015年12月28日至2016年4月20日
	10	“伏尔加河与长江——友谊之河”图片展	湖南省人民政府外事侨务办、列宁纪念馆、刘少奇同志纪念馆	刘少奇同志纪念馆	2016年11月14日开幕
	11	毛泽东与反腐倡廉	韶山毛泽东同志纪念馆	韶山毛泽东同志纪念馆生平展区临时展厅	2015年12月24日开幕，常设展览
	12	奏响伟大转折的序曲——通道转兵会议史实展	通道转兵纪念馆	通道转兵纪念馆	2016年10月10日开幕，常设展览
广东	1	玉鸣锵锵——商代王后妇好玉器特展	广东省博物馆、中国社会科学院考古研究所	广东省博物馆三楼书画厅	2016年12月27日至2017年3月26日
	2	南粤藏珍——广东省第一次国有可移动文物普查展	广东省文化厅	广东省博物馆三楼展厅一	2016年12月16日至2017年3月31日
	3	桃花源里人家——徽州传统民居文化与艺术展	广东省博物馆、安徽博物院、安徽省源泉徽文化民俗博物馆	广东省博物馆三楼书画厅	2016年9月27日至11月27日
	4	相看两不厌——馆藏明清瓷画与绘画展	广东省博物馆	广东省博物馆三楼展厅二	2016年10月25日至2017年3月26日
	5	问鼎——楚式青铜器特展	广东省博物馆、湖北省博物馆	广东省博物馆三楼展厅二	2016年6月17日至9月18日
	6	那山、那水、那人——广西壮族历史文化展	广西壮族自治区博物馆、广西民族博物馆、广东省博物馆	广东省博物馆三楼展厅一	2016年1月28日至5月2日
	7	杯盏事 品茶趣——中国历代茶具精品展	广州博物馆、镇江博物馆	广州博物馆	2016年9月28日至10月30日
	8	志在共和——纪念孙中山先生诞辰150周年展	广州博物馆	“三二九”起义指挥部旧址纪念馆	2016年11月8日开幕，常设展览
	9	心事浩茫连广宇——鲁迅诞辰135周年暨茅盾诞辰120周年纪念收藏展	深圳博物馆 中国国际文化交流中心	深圳博物馆（历史民俗馆）	2016年9月22日至11月6日

续表

省份	序号	名称	举办单位	举办地点	展期
广东	10	曼荼罗——法门寺与唐代密教艺术展	深圳博物馆、法门寺博物馆、西安碑林博物馆、河南博物院	深圳博物馆（历史民俗馆）	2016年11月25日至2017年2月28日
	11	琉光璃彩——欧洲玻璃艺术史珍品展	深圳博物馆、捷克共和国布拉格国家工艺美术馆	深圳博物馆（历史民俗馆）	2016年3月2日至6月12日
	12	巴蜀汉风——川渝地区汉代文物精品展	深圳博物馆、四川博物院、重庆中国三峡博物馆等	深圳博物馆（历史民俗馆）	2016年3月25日至7月24日
	13	文人风骨 笔墨内美——黄宾虹书画精品展	深圳博物馆、浙江省博物馆、安徽博物馆、安徽中国徽州文化博物馆	深圳博物馆（历史民俗馆）	2016年8月12日至10月23日
	14	跟着货币看世界	鸦片战争博物馆	鸦片战争博物馆陈列大楼四楼	2015年12月15日至2016年1月20日
	15	中山王与南越王——河北汉代文物展	西汉南越王博物馆、河北博物院、河北省文物研究所	西汉南越王博物馆	2016年9月6日至11月16日
	16	民族敬仰——纪念孙中山先生诞辰150周年书画展	广东美术馆	广东美术馆	2016年11月1日至21日
	17	交剪对金针——潮绣与生活	广东美术馆	广东美术馆	2016年11月3日至20日
	18	双城记忆——纪念孙中山先生诞辰150周年档案史料展	南京市档案局（馆）、广州市档案局（广州市国家档案馆）、中山陵园管理局孙中山纪念馆	孙中山纪念馆	2016年11月2日至2017年1月10日
	19	四川少数民族文化展	四川博物院、新疆博尔塔拉蒙古自治州文物局（博物馆）	中山市博物馆	2016年9月27日至11月30日
	20	新文化运动主将——陈独秀	北京鲁迅博物馆（北京新文化运动纪念馆）、孙中山大元帅府纪念馆	广州孙中山大元帅府	2016年7月15日至9月18日
	21	百年浮云影——林义顺家族藏品巡展	汕头市博物馆、深圳市华夏典藏美术馆	汕头市博物馆	2016年10月26日开幕
广西	1	清玩雅韵——馆藏古代文房器物展	广西壮族自治区博物馆	广西壮族自治区博物馆陈列大楼二楼西厅	2016年5月18日至6月18日
	2	美丽南方 经典魅力——刘三姐文化收藏展	广西壮族自治区博物馆	广西壮族自治区博物馆二楼西厅	2016年4月9日至4月19日
	3	美丽中国·美丽广西·欢乐春节——五彩八桂民族服饰文化展	广西壮族自治区文化厅、新加坡中国文化中心、广西民族博物馆	新加坡中国文化中心	2016年1月23日至3月23日
	4	穆穆曾侯——湖北郭家庙擂鼓墩出土文物特展	广西壮族自治区博物馆、湖北省博物馆、湖北省文物考古研究所	广西壮族自治区博物馆一楼西厅	2016年3月4日至6月4日
	5	绣里八桂——文化技能扶贫暨广西民族传统织绣培训计划学员作品展	广西壮族自治区文化厅、广西壮族自治区博物馆等	广西壮族自治区博物馆二楼西厅（现丹青桂韵展厅）	2016年12月4日至12月15日
	6	邕城百年——近现代南宁历史文化陈列	南宁市博物馆	南宁博物馆三楼	2016年1月29日开幕，常设展览
	7	1929南宁兵变	南宁市博物馆	南宁博物馆三楼	2016年1月29日开幕，常设展览
	8	红土情韵——卢权智红陶艺术展	南宁市博物馆	南宁博物馆一楼	2016年1月29日开幕，常设展览
	9	大地飞歌——南宁民歌艺术展	南宁市博物馆	南宁博物馆一楼	2016年1月29日开幕，常设展览

续表

省份	序号	名称	举办单位	举办地点	展期
广西	10	我的乡愁——美丽南宁摄影图片展	南宁市博物馆	南宁博物馆二楼临展厅	2016 年 9 月 9 日至 11 月 9 日
	11	相交无远近 万里尚为邻——南宁国际友好交往礼品展	南宁市文化新闻出版广电局 南宁市外事侨务办公室、南宁市博物馆	南宁博物馆一楼特展厅（二）	2016 年 9 月 9 日至 10 月 20 日
	12	瑞玉呈祥 ——杭州博物馆馆藏玉石器精品展	杭州博物馆、南宁市博物馆	南宁博物馆一楼特展厅（二）	2016 年 11 月 4 日至 2017 年 1 月 4 日
	13	这里的石头会说话——石质文物精品展	广西博物馆、南宁市博物馆	南宁博物馆	2016 年 10 月 20 日至 11 月 20 日
	14	象州县博物馆精品奇石展	象州县民族博物馆	象州县博物馆一楼万象更新展厅	2016 年 8 月 20 日至 10 月 8 日
	15	恐龙时代的小精灵——昆虫化石展	北京自然博物馆、广西自然博物馆	广西自然博物馆	2016 年 9 月 28 日至 10 月 28 日
	16	生命之美——走进斑斓的蝴蝶世界	广西自然博物馆	北京自然博物馆	2016 年 8 月 16 日至 9 月 18 日
	17	西林岑氏一门三总督事迹展	广西西林县文化和体育广电局、西林县博物馆	西林岑氏家族建筑群	2016 年 9 月 18 日开幕，常设展览
	18	阿拉善蒙古族民族民俗文物精品展	桂林博物馆、阿拉善博物馆	桂林博物馆	2016 年 6 月 7 日至 7 月 12 日
海南	1	跨越四十年——王隽珠艺术馆藏品展	黑龙江省博物馆、海南省博物馆	海南省博物馆二楼馆藏文物展厅	2016 年 1 月 20 日至 2 月 28 日
	2	瀚海同舟——六人书画作品展	海南省政协书画艺术研究院、海南省书法家协会、海南省美术家协会、海南省政协书画室	海南省博物馆	2016 年 4 月 8 日至 17 日
	3	椰树下的三角梅——艺术家眼中的海口之美作品展	中共海口市委宣传部	海南省博物馆 1 号展厅	2016 年 4 月 14 日至 17 日
	4	酌彼金罍——皿方罍与湖南出土青铜器精粹	海南省博物馆、湖南省博物馆	海南省博物馆一楼 2 号展厅	2016 年 4 月 29 日至 6 月 30 日
	5	“影像保护海洋”海洋珊瑚礁生态展	海南省贝类与珊瑚保护学会	海南省博物馆一楼大厅	2016 年 5 月 1 日至 4 日
	6	景德镇陶瓷名人名家作品展	海南省工商联、江西省景德镇市工商联	海南省博物馆 3 号展厅	2016 年 5 月 20 日至 26 日
	7	纪念中国共产党成立 95 周年暨中共琼崖地方组织成立 90 周年大型图片展	中共海南省委党史研究室、海南省文化广电出版体育厅	海南省博物馆 1 号展厅	2016 年 6 月 28 日至 7 月 2 日
	8	见证祖宗海 南海更路薄图片展	海南省省委宣传部	海南省博物馆	2016 年 6 月 29 日至 7 月 3 日
	9	迎接第十一届中国艺术节海南省优秀美术作品展	海南省文体厅、海南省文学艺术界联合会	海南省博物馆 3 号展厅	2016 年 7 月 13 日至 17 日
	10	墨化雨林——韩潮水墨中国画作品展	海南师范大学、海南美术家协会	海南省博物馆 3 号展厅	2016 年 10 月 26 日至 30 日
	11	2016 海南・第三届南北雕塑联展	海南省文学艺术界联合会、陕西省文化厅、广州市文化广电新闻出版局、陕西省雕塑院	海南省博物馆 1 号展厅	2016 年 12 月 23 日至 2017 年 1 月 11 日

续表

省份	序号	名称	举办单位	举办地点	展期
重庆	1	中国考古地层学奠基人——梁思永	重庆中国三峡博物馆	重庆中国三峡博物馆2楼临时展厅	2016年9月28日至11月22日
	2	大圣归来：文物上的十二生肖	重庆中国三峡博物馆、广州博物馆	重庆中国三峡博物馆1楼南展厅	2016年1月28日至4月24日
	3	澄怀观道：中国画的形象与美感	重庆中国三峡博物馆与台湾鸿禧美术馆	重庆中国三峡博物馆	2016年10月25日至2017年2月24日
	4	灵秀雄深——江友樵书画大展	重庆中国三峡博物馆	重庆中国三峡博物馆	2016年4月29日至6月19日
	5	食金石力 养草木心——吴昌硕艺术大展	重庆中国三峡博物馆、浙江省博物馆	重庆中国三峡博物馆4楼南展厅	2016年7月23日至10月7日
	6	紫玉金砂——无锡博物院藏紫砂艺术展	重庆中国三峡博物馆、无锡博物院	重庆中国三峡博物馆2楼南展厅	2016年4月16日至8月28日
	7	渝光·余影：老重庆影像里的荷兰油画	重庆中国三峡博物馆、荷兰驻重庆总领事馆	重庆中国三峡博物馆3楼南展厅	2016年1月16日至3月13日
	8	时光绣——重庆中国三峡博物馆刺绣展	重庆中国三峡博物馆	重庆中国三峡博物馆4楼南侧临时展厅	2015年12月31日至2016年3月31日
	9	著名金石书画艺术家刘声道先生遗作展	重庆中国三峡博物馆、台湾嘉义市教师书画协会	重庆中国三峡博物馆	2016年3月18日至4月4日
	10	红岩精神千秋楷模——红岩精神与社会主义核心价值观	重庆红岩联线文化发展管理中心	重庆红岩联线文化发展管理中心	2015年12月29日开幕，常设展览
	11	董必武诞辰130周年生平展	重庆红岩革命历史博物馆	重庆红岩革命纪念馆新馆四楼	2016年10月18日至2017年1月15日
四川	1	申猴朝岁 丙申新春——猴文物图片联展	四川博物院	四川博物院一楼中庭	2016年2月5日至25日
	2	玲珑神致 冰玉匠心——明清德化瓷器精品展	四川博物院、福建博物院	四川博物院临展二厅	2015年11月5日至2016年2月14日
	3	海上传承——刘雅农先生书画作品展暨诞辰120周年纪念	四川博物院、四川省美术家协会、四川省归国华侨联合会	四川博物院临展一厅	2016年5月27日至6月12日
	4	茶马古道——西部八省区联展	四川博物院、云南省博物馆、西藏博物馆、青海省博物馆、甘肃省博物馆、陕西历史博物馆、内蒙古博物院、广西壮族自治区博物馆	四川博物院一楼临展二、三厅	2016年9月18日至11月30日
	5	伟大征途上的中国梦——红军长征在四川	四川博物院	四川博物院三楼	2016年10月21日至2017年3月19日
	6	倥偬的乡愁·张大千	成都博物馆	成都博物馆新馆	2016年6月11日至9月11日
	7	青铜的对话——黄河与长江流域商代青铜文明展	三星堆博物馆联合中国社科院考古研究所、湖北省博物馆、湖南省博物馆、殷墟博物馆、武汉盘龙城遗址博物馆、长沙市博物馆、岳阳市博物馆、成都金沙遗址博物馆等	三星堆博物馆	2016年7月18日至10月18日

续表

省份	序号	名称	举办单位	举办地点	展期
四川	8	纪念中国工农红军长征胜利八十周年主题展	邓小平故里管理局、邓小平故居陈列馆	邓小平故居陈列馆	2016 年 10 月 9 日至 11 月 30 日
	9	九连墩的故事——湖北九连墩楚墓精品文物特展	成都金沙遗址博物馆、湖北省博物馆	成都金沙遗址博物馆临展厅	2016 年 8 月 20 日至 10 月 30 日
	10	永恒之城——古罗马的辉煌	成都金沙遗址博物馆、天津博物馆、山东博物馆、云南省博物馆	成都金沙遗址博物馆临展厅	2016 年 1 月 26 日至 4 月 8 日
	11	平凡至伟——纪念邓小平夫人卓琳诞辰 100 周年专题展	邓小平故居陈列馆	邓小平故居陈列馆珍藏厅	2016 年 4 月 6 日至 5 月 31 日
	12	九十正当春——世纪大家刘伯骏水墨艺术展	四川美术馆	四川美术馆	2016 年 11 月 4 日至 17 日
	13	品读记忆 感悟民俗——辽南、川南民俗文化联展	辽宁省文物局主办，四川合江文体广电旅游局、营口市文广新体局协办，营口民俗博物馆与四川合江汉棺博物馆联合承办	四川合江汉棺博物馆	2016 年 1 月 11 日至 31 日
贵州	1	阿拉善蒙古族民族民俗文物精品展	贵州省民族博物馆与阿拉善博物馆	贵州省民族博物馆	2016 年 4 月 12 日至 6 月 5 日
	2	第四届多彩 de 贵州——贵州少数民族风情艺术摄影精品展	贵州民族文化宫、中国民族画报社、贵州省摄影家协会	贵州省民族博物馆 2 楼展厅	2015 年 12 月 29 日至 2016 年 2 月 19 日
	3	中国的声音——聂耳与国歌图片展	贵州省民族博物馆、玉溪市博物馆、玉溪市聂耳纪念馆	贵州省民族博物馆 4 楼 B 区展厅	2016 年 1 月 27 日至 3 月 27 日
云南	1	青铜之路——宁夏固原东周时期北方系青铜文化特展	云南省博物馆、宁夏回族自治区固原博物馆	云南省博物馆一楼临展厅	2016 年 5 月 31 日至 7 月 31 日
	2	南方霸主——庄蹻故国楚文物大展	云南省博物馆、荆州博物馆	云南省博物馆一楼临展厅	2016 年 3 月 15 日至 6 月 11 日
	3	“我”从远古走来——周口店遗址文物特展	云南省博物馆、周口店遗址博物馆	云南省博物馆一楼展厅	2016 年 8 月 31 日至 9 月 25 日
	4	民族瑰宝 书苑奇葩——中国阿拉伯文书法艺术展	宁夏回族自治区博物馆、云南省博物馆	云南省博物馆	2016 年 1 月 29 日至 4 月 17 日
	5	天津博物馆藏杨柳青年画展	天津博物馆、云南省博物馆	云南省博物馆	2016 年 1 月 15 日至 3 月 20 日
	6	远古回声——半坡遗址与半坡文化展	西安半坡博物馆、云南红河州博物馆	云南红河州博物馆	2016 年 10 月 11 日至 11 月 11 日
	7	鄂温克族历史文化展	黑龙江省民族博物馆、鄂温克旗博物馆、云南省楚雄彝族自治州博物馆	云南省楚雄彝族自治州博物馆	2016 年 3 月 10 日至 5 月 12 日
西藏	1	唐风晋韵：山西古代艺术展	西藏博物馆、山西博物院	西藏博物馆	2016 年 5 月 18 日至 7 月 30 日
	2	西藏自治区可移动文物普查成果展	西藏自治区文物局、西藏博物馆	西藏博物馆	2016 年 5 月 24 日至 8 月 20 日

续表

省份	序号	名称	举办单位	举办地点	展期
陕西	1	黄帝文化寻踪——杨官寨、石峁考古发现的启示	陕西历史博物馆、陕西省考古研究院	陕西历史博物馆第五展厅	2016 年 4 月 1 日至 5 月 20 日
	2	雅与玩——中国古代锡壶艺术展	陕西历史博物馆、陕西唯美文化发展有限公司	陕西历史博物馆东展厅南展馆	2016 年 3 月 25 日至 5 月 25 日
	3	薪火相传——陕西古长城、秦直道遗址保护特展	陕西省文物局、陕西历史博物馆	陕西历史博物馆东展厅南展馆	2016 年 10 月 24 日至 11 月 24 日
	4	风华重现——陕西历史博物馆新入藏壁画暨保护修复成果展	陕西历史博物馆	陕西历史博物馆西展馆南厅	2016 年 6 月 21 日至 8 月 21 日
	5	黄帝文化寻踪——杨官寨、石峁考古发现的启示	陕西历史博物馆、陕西省考古研究院	陕西历史博物馆西展馆南展厅	2016 年 4 月 1 日至 5 月 20 日
	6	交流与互鉴——陕西文物对外交流 50 年	陕西历史博物馆	陕西历史博物馆第五展厅	2015 年 12 月 30 日至 2016 年 2 月 28 日
	7	帝国之路·陇东记忆：秦文化与西戎文化考古成果展	甘肃省文物局、陕西省文物局	秦始皇帝陵博物院	2016 年 1 月 7 日至 4 月 7 日
	8	寻巴——消失的古代巴国	秦始皇帝陵博物院	秦始皇帝陵博物院	2016 年 9 月 30 日至 12 月 30 日
	9	北魏弘农杨氏墓志拓片珍品展	西安碑林博物馆	西安碑林博物馆西临展厅	2016 年 4 月 22 日至 5 月 22 日
	10	汉景帝的地下邻居——唐秋官尚书李晦墓考古成果展	汉景帝阳陵博物院、陕西省考古研究院	汉景帝阳陵博物院临时展厅	2015 年 12 月 30 日至 2016 年 12 月 30 日
	11	最是橙黄橘绿时——洛阳出土唐三彩精品展	宝鸡青铜器博物院、洛阳博物馆	宝鸡青铜器博物院	2016 年 7 月 12 日至 10 月 12 日
	12	神工意匠——中国古代建筑构件展	含光门遗址博物馆、西安秦砖汉瓦博物馆	含光门遗址博物馆	2016 年 11 月 8 日至 12 月 8 日
	13	品味经典 感受大师——中国新文学作家与作品展	北京鲁迅博物馆（北京新文化运动纪念馆）与延安鲁艺文化园区管理办公室	延安鲁艺文化园区	2016 年 9 月 23 日至 10 月 30 日
	14	跨越三个世纪的优雅：1740—2015，塞夫尔制造局	西安曲江艺术博物馆	西安曲江艺术博物馆	2016 年 5 月 14 日至 9 月 30 日
甘肃	1	战国雄风——古中山国文物精品展	河北博物院与河北省文物研究所、甘肃省博物馆	甘肃省博物馆	2016 年 5 月 18 日至 8 月 18 日
	2	玉泽陇西——齐家文化玉器展	甘肃省博物馆、北京艺术博物馆、中国社会科学院考古研究所	甘肃省博物馆	2016 年 1 月 1 日至 2 月 15 日
	3	锦绣风华——中国穆斯林民族文化展	甘肃省博物馆和北京民族文化宫博物馆	甘肃省博物馆	2016 年 8 月 30 日至 11 月 25 日
	4	弘扬长征精神坚定理想信念——甘肃省纪念红军长征胜利 80 周年主题展览	甘肃省委宣传部、省委党史研究室、省文化厅	甘肃省博物馆	2016 年 10 月 8 日开幕
	5	丝路远帆——海上丝绸之路精品文物展	山东博物馆、南京博物院、浙江省博物馆、福建博物院、广东省博物馆、广西壮族自治区博物馆、海南省博物馆、甘肃省博物馆	甘肃省博物馆	2016 年 8 月 31 日至 11 月 25 日
	6	神人之约——中非珍稀面具艺术展	甘肃省博物馆	甘肃省博物馆	2016 年 11 月 25 日至 2017 年 3 月 5 日

续表

省份	序号	名称	举办单位	举办地点	展期
甘肃	7	百年巨匠——黄宾虹书画作品展	天水市博物馆、浙江省博物馆	天水市博物馆临展厅	2016年1月15日至3月15日
	8	百年巨匠——齐白石绘画作品展	天水市博物馆、辽宁省博物馆	天水市博物馆临展厅	2016年6月10日至8月1日
	9	乡土圆梦——中国农民画展	天水市博物馆、重庆中国三峡博物馆	天水民俗博物馆临展厅	2016年1月15日至3月15日
青海	1	丝绸之路——大西北遗珍	宁夏回族自治区博物馆、青海省博物馆	青海省博物馆	2016年4月10日至8月10日
	2	妙境神韵——藏传佛教唐卡艺术展	青海省博物馆	青海省博物馆北侧厅	2016年12月开幕，常设展览
	3	正气清风——廉政文化图片展	青海省博物馆	青海省博物馆东侧厅	2016年12月开幕，常设展览
	4	丝绸之路——文物精品大展	陕西历史博物馆、甘肃省博物馆、宁夏回族自治区博物馆、青海省博物馆、新疆维吾尔自治区博物馆、宁夏固原博物馆联合主办，青海省博物馆承办	青海省博物馆	2016年5月1日至8月28日
	5	沥粉贴金 宏伟绚烂——唐卡艺术展	青海省民俗博物馆、沈阳新乐遗址博物馆	沈阳新乐遗址博物馆	2016年1月26日至3月25日
宁夏	1	傩魂神韵——中国傩戏·傩面具艺术展	宁夏回族自治区博物馆、贵州民族博物馆	宁夏回族自治区博物馆一楼精品厅	2016年1月8日至3月8日
	2	徽商故园——徽州古建展	宁夏回族自治区博物馆、安徽博物院、安徽省源泉徽文化民俗博物馆	宁夏回族自治区博物馆三楼精品厅	2016年4月12日至7月16日
	3	五彩呼伦贝尔——鄂伦春、鄂温克、达斡尔民族民俗展	宁夏回族自治区博物馆、呼伦贝尔民族博物馆	宁夏回族自治区博物馆三楼展厅	2016年8月26日至11月26日
	4	玲珑神致 冰玉匠心——明清德化瓷器精品展	宁夏回族自治区博物馆、福建博物院	宁夏回族自治区博物馆三楼精品厅	2016年12月15日至2017年3月15日
新疆	1	翰墨诗韵·名家与晴川阁书画珍藏展	新疆维吾尔自治区博物馆与武汉市晴川阁管理处（武汉大禹文化博物馆）	新疆维吾尔自治区博物馆二楼书画厅	2016年3月10日至5月10日
	2	丝路远帆——海上丝绸之路精品文物展	新疆维吾尔自治区文化厅、文物局、自治区博物馆	新疆维吾尔自治区博物馆二楼临展厅	2016年4月30日至6月30日
	3	民族遗珍 书香中国——中国少数民族古籍珍品暨保护成果展	国家民委全国少数民族古籍整理研究室	新疆维吾尔自治区博物馆	2016年7月26日至8月10日
	4	书道圭臬——中原巨碑名志拓片展	吐鲁番博物馆、郑州市华夏艺术博物馆	吐鲁番博物馆	2016年1月27日至3月27日
	5	天山琴韵·丝路乐语——新疆民族特色乐器	吐鲁番博物馆、新疆维吾尔自治区博物馆	吐鲁番博物馆	2016年6月11日至6月18日
	6	新疆考古新发现图片展	新疆维吾尔自治区博物馆、考古研究所、吐鲁番博物馆	吐鲁番博物馆	2016年6月11日至6月25日
	7	情系吐鲁番——凤凰书画作品展	吐鲁番博物馆	吐鲁番博物馆	2016年5月23日至6月25日
	8	陕西汉阳陵出土文物精华展	吐鲁番博物馆、汉阳陵博物馆	吐鲁番博物馆	2016年7月25日至10月25日
	9	天山盛开芙蓉花	吐鲁番市委、吐鲁番文物局、吐鲁番博物馆	吐鲁番博物馆	2016年5月7日开幕，常设展览

续表

省份	序号	名称	举办单位	举办地点	展期
新疆	10	手拉手　心连心　一家亲——吐鲁番市民族团结进步创建大型展览	吐鲁番市委、吐鲁番市文物局、吐鲁番博物馆	吐鲁番博物馆	2016年9月25日开幕，常设展览
	11	密作之珎——哈密传统手工艺作品展	哈密地区文体广新局主办，哈密地区博物馆承办	哈密博物馆一楼	2016年8月17日至9月1日
	12	北京大品画院　“笔墨大品”中国画三人作品展	阿克苏地区博物馆	阿克苏地区博物馆一楼临时展览厅	2016年7月26日至8月1日
	13	浙阿农民画交流作品展	浙江援疆指挥部、中共阿克苏地委宣传部	阿克苏地区博物馆一楼临时展览厅	2016年10月19日至11月30日
	14	饮食男女——从科技考古看仰韶先民的饮食与婚姻生活	郑州市华夏文化艺术博物馆、巴州博物馆	巴州博物馆四楼	2016年5月10日至7月10日
	15	“共产党人与黄埔军校”专题展	巴州博物馆与广东革命历史博物馆	巴州博物馆四楼	2016年6月7日至7月24日
	16	“孙中山与黄埔军校”专题展	巴州博物馆与广东革命历史博物馆	巴州博物馆四楼	2016年6月7日至7月24日

二、年度特色青少年教育项目名录

省份	序号	项目名称	展览名称	主要内容	举办单位
中央	1	“历史与艺术的体验”系列教育项目	“古代中国”基本陈列、“中国古代瓷器艺术”、“党和国家领导人外交活动受赠礼品展”、“中国古代佛造像艺术”	设计理念：课程为7至12岁青少年设计，涉及历史、考古、古文字、外交、音乐、美术等多个门类。孩子们可以在展厅近距离地与文物“对话”，也可以在国博体验区参与手工制作、“文物”修复、艺术创作、角色扮演等。通过多种形式的体验活动，更直观、更生动地感受和体验古代人的生活智慧。 活动目标：通过切身的体验和参与，让青少年了解历史、体验文明，通过博物馆的丰富展览和有突出主题的教育活动爱上中华传统文化，爱上历史与艺术。 形式与内容：“历史与艺术的体验”系列活动共12门课程，依托中国国家博物馆“古代中国”基本陈列、“中国古代瓷器艺术”、“党和国家领导人外交活动受赠礼品展”、“中国古代佛造像艺术”等展览分主题开发，包括：“祥瑞五福兽”“古代艺术字”“色彩缤纷的五谷世界”“色彩斑斓的彩瓷世界”“文字象形画”“花鸟鱼虫话玉瑛”“小小商队走丝路”“外交之礼”“传统游戏杂谈”“佛相手印”“经纬交错话纺织”“博物馆里的美丽之约”等课程。 总结评价：“历史与艺术的体验”是国家博物馆以青少年博物馆教育多元化、全方位体验为设计初衷的系列教育项目，也是国家博物馆具有特色的保留教育项目之一，它涵盖了国家博物馆多个展陈主题，能够引领孩子走进博物馆，感受博物馆，对话博物馆，为他们开启一扇崭新的大门。	中国国家博物馆
	2	“读绘本 悦国博”系列教育项目	“中国古代瓷器艺术”“中国国家博物馆建筑设计展”“古代中国”“非洲雕刻艺术精品展”	设计理念：“读绘本　悦国博”系列教育项目是特别为4至6岁学龄前儿童定制的博物馆启蒙教育活动。它是以满足各个年龄阶段儿童需求为初衷，以启蒙儿童博物馆学习体验为目的，特别为幼儿开发了从时间、内容、形式等各个方面都更有针对性的专属定制系列课程。活动从这一年龄段幼儿最为亲切熟悉的中外著名绘本出发，循序渐进地引导幼儿了解博物馆、走进博物馆、喜欢博物馆。 活动目标：尝试对博物馆终身教育理念的实践，将博物馆教育活动年龄下延，使更多有需求、有渴望、有热情的幼儿及幼儿家长可以找到走进博物馆的新通道，让孩子认识博物馆。 形式与内容：“读绘本　悦国博”系列活动共有5门课程“哇！缤纷世界古今瞧”“停！这个地方我知道”“塑！古往今来泥人妙”“看！那件文物在舞蹈”“家庭分享会”，分别对应美术、建筑、雕塑、舞蹈、综合的文化艺术门类，涉及的相关展览有“中国古代瓷器艺术”“中国国家博物馆建筑设计展”“古代中国”“非洲雕刻艺术精品展”等，内容生动有趣，结合绘本解读文物、体验历史的形式为国内首创。 总结评价：“读绘本　悦国博”系列教育项目延伸了博物馆儿童教育的年龄层，并运用适合幼儿的突出元素（如色彩、形状、动作等）结合博物馆文物，创建了依托绘本的全新课程模式。	中国国家博物馆
	3	“双城记”系列教育项目		设计理念：城市的出现是人类文明的伟大进步，而每一座历史悠久的古都都是文明的缩影。“双城记”会和孩子们一起用探索的眼睛发现城市隐藏的文明线索，和孩子们一起用快乐的脚步丈量城市的大街小巷，和孩子们一起用敞开的心见证城市的发展变化和匠心之美，感受、学习、传递华夏文明。 活动目标：让孩子们用历史的眼光、用探索的思路去了解一座城市，去欣赏自己生活的地方、去传承历史赋予的文化使命。 形式与内容：“双城记”系列活动共有10门课程，包括：“说不尽的古城事”“诉不完的燕都情”“北京城的首都历史”“胡同里的北京往事”“巡游紫禁城”“探幽古太庙”“悠悠宣南 百年胜景”“建都之始 辽金城垣”“丝路漫漫古道行”“‘双城记’分享会”，带领孩子们走进与北京城有关的场馆，探索发现这座古都的深厚历史和文化之美。 总结评价：“双城记”系列活动首次尝试了不局限于一个博物馆的“大博物教育”，让跨馆、跨城、跨界的教育理念在博物馆中得以实现和发扬。	中国国家博物馆
	4	“小小讲解员”系列教育项目	基本陈列	设计理念：国家博物馆“小小讲解员”活动，旨在调动馆内丰富的文物资源，以培养学员的观察力、专注力、表达力、沟通力、情绪控制力为核心目标，秉承知识、能力、情感、价值观的青少年教育方向，打造具有社会影响力的博物馆未成年人社会教育品牌。 活动目标：培养学员的观察力、专注力、表达力、沟通力、情绪控制力。通过针对性的培训，逐步增强口语表达及肢体语言的运用能力，使学员加强对中华文明的认知和理解，激发民族自豪感和历史使命感。 形式与内容：为实现不同阶段的教育培养目标，“小小讲解员”系列活动科学地对活动内容进行了设计和规划，划分为初级一段、初级二段、中级、高级三级四段。每个阶段均有12门围绕本阶段目标专业设计的课程。以初级一段为例，课程有：“小讲解员第一课”“讲解词内容分析”“专注力观察力训练”“讲解员基本素养”“情绪控制力培养”“文物知识讲座”“表达力沟通力实践”“展厅实践练习”“模拟讲解”“汇报考核”。通过带领孩子们学会观察文物、了解文物背后的故事、讲述文物的知识，实现他们的公众演讲，成为中华文明传播的小使者。 总结评价：“小小讲解员”活动自开办以来，吸引了大批青少年走进博物馆，学习文物、文化知识，锻炼表达、思维技巧，并培养了他们热心服务公众的责任感，为对博物馆讲解员岗位充满热情并渴望实践的孩子们提供了绝佳的平台。	中国国家博物馆

续表

省份	序号	项目名称	展览名称	主要内容	举办单位
中央	5	博物馆青年朗诵团	永远的女红军——中国工农红军长征胜利80周年纪念展	现场演绎感人至深的《最美丽的女人——献给女红军的歌》，追忆英雄足迹，赞颂巾帼传奇。展现女红军在长征中勇敢顽强、团结向上、积极乐观、不怕牺牲的革命精神，教育当代人铭记过去，珍惜现在，以先辈们的事迹鼓舞我们，以不懈的努力共筑中国梦。	中国妇女儿童博物馆
北京	1	亲子主题天文体验活动	“宇宙穿梭”展览	开展12期亲子主题天文体验活动，组织孩子们和家长一起到天文馆学习天文知识，体验最前沿的天文研究成果。共有超过500个家庭来到天文馆观展和体验。	北京天文馆
天津	1	“纸杯龙”和“龙形环保袋”手工制作	器以载道——心生乾坤寄物语	利用环保材料亲手制作“纸杯龙”和“龙形环保袋”手工作品，在动手实践的同时了解博大精深的传统龙文化。	天津博物馆
	2	少年军事体验营	钢铁长城强军梦——天津市庆祝中国人民解放军建军90周年主题展览	设计理念：充分利用平津馆优质的国防教育资源，在青少年群体开展军事体验活动。体验营每期9:00开营，15:30结营。1.小兵军营报到，分班（九人一班，选两名班长辅助带队教官）。2.开营仪式，集体宣誓。3.“你问我答”参观纪念馆，了解天津故事。4.“沙场点兵”军事技能操练。5.登62丙型护卫艇，水兵生活体验。6.“内务标兵”参观整理兵营内务。7.“每期一款”馆藏兵器知识讲座。8.“巧手益智园”兵器模型拼装。9.结营仪式，阅兵式，表彰优秀军事小兵。平津馆在寒暑假和“八一”期间举办了“重走长征路”“小小红军走长征”等四期以长征为主题的少年军事体验营活动，共计有120名小营员参加。培养了孩子们的坚强意志和团队合作精神，成功打造出受孩子和家长喜爱的军事体验品。	平津战役纪念馆
河北	1	马赛克拼图、积木组装	文明之海——从古埃及到拜占庭的地中海文明	推出四期“探秘文明之海”儿童社会教育活动，结合本馆基本陈列，对比中西文化异同，并进行制作马赛克拼图、积木组装等游戏。“探秘文明之海”亲子教育项目以丰富多彩的活动形式和亲子活动的温馨氛围吸引了众多儿童和家长参与，不仅让儿童及家长认识了悠久、神秘的地中海文明，也增进了儿童之间、儿童与家长之间的交流与协作，提高了儿童对博物馆的参观兴趣。	河北博物院
	2	“晋国霸业VS战国雄风”系列教育活动	晋国霸业——山西出土两周时期文物精华展	“晋国霸业VS战国雄风”系列教育活动通过竞赛的形式提高儿童的参与积极性，激励儿童获取“战队”知识。活动分为“钟鸣鼎食”“神秘文字”“点‘染’春秋战国”和“瑰宝美玉”四个主题，每周举办一个主题活动。参与活动的儿童分为“中山雄风”和“晋国霸业”两个代表队，围绕青铜器、古代文字、古老纹饰和玉器开展竞赛，完成文物卡片，并可体验纸模拼图、古字临摹、创意涂色及饰品DIY等活动。	河北博物院
	3	《米娜和大小姐》真人互动剧	会飞的花——世界珍稀蝴蝶展	以表演式教学理念为指导，通过真人互动表演的形式，增强趣味性，扩大影响力，让儿童在欣赏趣味故事的同时，了解一定的昆虫科普知识，养成正确的是非观念。《米娜和大小姐》是以蝴蝶为主题的真人互动剧，每周六下午精彩上演。	河北博物院
山西	1	主题班会教育	《育才学府 革命摇篮》基本陈列	主要活动内容为以下几个方面：1.情景剧3部。《烽火国师》，由4人参演，约6分钟。通过讲述国师成立以来学生运动、党团革命历史和牺盟会在华北抗战中所做出的贡献，反映国师悠久的革命传统；《牺盟 牺盟》，由6人参演，约7分钟。以情景再现的形式，通过讲述1936年全国抗战形势，展示牺盟会成立的情况；《最后的嘱托》，由4人参演，约7分钟。依托馆内复原国民党监狱场景，讲述重庆白公馆狱中烈士在闻知新中国成立时，对党员提出加强党性修养的八条意见，也称“狱中八条”。2.快板书1部。《山西女兵连》，由5人参演，约5分钟。讲述由牺盟会组建的军政训练班十一连即女兵连可歌可泣的英雄事迹。3.朗诵抗战诗歌、抗战家书，演唱革命歌曲，讲述英烈事迹。	山西国民师范旧址革命活动纪念馆
内蒙古	1	迎新年·置新鞍	宝马良鞍行天下——中外马具特展	结合展览陈列介绍蒙古族传统马鞍的发展过程以及马鞍在游牧生活中的重要作用。利用马鞍教具介绍传统蒙古马鞍的组成部分以及各部分的功能。欣赏院藏元代卧鹿缠枝纹金鞍饰、清代镶银马鞍、近代元宝式马鞍。制作三种院藏马鞍的纸质模型。	内蒙古博物院

续表

省份	序号	项目名称	展览名称	主要内容	举办单位
内蒙古	2	中国首个航天日主题活动——火箭的秘密	飞天神舟	设计理念：结合中国首个航天日和内蒙古博物院《飞天神舟》展厅，展开以火箭升空物理原理为主题的青少年教育活动。活动分为展厅参观和互动体验两个环节，使学生既可以了解中国载人航天事业与内蒙古的关系，也可以通过互动加深印象。 活动目标：使青少年了解中国首个航天日的由来，对中国载人航天发展历史有初步的了解，明白为什么“飞船从内蒙古升空，航天员在内蒙古着陆”。通过讲解和“水火箭”制作，了解火箭发射的物理原理。 形式与内容：第一环节为展厅参观，带领青少年参观《飞天神舟》展厅。通过讲解解释为什么中国首个航天日选择为4月24日。第二环节在互动空间完成。介绍火箭发射的物理原理“反作用力”，并通过互动游戏加深青少年对反作用力的理解，动手制作“水火箭”，了解其升空的物理原理。	内蒙古博物院
	3	六一儿童节特别活动——我们一起聊聊辽	梦幻契丹	活动以展厅探秘的形式分为三个部分：“探辽——探寻辽代文明”，通过分组探索的方式寻找失落在展厅中的“宝藏信息”。“解辽——解读辽代文化”，将“宝藏信息”加以整理归纳，向青少年介绍契丹文化。“艺辽——制作辽代用具”，使用手工DIY材料制作辽代代表性文物，感受契丹艺术之美。	内蒙古博物院
	4	草原琴声扬——蒙古族拉弦乐器艺术	草原风情	活动首先采取诊断性评价，对青少年关于蒙古族乐器的了解进行简单评价，并调动起学习兴趣，为接下来的环节打下基础。在活动中段，欣赏马头琴和潮尔的演奏作品，一是可以缓解疲劳还可调动气氛，二是能够清晰地感受到两个乐器的不同音色，并深切体会到蒙古族乐器的独特魅力。通过演唱国歌，欣赏国际歌学习新的知识点——四度音程，即马头琴和潮尔的定调。活动进行过程中多次采用形成性评价，可以对知识点进行多次巩固。在过程中授课者采用启发式教学以及提问，这一方法可以引起学习兴趣，调动积极性。使得学生能够自主学习，以达到所学知识的理解和掌握。	内蒙古博物院
	5	香遍国之旅——丝绸之路上的犍陀罗	犍陀罗佛像艺术展	通过展厅参观和互动体验的形式感受文化的交流。第一部分通过讲解和地图展示介绍“丝绸之路”以及犍陀罗所在的地理位置和国家简史；第二部分观察犍陀罗佛造像与中国佛造像和希腊雕塑的异同，感受不同文化交流的直观体现。第三部分通过两两分组的形式对统一物品进行绘画创作并互相交换进行再创作，感受不同人对同一事物的不同认识产生的差异。第四部分现场临摹犍陀罗佛造像，感受艺术之美。	内蒙古博物院、南京大报恩寺博物院
	6	鄂尔多斯民风民俗系列活动之蒙古族原生态音乐赏析		《民族魂魄——鄂尔多斯蒙古族原生态音乐赏析》第一幕民族文化与民族音乐的介绍，第二幕鄂尔多斯民族音乐介绍，第三幕知识抢答，第四幕互动，第五幕乐队演绎并与观众互动，第六幕对本次活动总结和概括。	鄂尔多斯博物馆
	7	2016年“和悦少年讲红城”培训班	兴安盟博物馆基本陈列	在为期一个月的培训期间内，博物馆制定了一系列课程，除系统地讲解了有关兴安盟境内历史、民俗及文物常识等方面知识外，还有计划地针对学员们的形体礼仪、讲解基本功、语言技巧等方面进行了系统且科学的培训，为此博物馆特组织宣教部专业人员组成授课团队，为学员们传授如“文物历史知识”“形体礼仪”和“普通话培训”等课程。培训结束后，这40名和悦少年将面向社会为大众提供志愿服务。	兴安盟博物馆
辽宁	1	博游季——博物馆特色教育课程进校园	明清瓷器展，篆籀丹青——吴昌硕的艺术世界	课程一：《天青色等烟雨——手绘青花瓷盘》结合“明清瓷器展”，着重介绍青花瓷的发展和纹饰变化，了解中国传统瓷器工艺技法，并让学生用蓝色彩笔在纸盘上绘制纹样，培养审美能力。课程二：《金石之语——手工制作传统印章》结合展览“篆籀丹青——吴昌硕的艺术世界”，带领学生了解吴昌硕的生平，欣赏绘画及篆刻作品，提高学生对艺术的理解能力。讲解篆刻的基本方法，并利用陶泥和塑料刻刀篆刻属于自己的印章，锻炼动手能力，激发孩子的探索精神。	辽宁省博物馆
吉林	1	“考古探奇大冒险”	“足迹·回望·传承”——吉林省考古成就展	组织了“考古探奇大冒险”“趣味考古”“我是小小修复师”和“走进神秘的考古世界”共四个主题活动，其中“考古探奇大冒险”开展后受到广大青少年朋友的热捧和欢迎，达到了良好的宣传和教育效果。	吉林省博物院
	2	“吉林符号·关东故事”之“品味老关东 绘七彩冰猴”	百年老幌——吉林省博物院藏老招幌展	开展学习老关东历史，体验老关东民俗，手绘冰猴等一系列活动	吉林省博物院

续表

省份	序号	项目名称	展览名称	主要内容	举办单位
吉林	3	百花争艳绘春色	张伯驹馆	活动选取百花图卷中的“长春花”作为模本，转印在帆布手袋上，邀请参加活动的小朋友们填色，希望通过活动激发他们的想象力、创造力，同时培养审美情趣、领略中国古典绘画之美。	吉林省博物院
黑龙江	1	考古现场3D画现场绘图、科学测绘	梁思永与昂昂溪文化特展	展览设计在展厅门前铺设大型的考古现场3D画，在这张巨大的3D画上，精心的描绘了一个探沟里发掘的墓葬和灰坑，在墓葬和灰坑的内壁，可以清晰地看到厚薄不均、土质土色各异的土层。青少年们站在3D画的最佳拍照点，可以尝试下墓葬坑拿着手铲刮刮土层，也可以在绘图板面前，体验一把现场绘图的感觉。还可以去全站仪后面，做一次科学测绘。	齐齐哈尔市博物馆昂昂溪遗址博物馆
	2	鱼皮制作角	赫哲族体验馆	在赫哲族体验馆文创中心中设立了鱼皮制作角，提供鱼皮、制作工具，并派专业老师进行教授	佳木斯市博物馆
上海	1	推出《文博特刊》，开展“我看博物馆”中学生征文大赛	“中国和埃及：世界的摇篮”特展	该特刊总共发行了7万份，使学生在阅读过程中了解到众多关于中外文物对比介绍的内容，通俗性与知识性兼具；并借助这一面广阔平台，开展“我看博物馆”中学生征文大赛，鼓励更多学生走进上海博物馆，在参观同时感受美、感受历史的脚步。此次征文大赛有逾1万人报名参与，展现出学生对中国古代艺术的浓厚兴趣与独特见解。	上海博物馆与德国柏林国家博物馆
	2	“名家经典我来演——2016年‘鲁迅杯’上海市中学生课本剧大赛”	灯火：鲁迅与文艺——纪念鲁迅诞辰135周年特展	“名家经典我来演——2016年‘鲁迅杯’上海市中学生课本剧大赛”自2016年4月拉开帷幕，共吸引全市16个区县学校师生的热情参与。初赛历时数月，经过激烈角逐，共有16个区县的28个作品入围复赛。10月20日，经过复赛产生12个团队的12部优秀作品进入决赛。11月26日，决赛产生一等奖1名、二等奖2名、三等奖3名、优秀奖6名和最佳男演员、最佳女演员奖、最佳创意奖、最佳编导奖等各1名；经团市委提名，产生最佳组织奖3名；经博雅网网上和微信评选，产生最佳人气奖3名。	上海鲁迅纪念馆
江苏	1	体验“大航海家游戏棋”	问海——西沙华光礁I号沉船特展	“重温海丝梦”是南博首次采用定向运动的形式在院内举办的大型互动活动，以整个南京博物院为活动场景，设计了一场虚拟航海活动，考验大家的各种航海基础知识；“海捞瓷”活动让孩子们通过参观展览，模拟水下考古“打捞”神秘礼物，用玻璃罐子等材料制作个性“海捞瓷”花盆，了解“海捞瓷”的前世今生；“航海大时代”系列课程分为中国航海知识和西方航海知识两个课程，参与者在讲座与船模制作相结合的过程中，深入了解中外航海知识，培养对于航海的探索兴趣，多角度了解中国古代传统航海文化的魅力。此外，教育人员还专门为此展览设计了船舱式的教育活动体验室，在专题导览活动中，参与者可以在体验室中通过《大航海家游戏棋》《Mr水手结》等互动项目，增加对古代航海知识的感官体验，感受古代航海人民的智慧。	南京博物院
	2	“禅心荷韵——荷花查茶道体验沙龙”	呼吸——中国传统文化的当代形塑	配合本次展览共举办12场社会教育活动，活动设计以当代艺术为灵感，融汇古今，深受观众喜爱，其中“禅心荷韵——荷花查茶道体验沙龙”在展厅的当代雕塑间，带观众体验夏日茶香，“金声玉振 古今交响”将现代的乐器雕塑与千年前的编钟编磬隔空对话，感受音律跃动。“纸上的呼吸”以纸造境，通过不同的材质，体验当代雕塑的意趣。“石头记·太湖石”运用紫砂泥堆塑出理想中的江南。	南京博物院
	3	金声玉振古今交响			
	4	纸上的呼吸			
	5	石头记·太湖石			

续表

省份	序号	项目名称	展览名称	主要内容	举办单位
江苏	6	青少年文博体验中心	广陵潮——扬州古代城市故事	九个互动项目：考古工坊、投壶体验、模拟瓷器修复、非遗视听、说说家乡话、陶吧、文物拼图、互动体验大屏和乐高活动角。“考古工坊”可以体验考古发掘的工作流程，也可以了解古代城楼的建筑结构。“投壶吧”可以体验古代传统竞技游戏——投壶。模拟陶瓷修复可以体验瓷器“修复”的过程。“非遗吧”通过展板和视频展示了扬州地区主要的非物质文化遗产项目。在“说说家乡话”部分可以听到扬州老吆喝，扬州方言故事。“陶吧”可以让参与者动手制作陶瓷器。“文物拼图”锻炼大家的观察力。在“互动体验大屏”大家既可以玩文物主题的体感游戏，还可以参与“海上丝绸之路”趣味答题，观看3D国宝展示等等。“乐高活动角”则每月定期围绕文物主题开展趣味搭建活动。	扬州博物馆
	7	我在淮博修文物——淮安市博物馆青少年公益文化活动		活动的主要设计理念是紧跟当前社会热点（我在故宫修文物电视剧的热播）。用灵活的活动方式，传播社会正能量。1. 采用多媒体PPT的形式学习文物保护与修复知识。2. 工作人员带领小朋友们近距离观看修复好的文物。3. 由文物修复的专业人员进行介绍和文物修复示范，向孩子们展示文物修复的过程。4. 大学生组在专业修复人员的指导和带领下尝试修复简单文物。	淮安市博物馆
	8	梅花笺纸刷印	烟云四合	举办了“展厅互动——梅花笺纸刷印”以及写写意山水和墨竹图临摹、陶泥砚台制作等体验活动，还特别策划组织了“怡园雅集”和“邓尉探梅·石壁怀古”两次体验之旅，效仿古人雅集、出游，循过云楼顾氏的生活轨迹细细品味文人风雅。	苏州博物馆
	9	篆刻体验	云心石面——上海博物馆、无锡博物院藏明清文人篆刻特展	本活动针对不同年龄层的青少年分两期进行：“汉字与印章的碰撞”上期，课程内容是橡皮章生肖篆刻。用可揭橡皮模拟篆刻，操作简易，风格活泼。本次活动针对10周岁至13周岁学生。“汉字与印章的碰撞”下期，课程进行石头章篆刻，用传统的篆刻工具去感受篆刻技艺的魅力。本次活动针对13周岁以上学生。	无锡博物院
	10	“艺术@苏博”全国素描作品大赛暨作品展	大英博物馆藏意大利文艺复兴时期素描精品展	“艺术@苏博”全国素描作品大赛暨作品展，带给观众丰富多彩的观展体验，让观众更加全面、深入了解西方文艺复兴时期的艺术成就。	苏州博物馆、大英博物馆
	11	“诗琴花茶共一席”活动	古韵茶香——镇江博物馆藏历代茶具精品展	“诗琴花茶共一席”系列活动，让参与者在诵诗、赏花、品茗、听琴等雅趣中了解民族风俗、传承民族的文化、弘扬民族的精神。以下是四个子活动：（1）“诗中有月”——中秋诗词赏诵。（2）“怡情品茗”——茶道表演。（3）“琴瑟萧萧”——古琴古筝展演。（4）“花前月下”——花艺展示。	镇江市文广新局、镇江博物馆
浙江	1	乐高活动——我的海洋游记	漂海闻见——15世纪朝鲜儒士崔溥眼中的江南	参观并了解明朝时朝鲜儒士崔溥行径路线和京杭大运河知识，用乐高搭建海洋船舰。	浙江省博物馆
	2	乐高活动——官服的秘密		参观并了解明朝时我国和朝鲜官服制度，用乐高搭建官服各种级别补子。	
	3	小小读书郎		参观并了解明朝官服制度，诵读传统经典。	
	4	相由心生——学明朝宫廷画法给父母作一幅肖像画		参观并了解15世纪时深受当时明朝影响下的朝鲜文化及相关文物知识，现场学习明朝宫廷画法给父母画一幅肖像画并在博物馆大堂展览区展示一个月。	

续表

省份	序号	项目名称	展览名称	主要内容	举办单位
浙江	5	来自杭州的礼物	美丽的西湖之花——西湖绸伞精品特展	策划理念：西湖绸伞是杭州特色工艺品，融入杭州山水人文的审美旨趣，同时反映出杭州高度发展的物质文明与精神文明。不仅如此，西湖绸伞还曾在20世纪被作为国礼赠予外国领导人，是当之无愧的城市礼物。活动目标：一方面契合喜迎峰会大主题；二方面宣传杭州地方特色文化；三方面唤醒新老杭州人的集体记忆与情怀；最终回归到对这一国家级非物质文化遗产项目保护与传承的时代课题上来。形式与内容：捐赠仪式暨展览开幕式、绸伞故事会沙龙分享、工美大讲堂、“我是伞面设计师”伞面绘画体验。	杭州工艺美术博物馆
	6	“临安Show”新概念展览导赏活动	临安人的一天——杭州民间收藏的南宋器物	设计理念：切合青少年群体的兴趣点，创造具有娱乐性的观展氛围，将展览理念与展品信息以具有时代特征的口语化语言传达给青少年观众。活动目标：吸引青少年观众走进博物馆，并能够留在展厅中感受博物馆的文化气息及展览试图传递的信息，实现博物馆的教育功能。形式与内容：策展团队根据展览文本编写舞台剧剧本，由社教人员扮演展览的主人公，活用时下流行的穿越概念，让“宋氏夫妇”变身临安城一日游的导游，为观众带来有趣的讲解。	南宋官窑博物馆
	7	女工传习馆	中国丝绸和丝绸之路——锦程、更衣记	旨在对女性传统技艺的传承、发展、创新等方面积极开拓领域，办出特色、办出影响。通过开设染、织、绣、编等相关的专业课程培训，分层次打造相关传习体验项目，让青少年在缫丝、扎染、手绘、织造等传统女工技艺的互动体验中，寓教于乐，充分享受纺织文化带来的无穷乐趣，承习传统手工艺。在2016年G20峰会期间，女工传习馆开设了编织、缫丝、扎染、手绘等项目，特别培训了大关小学的10名学生为来馆的贵宾作演示，受到了阿根廷总统夫人、加拿大总理夫人、土耳其总统夫人、联合国秘书长夫人和世贸组织总干事夫人等贵宾高度赞赏。	中国丝绸博物馆
	8	手工粘贴画	南北辉映，礼乐至上——两周时期河南青铜器浙江原始瓷联展	在工作人员指导下，小朋友们先将五颜六色的纸片搓成一个个小纸球，然后再小心翼翼地将这些纸球粘贴在底板上，发挥想象，利用小纸团拼成各种生动有趣的图案，不仅考验孩子们的耐心，还需要他们更多的细心。通过制作纸团粘贴画，小朋友们的环保意识以及动手能力得到了培养，在实践中收获了劳动的乐趣。	杭州博物馆
	9	“模拟考古挖掘”“软陶器物彩绘”和“手绘海丝地图”	发现——宁波新世纪考古成果展	“模拟考古挖掘”活动由主办方讲述宁波几十年来的考古大事件，并组织一次迷你的考古挖掘体验。“软陶器物彩绘”活动，带领大家深入了解博物馆里的陶器，并利用软陶来动手制作、绘制一个彩陶器物。“手绘海丝地图”活动，回溯海上丝绸之路的踪迹，并手绘一张多彩的地图。小朋友们不仅成功体验了考古挖掘、陶罐彩绘等，而且为了增加活动的知识深度，博物馆工作人员还亲自上阵，向小朋友们传递了考古工作和文物保护知识。	宁波博物馆
	10	“大地情怀”配展教育项目	大地情怀——文化地理学视野中的台州民俗陈列	台州博物馆“大地情怀”展陈的配展青少年教育项目以“玩中学，学中玩”为设计理念，以情感态度价值观的培养为活动目标，即：让广大青少年更好地读懂台州灿烂的民俗文化，更好地传播台州古老的技艺，增强爱乡情怀，有朝一日加入到保护、传承优秀传统文化和技艺的队伍当中。因此，针对不同年龄段的青少年，开设了4个教育项目：1. 针对低龄儿童，开设了捏轻泥活动。此活动的目的，用色彩绚丽的轻泥捏造美丽的造型，从视觉上来吸引低龄儿童。同时又结合低龄儿童的特点，主要采取动手为主的活动。2. 针对7周岁以上的青少年，开设了制作无骨花灯活动。此活动的目的，是通过体验针刺无骨花灯的针刺技术，来感受台州国家级非物质遗产“仙居针刺无骨花灯”的精华，以期弘扬台州传统技艺。3. 针对7周岁以上的青少年，开设了剪纸活动。通过此活动，不仅让青少年感受传统剪纸的魅力，还可以培养青少年的专注力，动手能力。4. 针对综合素质比较好的青少年，开设了“小小讲解员”培训活动，收到广大中小学校以及家长的大力追捧。已然培训了两批次的小小讲解员。	台州博物馆
	11	世界海洋日海洋嘉年华	美丽家园——舟山自然陈列	1. 设计理念教育是博物馆职能的重要组成部分，针对博物馆展览、活动主要的受众群体之一的青少年，怎样让吸引他们走进博物馆，去接触和了解传统历史文化，去深入体会舟山本土的海洋文化？教育方式的选择和教育活动的策划显得至关重要。为此，博物馆以亲身体验、动手参与为切入口进行教学设计，将展览和文物与活动相结合，采取“寓教于乐、亲身体验”方式，力求让青少年在互动中了解文物，感受其中的快乐，能带着对文物的喜爱更多地走进博物馆。2. 活动形式与内容进行面向青少年的公益性活动，涵盖学生“第二课堂”、展览配套讲解、分享会等多种形式，内容包括舟山海洋文化传承、艺术素养提升等多方面，同时通过动手参与等游戏活动，借助鱼拓画、剪纸等基础模式，开展符合学生需求的“以博物馆为主导，以学生为主体”的多形式科教活动。3. 活动目标：（1）积极引导孩子们表达自己的设计构想，让孩子们在互相鉴赏和评价的过程中反思艺术的理念，加深他们对文物外在的美以及其所承载的历史积淀，更激发他们的想象力、创造力以及团队协作能力。（2）让青少年在游戏中学习海洋生物知识，学习舟山的文化习俗和历史，弘扬海洋文化。（3）深化对中国传统文化知识的了解，喜爱中国传统技艺。	浙江海洋大学，舟山博物馆

续表

省份	序号	项目名称	展览名称	主要内容	举办单位
安徽	1	国风·画苑之“四君子（梅）”绘画体验亲子活动	金题玉躞	博物院“人文小讲堂”开展了“国风·画苑之四君子（梅）”绘画体验亲子活动，特邀安徽省美术家协会会员、省直书画研究会高级书画师为小朋友们讲授关于梅花的人文知识，并现场演示如何画梅花。孩子们也提起画笔，画起属于自己的梅花作品，锻炼了孩子们的观察能力和绘画技巧。	安徽博物院
福建	1	走进神秘的红树林、“自然是我家”、“化身冒险家”	闽海蔚蓝	该系列活动旨在拓宽青少年的课外知识面，丰富自然科学知识，让青少年了解红树林，树立爱护红树林、保护大自然的环保意识和健康积极向上的世界观。该活动邀请相关专业人士讲授红树林的相关科普知识及如何有效保护。设立科普小讲坛，组织进行展厅探秘，寻找资料并介绍自己身份卡的内容等，都令孩子们在玩乐中激发了对知识的探索和学习欲望。此外，包括在“自然是我家”中了解福建独特的自然风貌和动植物，在“化身冒险家”中行现场恐龙模型挖掘等，都针对儿童而设立，别具特色。	福建博物院
	2	“体验寿山石之美”系列活动	寿山石回故乡	设计理念：为配合“寿山石回故乡”展览，福建博物院针对青少年的认知情况和心理特点，紧扣展览主题，围绕寿山石色彩斑斓、柔而易攻、温润绵密的特性，以及清帝王与寿山石之间的传奇故事，策划了以“体验寿山石之美”为主题的系列活动。活动目标：让小学生通过寿山石小挂件制作体验，在欣赏寿山石斑斓色彩的同时，用双手感知与体验寿山石“柔而易攻”的石材特性；让初中学生通过篆刻体验活动，在欣赏汉字之美的同时，也体验到篆刻艺术带来的乐趣；让高中学生通过文化沙龙活动，感知寿山石的文化魅力，进一步解读展览内涵。形式与内容：以“体验寿山石之美”为主题的系列活动针对不同年龄段青少年而开展。包括针对小学生的“聆听石语”——寿山石小挂件制作活动，将不同颜色的寿山石石料，通过亲手打磨、钻洞、磨光等简易工序加工制作而成；针对初中学生，以橡皮章和寿山石粗石为篆刻载体而开展的“原来篆刻这么有趣”——篆刻体验活动；针对高中生，通过讲座交流的形式开展的“漫话寿山石”——青少年文化沙龙活动。	福建博物院
	3	偶作——木偶 DIY 制作	指掌春秋——闽台木偶艺术展	DIY 亲子活动利用超轻彩泥、泡沫球型代替木制木偶头及颜料，让小朋友感知木偶头的制作过程。“我绘木偶”是在卡纸上绘制脸谱颜色，体验木偶头上色的环节。木偶彩妆秀，通过对木偶代替品进行上色、缝制、组装等环节，体验木偶完整制作过程。木偶雕刻 DIY，跟随专业老师学习木偶头雕刻，历经选料、开坯、定型、细雕、盖土、上粉、画脸、过蜡、装饰等多道工序，亲手体验制作。问答互动，印制特征突出的木偶卡片，卡片正面附上问题，与观众进行问答互动，卡片背面是答案。	中国闽台缘博物馆
	4	情系闽台缘流动的博物馆——阮也来起古大厝	缘源相汇——闽台传统建筑文化撷萃	参与者以看、听、摸、动手等多感官互动形式，通过参观展览、触摸“出砖入石”样板墙、体验砌“出砖入石”墙、DIY 制作古大厝立体拼图等多方面体验内容，近距离感受、深入了解闽台传统建筑的历史发展、主要特征和营造工艺。	中国闽台缘博物馆
	5	疯狂原始人系列活动	穿越 70 万年	设计理念：原始社会时期没有文字记载，对于史前文化的介绍都来自考古发现成果，而考古学的理论和专业知识对于小朋友而言较为生涩难懂，故希望通过钻木取火、原始狩猎等环节使孩子们亲身感受旧石器时代的原始社会生活，了解距今 70 万年的“北京人”。系列活动二期加入闯关环节，将历史与成语、数学等知识结合，希望达到寓教于乐的目的。活动目标：让书里的知识在活动中立体起来，孩子们可以在轻松愉快的环境中了解学习相关知识，更好地发挥博物馆第二课堂的教育功能。形式与内容：在参观展览，初步了解的基础上，参与互动体验活动。系列活动分为两期。一期：针对特教学生，故环节设计较为简单。1. 展厅参观，了解“北京人”“山顶洞人”。2. 互动环节，制作“北京人”模型、钻木取火。3. 闯关环节：投壶、蹴鞠。二期：1. 展厅参观，了解“北京人”“山顶洞人”。2. 制作原始人衣服、武器。分组进行闯关游戏。3. 填字游戏。得到答案者按照提示到相应的地点获得取火工具。4. 钻木取火。5. 找到绿色小精灵获取拼图碎片，完成文物“修复”。6. 数独游戏，找出密码打开宝箱，取出“宝物”。7. 撕名牌，追逐“猎物”。8. 分组制作车轮，穿越回到文明社会。	福建省昙石山遗址博物馆
	6	若若金钗染未央——古典步摇 DIY 活动	金玉满堂——南京市江宁区博物馆馆藏金银玉器展	前来参加活动的学生们身着汉服，仿若置身于深宅中的大家闺秀，用我馆免费提供的材料包，制作出心仪的发簪，可直接插在发上带走。	福建民俗博物馆，南京市江宁区博物馆

续表

省份	序号	项目名称	展览名称	主要内容	举办单位
山东	1	“我从汉朝来”春节传统文化体验	我从汉朝来	活动形式与内容：（一）吟诵经典诗文 秉承传统文化我国是一个有着悠久诗教历史的国家，诗教的思想一脉相承，诗歌的节奏始终激荡在我们民族的血脉中。让少年儿童学习优秀的传统文化是提高其思想道德水平的有效方法，诵读诗文不仅是全面推进素质教育的有效途径，而且对其树立正确的人生观起到积极作用。孩子们身着传统服装，有板有眼地朗诵经典诗歌，既表达了自己的爱国情怀，又锻炼了自己的展示能力。（二）火红的灯笼挂起来红灯笼是一种民间的手工工艺品，它精美绝伦，造型多样，在民间流传了几千年。据专家介绍，中国的灯笼是世界上发明最早的便携照明工具。甲骨文中的“东”字可能就是对原始灯笼形象的描绘。（三）“传拓”活动拓片是印刷术的前奏，是我国独特的传统手工艺术。孩子们在工作人员教授下，兴奋地体验拓碑这一传统手工艺术。	济宁市博物馆
	2	“牵星过洋——海路漫漫”	牵星过洋——万历时代的海贸传奇	旨在通过多样化的社会教育体验项目，让广大青少年更好的感受大航海以及海上丝绸之路的繁荣，了解中西贸易往来、文化交流的见证。青博“牵星过洋——海路漫漫”主题系列活动贯穿于2016年暑期、中秋节、国庆节假期间，推出了“丝缕清风*‘扇’解人意”、“寻‘秘’博物馆——瓷器纹饰绘色”、“我发现了万历号”——贝壳美图、奇妙博物馆——“我的克拉克”、“扬帆起航——船模手工制作体验”等一系列多形式的社会教育参与项目。	青岛市博物馆
	3	“‘碗’约生活乐淘陶、陶碗制作DIY”	“碗”约生活——馆藏瓷质碗型器物展	博物馆工作人员与拙朴轩陶艺馆的工作人员为参加人员准备材料，并对陶碗的制作进行讲解：揉泥、拉胚、上色、上釉、烧制等步骤一一展现在大家面前，参加活动的孩子们亲自动手体验了揉泥和拉胚两个环节，增强了动手能力，激发了孩子们对知识的探索和学习欲望。	青岛市博物馆
河南	1	《画中仙》舞台剧		此项目活动形式为舞台演出及根据目标观众设计的小型互动项目（如学跳汉代七盘舞、唐诗吟诵等）主要内容是将汉唐两大盛世进行对比式的演绎，选定了几个青少年观众熟悉的角度（如名将、文学），逐一通过剧中人物之口论辩比较，使观众从中领悟汉唐文化内涵。	河南博物院
	2	舞动的汉字	基本陈列	设计理念：打造集知识性、文学性、艺术性为一体的亲子互动项目，让孩子们在轻松愉悦的氛围中学习汉字、爱上汉字。 活动目标：通过活动，让孩子们了解部分简单易懂的甲骨文，从甲骨文的构形依据中悟出做人做事的道理，做一个勤劳有礼的人，一个懂得感恩，孝敬父母的人。 形式与内容：该项目属于拓展性教育项目，活动形式以互动、探索、表演为主，用诗歌概括汉字的形、音、义特征，帮助孩子理解汉字知识。内容方面，该项目以一批以人体形象为构件的汉字为依托，通过“巧妙的文字组合”“文字知识先知道”“诗解汉字”“快闪互动”四个环节，激发孩子们对汉字形体美的认同感，了解汉字发展演变的历程，掌握人、大、女等10个汉字的知识，用肢体展示所学汉字字形，加深孩子们对知识的理解。	中国文字博物馆
	3	“‘天工追梦’益智游戏比赛”“七巧板快速拼”	天工追梦——郑州古代科技文物展	举办“‘天工追梦’益智游戏比赛”，邀请郑州市桐淮小学同学们到博物馆，开设传统游戏项目“七巧板快速拼”，在娱乐的同时培养孩子的创意思维及动手能力。	郑州博物馆
湖北	1	“指尖上的思路”亲子活动	丝绸之路与俄罗斯民族文物	活动目标：将历史知识巧妙地与手工互动相结合，在锻炼孩子们的动手能力基础上引导大家学习了丝绸之路的相关历史。形式与内容：通过“精品文物赏析”“历史知识课堂”以及“指尖上的丝路”等环节，力求为公众打造融理论知识与创意实践于一体的教育体验学习之旅。第一个环节是“精品文物赏析”。社教老师通过互动问答的形式，选取展览中最具代表性的俄罗斯民族服饰进行介绍，并与中国丝绸作对比，突显俄罗斯民族服饰特点。第二个环节是“历史知识课堂”。社教老师结合生活实际，引导各组家庭了解丝织品的起源、发展及兴盛时期对促进中西方经济、文化交流的重要意义。第三个环节是“指尖上的丝路”的体验互动。	湖北省博物馆
	2	“感知楚人的世界”楚文化系列寒假课程	凤舞九天——楚文物精品展	活动目标：以弘扬中华优秀传统文化为出发点，依托楚文化系列文物资源，通过楚国青铜器、乐器、服饰、玉器、简牍等多个不同专题将灿烂悠久的楚文化串联起来，让青少年深入了解烂漫瑰丽的楚国礼乐文明。形式与内容：“感知楚人的世界”楚文化系列寒假课程授课形式丰富，将通过历史知识课堂、展厅导览、互动体验等环节密切结合。	湖北省博物馆

续表

省份	序号	项目名称	展览名称	主要内容	举办单位
湖南	1	“书‘何’之趣”亲子体验活动	还原大师——何绍基的书法世界	指导少年儿童学习正确握笔姿势并认识使用文房四宝传统书写工具，讲解书法的字体演变源流，介绍书法的五种书体，以及各自的代表书家、代表作品，重点介绍何绍基书法的意义，强调楷书的书写准则，引导大家体验临摹何绍基楷书作品“读书延年”。着重关注少年儿童们对于不同纸张的书写感受，包括宣纸、毛边纸、红纸、粉彩纸等。	湖南省博物馆
	2	长沙市小小“馆”理员寒假实践活动	基本陈列	本次活动根据展览特点综合考虑，延续了“湘博小馆员体验营”的概念，设置了“教育小先锋”“文明小使者”“研学小达人”“亲子小明星”四个体验岗位。岗位为活动对象提供了教育、讲解、疏导之外，还包括现场学习、亲子互动等体验机会，让他们在带领观众参观展览、协助博物馆工作人员开展教育活动、劝导观众文明参观及与家长一起互动学习的过程中加深对博物馆的认识了解。为保证活动的顺利开展及或活动的科学性、趣味性，湖南省博物馆安排专人针对展览活动编辑设计了“湘博小馆员体验营工作包”，内容包括：活动纪念卡、活动徽章（四种）、“教育小先锋”“文明小使者”“研学小达人”“亲子小明星”工作纸（四种）、博物馆基础知识工作纸、展览学生专用讲解词等，为学生岗前培训，在岗服务提供了指南和协助。	
	3	馆校合作书法特色课程	还原大师	活动中，博物馆教育员为学生介绍了何绍基生活的时代背景、家世渊源以及其刚正不阿的文臣形象，并着重引导学生赏析了何绍基的四种书体代表作品。学生在展厅内欣赏了书法大师何绍基的篆书、隶书、楷书及行书作品，从中了解了何绍基其人、其书。该校书法教师以“独特的表达——何绍基的行书”为题，向学生们介绍了何绍基的生平，以及何绍基行书的特色，字的结体、笔法等。教师将何绍基的作品与历代行书名家的作品加以比较，以便学生更好地了解何绍基博采众长的书法特色。学生们根据老师的介绍并参照何绍基原作的笔法进行临摹学习，获得了全新的体验。此外，为更好地展示馆校的合作成果，为学生搭建书法艺术展示的平台，展览期间，还与该校合作开展了馆校合作书法特色课程作品展示活动。活动合作双方从众多学生作品中，精心挑选43件作品进行博物馆展厅展示。同时，这些作品还被选送参加湖南省博物馆举办的“向大师致敬”书法大赛，部分作品获得奖项。	
	4	“妙笔寻踪”跟着墨迹去发现趣味导览单活动	“独立苍茫”湖南名人书法展	2015—2016学年寒假期间，长沙博物馆针对“独立苍茫——湖南名人书法展”，为中小学生设计了趣味导览单，为学生设置参观任务，补充背景知识，启发相关观察与思考，让寒假里来到博物馆的学生们快速进入展览世界。导览单中还设计了观展疑问。	长沙博物馆
	5	“妙笔寻踪”书法小课堂及趣味书法投影秀	“独立苍茫”湖南名人书法展	鉴于当代人们对书法艺术与书法书写方式越来越陌生，在展览期间，长沙博物馆针对书法初学者与完全不懂书法者设计了水写书法活动与书法投影秀电子体验活动，受到青少年与家长的热烈欢迎。水写书法，主要让青少年了解文房四宝、书法的握笔方式和蘸墨书写的感觉，采用水写纸，环保且便于操作，作为展览期间的常规项目，免费向观众开放。周末与寒假期间青少年的参与量非常大。为了消除大家对于书法老旧的印象，吸引青少年对于书法的关注，长沙博物馆还特别开展了书法投影秀电子体验活动。青少年在纸上临摹展览中的字或者写上自己任意想写的字，经扫描，即可显示在大投影中。在古香古色的山水画中呈现，配以清幽的音乐，感受传统文人生活氛围。在春节期间，特别推出了贺岁版，青少年参与者写下“福”“喜”“春”“乐”等字，经过设备扫描，就会投影在一个个红色大灯笼上，挂在瑞雪纷飞的家门前，配合喜庆的音乐，显出浓厚的新年气氛。	长沙博物馆
	6	暑假穿越小达人“快乐汉游季”	汉廷藩屏——汉代长沙国与中山国出土文物精品展	为丰富中小学生的假期生活，引导学生感受历史文化，培养学生主动看展览，寻找展览信息的好习惯，长沙博物馆联合长沙市教育局特别结合展览设计了青少年版小展览。中小学生跟随“快乐汉游季”展览穿越到汉代，寻找两千年前的文物故事，探索古人绝妙的工艺，脑洞大开的发明，还有“奇怪”的想法，发现有趣的成语故事来源和历史文化知识，以答题卡的方式，完成5项穿越考验。完成任务后，活动还引导学生去一睹穿越中遇到的汉代文物“真容”。活动组织了近200名学生志愿者，参与现场组织、引导与资料整理，确保了活动的顺利进行。	
	7	长信宫灯演示讲解及历史实验室		为了让青少年更直观地了解汉代长信宫灯的巧妙构造和科学原理，感受中国古代高超的工艺技术，长沙博物馆特别举办了10场“神奇的长信宫灯”演示讲解活动。工作人员先邀请观众欣赏相关视频，然后用仿制的长信宫灯教具，进行拆卸，拼凑，讲述它的构造和环保原理。此外，长沙博物馆以长信宫灯教具，进行了燃烧试验，并以“长信宫灯是环保灯吗”为题，撰写了科普推文，展示了长信宫灯的环保效果和物理原理。	
	8	“器以类聚青铜归类磁贴秀”	“华夏瑰宝”保利海归精品文物特展	活动分展厅参观、课堂讲述与动手体验或游戏三个部分。学生参观展览中的青铜器，分别观察了解不同纹饰的故事或了解不同的器型外观，然后集中听取相关内容讲述，最后动手进行纹饰拓印，加深几种主要纹饰的印象，或者通过青铜器磁贴游戏了解青铜器的不同功用。两个活动分别开展了四次。学生参与度高。	

续表

省份	序号	项目名称	展览名称	主要内容	举办单位
湖南	9	“小小拓印，大有‘纹’章——青铜纹饰的故事”小课堂	“华夏瑰宝”保利海归精品文物特展	青少年们实地观察青铜器，了解典型青铜纹饰的传奇故事，并亲手拓印青铜器纹饰，感受线条上的瑰丽与神奇。动眼、动脑又动手，参与的学生们玩得开心，学得快乐。	长沙博物馆
	10	“寻宝先锋”趣味导览单	“华夏瑰宝”——保利海归精品文物特展	为补充学生背景知识，启发相关观察与思考，让寒假里来到博物馆的学生们快速进入展览世界，自行探索，发现青铜之美以及中华历史文化之魅。2015—2016学年寒假期间，长沙博物馆针对展览为中小学生设计了趣味导览单，为学生设置参观任务，补充背景知识，启发相关观察与思考，让寒假里来到博物馆的学生们快速进入展览世界，自行探索，发现青铜之美以及中华历史文化之魅。活动让寒假到博物馆参加社会实践的学生们摒弃单纯“盖章”的形式主义做法，启发了他们参与的自主性和积极性，倡导了有益的社会实践方式，受到学生、家长与学校的喜欢。	长沙博物馆
广东	1	宗·述——“三大宗教”“芸芸众神”	美美与共——广东宗教文物展	以外来传入的宗教与本土信仰为两大主题开展系列活动，通过知识互动分享、艺术DIY的方式，了解并尊重不同宗教文化的历史禁忌，理解当中慈悲、与人为善的共同点。通过马赛克艺术DIY活动，深切体会到历史中那些创作马赛克宗教艺术的信徒的虔诚与心血。通过与广东省非遗传承人合作，开展潮阳剪纸或佛山狮子头DIY活动，亲身体验非物质文化遗产与传统民俗节庆的独特魅力。	广东省博物馆
	2	宗·迹——“大佛寺”“三元宫”“圣心大教堂”	美美与共——广东宗教文物展	通过与广州著名宗教圣地携手，为观众提供了独特的外出观摩考察机会，让观众感受真实的宗教历史与文化，鉴赏风格迥异的建筑风格。	
	3	“美美找不停”展厅互动活动	美美与共——广东宗教文物展	以展厅文物为主题开展找茬活动，增强展厅的互动性，提升观众的观察能力，深化重点文物的历史背景。	
	4	“学生策展人”教育项目	牵星过洋——万历时代的海贸传奇	设计理念：积极动用社会力量参与博物馆展览的策划，秉承为学生观众提供多种体验的理念，加深他们对博物馆策展工作的认识。活动目标：有效引入学生的创新想法，提升观展体验，加强展览与观众的互动与沟通，加大展览的传播力度。活动形式与内容：1. 启动招募程序。2015年2月，本项目正式启动，从广州美术学院、广东省实验中学等大、中学校选取了18位具有创新意识的优秀学生参与到项目中。2. 制订并实施培养计划。从2月到9月，制订紧凑周密长达半年的培训计划。通过实地采访、专家授课、面对面采访、小组辩论等多种方式对学生进行策展相关知识培训，总课时56小时，参与授课人员15人。3. 开发实施互动教育项目。学生策展人正式加入策展项目，与粤博工作人员共同完成了五个互动体验学习站、策展人专访、原创动画片《深海奇旅》的设计制作以及微课的策划与拍摄等相关工作。4. 助力展览延伸项目。“学生策展人”与粤博共同参与完成“海上丝绸之路”APM文化专列的设计及广州塔站展览内容的策划，同时参与展览项目评估工作。	广东省博物馆
	5	“文物动物园——儿童专题展”教育活动	文物动物园——儿童专题展	为了使活动更加有趣又专业，同时发挥更大的影响力，粤博联合广州动物园、邦宝积木、太阳新天地购物广场、广州地铁多家机构共同开展。具体包括：①带领小朋友了解动形象，并用不同材料创造动物形象。“花草动物世界”让小朋友通过插花的方式展示小动物；“沙画来了”鼓励小朋友把展览中看到的文物造型加上自己的想象，用沙画表现出来；“动物大巡游”让废弃纸杯、纸板、皮绳等环保材料在孩子们的巧手中化为一个个动物提线木偶和动物造型服装，小朋友们边哼着童谣边在博物馆里游行展示。②借助动物表演、游戏，让小朋友了解动物的生活习性。“森林才艺秀——手偶剧表演”“森林音乐会”“疯狂动物城——看电影涨知识”“谁与争锋——动物之王挑战赛”通过各种表演和游戏的趣味形式让小朋友了解动物。③呼吁小朋友爱护动物，保护动物的生存环境。“疯狂动物城——邦宝积木搭搭乐”“动物小卫士”“动物故事荟——给鳄鱼刷牙”“这只麒麟有点萌”带领小朋友走进广州动物园，观察动物的生活习性和环境，培养起尊重动物、热爱动物的意识。动物是展览的主角，“文物动物园”的教育活动鼓励儿童探索自身与动物相关联的意义，在激发他们的想象力和艺术创造力进行了不少努力的尝试。	广东省博物馆

续表

省份	序号	项目名称	展览名称	主要内容	举办单位
广东	6	“知识讲座＋互动体验DIY”	鸦片战争	举办“知识讲座＋互动体验 DIY”等特色体验活动，为青年学生和少年儿童带去不一样的教育实践课。	鸦片战争博物馆
	7	“彩绘舞俑”手工教育活动	中山王与南越王——河北汉代文物展	设计理念：陶绕襟衣舞俑是徐州汉墓出土的陶俑，刻画了汉代女子着长袖汉服跳折腰舞的场景，与南越王墓出土的圆雕玉舞人有异曲同工之妙，既反映了西汉时期折腰舞盛行的文化特点，也是楚越文化交流的见证。“彩绘舞俑”手工教育活动以陶绕襟衣舞俑为原型制作了石膏模型，保留了舞俑衣着特征和舞姿特点，活动参与人员在彩绘过程中对人俑的衣着、舞姿逐一了解，从而对汉代文物的艺术特点有进一步认识。 活动目标：观众通过了解人俑外形和特点，并在石膏模型上进行彩绘创作，更好地理解展出文物的特点和展览理念，从而对西汉时期楚越两地文化有进一步认识。 形式与内容：课程开始前，工作人员系统介绍此次展览的特点，重点普及楚文化与越文化的异同之处，最后就汉代人的衣着和舞蹈文化进行介绍。西汉南越王博物馆根据陶绕襟衣舞俑文物原件制作了石膏模型，参加活动的学员将不同颜色的颜料在石膏模型上进行描绘、装饰，并为其装饰组玉佩、玉带钩等装饰。制作出来的彩绘舞俑活灵活现，与展出的文物相映成趣，反映了古代文化的传承和再创作。	西汉南越王博物馆
	8	“‘扇’解人意”手工教育活动	中山王与南越王	设计理念：长信宫灯是河北满城中山靖王墓出土的精品文物，9 月 6 日到 11 月 16 日在西汉南越王博物馆展出了长信宫灯的复制件，许多公众对此产生了浓厚兴趣。在长信宫灯的基础上，西汉南越王博物馆结合古人的日常用品——团扇，策划了“‘扇’解人意”手工教育活动。一方面，活动发掘了长信宫灯的造型之美，汉代灯具将人物形象与实用功能结合，是古代物质文化的一大特点；另一方面，活动将扇子的实用性与长信宫灯的艺术性相融合，使得活动更具有现实意义。 活动目标：观众通过了解长信宫灯的造型和设计，在团扇扇面上进行描摹、上色和修饰，更好地理解展出文物的特点和展览理念，从而对西汉时期中山国与南越国的文化特点有进一步认识。 形式与内容：课程开始前，工作人员系统介绍此次展览的特点，重点普及中山国文化与南越国文化的异同之处，最后就汉代灯具的类型和古代扇子的使用进行介绍。西汉南越王博物馆为参加活动的学员提供空白图案的团扇、长信宫灯的平面图及相应工具，学员在团扇上描摹长信宫灯的外形和轮廓，并用颜料笔在上面进行填色和修饰。制作出来的长信宫灯团扇别具特色，既有古代灯具的独特造型，又可在现实生活中使用。	西汉南越王博物馆
广西	1	“馆长说宝”“草鞋新编”亲子手工活动	“浴火重生——红军长征过桂北特别展览”	体验作为历史符号的“红军草鞋”所凝聚的精神。	广西壮族自治区博物馆
	2	“文化遗产带回家”传统手工技艺体验活动	美丽中国·美丽广西欢乐春节——五彩八桂民族服饰文化展	设计理念及活动目标： 体验课程基于“拉近文物与观众距离，让观众可以将文化带回家”的活动理念，通过老师讲解、示范、学生们动手参与的方式，充分调动学生们的五感，引导他们仔细观察、倾听和触摸后，鼓励他们进行思考，并锻炼综合能力。 形式与内容： （一）“铜鼓拓片”体验课程。课程将中国传统的拓印技术与广西最具有代表性的文化名片“铜鼓”相结合，学生们不仅能学习古老的拓印技术，还掌握了关于铜鼓文化的重要信息，制作出一张张精美的铜鼓拓片。 （二）“壮锦团扇”体验课程。课程从学生们较为熟悉的物件“扇子”着手，延伸介绍扇子上的装饰材料——壮锦，学生们创新性地运用壮锦在扇子上制作了各种装饰图案。 （三）“扎染方巾”制作体验课程。扎染在古代称为“绞缬”，是一种历史悠久的染色工艺，课程将传统的手工染布技艺结合时尚的审美需求，将方巾制作这一时尚主题用传统手工染布技艺呈现。	广西民族博物馆
	3	科学融合艺术学堂	“生命之美——走进斑斓的蝴蝶世界”	以自然科普知识为理论依据，以展览为基础内容，秉承以人为本、全面发展、素质教育、积极培养孩子创造性、充分调动孩子主观能动性的教育理念，提取了符合不同年龄阶段需求的新、奇、趣知识点，结合绘画、手工等艺术门类手段，设计了系列专题课程。	广西自然博物馆

续表

省份	序号	项目名称	展览名称	主要内容	举办单位
广西	4	推出了“四大名锦”巧手 DIY 系列活动、“锦行天下”答题卡和名锦 DIY 装饰画体验等青少年教育项目	锦行天下——中国织锦文化展	“四大名锦”巧手 DIY 系列活动以“袋上添锦”“书上添锦”“袜上添锦”“福袋添锦”为切入点，结合节日热点，开展了以四大名锦为主题的“壮锦风格束口袋”“行走在书籍上的宋锦”“蜀锦风格圣诞袜”“云锦小福袋”等手工体验活动。“锦行天下”答题卡和名锦 DIY 装饰画体验等青少年教育项目，结合青少年喜爱竞技答题和绘画填色的心理特点，在展览期间设置了答题卡和填色活动，所有参观展览的青少年均可参与活动，实现了及时运用、巩固观展所获信息和内容的效果。	广西民族博物馆
	5	“邕剧脸谱”小课堂、“脸谱 DIY”、“跟着专家去考古”	邕容华桂——古代南宁历史文化陈列	开设“邕剧脸谱”小课堂、“脸谱 DIY”等馆内专题课程；开展“跟着专家去考古”户外实践活动，先后走进豹子头遗址、石船头贝丘遗址等。	南宁市博物馆
重庆	1	“十二生肖印章”体验卡、“文物·生肖对对碰”体验包、“机器人笔下的十二生肖”等体验活动	“大圣归来：文物上的十二生肖”特展	“十二生肖印章”体验卡活动是在三峡博物馆 123 创艺坊获取任务卡，开启“文物·生肖对对碰”之旅。贴画上的每个图案都来自于展厅中的文物，在展厅的文物上找到它们，完成任务卡，即可凭任务卡在活动指定地点兑换 1 套《文物上的十二生肖》特制徽章；“机器人笔下的十二生肖”活动由博物馆特邀一名机器人小朋友来到展厅，为参与“春节嘉年华”的观众绘制生肖明信片。所有完成“文物·生肖对对碰”任务卡的观众，都有机会获得机器人绘制的卡片。卡片由设计师手绘设计完成。	重庆中国三峡博物馆，广州市博物馆
	2	“重走红军路”“让信仰点亮人生”“文博大讲坛”“文博故事进课堂”“流动博物馆”等系列主题教育推广活动	革命理想高于天——中国工农红军标语展	重庆中国三峡博物馆以“博物馆学堂”和“流动博物馆”为平台，开展“让信仰点亮人生”系列活动，针对中小学生、家庭、社区、企事业单位等分别开展包括讲座、巡展、馆内外参观、亲子互动、线上互动、征文比赛等活动。开展“红色故事”进课堂活动，根据展览特色，结合中小学有关课程，为学生讲述革命故事，并有序开展相关学习、实践活动（活动内容包括参观展览、专题讲座、征文比赛等）。让青少年贴近红色历史，感受红色精神，培养他们奋发向上、百折不挠、舍己为公的崇高品格。	重庆中国三峡博物馆
四川	1	“探秘敦煌”系列社教活动	丝路之魂——敦煌艺术大展暨天府之国与丝绸之路文物特展	活动一共包含五个主题，分别为“沙都秘境——巧制月牙泉微缩景观”“鹿王秘踪——趣彩妙画九色灵兽”“圣莲秘语——静绘佛教莲花杯垫”“仙舞秘影——美丽飞天舞动成博”“敦煌秘印——特展特色印章收集”。此外，还引进了来自敦煌的社教活动、“梦回唐朝——唐朝服饰展演活动”、“情景剧表演——都督夫人的四月八”。	成都博物馆
	2	“木偶奇遇记”	影舞万象·偶戏大千——中国皮影木偶展	针对青少年儿童和亲子家庭推出“木偶奇遇记”主题活动；研发出以木偶文化为主题的专题系列课程——“木偶小艺人”。	成都博物馆

续表

省份	序号	项目名称	展览名称	主要内容	举办单位
四川	3	楚风体验堂	九连墩的故事——湖北九连墩楚墓精品文物特展	组织“楚风雅韵”体验系列社教活动，观众可在此欣赏《编钟乐舞》《高山流水遇知音》等古琴表演，还可在场体验编竹简、诵《楚辞》、识百草等活动，亦可着楚服、习宴飨礼仪。	成都金沙遗址博物馆、湖北省博物馆
	4	“指尖上的陶艺”系列社教活动	陶土上的精灵——黄河流域史前彩陶大联展	开展了“指尖上的陶艺”系列社教活动近20场，如“‘陶’之夭夭——彩绘”“手作匠心——陶塑”“妙笔生花——绘陶”“金沙村陶艺大赛”等，让青少年在互动、娱乐中获得更多的知识。	成都金沙遗址博物馆、青海省博物馆、甘肃省博物馆等
云南	1	罗马风情——几何创意画、马赛克拼贴、披萨派对等	永恒之城——古罗马的辉煌	罗马风情——几何创意画活动，通过体会三角形、菱形、正方形、圆形等几何在古罗马建筑中的运用，亲手创作，感受简单的几何图案如何变成漂亮的图画；马赛克拼贴活动，通过展厅参观古罗马马赛克真品，创作绚丽缤纷的马赛克艺术； 披萨派对活动现场体验制作美味披萨。	四川金沙遗址博物馆、天津博物馆、山东博物馆、云南省博物馆
	2	“我眼中的古罗马”云南省博物馆古罗马展·青少年作文大赛	永恒之城——古罗马的辉煌	活动流程： 1. 罗马之行：由家长陪同，到云南省博物馆参观“罗马展”，了解展品信息及古罗马相关历史知识；家长填写“免费畅游意大利”抽奖活动奖券。 2. 深度浏览：参观完成后可多方收集古罗马文字资料和图片素材。 3. 潜心酝酿：孩子们将参观的所感所想，结合收集到的古罗马相关知识，创作成文，参赛作品以电子稿件的形式投至指定邮箱。 4. 一战成名：本次作文大赛因特展时间限制，不设初赛、复赛，一次定稿评选名次。 5. 载誉而归：参赛作品设置一等奖、二等奖、三等奖、优秀奖；并将获奖作品出刊成册。	云南省博物馆
	3	最炫青铜风系列活动	南方霸主——庄桥故国楚文化大展	策划理念：青铜文化起源于黄河流域，是古代中国文明的重要组成部分，青铜器的铸造促进了古代农业和手工业的生产力水平提高，物质生活条件也渐渐丰富。中国青铜文化分布之广、范围之大举世罕见，东到山东，西至甘肃、青海，南及两广，北至辽宁、内蒙古都有青铜器出土。各个地方的青铜文明都极具地方特色，呈现出不同的特点。 2016年5月31日，“青铜之路——宁夏固原东周时期北方系青铜文化特展”在云南省博物馆开展，至此滇文化、楚文明、北方系三种风格迥异的青铜器展览在云南省博物馆同时展出，这在国内展览中也是不常见的。因此社教部以三个不同地域的青铜展览为基础，秉承“认知教育与技能教育同步进行”的教学理念，针对4—12岁儿童开发出“最炫青铜风”系列活动，通过展厅教学与课堂实践相结合的方式让参与的儿童了解中国青铜文化，了解比较云南、湖北、宁夏三个不同区域的青铜文化，发现三个地域青铜文化的不同点与相似之处。	云南省博物馆、荆州博物馆
陕西	1	“唐人的三彩世界”青少年美术教育项目	汉景帝的地下邻居——唐秋官尚书李晦墓考古成果展	本项目秉持培养个人兴趣，注重启发、鼓励和因材施教的原则，营造轻松、快乐的教学氛围。主要分为三部分内容：1.“斑斓的唐三彩”小课堂。本环节主要使用PPT讲解的形式，让孩子们从唐三彩的发展历史、唐三彩的命名、唐三彩的种类以及李晦墓出土的精品唐三彩品鉴几方面介绍唐三彩，让孩子们对唐三彩知识有系统的了解。2.“神秘眼”涂色魔卡体验课。活动提取了本次展出中的精品三彩俑以及汉阳陵出土的拱手跽坐女俑为魔卡素材，通过传统的手工绘制颜色与手机APP扫描展示相结合，使平面的文物填图照片通过手机扫描变成3D立体形象出现在孩子们眼前，让他们身临其境地穿越古代与三维立体的陶俑零距离接触。3.“我身边的艺术品”体验课。本环节作为基础的艺术培训课程，主要让孩子们在本展中精品文物——风帽俑的石膏像上，发挥创造力，用唐三彩使用的基本颜色如黄、绿、白或黄、绿、蓝、赭、黑等为石膏涂色，制作绚丽多彩的艺术效果。	汉景帝阳陵博物院

续表

省份	序号	项目名称	展览名称	主要内容	举办单位
四川	2	汉唐女性的轻奢生活	环肥燕瘦——汉唐长安她生活	设计理念：苏东坡诗云“短长肥瘦各有态，玉环飞燕谁敢憎”，西安博物院教育推广部为了配合本院自主原创展览，生动诠释展览内容，更好地再现汉唐盛世帝都长安的女性们多姿多彩的美丽人生，策划了系列主题教育活动作为展览的延伸。活动目标：通过精心设计的互动课程让青少年对汉唐时期女性生活有一定程度的了解，并由浅入深，将传统服饰文化、礼仪文化动态等展示给大家，让历史走进现实，让文化得以传承。形式与内容：为了配合“环肥燕瘦——汉唐长安她生活”展览的开幕，再现汉唐盛世帝都长安的女性们多姿多彩的美丽人生，增加观众对服饰感性的立体的认识，策划有一系列教育活动作为展览的延伸：服装的展示活动“汉服秀”，给1000多年前的服装赋予新的生命。专家演示唐代仕女妆饰艺术，观众体验汉唐发簪等手工制作，以及配套的专题讲座等，加深观众对于材料的认识与运用，提高对美的鉴赏与创造能力，了解等级制度在饰品中体现的内涵，加深对当时社会女性地位的理解，体验穿越时空的时尚。	西安博物院
	3	暑期“小小讲解员”夏令营	与华相宜——渭南故事	活动目的：1. 活动旨在增强大学生的语言表达能力，临场思维组织能力，以及对专业知识的综合运用能力。并借此机会增加各位同学对渭南市博物馆的了解与认识，同时也增强博物馆在同学间的影响力。2. 博物馆建设的不断完善，借此次活动，为以后博物馆讲解员勤工俭学岗的人选做好铺垫。	渭南市博物馆
甘肃	1	“潜心画栋亦雕梁”“浓妆淡抹总相宜”	1650——文明的回响	“潜心画栋亦雕梁”活动是通过参观展厅中3D打印的建筑模型，了解敦煌壁画中的建筑——古塔，并利用壁画中古塔的元素，发挥想象力和创造力，在画纸上自行设计古塔。“浓妆淡抹总相宜”是通过参观唐宋时期壁画中女供养人的形象，了解唐代女子妆容的每一个细节部分的知识，体验为一个唐代女子描绘妆容、设计发饰。“砥砺新生——1650知多少”则是发放观展任务卡，鼓励观众带着问题看展览，在了解莫高窟1650年的峥嵘历史岁月的同时学习如何看展览，以寓教于乐的形式增添观众看展览的兴趣	敦煌博物院
宁夏	1	重走长征路	红军长征在固原——纪念中国工农红军长征胜利80周年展览	设计理念：让孩子们了解长征精神的内涵，培养树立正确的荣辱观，继承和弘扬红色优良传统活动目标：带领孩子们重走长征路，让他们深入红军胜利会师之地西吉县将台堡缅怀革命先烈，继承发扬长征精神，重走长征路，接受再教育。形式与内容：组织宁夏师范学院政法系学生参观展览，并在教育学院开展长征主体宣讲课。	固原市档案局、宁夏固原博物馆
	2	纪念红军长征胜利80周年——宁夏六盘山写生创作作品展	红军长征在固原——纪念中国工农红军长征胜利80周年展览	设计理念：大力弘扬伟大的长征精神，加强大学生爱国主义教育和革命传统教育活动目标：参观展览，开展长征主题宣讲课，讲长征故事，进而激发学生们的爱国热情，大力弘扬长征精神。形式与内容：组织宁夏师范学院政法系学生参观展览，并在教育学院开展长征主体宣讲课。	宁夏固原博物馆
新疆	1	“探寻民族舞蹈的奥秘”活动	伊犁草原文化——寻找游牧人的历史轨迹	活动形式：1. 参观《伊犁草原文化——寻找游牧人的历史轨迹》展览；2. 与伊犁州博物馆讲解员一起学跳民族舞。	伊犁州博物馆，镇江博物馆

三、年度特色文创产品名录

省份	序号	名称	研发及销售单位	展览名称
中央	1	国博国宝学生尺、陆羽白瓷茶具、粉彩转心瓶真丝拉毛围巾	国博（北京）文化产业发展中心	“古代中国”基本陈列
	2	国博小夜灯	国博（北京）文化产业发展中心	“古代中国”基本陈列、“中国古代玉器艺术”
	3	百年馆庆纪念邮折、首日封、多款纪念章套装以及展览图册	中国地质博物馆	百年历程——中国地质博物馆建馆 100 周年成就与精品展
	4	馆藏《建国方略》线装书	宋庆龄故居管理中心（中国宋庆龄基金会研究中心）	笃志先行　振兴中华——纪念孙中山先生诞辰 150 周年馆藏文物特展
	5	带有展品介绍簿册的笔记本，以最后的晚餐为元素的马口铁铅笔盒、鼠标垫，以达·芬奇手稿为元素的水晶镇纸、眼镜布、复制画；制作了 T 恤、帆布包等	清华大学艺术博物馆	对话达·芬奇——第四届艺术与科学国际作品展
北京	1	手机环、冰箱贴、书签、启瓶器、环保书包、小小考古日记手册	北京市古代钱币展览馆	戎刀燕币——尖首刀币起源的故事
	2	系列一“及笄之年”，用牛角仿凤鸟玉笄制作发簪；系列二“触摸文明”，提炼青铜、甲骨文等元素设计文具套装；系列三“心之安处”，采用玉器造型设计手工皂，选用甲骨文“安心”设计口罩；系列四“风华再现”，选用核心文物“司母辛鼎”设计帆布提袋	首都博物馆	王后　母亲　女将——纪念殷墟妇好墓考古发掘四十周年特展
	3	“鱼跃飞鸟”茶具	北京艺术博物馆	诗意的彩瓷——长沙窑瓷器艺术展
	4	开发纪念封、纪念邮票、明信片 3 种邮品，场馆 3D 艺术地面开发个性化明信片。	北京汽车博物馆	改变世界的机器：从中国到世界，从世界看中国
天津	1	明信片 1 套、书签 1 种、纪念章、蝴蝶系列靠垫、丝巾、蝶翅画	天津自然博物馆　北疆博物院	回眸百年，致敬科学——复原陈列
	2	印有“对手”格言的书签、运动文化衫、五环手环、运动系列钥匙扣、印有卡通 LOGO 的马克杯等	天津市静海区萨马兰奇纪念馆	奥林匹克的重塑者——萨马兰奇的传奇一生
河北	1	“至尊”系列文创产品	河北博物院	“战国雄风——古中山国”和“晋国霸业——山西出土两周时期文物精华展”
	2	“金玉满堂”系列文创产品	河北博物院	“大汉绝唱——满城汉墓”和“金玉满堂——京津冀古代生活展”
	3	“佛首回归记”系列文创产品	河北博物院	“曲阳石雕”和“佛·缘——河北曲阳白石佛教造像艺术展”
	4	毛泽东半身铜像、“西柏坡中共中央旧址”内画屏风、独具西柏坡特色的钥匙扣、镇尺、折扇、纪念章、水杯等小型精美的工艺品	西柏坡纪念馆	赶考永远在路上——西柏坡党风廉政教育展览
山西	1	关夫子风雨竹和关帝四好箴言	盐湖区博物馆	
	2	3D 陶瓷杯、杯垫、鼠标垫、张生莺莺情侣 T 恤	永济市博物馆	
	3	永乐宫壁画人物造型书签	运城博物馆	运城博物馆基本陈列
内蒙古	1	磁铁记事留言板、印花提梁鸡冠壶钥匙链、双猴鸡冠壶钥匙链、龙首鸡冠壶钥匙链	内蒙古博物院	梦幻契丹
	2	金镶玉印章、琉璃烟灰缸、青铜器衍生小件系列 、“不铜凡响”家居饰品系列	鄂尔多斯青铜器博物馆	源远流长的草原文明
	3	仿红山文化玉龙	敖汉旗博物馆	五千年文明见证——红山文化专题展

续表

省份	序号	名称	研发及销售单位	展览名称
内蒙古	4	蒙古族传统生活用品——木质酸奶桶、木质茶叶盒、土尔扈特娃娃玩偶、土尔扈特娃娃手机壳	阿拉善博物馆	阿拉善蒙古族民族民俗文物精品展
辽宁	1	永福系列充电宝、看盘、摆件；皇后驾到雨伞、钱包；八旗系列冰箱贴、水性笔等	沈阳故宫博物院	曾在盛京——沈阳故宫南迁文物特展
	2	宫廷服饰书签；方鼎首饰盒；永福黄龙充电宝、黄袍加身围裙及八旗系列金属尺、钥匙扣、Q版扇子等	沈阳故宫博物院	盛世菁华——乾隆文物展
	3	康熙南巡图丝绸画、钱维城《山水画》丝巾、仿弘历雪景山水图卷、郎世宁竹荫西狑图镇尺、充电宝；手链、戒指等	沈阳故宫博物院	盛世典藏——沈阳故宫博物院藏国宝展
	4	张学思将军纪念章、纪念币，张学思将军百年诞辰纪念邮封等	张氏帅府博物馆	纪念张学思将军百年诞辰——怀念张学思将军百年生平图片展览
吉林	1	“马灯挂件”“抗联T恤”等	吉林省博物院	红色的印记——庆祝中国共产党成立95周年吉林博物院藏文物特展
	2	名信片、名片夹、钥匙扣	吉林省博物院	“张伯驹馆”
黑龙江	1	亚麻铜坐龙挂毯	黑龙江省博物馆	黑龙江历史文物陈列——以肃慎族系遗存为中心
	2	亚麻围巾、亚麻手包、亚麻抱枕	黑龙江省博物馆	邓散木艺术精品展览
	3	鱼皮铜坐龙装饰画	黑龙江省博物馆	赫哲印象——赫哲族渔猎文化雕塑绘画艺术展览
	4	鱼皮猛犸象装饰画	黑龙江省博物馆	冰河时代的巨兽——猛犸象
	5	鱼皮画、赫哲族馆藏文物邮票、赫哲图腾抱枕、围巾、U盘	佳木斯市博物馆	赫哲族体验馆
上海	1	《青铜国》文物游戏绘本及其周边儿童文具	上海博物馆	
	2	醍醐寺艺术珍宝展系列产品	上海博物馆	日本醍醐寺“菩提的世界：醍醐寺艺术珍宝展”
	3	百花系列产品	上海博物馆	
	4	“鸡年”变形颈枕	上海博物馆	
	5	生活家居、办公用品、文化用品、商旅用品等	上海市银行博物馆	百年金融，沧桑回眸——上海市银行博物馆基本陈列
	6	《共产党宣言中译本——仿制版》、“从上海石库门到北京天安门——U盘充电宝套装”、定制党徽、馆藏刊物手机壳、冰箱贴等	中共一大会址纪念馆	伟大开端——中国共产党创建历史陈列
江苏	1	傅抱石绘画冰箱贴	南京博物院	山河新貌——傅抱石写生山水专题展
	2	六朝时韵杯	南京六朝博物馆	南京文创展
	3	“君子雅艺”信笺、杯垫、画轴及“烟云过眼”眼罩、帆布包、钥匙圈等	苏州博物馆	烟云四合——清代苏州顾氏的收藏
	4	梅瓶魔方，梅瓶U盘，梅瓶便签夹	扬州博物馆	国宝展
	5	八大山人花鸟手卷骨瓷杯	镇江博物馆	古韵茶香——镇江博物馆藏历代茶具精品展

续表

省份	序号	名称	研发及销售单位	展览名称
江苏	6	事事顺利车挂	无锡博物院	山舞海歌——方召麟捐赠作品展
	7	紫金草图案的和平鸽、V字形胜利图案的贴纸、徽章、明信片、挂坠、胸针、铅笔、圆珠笔、笔记本、胶带	侵华日军南京大屠杀遇难同胞纪念馆	正义必胜 和平必胜 人民必胜——中国战区反法西斯战争胜利暨审判日本战犯史实展
	8	贝壳原体标本、贝壳贴纸、贝壳扑克牌、贝壳挂件、贝壳工艺品、印制贝壳图案的水杯和杯垫、贝壳邮票、相关的科普书籍等	常州博物馆	邮票上的贝壳
浙江	1	仿帔坠黄金“福”挂坠、仿阿育王塔鎏金首饰盒、仿衔环铜虎造型靠枕、魔卡明信片以及杯垫、碗垫、挂饰、钥匙扣等	浙江省博物馆	中兴纪胜——南宋风物观止
	2	“三味画屋”木刻版画体验盒	宁波中国港口博物馆	坚定的木刻战士——版画家邵克萍诞生100周年纪念展
	3	彩蝶书签（14款）、镂空黄铜植物书签（5款）、不锈钢烤漆蝴蝶书签、镂空黄铜昆虫书签、3D创意动物台灯、中国风动物纹笔记本、中国风植物纹笔记本、矿石小标本	丽水市博物馆	秀山丽水——丽水自然生态基本陈列
	4	“天一流芳”记事本、“天一遗型”AR手册、藏书楼模型贺卡、酸枝木书签、“书香系列”芸草香囊	宁波市天一阁博物馆	“芸香四溢——明代书籍文化的世界影响”特展
	5	丝巾、文化用品等系列衍生产品	中国丝绸博物馆	中国丝绸和丝绸之路——锦程、更衣记
	6	毛绒文具、标本模型、文具、T恤、挂件等	浙江自然博物馆	狂野之地——肯尼斯·贝林世界野生动物展
安徽	1	“红军不怕远征难”双肩包（可折叠），“八月桂花遍地开”T恤（黑红两色），红色记忆便签本和“映山红花开”系列零钱包、U型枕、抱枕等	安徽博物院	飘扬的红旗——纪念建党95周年暨红军长征胜利80周年主题展
	2	丝巾、服装、玉器、瓷器、工艺品、文房四宝、小商品等	蚌埠市博物馆	流动的文明——淮河历史文化陈列
	3	“淮系萌军”系列书签、明信片，“合肥记忆·广玉兰”系列钥匙扣等	李鸿章故居陈列馆	淮军与近代国防
福建	1	“与妻书”情侣对表	福建博物院	绿叶对根的情意——华侨华人奉献展
	2	动物拼图、动物冰箱贴、森林系文具、绘本、3D魔卡等	福建博物院	闽海蔚蓝
	3	德化百态观音瓷塑	中国闽台缘博物馆	慈航101——德化百态观音瓷塑作品展
	4	《廉洁政治教育笔记》	古田会议纪念馆	苏区精神 廉政丰碑——中央苏区廉政建设主题展览
	5	革命旧址魔方、书签、红军帽、手机壳、鼠标垫、毛泽东像章等	中央苏区（闽西）历史博物馆	铁血长征——福建儿女长征史迹展
江西	1	《汉风赣韵》南昌西汉海昏侯墓大发现纪念邮票、《金玉满堂》海昏文化地铁纪念票套装和《春风得意》马蹄金纯金艺术摆件	江西省博物馆	惊世大发现——南昌汉代海昏侯国考古成果展
	2	仿制元代青花梅瓶、元代青花觚、元代高足杯等	高安元青花博物馆	幽蓝神采——高安元代窖藏瓷器展
山东	1	汉代乐舞百戏系列马克杯、连理枝书签、四方神兽徽章等	山东博物馆	山东地区两汉文明展
	2	《汉碑汉画像石上的故事》动画、丛书	济宁市博物馆	我从汉朝来
	3	亚麻抱枕及购物袋	青岛市博物馆	青岛市第一次全国可移动文物普查成果展
	4	书签、明信片、文化衫、书籍等	泰安市博物馆	国泰民安——泰安历史文化陈列

续表

省份	序号	名称	研发及销售单位	展览名称
河南	1	黑红纪念章（神兽图案）	河南博物院	大象中原——河南历史文化展
	2	茶器、餐具、花器、香器、摆件	河南博物院	首届中原国际陶瓷双年展
	3	丝路货币套装，三彩辟邪挂件	洛阳博物馆	从洛阳到河西走廊——甘肃与洛阳丝绸之路文物精品展
	4	红色文化茶叶罐、保温杯、U 盘	鄂豫皖革命纪念馆	“北上先锋”——纪念中国工农红军长征胜利 80 周年展览
	5	“马意香氛壁灯”“墨语”	中国文字博物馆	《汉字》巡展
湖北	1	明信片（虎座鸟架鼓），竹简书签·串珠，木质越王剑书签	湖北省博物馆	凤舞九天——楚文化精品展
湖南	1	青花瓷罐、白瓷盖碗、油纸伞等	湘潭市博物馆	湘潭故事
	2	“湘江览胜十条屏”银板书签，“西汉龙凤纹玉环”银制吊坠	长沙博物馆	“白银时代”特展
	3	“独立苍茫”湘绣台灯，“独立苍茫”湘绣对联	长沙博物馆	“独立苍茫”特展
	4	“‘长沙王印’手工湘绣手帕”、“长沙王印”书签、“长沙王印”卡包、“妾巽印”手工湘绣手帕、“鹿纹”及“凤纹”眼镜袋	河北博物院，长沙博物馆	“汉廷藩屏”特展
	5	圆明园猴兽首皮质钥匙扣、笔记本	长沙博物馆	“华夏瑰宝”特展
广东	1	海底世界变色杯、器物造型金属尺子、军持造型金属书签、青花留白牡丹纹盘纸胶带、牵星过洋青花瓷着色明信片，喜上眉梢利是封，鲤鱼跃龙门图案铅笔、牵星过洋纪念币	广东省博物馆	牵星过洋——万历时代的海贸传奇
	2	回形针（鸡星高照、喵趣横生、羊羊得意、十犬十美、鱼跃龙门、兔步青云、心有灵犀）、石湾窑黄炳塑金丝猫便签纸、动物造型标签纸	广东省博物馆	文物动物园——儿童专题展
	3	特色明信片、战船模型、古炮铁艺钟摆件、通草画图案茶饼等	鸦片战争博物馆	鸦片战争
广西	1	长征胜利 80 周年笔记本（大号和小号）、便签本、红星卡包、胜利搪瓷杯	广西壮族自治区博物馆	浴火重生——红军长征过桂北特别展览
	2	丹青桂韵书画书签册、墨马图纸巾、奔马图笔筒、梅兰竹菊小音箱等	广西壮族自治区博物馆	丹青桂韵——广西近代教育名家作品展
	3	广西十二世居民族娃娃及小夜灯	广西民族博物馆	美丽中国·美丽广西　欢乐春节——五彩八桂民族服饰文化展
	4	笔记本（小）、证件袋、纪念册、相册、文件夹、印花雨伞、陶瓷 U 盘、纸袋、麻布袋、织锦布、手拿包、绣花抱枕、胸针、壮锦领带、织锦手提包	广西民族博物馆产业部、广西工艺美术研究院	锦行天下——中国织锦文化展
	5	“蝶踪魅影”系列	广西自然博物馆	生命之美——走进斑斓的蝴蝶世界
	6	“黑莽将军”卡通玩偶、手机壳、明信片	南宁市博物馆	邕容华桂——古代南宁历史文化陈列
重庆	1	卡套	重庆中国三峡博物馆	革命理想高于天——中国工农红军标语
	2	展览图册、纸扇、书签、手机壳等七类产品	重庆中国三峡博物馆	灵秀雄深——江友樵书画大展
	3	图书、文具、玩具、装饰品、矿晶 7 大系列	重庆自然博物馆	地球·生物·人类——重庆自然博物馆基本陈列
	4	智慧笔记本，荷花系列产品——笔筒、雨伞、纱巾等	重庆红岩革命历史博物馆	建设坚强的战斗的西南党组织——中共中央南方局党的建设暨红岩革命先辈党性风采荟萃专题展览

续表

省份	序号	名称	研发及销售单位	展览名称
四川	1	中唐卷草纹丝巾、伸缩式耳机、张大千系列钱包	四川博物院	张大千书画馆基本陈列
	2	璀璨皮影系列文化产品，包括杯垫、桌垫、纸胶带、文件夹、书签、鼠标垫等，其中，“成都皮影书签套装”获得“第二届广州国际文物博物馆版权交易博览会十大最佳文博传承奖	成都博物馆	影舞万象・偶戏大千——中国皮影木偶展
	3	一是与广安市邮政局联合设计制作了纪念卓琳诞辰 100 周年明信片，并于 2016 年 4 月 6 日在邓小平故居陈列馆限量发行，加盖纪念章；二是开发制作了纪念卓琳诞辰 100 周年线装记事本	邓小平故居陈列馆	平凡至伟——纪念邓小平夫人卓琳诞辰 100 周年专题展
	4	敦煌系列笔记本、敦煌壁画 3D 艺术观看卡、敦煌 2017 年佛历、《金刚般若波罗蜜经》抄经本、赵海敦煌艺术绘画作品等	成都博物馆、敦煌研究院	丝路之魂　敦煌艺术大展暨天府之国与丝绸之路文物特展
	5	现代琉璃制品，皮带、钱包	成都金沙遗址博物馆	永恒之城——古罗马的辉煌
	6	纪念卓琳诞辰 100 周年明信片，线装记事本	邓小平故居陈列馆	平凡至伟——纪念邓小平夫人卓琳诞辰 100 周年专题展
贵州	1	毛主席得意之笔（毛笔类）、邮品类、纪念章类、扇帽类、电子产品类、乡愁类、布包类、水杯类等	四渡赤水纪念馆	四渡赤水出奇兵
云南	1	牛虎和香、喵呼呼酱系列、羊角钮编钟计时器和相片夹、立牛铜葫芦笙氛围灯	云南省博物馆	云南省博物馆文创展
	2	美军威利斯吉普车模型、“顶好”远征军小兵雕塑、记事本、明信片、冰箱贴、书签、文件夹等	云南陆军讲武堂历史博物馆	中国远征军主题展
陕西	1	唐妞系列、唐宝贝系列、女俑系列、摩登仰韶系列、梦幻三彩系列	陕西历史博物馆	围绕陕西历史博物馆常设展览
	2	檀香类产品共计 12 种，珐琅工艺徽章共计 8 种，马口铁冰箱贴 12 种	陕西历史博物馆	熠熠青铜 光耀四方——秦晋豫冀两周诸侯国青铜文化展
	3	锦绣钱程汉五铢钱币套装，翼虎，琉璃铺首车挂	汉景帝阳陵博物院	汉景帝的地下邻居——唐秋官尚书李晦墓考古成果展
	4	珂罗版《般若波罗蜜多心经》	西安碑林博物馆	北魏弘农杨氏墓志拓片珍品展
	5	彩色陶瓷将军俑，彩陶大盘等	秦始皇帝陵博物院	秦始皇帝陵博物院常设展览
	6	陶瓷制品，纸张皮革制品，编织类制品	渭南市博物馆	与华相宜——渭南故事
	7	开发青铜礼品包括 2 大类共 56 个品种，复制周代铜鼎、折觥、何尊等	周原博物馆	赫赫宗周　万邦之方——周原考古成果展
	8	文具用品、饰品	宝鸡青铜器博物院	明月照琼琚——古代玉器与艺术生活展
	9	“红色印迹系列之一——纪念中国工农红军长征胜利 80 周年”纪念册、一套三张纪念钞、四枚邮票	延安革命纪念馆	伟大长征 辉煌史诗
甘肃	1	“蓝莲”“彩陶”系列产品	甘肃省博物馆	丝绸之路：对话与交流——十三省市区馆藏精品文物展
	2	杯垫、钥匙扣、手机壳等	甘肃省博物馆	锦绣风华——中国穆斯林民族服饰文化展
	3	明信片、艺术家手作敦煌元素羊毛丝绸、艺术家手作敦煌元素型染、型染拼图	敦煌研究院	
	4	出版物、高保真壁画复制品、文具、U 盘、丝巾、益智玩具、生活用品等 8 大类 10 余种	敦煌艺术馆	艺海存真・敦煌

续表

省份	序号	名称	研发及销售单位	展览名称
宁夏	1	挂件、摆件、小饰品、实用器、仿制品等	宁夏回族自治区博物馆	朔色长天——宁夏通史陈列
	2	挂件、摆件、小饰品、仿制品等 10 余个品种近 3000 件产品	宁夏回族自治区博物馆	红旗漫卷——宁夏革命文物陈列
	3	鎏金银壶、玻璃碗、陶俑、王子与金苹果（连环画形式）、《二十四孝人物故事》（连环画形式）、邮折、邮票、明信片、T 恤衫、鼠标垫、水晶座、挂件、摆件等	宁夏固原博物馆	千年固原　丝路华章
新疆	1	树脂奔鹿笔筒	吐鲁番博物馆	吐鲁番通史陈列展厅
	2	青花瓷毛毡布电脑包，青花瓷毛毡布 IPAD 包，青花瓷手机壳	伊犁州文物局（博物馆）	伊犁草原文化——寻找游牧人的历史轨迹

四、“十二五”期间全国博物馆十大陈列展览精品名录

序号	展览名称	主办单位	年份	获得奖项	届次	展览面积	展品数量
1	皖风徽韵——安徽历史文化陈列	安徽博物院	2011 年	精品奖	第十届	9000	4343
2	兰亭特展	故宫博物院	2011 年	优秀奖	第十届	802.2	183
3	大海的方向——华光礁Ⅰ号沉船特展	海南省博物馆	2011 年	精品奖	第十届	830	309
4	钱塘匠心天工集萃——杭州工艺美术精品陈列	杭州工艺美术博物馆	2011 年	精品奖	第十届	3637	260
5	热血陇原——八路军驻甘办事处与甘肃抗日救亡	八路军兰州办事处纪念馆	2011 年	优秀奖	第十届	1086	652
6	大美羌乡——北川羌族民俗博物馆基本陈列	北川羌族自治县羌族民俗博物馆	2011 年	优秀奖	第十届	3800	1155
7	魅力敕勒川——民俗文化展	敕勒川博物馆	2011 年	优秀奖	第十届	2847	288
8	文明序曲——大地湾遗址考古成果展	大地湾博物馆	2011 年	优秀奖	第十届	1496	403
9	东北第四纪哺乳动物陈列	大庆市博物馆	2011 年	精品奖	第十届	5200	1172
10	南湖革命纪念馆新馆基本陈列	嘉兴南湖革命纪念馆	2011 年	精品奖	第十届	5167	775
11	柳州工业历史陈列	柳州工业博物馆	2011 年	优秀奖	第十届	11000	6016
12	河洛文明	洛阳博物馆	2011 年	精品奖	第十届	3000	3420
13	唐代壁画珍品展	陕西历史博物馆	2011 年	精品奖	第十届	3400	250
14	“人之子”——鲁迅生平陈列	上海鲁迅纪念馆	2011 年	精品奖	第十届	1250	1337
15	回望大明——走近万历朝	首都博物馆	2011 年	精品奖	第十届	1300	134
16	虎门销烟	鸦片战争博物馆	2011 年	优秀奖	第十届	2500	210
17	朝鲜族民俗展览	延边博物馆	2011 年	优秀奖	第十届	2200	1073
18	中国铁路发展史陈列	中国铁道博物馆	2011 年	精品奖	第十届	5086	1066
19	中国消防博物馆基本陈列	中国消防博物馆	2011 年	优秀奖	第十届	9500	2186
20	黑土军魂——东北抗日联军军史陈列	吉林省博物院	2012 年	精品奖	第十届	2200	1316
21	幽蓝神采——元代青花瓷器大展	上海博物馆	2012 年	精品奖	第十届	1000	271
22	惠世天工——中国古代发明创造文物展	浙江省博物馆	2012 年	精品奖	第十届	1819	639
23	生命的形成和演化	甘肃地质博物馆	2012 年	优秀奖	第十届	575	412
24	红色甘肃——走向一九四九	甘肃省博物馆	2012 年	优秀奖	第十届	1908	321
25	珍藏杭州——杭州博物馆馆藏文物精品陈列	杭州博物馆	2012 年	优秀奖	第十届	3100	1121
26	和政四大古动物群化石展	和政古动物化石博物馆	2012 年	精品奖	第十届	4776	536
27	邮苑春秋——黑龙江邮政博物馆基本陈列	黑龙江省邮政公司、黑龙江邮政博物馆	2012 年	优秀奖	第十届	4290	2245
28	湖南省国土资源科普展	湖南省地质博物馆	2012 年	优秀奖	第十届	8000	3000

续表

序号	展览名称	主办单位	年份	获得奖项	届次	展览面积	展品数量
29	“漕水转谷千年载运”	淮安市楚州博物馆	2012 年	优秀奖	第十届	8680	661
30	两膺上将国之勋臣——洪学智生平事迹陈列展览	金寨县革命博物馆	2012 年	优秀奖	第十届	565	809
31	九派云横——九江历史文化陈列	九江市博物馆	2012 年	精品奖	第十届	2400	1087
32	洪州窑青瓷展	南昌县博物馆、洪州窑青瓷博物馆	2012 年	精品奖	第十届	880	329
33	山东蓬莱古船博物馆基本陈列	蓬莱古船博物馆	2012 年	优秀奖	第十届	5000	1004
34	龙兴寺佛教造像精品陈列	青州市博物馆	2012 年	优秀奖	第十届	370	103
35	考古山东	山东博物馆、山东省文物考古研究所	2012 年	精品奖	第十届	2000	2034
36	寓情于史以情传神——宋庆龄陈列	宋庆龄生平事迹陈列馆	2012 年	精品奖	第十届	1200	1529
37	中华百年看天津	天津博物馆	2012 年	精品奖	第十届	2600	1058
38	许之昌——许昌历史文化陈列	许昌市博物馆	2012 年	精品奖	第十届	7500	2535
39	光辉典范——抗战时期中国共产党党风廉政建设展	中国人民抗日战争纪念馆	2012 年	优秀奖	第十届	1100	152
40	丝路帆远——海上丝绸之路文物精品七省联展	福建博物院	2013 年	精品奖	第十一届	840	528
41	鼎盛中华——中国鼎文化展览	河南博物院	2013 年	精品奖	第十一届	1700	356
42	“中国出了个毛泽东”陈列	韶山毛泽东同志纪念馆	2013 年	精品奖	第十一届	3710	1363
43	白山·黑水·海东青——纪念金中都建都 860 周年特展	首都博物馆、黑龙江省博物馆	2013 年	精品奖	第十一届	1200	259
44	“近代大连”陈列	大连现代博物馆	2013 年	优胜奖	第十一届	3120	1131
45	百万雄师过大江——渡江战役纪念馆基本陈列	渡江战役纪念馆	2013 年	优胜奖	第十一届	7000	1433
46	异趣·同辉——馆藏清代外销艺术精品展	广东省博物馆	2013 年	精品奖	第十一届	850	280
47	瓷美如花——馆藏瓷器精品展	广西壮族自治区博物馆	2013 年	优胜奖	第十一届	900	456
48	傩魂神韵——中国傩戏傩面具艺术展	贵州省民族博物馆	2013 年	优胜奖	第十一届	1200	432
49	“武陵足音”陈列	湖北省恩施土家族苗族自治州博物馆	2013 年	优胜奖	第十一届	2394	1747
50	南都繁会·苏韵流芳——南京博物院基本陈列	南京博物院	2013 年	精品奖	第十一届	20000	44263
51	鹰城古韵——平顶山历史与文化陈列	平顶山博物馆	2013 年	精品奖	第十一届	6000	3748
52	共和国枪械的摇篮——庆华军工遗址博物馆基本陈列	庆华军工遗址博物馆	2013 年	精品奖	第十一届	5044	2153
53	空灵之约——中国沉香文化展	山东博物馆、天津沉香艺术博物馆	2013 年	优胜奖	第十一届	900	536
54	巧手良医——陕西历史博物馆文物保护修复工作展	陕西历史博物馆	2013 年	精品奖	第十一届	1000	219
55	上海电影博物馆常设展览	上海电影博物馆	2013 年	优胜奖	第十一届	10000	4705
56	“铁西百年记忆”陈列	沈阳工业博物馆	2013 年	优胜奖	第十一届	4800	1514

续表

序号	展览名称	主办单位	年份	获得奖项	届次	展览面积	展品数量
57	衡山仰止——吴门画派之文徵明特展	苏州博物馆	2013年	精品奖	第十一届	639	217
58	“海上国门”陈列	天津市滨海新区塘沽大沽口炮台遗址博物馆	2013年	优胜奖	第十一届	1700	505
59	园林博物馆展览陈列	中国园林博物馆	2013年	优胜奖	第十一届	7375	1968
60	BEIXNUENGX（贝侬）——壮族文化展	广西民族博物馆	2014年	精品奖	第十二届	1480	286
61	大汉绝唱——满城汉墓	河北博物院	2014年	精品奖	第十二届	1847.5	2720
62	六朝历史文明	南京市博物馆	2014年	精品奖	第十二届	5259	1758
63	真彩秦俑	秦始皇帝陵博物院	2014年	精品奖	第十二届	980	43
64	呦呦鹿鸣——燕国公主眼里的霸国	首都博物馆	2014年	精品奖	第十二届	1228	181
65	伟大贡献——中国与世界反法西斯战争	中国人民抗日战争纪念馆	2014年	精品奖	第十二届	1100	197
66	周口店遗址博物馆基本陈列	周口店北京人遗址博物馆	2014年	精品奖	第十二届	3818	1228
67	科技大庆——创新・奉献・和谐	大庆石油科技馆	2014年	优胜奖	第十二届	54500	5632
68	“港通天下”中国港口历史陈列	港口博物馆	2014年	优胜奖	第十二届	2600	2585
69	禾兴之源——史前时期的嘉兴	嘉兴博物馆	2014年	优胜奖	第十二届	1160	353
70	唐风晋韵——晋国历史文化及晋侯墓地遗址展	晋国博物馆	2014年	优胜奖	第十二届	8985	488
71	唐代洛阳	洛阳博物馆	2014年	优胜奖	第十二届	1000	235
72	非洲野生动物大迁徙	山东博物馆	2014年	优胜奖	第十二届	3000	479
73	家园・生命	天津自然博物馆	2014年	精品奖	第十二届	5700	6456
74	东北抗联圣地——梧桐河抗日历史陈列	梧桐河抗联纪念馆	2014年	优胜奖	第十二届	1765	1371
75	探索与奠基——武昌中央农民运动讲习所历史陈列	武汉革命博物馆	2014年	优胜奖	第十二届	941	492
76	为天下先——辛亥革命武昌起义史迹陈列	辛亥革命武昌起义纪念馆	2014年	优胜奖	第十二届	2000	255
77	西域历史的记忆——新疆历史文物陈列	新疆维吾尔自治区博物馆	2014年	优胜奖	第十二届	1900	1000
78	漫漫雄关道——中国海关博物馆常设陈列	中国海关博物馆	2014年	精品奖	第十二届	6275	1240
79	抗战岁月基本陈列	重庆中国三峡博物馆	2014年	精品奖	第十二届	1400	356
80	岭南印记——粤港澳考古成果展	广东省博物馆	2014年	国际及港澳台合作奖	第十二届	–	–
81	印度的世界——美国洛杉矶郡艺术博物馆藏印度文物精品展	山西博物院	2014年	国际及港澳台合作奖	第十二届	–	–
82	明德至善　家国天下——徽州优秀传统文化展	安徽博物院	2015年	精品奖	第十三届	1200	398
83	牵星过洋——万历时代的海贸传奇	广东省博物馆	2015年	精品奖	第十三届	1100	731

续表

序号	展览名称	主办单位	年份	获得奖项	届次	展览面积	展品数量
84	甲骨文记忆展览	国家典籍博物馆	2015 年	精品奖	第十三届	1400	128
85	温·婉——中国古代女性文物大展	南京博物院	2015 年	精品奖	第十三届	800	332
86	逝者越千年——新疆古代干尸陈列	新疆维吾尔自治区博物馆	2015 年	优胜奖	第十三届	800	408
87	中兴纪胜——南宋风物观止	浙江省博物馆	2015 年	精品奖	第十三届	1819	1386
88	生命·超越——中原文化中的动物映像	浙江自然博物馆、河南博物院	2015 年	精品奖	第十三届	1200	285
89	“伟大胜利　历史贡献”纪念中国人民抗日战争暨世界反法西斯战争胜利 70 周年主题展览	中国人民抗日战争纪念馆	2015 年	精品奖	第十三届	6700	2993
90	秦巴明珠	安康博物馆	2015 年	精品奖	第十三届	3600	1279
91	共和国掌柜——陈云生平业绩基本陈列	陈云纪念馆	2015 年	优胜奖	第十三届	2500	1870
92	百里岩画　骆越神工——左江花山岩画文化景观陈列	崇左市壮族博物馆	2015 年	优胜奖	第十三届	3180	238
93	抗战十四年——东北抗日联军历史陈列	东北抗联博物馆	2015 年	优胜奖	第十三届	2233.92	515
94	最忆是杭州——杭州通史陈列	杭州博物馆	2015 年	优胜奖	第十三届	3000	916
95	战国雄风——燕赵中山	河北博物院	2015 年	优胜奖	第十三届	3690	2857
96	反人类暴行——侵华日军第七三一部队罪证陈列	侵华日军第七三一部队罪证陈列馆	2015 年	优胜奖	第十三届	4500	10703
97	上海自然博物馆基本陈列	上海自然博物馆	2015 年	精品奖	第十三届	16050	12011
98	正义审判——第二次世界大战后审判战犯纪实	伪满皇宫博物院	2015 年	优胜奖	第十三届	1000	图片展
99	茶马古道——八省区文物特别展览	云南省博物馆	2015 年	优胜奖	第十三届	1850	1026
100	中国人民解放军海军南海舰队军史陈列	中国人民解放军海军南海舰队军史馆	2015 年	精品奖	第十三届	5400	1100
101	遵义会议　伟大转折——遵义会议纪念馆常设展览	遵义会议纪念馆	2015 年	优胜奖	第十三届	8960	856
102	敦煌——说不完的故事	敦煌研究院	2015 年	国际及港澳台合作入围奖	第十三届	–	–
103	铸鼎镕金——先秦材料科学的智慧特展	湖北省博物馆	2015 年	国际及港澳台合作奖	第十三届	–	–
104	日内瓦：时光之芯——瑞士钟表文化之源	首都博物馆	2015 年	国际及港澳台合作奖	第十三届	–	–
105	西班牙现代雕塑大师——苏比拉克中国巡回大展	天津美术馆	2015 年	国际及港澳台合作入围奖	第十三届	–	–

五、“十二五”期间博物馆主要陈列展览名录

序号	展览名称	主办单位	年份
1	“复兴之路”基本陈列	中国国家博物馆	2011年
2	古代中国基本陈列	中国国家博物馆	2011年
3	大海的方向——华光礁Ⅰ号沉船特展	海南省博物馆	2011年
4	山水合璧——黄公望与《富春山居图》特展	台北故宫博物院、浙江省博物馆	2011年
5	西域遗珍——新疆历史文献暨古籍保护成果展	国家图书馆	2011年
6	非洲文物艺术展	郑州博物馆	2011年
7	福建古代文明之光	福建博物院	2011年
8	华夏瑰宝展－印度	印度国立博物馆	2011年
9	河北省南水北调工程文物保护成果展	河北省博物馆	2011年
10	大千世界——吉林省博物院藏张大千绘画作品展	大连现代博物馆、吉林省博物院	2011年
11	启蒙的艺术	中国国家博物馆	2011年
12	印加人的祖先——公元一至七世纪的古代秘鲁展	中国国家博物馆	2011年
13	光荣使命——中国文物交流中心40年展览	北京新文化运动纪念馆	2011年
14	辽河寻根　文明溯源——中华文明起源展	辽宁省博物馆	2011年
15	锦绣衣饰——契丹人的生活和艺术	北京大学赛克勒考古与艺术博物馆	2011年
16	西藏和平解放60年成就展	北京民族文化宫	2011年
17	丝绸之路——大西北遗珍	辽宁省博物馆	2011年
18	奔向光明——中国共产党北京革命历史足迹展	首都博物馆	2011年
19	天安门的故事——天安门百年影像回顾展	首都博物馆	2011年
20	永远跟党走——庆祝中国共产党成立90周年图片展	中国国家博物馆	2011年
21	忽必烈的世界——中国元代艺术	内蒙古博物院	2011年
22	物得其宜——黄花梨文化展	首都博物馆	2011年
23	回望大明——走近万历朝	首都博物馆	2011年
24	中国消防博物馆基本陈列	中国消防博物馆	2011年
25	中国铁路发展史陈列	中国铁道博物馆	2011年
26	邮苑春秋——黑龙江邮政博物馆基本陈列	黑龙江邮政博物馆	2011年
27	东北第四纪哺乳动物陈列	大庆市博物馆	2011年
28	风清气正扬宗旨——北京市反腐倡廉教育影像展览	中国电影博物馆	2011年

续表

序号	展览名称	主办单位	年份
29	唐山皮影	唐山博物馆	2011 年
30	乌裕尔的记忆——北安市博物馆基本陈列	北安市博物馆	2011 年
31	上海世博会纪念展	上海世博会博物馆	2011 年
32	神奇的东方之旅	扬州博物馆	2011 年
33	太仓历史文化陈列	太仓市博物馆	2011 年
34	南湖革命纪念馆新馆基本陈列	嘉兴南湖革命纪念馆	2011 年
35	交融——两依藏珍选粹展	故宫博物院	2011 年
36	浙江原始青瓷及德清火烧山等窑址考古成果汇报展	故宫博物院	2011 年
37	明代花鸟画特展	故宫博物院	2011 年
38	玉兔迎春书法美术联展	首都博物馆	2011 年
39	“灵动宝兔”春节系列生肖主题展	首都博物馆	2011 年
40	“我看博物馆”公益摄影大展	首都博物馆	2011 年
41	海参——华人、望加锡人、澳洲土著人的故事	首都博物馆	2011 年
42	“约翰·波特曼 艺术与建筑”展	首都博物馆	2011 年
43	奔向光明——中国共产党北京革命足迹展	首都博物馆	2011 年
44	天安门的故事——天安门百年影像回顾展	首都博物馆	2011 年
45	寄兴烟霞——清代山水画展	首都博物馆	2011 年
46	梵高和阿姆斯特丹的画家们	首都博物馆	2011 年
47	华韵国服——百年中山装	首都博物馆	2011 年
48	“祝福祖国”百名画家长卷展	首都博物馆	2011 年
49	书画双璧、乾坤交泰——爱新觉罗启骧·李味辛伉俪书画展	首都博物馆	2011 年
50	大千世界——张大千的艺术人生和艺术魅力	首都博物馆	2011 年
51	绿色北京群众摄影文化活动优秀作品展	首都博物馆	2011 年
52	第三次全国文物普查百大新发现图片展	首都博物馆	2011 年
53	中国古代经典绘画作品	中国国家博物馆	2011 年
54	新疆古代服饰	中国国家博物馆	2011 年
55	中国古代瓷器艺术	中国国家博物馆	2011 年
56	盛世天工——中国木雕艺术展	中国国家博物馆	2011 年

续表

序号	展览名称	主办单位	年份
57	潘天寿艺术大展	中国国家博物馆	2011 年
58	黄胄艺术大展	中国国家博物馆	2011 年
59	李可染艺术大展	中国国家博物馆	2011 年
60	辉煌历程——庆祝中国共产党建党 90 周年大型雕塑展	中国国家博物馆	2011 年
61	永远跟党走——纪念中国共产党成立 90 周年大型图片展	中国国家博物馆	2011 年
62	辽河遗珍——红山文化玉器精华展	上海博物馆	2011 年
63	娄东画派——王时敏、王原祁及其传派绘画作品展	上海博物馆	2011 年
64	银饰之美——湖南、广西、贵州三省（区）苗族银饰联展	湖南省博物馆	2011 年
65	高山流水遇知音——馆藏古琴特展	湖南省博物馆	2011 年
66	2011 艺术长沙	湖南省博物馆	2011 年
67	佛光里的神秘西藏	湖南省博物馆	2011 年
68	江苏盱眙大云山江都王陵墓文物精品特别展览	南京博物院	2011 年
69	微笑彩俑・汉景帝的地下王国	浙江省博物馆	2011 年
70	竹韵・慈溪木艺堂藏古代竹雕艺术品特展	浙江省博物馆	2011 年
71	朔地恋歌・宁夏岩画特展	浙江省博物馆	2011 年
72	吴门　扬州　海上・中国书画市场化进程	浙江省博物馆	2011 年
73	吴越胜览・唐宋之间的东南乐园	浙江省博物馆	2011 年
74	杭州石雕精品展	浙江省博物馆	2011 年
75	功勋与荣誉・中国人民革命军事博物馆藏革命军事证章、锦旗展	浙江省博物馆	2011 年
76	高原的力量・冯建国个人摄影展	浙江省博物馆	2011 年
77	游心观止・2011 浙江民间典藏大展	浙江省博物馆	2011 年
78	于右任书画展	浙江省博物馆	2011 年
79	传神阿堵・馆藏明清人物画精品展	浙江省博物馆	2011 年
80	诗心造印・叶一苇书法篆刻展	浙江省博物馆	2011 年
81	荆楚遗泽・湖北枣阳九连墩楚墓出土文物特展	浙江省博物馆	2011 年
82	墨林星凤・浙江省博物馆藏碑帖菁华展	浙江省博物馆	2011 年
83	梦粱物鉴・浙藏南宋文物珍品展	浙江省博物馆	2011 年
84	国门法眼——中国文物进出境管理 60 年成果展	中国国家博物馆	2012 年

续表

序号	展览名称	主办单位	年份
85	发现霸国：山西省考古研究所 60 周年特展	山西博物院	2012 年
86	翰墨荟萃：美国收藏中国五代宋元书画珍品展	上海博物馆	2012 年
87	金玉华年——陕西韩城出土周代芮国文物珍品展	上海博物馆	2012 年
88	法贝热珠宝艺术展	上海博物馆	2012 年
89	朝鲜族民俗展览	延边博物馆	2012 年
90	珍藏杭州——杭州博物馆馆藏文物精品陈列	杭州博物馆	2012 年
91	人类亲缘——灵长类多样性与人类起源	国家动物博物馆	2012 年
92	建党以来农村政策回顾展	中国农业博物馆	2012 年
93	中国现当代文学展	中国现代文学馆	2012 年
94	天津觉悟社纪念馆基本陈列	天津觉悟社纪念馆	2012 年
95	天地凝光——秦皇岛市玻璃博物馆基本陈列	秦皇岛市玻璃博物馆	2012 年
96	泥河湾博物馆文物展	阳原县泥河湾管理办公室	2012 年
97	农耕、游牧、碰撞、交融——鄂尔多斯通史陈列	鄂尔多斯博物馆	2012 年
98	丝路撷英——旅顺博物馆藏丝绸之路文物展	旅顺博物馆	2012 年
99	大连足迹（城市记忆）	大连惠丰博物馆	2012 年
100	南岗百年历史展	南岗展览馆	2012 年
101	海洋精灵——海洋脊椎动物塑化标本展	上海科技馆	2012 年
102	寓情于史 以情传神——宋庆龄陈列	宋庆龄陵园管理处	2012 年
103	航路 1600——四百年中荷航海交往史	上海中国航海博物馆	2012 年
104	上海之源——上海市青浦区博物馆基本陈列	上海市青浦区博物馆	2012 年
105	横空出世——唐宋元明清瓷器极品汇展	扬州博物馆	2012 年
106	洁白恬静——故宫博物院定窑瓷器展	故宫博物院	2012 年
107	湖南醴陵釉下五彩瓷珍品展	故宫博物院	2012 年
108	妙笔神工——国家级非物质文化遗产古书画临摹复制技艺与装裱修复技艺展	故宫博物院	2012 年
109	山川菁英——中国与墨西哥古代玉石文明展	故宫博物院	2012 年
110	精致之美——明清折扇画特展	故宫博物院	2012 年
111	古物撷英——故宫博物院藏捐献陶瓷精品展	故宫博物院	2012 年
112	春华秋实——书画美术联展	首都博物馆	2012 年

续表

序号	展览名称	主办单位	年份
113	迈松在想什么——法利冬·佐达作品展	首都博物馆	2012 年
114	全国检察机关廉洁从检书画摄影展	首都博物馆	2012 年
115	北京明清文物精品展	首都博物馆	2012 年
116	“我看博物馆”公益摄影大展	首都博物馆	2012 年
117	台北世界宗教博物馆宗教艺术文化展	首都博物馆	2012 年
118	百年国博——中国国家博物馆百年简史与成果展	中国国家博物馆	2012 年
119	国博百年·中国雕塑百年作品展	中国国家博物馆	2012 年
120	美成在久——金丝楠艺术展	中国国家博物馆	2012 年
121	国门法眼——中国文物进出境管理 60 年成果展	中国国家博物馆	2012 年
122	走进玉都——广东·揭阳	中国国家博物馆	2012 年
123	印象中国·宜兴紫砂展	中国国家博物馆	2012 年
124	2012 中国西藏唐卡艺术展	中国国家博物馆	2012 年
125	迈向更好明天——香港特别行政区成立十五周年成就展	中国国家博物馆	2012 年
126	京味儿——北京非物质文化遗产展	中国国家博物馆	2012 年
127	十七大以来中国动漫产业发展成果展	中国国家博物馆	2012 年
128	中国妇女儿童十年发展成就展	中国国家博物馆	2012 年
129	翰墨荟萃——美国收藏中国五代宋元书画珍品展	上海博物馆	2012 年
130	竹镂文心——竹刻艺术特展	上海博物馆	2012 年
131	“腾飞龙”馆藏龙文物精品展	南京博物院	2012 年
132	多彩的生活——南京博物院藏织绣小品展	南京博物院	2012 年
133	大元帆影·韩国新安沉船出水文物精华暨康津高丽青瓷特展	浙江省博物馆	2012 年
134	曾在曹家·曹其镛夫妇捐赠中国古代珍贵漆器特展	浙江省博物馆	2012 年
135	大雅久不作·寻觅朱家济先生	浙江省博物馆	2012 年
136	意在神全·西泠八家书画印精品展	浙江省博物馆	2012 年
137	唯印示信·馆藏印章展	浙江省博物馆	2012 年
138	紫玉金砂·浙江长兴紫砂茗壶特展	浙江省博物馆	2012 年
139	浙派集英·明代浙派绘画珍品特展	浙江省博物馆	2012 年
140	古镜今照·中国铜镜研究会成员藏品集萃展	浙江省博物馆	2012 年

续表

序号	展览名称	主办单位	年份
141	考古中华·中国社会科学院考古研究所60年成果展	浙江省博物馆	2012年
142	天趣逸情·馆藏明清花鸟画精品展	浙江省博物馆	2012年
143	守望家园——陕西宝鸡群众保护文物成果特展	国家博物馆	2013年
144	曙光时代——伊特鲁里亚文明	湖北省博物馆	2013年
145	辉煌时代——罗马帝国文物特展	吉林省博物院	2013年
146	从巴比松到印象派：克拉克艺术馆藏法国绘画精品展	上海博物馆	2013年
147	色彩绚烂——故宫博物院钧窑瓷器展	故宫博物院	2013年
148	孙瀛洲捐献文物精品展	故宫博物院	2013年
149	故宫博物院藏清代高其佩指画特展	故宫博物院	2013年
150	印度宫廷的辉煌——英国国立维多利亚与艾伯特博物馆珍藏展	故宫博物院	2013年
151	纪念张伯驹先生诞辰115周年——张伯驹潘素书画展	故宫博物院	2013年
152	紫垣撷珍——故宫博物院藏明清宫廷生活文物展	故宫博物院	2013年
153	美丽北京——“北京精神”群众摄影文化活动优秀作品展	首都博物馆	2013年
154	美丽北京　圆梦中国——2013年北京阳光少年文化节中小学生摄影展	首都博物馆	2013年
155	文创中华　心系你我——2013年首届博物馆精品文创产品展	首都博物馆	2013年
156	胸中丘壑——溥儒　萧悉绘画联展	首都博物馆	2013年
157	美丽中国梦 低碳中国行——2013年全国低碳日应对气候变化主题展	首都博物馆	2013年
158	“我爱博物馆”外来务工子弟学校手抄报展	首都博物馆	2013年
159	人民科学家钱学森事迹展览	首都博物馆	2013年
160	博物馆里过大年——金蛇舞春风	首都博物馆	2013年
161	造化心源——深圳博物馆馆藏书画精品展	首都博物馆	2013年
162	“汉字”展	首都博物馆	2013年
163	南海遗珍——西沙华光礁沉船宝藏展	首都博物馆	2013年
164	慈悲梵音——中国古代观音菩萨展	首都博物馆	2013年
165	故宫珍藏·慈禧的瓷器	首都博物馆	2013年
166	嘉庚风·学村情——集美风情摄影展	首都博物馆	2013年
167	陈嘉庚珍藏外国文物精品展	首都博物馆	2013年
168	阿姆斯特丹市立博物馆：马塞尔·万德斯 & 本斯姆·克劳威尔建筑事务所作品展	首都博物馆	2013年

续表

序号	展览名称	主办单位	年份
169	佛韵——造像艺术集萃展	首都博物馆	2013 年
170	剪贴之美——田冰灵布贴画艺术展	首都博物馆	2013 年
171	从南越王赵佗到孙中山大总统——广州文物瑰宝展	首都博物馆	2013 年
172	包容的北京——一座城市的成长	首都博物馆	2013 年
173	白山・黑水・海东青——纪念金中都建都 860 周年特展	首都博物馆	2013 年
174	楚风汉韵——南水北调中线工程渠首水源地南阳文物展	首都博物馆	2013 年
175	画中真趣——齐白石・陈半丁・王梦白・于非闇・颜伯龙　绘画	首都博物馆	2013 年
176	小品大艺——明清扇面艺术展	中国国家博物馆	2013 年
177	商邑翼翼　四方之极——殷墟文物里的晚商盛世	中国国家博物馆	2013 年
178	科技梦・中国梦——中国现代科学家主题展	中国国家博物馆	2013 年
179	东方红・中国梦——2013 美术作品邀请展	中国国家博物馆	2013 年
180	三山五园文化巡展	中国国家博物馆	2013 年
181	雕刻・记忆——中国紫檀博物馆馆藏紫檀制天坛、安定门古建模型展	中国国家博物馆	2013 年
182	承古融今　星汉灿烂——中国嘉德艺术品拍卖 20 年精品回顾展	中国国家博物馆	2013 年
183	傅申学艺展	中国国家博物馆	2013 年
184	李岚清艺术展	中国国家博物馆	2013 年
185	中国 – 中东欧国家文化交流回顾展	中国国家博物馆	2013 年
186	中国国家博物馆水下考古成果展	中国国家博物馆	2013 年
187	守望家园——陕西宝鸡群众保护文物成果特展	中国国家博物馆	2013 年
188	集古大成——上海博物馆珍藏虞山画派王鉴、王翚绘画精品展	上海博物馆	2013 年
189	第四届艺术长沙双年展	湖南省博物馆	2013 年
190	复兴的铜器艺术——湖南晚期铜器展	湖南省博物馆	2013 年
191	浙地名书画扇面雅集展	浙江省博物馆	2013 年
192	用兵如神・毛泽东军事指挥艺术	浙江省博物馆	2013 年
193	袁运甫作品展	浙江省博物馆	2013 年
194	芳语寄情・扬州八怪四君子画展	浙江省博物馆	2013 年
195	西风东渐・欧风美雨下的浙江社会	浙江省博物馆	2013 年
196	丹青之华・近现代十二家绘画大展	浙江省博物馆	2013 年

续表

序号	展览名称	主办单位	年份
197	碑帖映象·黄一鸣作品展	浙江省博物馆	2013 年
198	不老丹青·董寿平书画精品展	浙江省博物馆	2013 年
199	世外万象·道教文物展	浙江省博物馆	2013 年
200	儒者之风·浙江省博物馆藏历代浙籍学者书法展	浙江省博物馆	2013 年
201	远尘离垢·唐宋时期的《宝箧印经》	浙江省博物馆	2013 年
202	千里鹅毛·浙江省博物馆馆藏国际礼品珍品展	浙江省博物馆	2013 年
203	情语·纪念丰子恺诞辰 115 周年暨《护生画集》真迹展	浙江省博物馆	2013 年
204	鬼斧神工·甘肃汉晋木刻艺术珍品展	浙江省博物馆	2013 年
205	澄泥为范·河南新出宋金名窑瓷器展	浙江省博物馆	2013 年
206	大夏寻踪——西夏文物特展	中国国家博物馆	2014 年
207	丝绸之路文物展	中国国家博物馆	2014 年
208	瑞象重明——雷峰塔文物陈列	浙江省博物馆孤山馆区	2014 年
209	长宜茀禄——乾隆花园的秘密展	首都博物馆	2014 年
210	越洋遗珍——上海博物馆与故宫博物院藏明清贸易瓷展	故宫博物院	2014 年
211	天子万年——清代万寿庆典展	故宫博物院	2014 年
212	玉石梵像——故宫藏曲阳出土北朝隋唐佛教造像展	深圳博物馆	2014 年
213	博物馆里过大年——御马摇铃	首都博物馆	2014 年
214	赣水流韵 辉耀千载——江西古代文物精品展	首都博物馆	2014 年
215	笔底仙踪——明清佛教神像画展	首都博物馆	2014 年
216	瓜亚萨明：拉丁美洲的颜色	首都博物馆	2014 年
217	直挂云帆济沧海——海上丝绸之路特展	首都博物馆	2014 年
218	呦呦鹿鸣——燕国公主眼里的霸国	首都博物馆	2014 年
219	陶然形易——邱玉林彩陶艺术展	首都博物馆	2014 年
220	北京老字号展	首都博物馆	2014 年
221	凤舞九天——楚文化特展	首都博物馆	2014 年
222	饮水思源——南水北调中线工程展	首都博物馆	2014 年
223	高棉的微笑——柬埔寨吴哥文物与艺术	首都博物馆	2014 年
224	丝绸之路	中国国家博物馆	2014 年

续表

序号	展览名称	主办单位	年份
225	匠人营国——吴良镛·清华大学人居科学研究展	中国国家博物馆	2014 年
226	正义的胜利——纪念第二次世界大战 75 周年	中国国家博物馆	2014 年
227	中国梦　军垦魂——新疆生产建设兵团成立 60 周年历史展	中国国家博物馆	2014 年
228	江汉汤汤——湖北出土商周文物展	中国国家博物馆	2014 年
229	名馆·名家·名作——纪念中法建交五十周年特展	中国国家博物馆	2014 年
230	钧瓷艺术展·中国钧瓷四海行	中国国家博物馆	2014 年
231	娘本唐卡艺术展	中国国家博物馆	2014 年
232	中国春节走向世界——“欢乐春节”五周年回顾展	中国国家博物馆	2014 年
233	开拓者的远见与智慧——中法建交 50 周年回顾展	中国国家博物馆	2014 年
234	周野鹿鸣——宝鸡石鼓山西周贵族墓出土青铜器展	上海博物馆	2014 年
235	申城寻踪——上海考古大展	上海博物馆	2014 年
236	马遂千里志，御风行天涯——马年话马	上海博物馆	2014 年
237	御窑密码——明代皇家瓷器特展	湖南省博物馆	2014 年
238	书画同源——明清书法的一个面向	南京博物院	2014 年
239	傅抱石东北写生专题展	南京博物院	2014 年
240	“大匠踪迹——傅抱石绘画发展历程”展	南京博物院	2014 年
241	中国古代体育文物展	南京博物院	2014 年
242	所谓伊人——傅抱石仕女画专题展	南京博物院	2014 年
243	双栖双伴——遇上七夕节	南京博物院	2014 年
244	在此——中国生活艺术之南京博物院展	南京博物院	2014 年
245	芳菲流年——中国百年旗袍展	南京博物院	2014 年
246	心放俗外·定州古塔文物展	浙江省博物馆	2014 年
247	琼姿玉骨·明清德化白瓷精品展	浙江省博物馆	2014 年
248	墨韵冰魂北国情·黑龙江省博物馆于志学艺术馆藏精品展	浙江省博物馆	2014 年
249	春风满苍城	浙江省博物馆	2014 年
250	六舟·一位金石僧的艺术世界	浙江省博物馆	2014 年
251	铭记历史·红色政权货币展	浙江省博物馆	2014 年
252	普天同庆——清代万寿盛典展	故宫博物院	2015 年

续表

序号	展览名称	主办单位	年份
253	石渠宝笈展	故宫博物院	2015 年
254	和・合——中国传统文化中的和谐之道	南京博物院	2015 年
255	读城——追寻历史上的北京城池	首都博物馆	2015 年
256	飞跃欧洲的雄鹰——拿破仑文物特展	辽宁省博物院	2015 年
257	天保九如——故宫博物院典藏如意展	厦门市博物馆	2015 年
258	故宫博物院文物保护修复技艺特展	故宫博物院	2015 年
259	镜鉴昭明——故宫典藏铜镜展	周口店北京人遗址博物馆	2015 年
260	皇帝眼中的西洋科技展	山东博物馆	2015 年
261	博物馆里过大年——大美吉羊	首都博物馆	2015 年
262	日内瓦：时光之芯——瑞士钟表文化之源	首都博物馆	2015 年
263	地域一体・文化一脉——京津冀历史文化展	首都博物馆	2015 年
264	官布捐赠首博作品暨官布绘画艺术展	首都博物馆	2015 年
265	水路城市，首尔：清溪川的变迁	首都博物馆	2015 年
266	盛世风华——大清康熙御窑瓷	首都博物馆	2015 年
267	读城——追寻历史上的北京城池	首都博物馆	2015 年
268	江山万里行——董继宁山水画展	中国国家博物馆	2015 年
269	袁运甫画展	中国国家博物馆	2015 年
270	第五届全国公安系统“卫士之光”美术书法摄影展	中国国家博物馆	2015 年
271	一脉情深・赵溅球尼泊尔写生中国画展	中国国家博物馆	2015 年
272	深入生活表现时代——中国艺术研究院写生创作展	中国国家博物馆	2015 年
273	心造天成——中国惠安南派雕刻艺术展	中国国家博物馆	2015 年
274	安娜・高美雕刻艺术展	中国国家博物馆	2015 年
275	正道沧桑——刘宝纯诗书画全国巡展	中国国家博物馆	2015 年
276	抱华追梦——何水法花鸟画展	中国国家博物馆	2015 年
277	保护鲨鱼——艺术巡回展	中国国家博物馆	2015 年
278	抗战与文艺：纪念抗日战争胜利 70 周年馆藏文物系列展	中国国家博物馆	2015 年
279	雪海流香——赵梅生九十艺术回顾展	中国国家博物馆	2015 年
280	丹青传情——赵丹、赵青父女绘画联展	中国国家博物馆	2015 年

续表

序号	展览名称	主办单位	年份
281	生命之绘——迪士尼经典动画艺术展	中国国家博物馆	2015年
282	宾客万象——太和书画晋京展	中国国家博物馆	2015年
283	华夏春秋——张英豪水墨人物展	中国国家博物馆	2015年
284	纳西族东巴文化展	中国国家博物馆	2015年
285	方寸寄怀——夏衍旧藏珍邮展	上海博物馆	2015年
286	惟砚作田——上海博物馆藏砚精粹展	上海博物馆	2015年
287	酌彼金罍——皿方罍与湖南出土青铜器精粹展	上海博物馆	2015年
288	吴湖帆书画鉴藏特展	上海博物馆	2015年
289	丝路梵相——新疆和田达玛沟佛教遗址出土壁画艺术展	上海博物馆	2015年
290	南腔北调——传统戏曲艺术展	南京博物院	2015年
291	温·婉——中国古代女性文物大展	南京博物院	2015年
292	往往醉后——傅抱石民国时期绘画专题展	南京博物院	2015年
293	江南风华——明代吴门绘画特展	南京博物院	2015年
294	江左流韵——明代吴门书法特展	南京博物院	2015年
295	大吉羊——南京博物院藏羊文物精品展	南京博物院	2015年
296	执笔的流变——历代执笔图像汇展	南京博物院	2015年
297	百年回眸——老月份牌广告画展	南京博物院	2015年

后记

为汇总全国博物馆陈列展览活动开展的基本情况，为博物馆陈列展览工作积累资料、档案，促进博物馆相互交流、学习，提升博物馆展示宣传和社会服务水平，更好地满足广大人民群众的精神文化需求，受国家文物局委托，中国文物报社承担了《博物馆陈列展览通览（2016）》一书的编辑工作。

本书选取了2016年度有影响的陈列展览150余个，涵盖31个省（市、自治区），按陈列展览主题分为历史、艺术、人物纪念、自然科技等四个单元。同时按地区遴选了陈列展览名录500多个，希望能对2016年博物馆陈列展览的面貌有一个基本反映。

教育是博物馆服务社会的基石，青少年是国家民族的未来和希望，是博物馆开展公共文化服务的核心受众。为更好地促进博物馆青少年教育与学校教育有效衔接，本书遴选了与展览相关的博物馆青少年教育项目100个。

文化创意产品是博物馆满足人民大众文化需求的重要载体。2016年5月，国务院办公厅印发了《国务院办公厅转发文化部等部门关于推动文化文物单位文化创意产品开发若干意见的通知》，为落实通知精神，推动博物馆文创产品的开发，本书遴选了与陈列展览相关的博物馆文创产品100个。

在本书的编辑过程中，得到了当代中国出版社的大力支持，该社曹宏举总编辑、第四编辑室王延新主任为本书付出了大量的心血，在此深表感谢！

编者

2017年11月